Christian Immler
Windows 7

Christian Immler

2. aktualisierte Auflage

Windows 7
Konfiguration, Internet, Sicherheit

Mit 610 Abbildungen

Bibliografische Information der Deutschen Bibliothek

Die Deutsche Bibliothek verzeichnet diese Publikation in der Deutschen Nationalbibliografie; detaillierte Daten sind im Internet über http://dnb.ddb.de abrufbar.

Alle Angaben in diesem Buch wurden vom Autor mit größter Sorgfalt erarbeitet bzw. zusammengestellt und unter Einschaltung wirksamer Kontrollmaßnahmen reproduziert. Trotzdem sind Fehler nicht ganz auszuschließen. Der Verlag und der Autor sehen sich deshalb gezwungen, darauf hinzuweisen, dass sie weder eine Garantie noch die juristische Verantwortung oder irgendeine Haftung für Folgen, die auf fehlerhafte Angaben zurückgehen, übernehmen können. Für die Mitteilung etwaiger Fehler sind Verlag und Autor jederzeit dankbar. Internetadressen oder Versionsnummern stellen den bei Redaktionsschluss verfügbaren Informationsstand dar. Verlag und Autor übernehmen keinerlei Verantwortung oder Haftung für Veränderungen, die sich aus nicht von ihnen zu vertretenden Umständen ergeben. Evtl. beigefügte oder zum Download angebotene Dateien und Informationen dienen ausschließlich der nicht gewerblichen Nutzung. Eine gewerbliche Nutzung ist nur mit Zustimmung des Lizenzinhabers möglich.

© 2011 Franzis Verlag GmbH, 85586 Poing

Alle Rechte vorbehalten, auch die der fotomechanischen Wiedergabe und der Speicherung in elektronischen Medien. Das Erstellen und Verbreiten von Kopien auf Papier, auf Datenträgern oder im Internet, insbesondere als PDF, ist nur mit ausdrücklicher Genehmigung des Verlags gestattet und wird widrigenfalls strafrechtlich verfolgt.

Die meisten Produktbezeichnungen von Hard- und Software sowie Firmennamen und Firmenlogos, die in diesem Werk genannt werden, sind in der Regel gleichzeitig auch eingetragene Warenzeichen und sollten als solche betrachtet werden. Der Verlag folgt bei den Produktbezeichnungen im Wesentlichen den Schreibweisen der Hersteller.

Herausgeber: Ulrich Dorn
Satz: DTP-Satz A. Kugge, München
art & design: www.ideehoch2.de
Druck: Bercker, 47623 Kevelaer
Printed in Germany

ISBN 978-3-645-60126-9

Inhaltsverzeichnis

1 Windows 7 – einfach nur gut! **9**
   1.1   Schlanker, schneller, mehr Funktionen 10
   1.2   Editionen der Windows 7-Familie 12
   1.3   Windows Anytime Upgrade 16

2 Installation und Service Pack 1 .... **19**
   2.1   Windows 7-Installationsvarianten 19
   2.2   Das Windows 7 Service Pack 1 30
   2.3   Aktivierung und Registrierung 46
   2.4   Den Bootmanager einrichten 48
   2.5   Wichtige Funktionen kurz erläutert 49

3 Rund um den neuen Desktop **65**
   3.1   Ihr Schreibtisch: der Desktop 65
   3.2   Aufgeklappt: das Startmenü 70
   3.3   Informationszentrum: die Taskleiste 81
   3.4   Zentrales Element: Fenster 89
   3.5   Datums- und Zeiteinstellungen 94

4 Windows-Explorer: Fenster zur Festplatte **99**
   4.1   Windows-Explorer starten 99
   4.2   Ordnung auf der Festplatte 101
   4.3   Besondere Windows-Ordner 115
   4.4   Das Explorer-Layout anpassen 124
   4.5   Kopieren, verschieben, verknüpfen 133
   4.6   Dateien suchen und sortieren 140
   4.7   Favoriten auch im Explorer 157
   4.8   Fotos im Explorer verwalten 158

4.9	ZIP-Archive sparen Platz	165
4.10	Dateien auf CD/DVD brennen	171

5 Anbindung an das Internet ... 177
5.1	Einen DSL-Zugang einrichten	177
5.2	WLAN-Verbindung einrichten	185
5.3	Per Internet Explorer 9 durch das Web	193
5.4	Alternativen zum Internet Explorer	233
5.5	Brandschutzmauer: die Firewall	235

6 Windows Live Essentials 2011 ... 241
6.1	Vorteile der Windows Live-Methode	241
6.2	Eine Windows Live ID besorgen	242
6.3	Persönliche Startseite und Profil	243
6.4	Die Bing Bar im Internet Explorer	247
6.5	Live Kalender: die Terminverwaltung	250
6.6	Live Mail 2011: das E-Mail-Programm	256
6.7	Live Fotogalerie: die Bildverwaltung	285

7 Anwendungsprogramme und Spiele ... 317
7.1	Editor: für reine Textdateien	317
7.2	Post-it: Kurznotizen auf dem Desktop	322
7.3	WordPad: Textverarbeitung ganz einfach	322
7.4	Zeichentabelle: Sonderzeichen finden	329
7.5	Taschenrechner mit drei Gesichtern	330
7.6	Snipping Tool: Bildschirmfotos erstellen	332
7.7	Kontakte: das persönliche Adressbuch	334
7.8	Windows-Spiele zur Entspannung	335

8 Neue Programme installieren ... 347
8.1	Mögliche Installationsformen	347
8.2	Beispiel einer Programminstallation	349
8.3	Programme sauber deinstallieren	352
8.4	Programme automatisch starten	355
8.5	Portable Anwendungen	359

Inhaltsverzeichnis

9 Im Windows-Heimnetzwerk **363**
    9.1   Windows-Netzwerk konfigurieren 363
    9.2   Exkurs: das TCP/IP-Protokoll 366
    9.3   Windows 7-Heimnetzgruppen 370
    9.4   Freigaben in der Netzwerkumgebung 376

10 Ein Windows für mehrere Benutzer **391**
    10.1   Die NCSC-Sicherheitsstufe C2 391
    10.2   Aktivieren der Benutzerkontensteuerung 392
    10.3   Differenzierte Benutzerverwaltung 395
    10.4   Kennwortrichtlinien festlegen 402
    10.5   Mit Benutzergruppen arbeiten 405
    10.6   Jugendschutzeinstellungen festlegen 409
    10.7   Windows Live Family Safety-Filter 416
    10.8   Gemeinsames Verwenden von Daten 424
    10.9   Benutzerrechte für bestimmte Daten 426

11 Windows 7 personalisieren **433**
    11.1   Die Optik des Desktops anpassen 433
    11.2   Das Windows-Startmenü optimieren 447
    11.3   Windows 7 im klassischen Look 450
    11.4   Neue Aufgaben für Bildschirmschoner 454
    11.5   Minianwendungen auf dem Desktop 456
    11.6   Schriftarten verwalten 459
    11.7   Geräte und Drucker anschließen 463
    11.8   Drucken auch ohne Papier 487
    11.9   Windows Media Player einrichten 490

12 Windows 7-Systempflege **503**
    12.1   Der Windows-Leistungsindex 503
    12.2   Das Windows 7-Wartungscenter 504
    12.3   Windows Update-Einstellungen 507
    12.4   Festplatten auf Fehler überprüfen 515
    12.5   Überflüssige Dateien beseitigen 516
    12.6   Träge Festplatten wieder schnell machen 520

12.7	Der Windows Task-Manager	523
12.8	Dienste konfigurieren und verwalten	525
12.9	Die Auslagerungsdatei optimieren	529

Stichwortverzeichnis **533**

1 Windows 7 – einfach nur gut!

Microsoft stellt mit Windows 7 das beste Windows aller Zeiten vor. Windows 7 erfüllt alle Anforderungen, die man von einem modernen Betriebssystem erwartet: umfassende Businessfunktionalität für den Einsatz im Unternehmen und die Arbeit zu Hause gepaart mit komplexen Unterhaltungsfunktionen jeglicher Couleur – von der Digitalfotografie über den Einsatz als Hi-Fi-Anlage bis hin zum Heimkino.

Windows 7 überzeugt trotz zahlreicher technischer Finessen durch einfache Bedienung, eine ansprechende Oberfläche und geringen Ressourcenverbrauch. Auf aktuellen Standard-PCs läuft es deutlich flüssiger als sein Vorgänger Windows Vista. So ist davon auszugehen, dass in kurzer Zeit die meisten überzeugten Windows XP-Anwender auf das moderne Windows 7 umsteigen werden, und alle frustrierten Windows Vista-Nutzer warten schon lange auf die neue Betriebssystemversion.

Bild 1.1: Elegant – die neue Windows 7-Programmoberfläche.

Machen Sie sich selbst ein Bild und kommen Sie mit auf eine exklusive Entdeckungsreise durch die neue Windows 7-Welt. Vom ersten Systemstart bis zum

Herunterfahren, einmal die komplette Tour von A bis Z. Neugierig geworden? Dann noch schnell einen frischen Kaffee und nichts wie los!

1.1 Schlanker, schneller, mehr Funktionen

Prinzipiell erfüllt ein Betriebssystem alle allgemeinen Funktionen, die von den unterschiedlichsten Applikationen benötigt werden, zum Beispiel die Dateiverwaltung und den Zugriff auf Laufwerke und Ordner. Hier muss nicht jede Anwendung das Rad neu erfinden, sondern kann stattdessen auf standardisierte Funktionen zurückgreifen. Auch die Steuerung der Hardwarekomponenten obliegt dem Betriebssystem. In den meisten Fällen muss der Hardwarehersteller nur noch einen Gerätetreiber liefern, der in das Betriebssystem eingebunden wird, und die Hardware läuft. Umgekehrt greifen Softwareentwickler auf die standardisierte Geräteunterstützung von Windows zu, ohne sich mit speziellen Gerätetreibern befassen zu müssen.

Bild 1.2: Die neue Geräteübersicht in Windows 7.

Vielen Anwendern sind die Grenzen zwischen Computerhardware und Windows-Betriebssystem nicht mehr bewusst. PCs und auch zusätzliche Hardware, vor allem

1.1 Schlanker, schneller, mehr Funktionen

Grafikkarten und Drucker, werden besonders zur optimalen Zusammenarbeit mit Windows entwickelt, was leider dazu führt, dass es mit anderen Betriebssystemen häufig Treiberprobleme gibt. Umgekehrt greift Windows sehr stark in die Steuerung der Hardware ein. Einer der schwerwiegendsten Kritikpunkte an Windows Vista waren dessen extreme Hardwareanforderungen. Ohne dass irgendeine Anwendung lief, war ein etwas in die Jahre gekommener Standard-PC bereits an der Auslastungsgrenze angekommen.

Windows 7 schafft es, durch intelligentere Programmierung und schlankeren Code mit einfacherer Hardware auszukommen, ohne deshalb auf Funktionen zu verzichten. Das neue Betriebssystem läuft auf fast jedem PC, auf dem auch Windows XP läuft. Nur mindestens 1 GByte Arbeitsspeicher sollte man haben.

Middleware und Windows Live Essentials 2011

Windows liefert seit vielen Versionen neben den reinen Betriebssystemfunktionen noch einige Zusatzprogramme mit, die prinzipiell auch als unabhängige Anwendungen angeboten werden könnten. Die Textverarbeitung WordPad, der Windows Media Player sowie Bildbetrachter und E-Mail-Programm sind keine unbedingt notwendigen Bestandteile des Betriebssystems. Die EU-Kommission und auch US-Kartellbehörden werteten diese in Windows integrierten Programme schon mehrfach als Versuch von Microsoft, sich eine Art Monopolstellung auf dem Softwaremarkt zu verschaffen.

Bild 1.3: Installation der Windows Live Essentials 2011.

Nicht zuletzt deshalb wurden die früher integrierten Komponenten Windows Mail, Windows DVD Maker, Windows Fotogalerie und Windows Messenger entfernt und durch die neuen Windows Live Essentials 2011 ersetzt, die bei Microsoft unter *www.windowslive.de* kostenlos heruntergeladen werden können. Diese Variante hat zusätzlich den Vorteil, neben Windows 7 auch unter Windows Vista und Windows XP zu laufen.

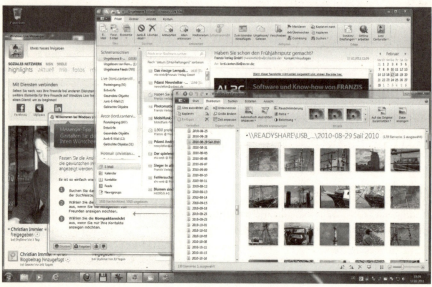

Bild 1.4: Verschiedene Windows Live-Programme in Aktion.

1.2 Editionen der Windows 7-Familie

Windows 7 erscheint in insgesamt sechs verschiedenen Versionen. Für den europäischen Markt sind nur drei davon wichtig: Windows 7 Home Premium, Windows 7 Professional und Windows 7 Ultimate. Diese sind im Funktionsumfang weitgehend an die gleichnamigen Windows XP-Versionen angeglichen.

1.2 Editionen der Windows 7-Familie

Windows 7 Home Premium

Windows 7 Home Premium beinhaltet alle Funktionen für Heimanwender. Hier ist neben der neuen Aero-Benutzeroberfläche auch das Windows Media Center einschließlich DVD-Wiedergabe enthalten, mit dem multimediale Inhalte auf dem Fernseher dargestellt werden können. Diese Version bietet auch die volle Unterstützung für drucksensitive Bildschirme (Touchscreens) und Handschriftenerkennung. Sie entspricht im Funktionsumfang Windows XP Home.

Windows 7 Professional

Die Professional-Version enthält alle Funktionen für die Arbeit in Netzwerken, Remotedesktop sowie erweiterte Sicherheitsfunktionen und die Unterstützung neuer Sicherungstechnologien. Auch diese Version verwendet die Aero-Benutzeroberfläche und bietet Unterstützung für Touchscreens. Das Media Center ist ebenfalls enthalten, im Gegensatz zum vergleichbaren Windows Vista Business, in dem es fehlte. Diese Version entspricht im Funktionsumfang Windows XP Professional.

Windows 7 Ultimate

Windows 7 Ultimate bietet alle Unterhaltungsfunktionen der Home Premium- und der Professional-Version sowie die BitLocker-Laufwerkverschlüsselung, das Booten über virtuelle Festplatten (VHDs), Applocker-Funktionen zur Regelung, welche Software auf einem Computer laufen darf, und die Sprachumschaltung der Benutzeroberfläche ohne Neuinstallation. Microsoft scheint kein großes Gewicht auf diese Version zu legen und erwartet auch keine riesigen Verkaufsanteile der teuersten Version für Privatkunden. Deshalb wurde der Preis für Windows 7 Ultimate mittlerweile gesenkt und liegt nur noch knapp über dem der Professional-Version.

Bild 1.5:
Die Verkaufsverpackungen der im Laden erhältlichen Windows 7-Editionen.

Zusätzlich zur DVD in der Schachtel bietet Microsoft alle Windows 7-Versionen auch über den Microsoft Store zum Downloadkauf an.

Neben diesen drei wichtigen Versionen gibt es noch ein paar weniger bekannte Windows 7-Editionen:

Windows 7 Starter

Die einfachste Version enthält lediglich die wichtigsten Grundfunktionen. Windows 7 Starter ist auch nicht frei zu kaufen, sondern ist nur vorinstalliert auf Computern mit geringer Hardwareleistung verfügbar. Die wichtigste Einschränkung, nämlich dass lediglich drei Anwendungen gleichzeitig laufen können, wurde mittlerweile aufgegeben, um diese Version für Netbooks interessant zu machen.

Windows 7 Home Basic

Die einfachste Version für »normale« PCs. In Windows 7 Home Basic fehlen einige Funktionen der Aero-Oberfläche sowie das Windows Media Center. Außerdem lassen sich keine DVDs abspielen. Windows 7 Home Basic wird nur in bestimmten Regionen, den sogenannten Wachstumsmärkten (Schwellenländern), angeboten, nicht in West- und Mitteleuropa.

Windows 7 Enterprise

Entspricht der Ultimate-Version, ist aber nur für Firmenkunden im Rahmen von Volumenlizenzen erhältlich, während Windows 7 Ultimate im Handel verkauft wird.

Die Editionen Windows 7 Starter und Home Basic enthalten keine Aero-Oberfläche.

Windows 7 »N« in Europa
Im Vorfeld von Windows 7 gab es lange Diskussionen mit der EU-Kommission, ob die Bündelung von Windows mit dem Internet Explorer und dem Windows Media Player zulässig sei oder gegen europäisches Wettbewerbsrecht verstoße. Zeitweise sah es aus, als würden die europäischen Versionen von Windows 7 keinen Internet Explorer enthalten. Windows 7 wird in Europa nun doch mit der gleichen Ausstattung wie in der restlichen Welt verkauft. Nach der Installation ist der Internet Explorer als Standardbrowser vorinstalliert. Allen Benutzern in Europa wird per Windows Update ein Auswahlbildschirm angeboten, über den jeder selbst einen alternativen Browser auswählen und installieren kann. Firefox Opera, Google Chrome oder Safari können anstelle des Internet Explorer als Standardbrowser im Betriebssystem integriert werden. Auf Drängen der EU-Kommission gibt es wie auch schon bei Windows Vista zusätzlich für EU-konforme Behörden und öffentliche Einrichtungen Windows 7-Versionen mit dem Zusatz »N«. Diese enthalten keinen Windows Media Player.

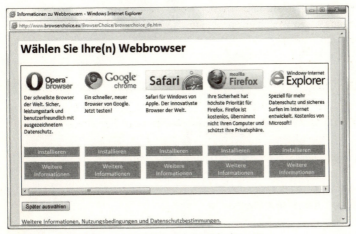

Bild 1.6: Bildschirm zur Browserwahl in Windows 7.

Um die Neutralität zu bewahren, ist die Reihenfolge der in diesem Fenster angezeigten Browser stets zufällig gewählt.

Welche Windows 7-Version ist auf meinem PC?

Welche Windows 7-Version auf einem Computer installiert ist, sehen Sie in den Basisinformationen über den Computer.

Klicken Sie dazu in der rechten Spalte des Startmenüs mit der rechten Maustaste auf *Computer* und wählen Sie im Kontextmenü *Eigenschaften*. Windows wechselt danach direkt zu *Systemsteuerung/System und Sicherheit/System*.

Im Fenster *Basisinformationen über den Computer anzeigen* wird Ihre Windows-Edition im oberen Bereich des Fensters angezeigt. Noch schneller geht es, wenn Sie einfach die Tastenkombination [Win]+[Pause] drücken.

Bild 1.7: Anzeige der *Windows-Edition* in der *Systemsteuerung*.

1.3 Windows Anytime Upgrade

Im Gegensatz zu Windows XP, in dem je nach Systemvariante (Home oder Professional) unterschiedliche Dateien installiert wurden, wird bei Windows 7 immer das komplette Betriebssystem auf der Festplatte installiert. Lediglich der eingegebene Lizenzschlüssel legt fest, welche Funktionen freigeschaltet werden.

1.3 Windows Anytime Upgrade

Bild 1.8: Windows Anytime Upgrade im Microsoft Store.

Mit dem »Windows Anytime Upgrade« bietet Microsoft eine Online-Upgradefunktion an, die nach dem Onlinekauf eines Schlüssels ein unmittelbares Upgrade auf eine höherwertige Windows 7-Version ermöglicht. Dazu wird lediglich ein neuer Lizenzcode verschickt, der entsprechend mehr Funktionen freischaltet. Zusätzliche Dateien brauchen nicht installiert zu werden.

Windows 7-Version	Mögliche Anytime-Upgrades
Windows 7 Starter	Windows 7 Home Premium, Professional, Ultimate
Windows 7 Home Premium	Windows 7 Professional, Ultimate
Windows 7 Professional	Windows 7 Ultimate

2 Installation und Service Pack 1

Auf den ersten Blick mag Windows 7 ungewöhnlich aussehen. Umsteiger von älteren Windows-Versionen werden viele gewohnte Elemente vermissen und beim ersten Start vor einem völlig leeren Desktop sitzen. Wer möchte, kann natürlich sofort den Hebel umlegen, ohne großes Tohuwabohu ins kalte Wasser springen und mit Windows 7 loslegen. Was spricht dagegen? Nichts, nur besonders clever ist das nicht. Nachdem Sie die Installation erfolgreich und in weniger als einer halben Stunde Dauer hinter sich gebracht haben, ist erst mal ein Espresso angesagt, bevor es zur ersten Tour durch die neue Benutzerumgebung geht.

Diese ist nicht nur schön anzusehen, sondern bietet auch eine Menge an Verbesserungen gegenüber dem guten alten XP und Vista. Überall finden sich, zum Teil versteckt, Einstellungsmöglichkeiten, die den täglichen Umgang mit dem neuen Betriebssystem vereinfachen, und Werkzeuge, die im Büroalltag nutzbringend eingesetzt werden können. Schon bald werden Sie feststellen, dass sich in diesem Fall die langsamere Gangart schnell auszahlen wird. Ohne Stress und dunkle Ringe unter den Augen holen Sie die hier investierte Zeit zugunsten einer angenehmeren Arbeitsergonomie wieder heraus.

2.1 Windows 7-Installationsvarianten

Wer einen neuen PC mit vorinstalliertem Windows 7 hat, braucht sich um die Installation des Betriebssystems nicht zu kümmern. Haben Sie einen neuen PC ohne Betriebssystem erworben oder möchten einen bisher mit Windows XP oder Windows Vista genutzten Computer auf Windows 7 aktualisieren, müssen Sie das neue Betriebssystem erst installieren. Hierzu stehen drei Verfahren zur Verfügung:

- **Neuinstallation:** Auf dem PC war bisher kein Betriebssystem installiert, oder das alte Betriebssystem soll restlos beseitigt werden. Windows 7 wird nach der Installation als einziges Betriebssystem laufen.

- **Parallelinstallation:** Auf dem PC ist bereits ein Betriebssystem installiert. Windows 7 wird parallel auf einer zweiten Festplatte oder einer zweiten Partition installiert. Über einen Bootmanager kann der Benutzer auswählen, welches Betriebssystem gestartet werden soll. Dies funktioniert nur mit Windows-Betriebssystemen, nicht mit Linux oder anderen.

- **Update:** Auf dem PC ist Windows Vista installiert, das durch Windows 7 ersetzt wird. Installierte Programme und persönliche Daten bleiben erhalten. Windows XP und ältere Windows-Versionen lassen sich nicht auf Windows 7 aktualisieren.

Grundlegendes zur Installation

- Legen Sie die Windows 7-DVD unter Windows XP oder Windows Vista ein. Automatisch startet eine Abfrage, die wissen möchte, ob Windows 7 installiert werden soll. Hier kann das vorhandene Windows behalten und Windows 7 in einer neuen Partition oder auf einem zweiten Laufwerk parallel installiert werden. Beim Start aus Windows Vista heraus ist unter bestimmten Voraussetzungen eine Update-Installation möglich.

- Booten Sie den Computer mit der Windows 7-DVD. Bei dieser Methode können die Partitionen auf der Festplatte gelöscht oder neue angelegt werden. Windows 7 kann dann als einziges Betriebssystem oder parallel zu einem vorhandenen Windows XP oder Windows Vista in einer eigenen Partition installiert werden.

Booten von der Windows 7-DVD
Damit die Installation durch Booten von der Original-DVD funktioniert, muss im BIOS des Computers die Option, von CD-ROM/DVD zu booten, aktiv sein. In vielen BIOS-Versionen werden verschiedene Bootreihenfolgen zur Auswahl angeboten. Sorgen Sie dafür, dass das DVD-Laufwerk in der Reihenfolge vor der ersten bootfähigen Festplatte steht:
A, CDROM, C
Diese Bootsequenz bedeutet, dass zuerst nach einer Bootdiskette in Laufwerk A: gesucht wird. Besitzt Ihr Computer kein Diskettenlaufwerk bzw. ist dort keine Diskette vorhanden, wird nach einer bootfähigen CD-ROM oder DVD gesucht. Wenn diese ebenfalls nicht vorhanden ist, bootet der Computer von der Festplatte C:.

2.1 Windows 7-Installationsvarianten

Diese Reihenfolge ist für eine Betriebssysteminstallation gut geeignet, auch wenn bereits ein lauffähiges Betriebssystem auf der Festplatte C: installiert ist. Allerdings sollten Sie darauf achten, dass Sie im Normalbetrieb nie eine Windows 7-DVD beim Ausschalten im Laufwerk zurücklassen. Beim nächsten Einschalten käme sonst die Frage, ob Sie Windows 7 neu installieren möchten.

Während der Installation sind, anders als in Windows XP und früheren Windows-Versionen, kaum noch Neustarts und Benutzereingaben erforderlich. Allerdings können auch keine optionalen Komponenten ausgewählt werden. Es wird immer alles installiert. Nach der Installation kann man auch nicht mehr, wie früher unter Windows XP, überflüssige Zusatztools und Spiele manuell wieder entfernen. Diese Komponenten lassen sich zwar in der *Systemsteuerung* deaktivieren, verbleiben aber auf der Festplatte.

Windows 7-Systemvoraussetzungen

Windows 7 läuft auf jedem aktuellen PC. Microsoft gibt zur Installation von Windows 7 bestimmte Systemvoraussetzungen vor, die Anforderungen sind gegenüber Windows Vista aber nicht gestiegen:

- Prozessor: 1 GHz 32 Bit (x86) oder 64 Bit (x64)
- 1 GByte Arbeitsspeicher, die 32-Bit-Version adressiert maximal 4 GByte RAM
- Unterstützung für Grafikprozessor DirectX 10 (nur für die Aero-Oberfläche, sonst wird automatisch auf die Basis-Oberfläche heruntergeschaltet)
- 16 GByte freier Speicherplatz auf der Festplatte
- DVD-ROM-Laufwerk zur Installation
- Funktion für den Internetzugang

Microsoft verteilt ein Logo für zertifizierte Hardware, die mit Windows 7 kompatibel ist. Dies schließt allerdings nicht aus, dass nicht auch ältere Geräte ohne dieses Logo problemlos laufen.

Bild 2.1: Offizielles Logo: *Compatible with Windows 7.*

Microsoft stellte bereits eigene Hardwarekomponenten vor, die zusätzliche Funktionen von Windows 7 unterstützen:

- **Taskleistenfavoriten:** Favoritentasten auf Tastaturen starten die in der Taskleiste abgelegten Anwendungen.
- **Geräte- und Druckerübersicht:** Volle Unterstützung des neuen Windows 7-Fensters.
- **Windows Flip:** Mit einem Klick wird auf die Vorschau aller geöffneten Anwendungen zugegriffen.
- **Windows Live Maker/Windows Live Fotogalerie:** Benutzer von LifeCam-Produkten haben Zugriff auf neue Funktionen.

Windows 7-Neuinstallation

Haben Sie einen Computer selbst zusammengebaut oder ohne Betriebssystem gekauft, müssen Sie eine Neuinstallation von Windows 7 vornehmen.

1. Nachdem Sie mit der Windows 7-DVD gebootet haben, erscheint als Erstes eine Maske, in der Sie *Installationssprache, Uhrzeit und Währungsformat* sowie *Tastatur oder Eingabemethode* auswählen. Lassen Sie hier alles auf *Deutsch* stehen. Damit legt Windows 7 automatisch auch die Tastatursprache fest, sodass Sie nicht mehr wie in früheren Windows-Versionen während der Installation mit der englischen Tastaturbelegung arbeiten müssen.

2.1 Windows 7-Installationsvarianten

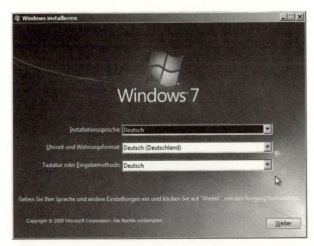

Bild 2.2: Start der Windows 7-Installation.

❷ Im nächsten Schritt starten Sie die eigentliche Installation. Hier haben Sie alternativ die Möglichkeit, Computerreparaturoptionen anzuzeigen, um ein beschädigtes Betriebssystem zu retten. Legen Sie schon aus diesem Grund für den Fall der Fälle eine Windows 7-DVD immer in Reichweite Ihres Computers bereit.

❸ Nachdem Sie den Lizenzvertrag bestätigt haben, kann die Installation starten.

❹ Hier haben Sie die Auswahl zwischen kompletter Neuinstallation und einer Parallelinstallation auf einer zweiten Festplatte oder Partition. Wurde von der Windows 7-DVD gebootet, erscheint das neue Festplattenpartitionierungsprogramm, das erstmals in der Geschichte der Microsoft-Betriebssysteme ermöglicht, eine bestehende Festplattenpartition ohne Datenverlust zu vergrößern. Hier können Sie eine vorhandene Partition auswählen und bei Bedarf neu formatieren oder aber in einem freien Bereich der Festplatte eine neue Partition zur Installation von Windows 7 anlegen.

Bild 2.3: Festplattenpartition für Windows 7 einrichten.

⑤ Bei der Neupartitionierung der Festplatte wird automatisch eine zusätzliche 100 MByte große Partition mit dem Namen *System Reserved* angelegt, die Windows 7 für die Systemwiederherstellung und die BitLocker-Festplattenverschlüsselung nutzt.

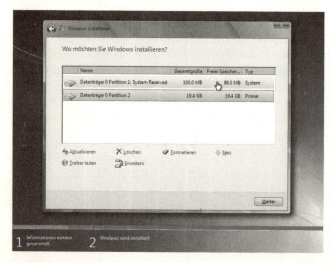

Bild 2.4: Die neu angelegten Festplattenpartitionen für Windows 7.

2.1 Windows 7-Installationsvarianten

6 Jetzt startet der Installationsvorgang, der gegenüber Windows Vista und Windows XP deutlich schneller abläuft, aber trotzdem dem Anwender ausreichend Zeit für eine angenehme Kaffeepause gibt.

7 Nach der eigentlichen Installation wird der Computer automatisch neu gestartet. Danach werden Sie aufgefordert, einen *Benutzernamen* für den Hauptbenutzer und einen *Computernamen* einzugeben. Verzichten Sie bei beiden Namen auf internationale Sonderzeichen und Satzzeichen.

Bild 2.5: Benutzername und Computername für das neu installierte Windows 7.

8 Legen Sie für den neuen Benutzer ein Kennwort fest. Dieses muss bei der Benutzeranmeldung eingegeben werden. Um Tippfehler auszuschließen, muss dieses Kennwort beim ersten Einrichten zweimal eingegeben werden. Zusätzlich zum Kennwort kann bei der Anmeldung noch ein Hinweis angezeigt werden, um den Benutzer an sein Kennwort zu erinnern. Dieser Hinweis sollte aber nicht so eindeutig sein, dass andere Benutzer das Kennwort herausfinden könnten.

9 Im nächsten Schritt geben Sie den Produkt-Key ein, den Sie auf der Verpackung Ihrer Windows 7-Version finden. Der Produkt-Key legt fest, welche Windows 7-Version installiert wird. Auf der DVD sind alle Versionen enthalten. Sie können den Produkt-Key auch später noch eingeben, dann müssen Sie sich aber jetzt für eine zu installierende Version entscheiden. Der später eingegebene Produkt-Key muss zu dieser Version passen, eine Änderung ist dann nicht mehr möglich.

10 Danach legen Sie fest, ob Sie wichtige Updates automatisch herunterladen möchten. Dies sollten Sie immer tun. Nur so können Sie sicherstellen, dass sicherheitsrelevante Systempatches zeitnah installiert werden. Allerdings werden in den empfohlenen Einstellungen bei Problemen automatisch Daten an Microsoft übertragen. Wenn Sie das nicht wollen, schalten Sie auf *Nur wichtige Updates installieren* um.

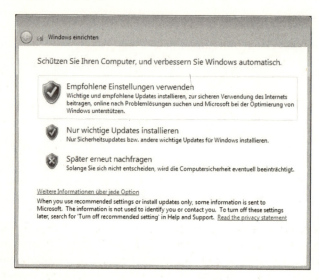

Bild 2.6: Einstellungen für automatische Updates.

⑪ *Datum*, *Uhrzeit* und *Zeitzone* werden aus der Systemuhr des PCs übernommen. Sollte diese falsch gehen, haben Sie jetzt die Gelegenheit, die richtigen Werte einzustellen. Achten Sie auf die richtige Zeitzone und legen Sie fest, dass Windows die Uhr automatisch zwischen Sommer- und Winterzeit umstellt.

2.1 Windows 7-Installationsvarianten

Bild 2.7: Uhrzeit, Datum und Zeitzone einstellen.

⑫ Mit dem Netzwerkstandort legen Sie Grundeinstellungen für die Freigabe von Dateien auf dem eigenen Computer für das Netzwerk fest. Wählen Sie den Typ, der Ihrem Netzwerk am ehesten entspricht. In der Einstellung *Heimnetzwerk* können Sie die einfache Freigabe mithilfe der neuen Heimnetzgruppen nutzen. Die Einstellung *Öffentliches Netzwerk* sollte immer dann verwendet werden, wenn der Computer direkt ohne hauseigenen Router über ein DSL-Modem, eine Mobilfunkverbindung per Surfstick oder Handy oder über ein öffentliches WLAN mit dem Internet verbunden ist.

Standort	Heimnetzgruppe	Netzwerkerkennung
Heimnetzwerk	ja	ja
Arbeitsplatznetzwerk	nein	ja
Öffentliches Netzwerk	nein	nein

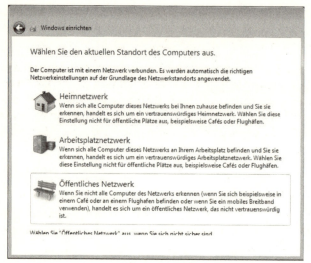

Bild 2.8:
Netzwerkstandort auswählen.

⑬ Bei Auswahl des Netzwerkstandorts *Heimnetzwerk* erscheint die Aufforderung, eine Heimnetzgruppe anzulegen. Heimnetzgruppen sind ein neues Verfahren zur besonders einfachen Dateifreigabe zwischen mehreren Windows 7-Computern im Netzwerk. Ist bereits eine Heimnetzgruppe im Netzwerk vorhanden, können Sie dieser beitreten und eigene Ordner auf dem neu installierten PC freigeben. Der Zugriff wird über ein gemeinsames, zufällig generiertes Heimnetzgruppenkennwort geschützt, das einmalig auf jedem Computer eingegeben werden muss. Ist dieser Computer der erste Windows 7-PC im Netzwerk, wird die Heimnetzgruppe angelegt und automatisch ein Kennwort generiert. Sie können die Einrichtung der Heimnetzgruppe auch überspringen und sie später noch einrichten.

⑭ Zum Schluss wird der Desktop für den neuen Benutzer eingerichtet und Windows 7 gestartet, was beim ersten Mal etwas länger dauert als bei zukünftigen Starts.

Parallelinstallation zu XP oder Vista

Sie können Windows 7 parallel zu einem vorhandenen Betriebssystem installieren. Auf diese Weise können Sie Windows 7 ausgiebig testen, ohne Gefahr zu laufen, dass vorhandene Software nicht mehr kompatibel ist und Sie somit persönliche

Dateien nicht mehr nutzen können. In einer Parallelinstallation werden installierte Programme aus dem anderen Betriebssystem nicht übernommen. Alle Programme müssen zur Verwendung in Windows 7 neu installiert werden.

Nehmen Sie für diese Installationsmethode eine zweite Festplatte oder zumindest eine eigene Partition. Das Installationsprogramm bietet ähnlich wie bei einer kompletten Neuinstallation die Möglichkeit, auf freien Festplattenbereichen Partitionen anzulegen oder vorhandene Partitionen neu zu formatieren, allerdings nur, wenn von der Windows 7-DVD gebootet wurde. Bei einer Installation aus Windows XP oder Windows Vista heraus können keine Partitionen verändert werden.

Update von Vista auf Windows 7

Unter bestimmten Voraussetzungen ist auch eine Update-Installation von Windows Vista auf Windows 7 möglich, ohne dass Daten verloren gehen und Programme neu installiert werden müssen.

Allerdings lässt sich nicht jede Windows Vista-Version beliebig auf jede Windows 7-Version aktualisieren. Microsoft hat nur bestimmte Kombinationen für das Update vorgesehen. Jede Windows Vista-Version kann nur auf die jeweils entsprechende oder eine höhere Windows 7-Version aktualisiert werden. Updates auf eine andere Sprachversion oder Plattform (z. B. 32 Bit auf 64 Bit) sind ebenfalls nicht möglich.

Windows Vista-Version	Mögliche Updates
Windows Vista Home Basic	Windows 7 Home Basic, Home Premium, Ultimate
Windows Vista Home Premium	Windows 7 Home Premium, Ultimate
Windows Vista Business	Windows 7 Professional, Enterprise, Ultimate
Windows Vista Enterprise	Windows 7 Enterprise
Windows Vista Ultimate	Windows 7 Ultimate

Bei der Update-Installation wird Windows 7 in der gleichen Partition installiert wie das bisherige Windows Vista. Eigene Dateien des Benutzers sowie installierte Programme werden so weit wie möglich übernommen. Allerdings beinhaltet diese Installationsmethode die Gefahr, dass alte Probleme aus Windows Vista mit in das neue Windows 7 herübergeschleppt werden.

2.2 Das Windows 7 Service Pack 1

Keine Software ist perfekt; das gilt auch für Betriebssysteme. Immer wieder tauchen neue Fehler und Sicherheitslücken auf, die von Softwareherstellern durch Updates oder Patches behoben werden. Hacker konzentrieren sich auf weit verbreitete Systeme, da dort die Wahrscheinlichkeit, einen ungeschützten Computer zu finden, besonders hoch ist. Dementsprechend sind Windows-Computer weitaus gefährdeter, von Viren, Trojanern und Ähnlichem angegriffen zu werden, als zum Beispiel Linux oder Macintosh.

Leider laden die wenigsten Anwender regelmäßig Sicherheitsupdates herunter. Die Windows Update-Funktion erledigt das zwar automatisch, wird aber gerade in Firmennetzen häufig nicht eingesetzt, da sie datenschutztechnisch relativ bedenklich ist. Diverse Daten des eigenen Computers werden bei der Suche passender Updates an Microsoft übertragen.

Warum sind Sicherheitsupdates wichtig?
Viele der Sicherheitslücken, für die Updates bereitgestellt werden, würden in der Praxis normalerweise höchst selten in Erscheinung treten. Allerdings erscheinen kurz nach Bekanntwerden einer Sicherheitslücke auf einschlägigen Hackerseiten Tipps und Skripten (Exploits), mit denen jeder Hobbybastler diese Sicherheitslücke für Angriffe auf beliebige fremde Computer ausnutzen kann. Deshalb ist es wichtig, auch die scheinbar unbedeutenden Sicherheitsupdates regelmäßig zu installieren.

Die Service Packs zu Windows fassen alle Patches, die bis zum Veröffentlichungstag des Service Pack erschienen sind, zu einem Installationspaket zusammen. In den Windows XP Service Packs kamen auch neue Funktionen hinzu. Wichtigste Neuerung des ersten Service Pack zu Windows XP war die Funktion *Programmzugriff und Standards festlegen* unter *Systemsteuerung/Software*.

Damit konnte man systemweit Standardbrowser, E-Mail-Programm und Media Player verändern und gegen komfortablere oder sicherere Programme anderer Hersteller austauschen. Mit dem Windows XP Service Pack 2 kam das neue Sicherheitscenter hinzu. Das erste Service Pack zu Windows 7 enthält zunächst mal wieder nur eine Sammlung aller Windows-Updates bis zum Jahresende 2010.

2.2 Das Windows 7 Service Pack 1

Alle wichtigen Neuerungen im Überblick

Um es vorwegzunehmen: Die für den Benutzer sichtbaren Änderungen sind minimal. Man sieht keinen Unterschied in der Benutzeroberfläche nach der Installation des Windows 7 Service Pack 1 außer einem Eintrag in der *Systemsteuerung* unter *System und Sicherheit/System*.

Bild 2.9: Auf der Startseite der *Systemsteuerung* finden Sie eine Info zu dem installierten Service Pack 1.

Das Windows 7 Service Pack 1 enthält alle Patches, die seit dem offiziellen Erscheinungstermin von Windows 7 erschienen sind. Das Service Pack 1 ist gleichzeitig auch für Windows Server 2008 R2 verfügbar, der technisch dem Windows 7-Betriebssystem sehr ähnlich ist. Für die Serverversion bringt das Service Pack 1 einige weitere neue Funktionen.

▶ **Verbesserte Unterstützung der Kommunikation mit Anmeldediensten von Drittanbietern**

Um die Zusammenarbeit mit verschiedenen Plattformen zu vereinfachen, wurden die Funktionen verbessert, die Identitäts- und Anmeldedaten zwischen Organisationen kommunizieren.

▶ **Verbesserte Performance bei HDMI-Audiogeräten**

Einige Nutzer haben Probleme damit, dass die Verbindung zwischen dem Computer und einem angeschlossenen HDMI-Audiogerät nach dem Neustart des Systems verloren geht. Das Windows 7 Service Pack 1 stellt sicher, dass die Verbindungen zwischen Windows 7-Computern und HDMI-Audiogeräten erhalten bleiben.

▶ XPS-Dokumente mit unterschiedlicher Seitenorientierung

Wurden Dokumente mit Seiten im Hoch- und Querformat mithilfe des XPS-Viewers gedruckt, kam es vor, dass alle Seiten ganz im Hoch- oder Querformat gedruckt wurden. Dieses Problem ist mit dem Windows 7 Service Pack 1 behoben.

▶ Verändertes Verhalten der Funktion Vorherige Ordnerfenster bei der Anmeldung wiederherstellen

Bei eingeschalteter Option *Vorherige Ordnerfenster bei der Anmeldung wiederherstellen* in den Ordneroptionen im Explorer wurden zuvor geöffnete Ordnerfenster in kaskadierter Anordnung zur Position des zuletzt aktiven Ordners wiederhergestellt. Das Verhalten ändert sich mit dem Windows 7 Service Pack 1, sodass jetzt alle Ordner in ihren vorherigen Positionen wiederhergestellt werden.

Bild 2.10: Vorherige Ordnerfenster bei der Anmeldung wiederherstellen.

▶ Erweiterte Unterstützung für weitere Identitäten in RRAS und IPSec

Im Identifizierungsfeld des IKEv2-Authentifizierungsprotokolls wurden neue Identifikationstypen aufgenommen. Das ermöglicht eine Vielzahl von zusätzlichen Formen der Identifikation, z. B. E-Mail-ID oder Certificate Subject.

▶ Unterstützung für Advanced Vector Extensions (AVX)

Advanced Vector Extensions (AVX) ist eine 256-Bit-Befehlssatzerweiterung für Prozessoren. AVX wurde entwickelt für eine verbesserte Leistung von Anwendun-

2.2 Das Windows 7 Service Pack 1

gen, die gleitkommaintensive Berechnungen durchführen. Mit dem Windows 7 Service Pack 1 unterstützt Windows 7 den AVX-Befehlssatz.

Darauf müssen Sie vor der Installation achten

Das Windows 7 Service Pack 1 wird über ein vorhandenes Windows 7 installiert, und damit wird das System auf den neusten Stand gebracht. Vor der Installation des Windows 7 Service Pack 1 sind einige Voraussetzungen zu beachten:

Natürlich muss Windows 7 auf dem Computer laufen, um das Service Pack zu installieren. Das Windows 7 Service Pack 1 ist auch keine Lösung zur Reparatur eines beschädigten Systems. Eventuelle Probleme müssen Sie vorher reparieren. Sollten Sie eine ältere Release-Candidate-Version des Windows 7 Service Pack 1 installiert haben, deinstallieren Sie diese vor der Installation der finalen Version. Sie werden ab 30. August 2011 daran erinnert, dass die Release-Candidate-Version am 30. November 2011 abläuft.

> **Windows 7 Service Pack 1 auf Notebooks installieren**
> Wenn Sie das Windows 7 Service Pack 1 auf einem Notebook installieren, muss dieses unbedingt am Stromnetz angeschlossen sein. Das ist eine reine Sicherheitsmaßnahme, die verhindern soll, dass die Installation abbricht, weil der Akku leer ist. Dies wäre fatal, denn eine abgebrochene Service Pack-Installation lässt ein nicht mehr funktionsfähiges System zurück. Der Computer würde ohne Neuinstallation des Betriebssystems nicht mehr starten.

▶ Daten sichern

Wie bei jedem größeren Eingriff ins System sollten alle persönlichen Daten auf einer zweiten Partition, einer externen Festplatte oder einem anderen Speichermedium gesichert werden. Bei der Installation gehen zwar normalerweise keine Daten verloren, da Fehler aber nie auszuschließen sind, sollte man sich die Zeit für eine Datensicherung auf jeden Fall nehmen.

▶ Gerätetreiber aktualisieren

Aktualisieren Sie alle Gerätetreiber über Windows Update oder direkt mit den Installationsdateien von den Webseiten der Hersteller. Nur so können Sie vor Inkompatibilitäten des Windows 7 Service Pack 1 mit älteren Treibern sicher sein.

2 Installation und Service Pack 1

In Windows Update werden Gerätetreiber als optionale Updates angezeigt. Besonders systemkritische Treiber werden sogar als wichtige Updates angeboten und, wenn nicht anders eingestellt, automatisch installiert.

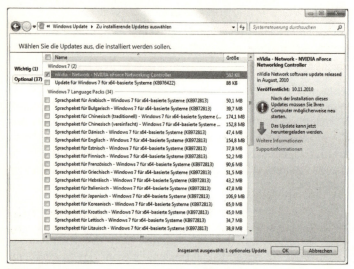

Bild 2.11: Updates auswählen, die installiert werden sollten.

In vielen Fällen verursachen aber gar nicht die Treiber, sondern deren Installer, die keine automatische Installation nach Microsoft-Richtlinien unterstützen, die Probleme. Lässt sich zum Beispiel ein Grafikkartentreiber nicht automatisch installieren, kann es passieren, dass das Windows 7 Service Pack 1 zwar installiert wird, nach dem Neustart aber nichts auf dem Bildschirm zu sehen ist, weil der Grafikkartentreiber fehlt.

Um solchen Problemen aus dem Weg zu gehen und den Geräteherstellern Zeit zu geben, Treiber zu bauen und zu verbreiten, die den Spezifikationen von Windows 7 entsprechen, wurde das Windows 7 Service Pack 1 eine gewisse Zeit vor der endgültigen Version als Betaversion ausgeliefert.

▶ Vorbereitendes Update-Patch installieren

Microsoft hat im Januar 2011 ein Update mit der Nummer *KB976902* über Windows Update als wichtiges Update ausgeliefert. Dieses Update hat ein Veröffentlichungsdatum vom 11.01.2011 und kann – für alle, die keine automatische Windows

2.2 Das Windows 7 Service Pack 1

Update-Funktion nutzen – auch direkt aus der Microsoft-Knowledgebase heruntergeladen werden. Dieses Update-Patch ersetzt diverse Systemdateien. Erst wenn dieses Update installiert ist, kann Windows 7 Service Pack 1 installiert werden.

Bild 2.12: Erst wenn das Update *KB976902* installiert ist, kann Windows 7 Service Pack 1 installiert werden.

▶ Ausreichend freier Speicherplatz

Während der Installation des Windows 7 Service Pack 1 muss ausreichend freier Speicherplatz auf dem Systemlaufwerk zum temporären Entpacken der Service Pack-Dateien und zum Zwischenspeichern vorhanden sein.

Version	Benötigter Speicherplatz
32-Bit-Version:	1.800 MByte
64-Bit-Version:	3.300 MByte

Nach der Installation wird dieser Speicherplatz wieder freigegeben.

Windows 7 Service Pack 1 herunterladen

Das Windows 7 Service Pack 1 aktualisiert alle Windows 7-Versionen: Windows 7 Starter, Windows 7 Home Premium, Windows 7 Professional und Windows 7 Ultimate. Für die unterschiedlichen Windows-Versionen sind keine verschiedenen Service Pack-Versionen nötig.

Windows Server 2008 R2 kann ebenfalls mit dem Service Pack 1 aktualisiert werden. Auch hier ist keine separate Installationsdatei erforderlich. Der eigenständige Installer funktioniert mit Windows 7 und Windows Server 2008 R2. Windows Update erkennt automatisch die richtige Version.

Für Windows 7 und Windows Server 2008 R2 gibt es je zwei verschiedene Installationspakete, eine 32-Bit-Version und eine 64-Bit-Version. Welche Service Pack-Version die richtige ist, hängt davon ab, welche Windows-Version auf dem Computer läuft.

Dies stellen Sie ganz einfach mit der Tastenkombination [Win]+[Pause] fest. Alternativ können Sie auch in der *Systemsteuerung* das Modul *System und Sicherheit/System* wählen. Die Zeile *Systemtyp* im Fenster *Basisinformationen über den Computer anzeigen* zeigt, ob die 32-Bit-Version oder die 64-Bit-Version läuft.

Bild 2.13: Anzeige des Windows-Systemtyps.

Laden Sie sich die richtige Version des Windows 7 Service Pack 1 bei Microsoft herunter. Bei der Installation von einer Installations-DVD wird die verwendete Version automatisch erkannt.

In diesem Zusammenhang noch ein wichtiger Hinweis, der gar nicht oft genug gegeben werden kann: **Laden Sie sich das Windows 7 Service Pack 1 nur von der offiziellen Downloadseite von Microsoft oder über Windows Update herunter**, nicht bei irgendwelchen dubiosen Anbietern, die möglicherweise sogar Geld für den Download verlangen.

▶ Vorsicht vor gefälschten E-Mails

Immer wieder nutzen Hacker die Angst der Anwender vor Sicherheitsproblemen böswillig aus. So werden im Namen von Microsoft E-Mails mit angeblichen Sicherheitspatches und Service Packs verschickt. In Wirklichkeit enthält der Anhang der Mail aber einen Trojaner, einen Virus oder sonstige Malware. Besorgen Sie sich das Windows 7 Service Pack 1 und alle anderen Windows-Patches nur von einer vertrauenswürdigen Quelle! Derart gefälschte E-Mails sind anhand verschiedener Kriterien leicht zu identifizieren:

- Microsoft-E-Mails enthalten nie einen Dateianhang oder einen direkten Downloadlink, sondern immer nur Links auf das entsprechende Security Bulletin im Internet.

2.2 Das Windows 7 Service Pack 1

- Microsoft-E-Mails werden auch von Microsoft-E-Mail-Adressen verschickt. Im Zweifelsfall überprüfen Sie den Absender im Quelltext der Mail.
- Microsoft-E-Mails, die vom Security Response Center und nicht von einer Werbeabteilung kommen, sind immer digital signiert.
- Alle Dateien von Microsoft enthalten eine digitale Signatur.
- Gefälschte E-Mails sind meistens in einem ausgesprochen schlechten Deutsch formuliert.

Beispiel einer gefälschten E-Mail mit Downloadlink auf Malware:

```
Von: Microsoft-Updateservice [mailto:support@microsoft-updateservice.de]
Gesendet: Sonntag, 21. November 2010 17:18
An: ..........
Betreff: Microsoft Security Patch

Lieber Microsoft-Kunde,

wir freuen uns Ihnen mitteilen zu dürfen,daß wir Ihnen zum bestehenden
Sicherheitsproblem bzgl. Internet Explorer 9 und Firefox 3.x einen
Update-Patch bereitstellen können.
Kompatibel mit Windwos XP / VISTA und Windows 7.

Ihren Patch können Sie hier direkt downloaden.
http://microsoft-updateservice.de/web_update.exe

oder unter
http://microsoft-updateservice.de/

Update for Windows XP, VISTA, WIN7

Installation:
1. Downloaden Sie den Update-Patch
2. Update-Patch ausführen durch Doppelklick oder Rechtsklick/öffnen
3. Nach der Installation starten Sie Ihr Betriebssystem neu.

Mit freundlichen Grüßen

Steve Lipner
Director of Security Assurance
Microsoft Corp.
```

Neben den teilweise holprigen Formulierungen wird eine Domain verwendet, die nicht zu Microsoft gehört. Die E-Mail enthält einen direkten Downloadlink und versucht sogar, Firefox-Nutzer anzusprechen. Microsoft würde nie so plump für den Erzrivalen werben. »Microsoft Corp.« ist alles andere als die korrekte Firmenbezeichnung, und kein professioneller Softwarehersteller verwendet seine eigenen Marken in falscher Schreibweise (VISTA, WIN7).

Wer auf so eine E-Mail hereinfällt, ist schlicht und einfach selbst schuld. Zur zusätzlichen Sicherheit wurde die verwendete Domain mittlerweile vom Provider gesperrt.

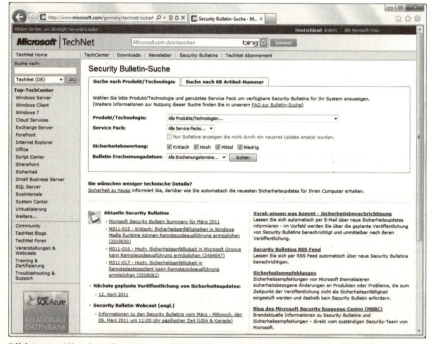

Bild 2.14: Alle aktuellen Microsoft Security Bulletins sind hier aufgelistet: *www.microsoft.com/germany/technet/sicherheit/bulletins*.

2.2 Das Windows 7 Service Pack 1

▶ Installation per Windows Update

Noch einfacher ist die Installation per Windows Update. Das Windows 7 Service Pack 1 wird nach und nach als wichtiges Update auf den Computern angezeigt und dann auch automatisch installiert. Um die Update-Server nicht zu überlasten, erfolgt die Anzeige schrittweise, damit nicht alle Computer gleichzeitig auf die Downloads zugreifen.

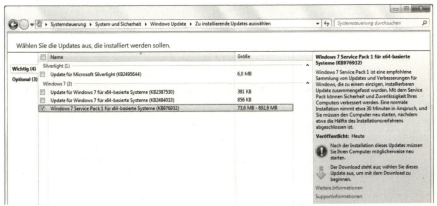

Bild 2.15: Windows 7 Service Pack 1 per Windows Update installieren.

▶ Die Installation benötigt Administratorrechte

Zur Installation des Windows 7 Service Pack 1 müssen Sie als Administrator oder als anderer Benutzer mit Administratorrechten angemeldet sein. Achten Sie darauf, dass keine weiteren Benutzer auf dem PC angemeldet sind.

▶ Alle Programme beenden

Vor der Installation des Windows 7 Service Pack 1 müssen alle laufenden Programme geschlossen werden. Dies gilt ausdrücklich für alle Programme, auch solche, die nicht in einem eigenen Fenster, sondern nur als kleines Symbol im Infobereich der Taskleiste laufen! Diese Programme lassen sich üblicherweise beenden, indem man mit der rechten Maustaste auf das Symbol klickt und im Kontextmenü einen Menüpunkt wie *Beenden* oder *Exit* wählt.

Auch Virenscanner sollten während der Installation des Service Pack deaktiviert werden. Starten Sie während der Service Pack-Installation keine Programme, machen Sie keine Netzwerkzugriffe und lassen Sie auch keinen Webbrowser und kein E-Mail-Programm laufen. So geht das Risiko, sich während der etwa eine halbe Stunde dauernden Installation mit einem Virus zu infizieren, gegen null.

▶ **Unterbrechungsfreie Stromversorgung abklemmen**

Für den Fall, dass Sie den Computer an eine unterbrechungsfreie Stromversorgung (USV) angeschlossen haben, entfernen Sie das serielle Kabel zur Steuerung des Computers. Die Installation des Windows 7 Service Pack 1 versucht, seriell angeschlossene Geräte zu erkennen. Eine USV kann diesen Erkennungsprozess stören. Die Stromversorgung kann weiter über die USV laufen. Nach der Installation können Sie das serielle Kabel wieder anschließen.

Windows 7 Service Pack 1 installieren

❶ Nachdem alle Voraussetzungen erfüllt und alle laufenden Programme beendet sind, starten Sie die Installation des Windows 7 Service Pack 1 aus dem Windows-Explorer mit einem Doppelklick auf die Installationsdatei. Es erscheint der Begrüßungsdialog des Installationsprogramms.

Bild 2.16: Windows Service Pack installieren.

❷ Wenn Sie sich nicht sicher sind, ob Sie alle notwendigen Vorkehrungen zur problemlosen Installation des Windows 7 Service Pack 1 getroffen haben, klicken Sie auf den Link *Wichtige Informationen ...* in diesem Fenster. Daraufhin öffnet sich ein Browserfenster mit einem Hilfetext zur Installation.

2.2 Das Windows 7 Service Pack 1

③ Nach einem Klick auf *Weiter* im Begrüßungsdialog überprüft der Installer, ob das Windows 7 Service Pack 1 bereits installiert ist. In diesem Fall wird die Installation mit einer entsprechenden Meldung abgebrochen. Das gilt auch, wenn eine Vorabversion des Service Pack installiert ist. Diese muss zuerst deinstalliert werden.

④ Im nächsten Schritt müssen Sie einen Lizenzvertrag für das Windows 7 Service Pack 1 bestätigen. Kaum jemand liest diese Lizenzverträge. In diesem sind gegenüber dem Original-Windows-7-Lizenzvertrag nur Kleinigkeiten geändert worden.

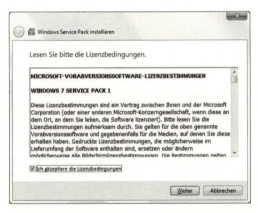

Bild 2.17: Lesen und Akzeptieren der Lizenzbedingungen.

Danach startet der Assistent zur Installation. Dieser überprüft, ob tatsächlich genügend Speicherplatz zur Verfügung steht, bevor die eigentliche Installation beginnt.

⑤ Jetzt erscheint eine Meldung, die Ihnen sagt, dass Daten gesichert und Programme geschlossen werden müssen. Im Gegensatz zu anderen Installationsprogrammen, bei denen entsprechende Meldungen unbegründet sind, sollten Sie bei der Installation eines Windows Service Pack wirklich alle anderen Programme schließen, besonders die von Microsoft, da zahlreiche Systemdateien ersetzt werden müssen. Das gilt auch für Programme, die im Hintergrund laufen, wie Virenscanner oder Systemtools, die auf bestimmte Ereignisse warten.

Bild 2.18: Starten der eigentlichen Installationsroutine.

6. Während der Installation wird der Computer mindestens einmal neu gestartet. Wenn Sie das Kontrollkästchen *Computer automatisch neu starten* aktivieren, können Sie die Installation unbeaufsichtigt laufen lassen und müssen den Neustart nicht manuell bestätigen. Haben Sie mehrere Betriebssysteme mit einem Bootmanager installiert, sollten Sie diesen Schalter deaktivieren. So werden Sie vor dem Neustart benachrichtigt und können eine eventuell notwendige Auswahl im Bootmanager tätigen.

Bild 2.19: Der Systemwiederherstellungspunkt Windows 7 Service Pack 1 wird erstellt.

Zu Beginn der Installation wird ein Systemwiederherstellungspunkt gesetzt, über den sich im Fall eines Problems der Zustand vor der Service Pack-Installation wiederherstellen lässt.

2.2 Das Windows 7 Service Pack 1

Bild 2.20: Der Installationsprozess läuft.

❼ Wenn das Kontrollkästchen *Computer automatisch neu starten* aktiviert ist, können Sie jetzt in Ruhe Kaffee trinken gehen. Bis zum Abschluss der Installation sind keine Benutzereingaben mehr erforderlich. Das kann eine halbe Stunde dauern. Andernfalls erscheint vor dem Neustart eine Abfrage.

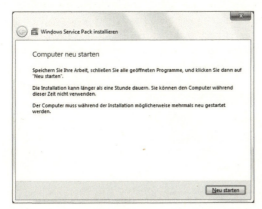

Bild 2.21: Nach der Installation wird der Computer neu gestartet.

Schalten Sie den Computer auf gar keinen Fall während der Installation aus und machen Sie auch keinen Neustart, wenn sich scheinbar nichts tut. Eine abgebrochene Service Pack-Installation lässt ein beschädigtes System zurück. In diesem Fall müssten Sie Windows 7 komplett neu installieren.

2 Installation und Service Pack 1

❽ Nach dem letzten Neustart erscheint eine Meldung, die Ihnen mitteilt, dass das Windows 7 Service Pack 1 installiert wurde. Mit Klick auf *Schließen* bestätigen Sie die Installation.

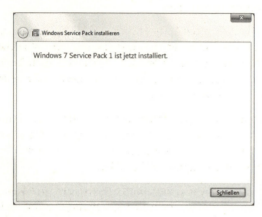

Bild 2.22: Die erfolgreiche Installation wird bestätigt.

▶ Virenscanner aktivieren

Denken Sie daran, jetzt Ihren Virenscanner zu aktivieren. Danach können Sie Windows 7 wieder ganz normal weiterverwenden. Nach der Installation des Windows 7 Service Pack 1 zeigt Windows 7 die Versionsnummer *6.1.7601*.

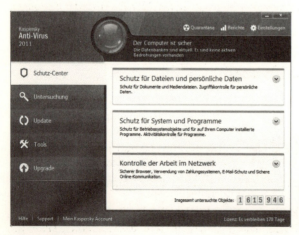

Bild 2.23: Hier der bewährte Virenscanner Kaspersky Anti-Virus 2011.

2.2 Das Windows 7 Service Pack 1

Automatische Installation verhindern

Erst einige Zeit nachdem das Windows 7 Service Pack 1 in der finalen Version erschienen war, wurde es nach und nach als wichtiges Update gelistet und damit auf den meisten Computern automatisch installiert.

Wer Sorgen hat, das Windows 7 Service Pack 1 könnte auf seinem Computer zu Inkompatibilitäten führen, kann die automatische Installation per Windows Update verhindern, ohne das Windows Update komplett abschalten zu müssen. Außerdem können Sie auf diese Weise bei einem Notebook Kosten für teure Onlineverbindungen über UMTS/HSDPA vermeiden.

Administratoren in großen Firmennetzen wollen ebenfalls vermeiden, dass Hunderte Nutzer per Windows Update alle das gleiche Service Pack bei Microsoft herunterladen. Betriebssystemupdates werden in großen Netzwerken sinnvollerweise von einem lokalen Server aus auf alle Computer installiert.

Microsoft bietet ein »Windows Service Pack Blocker Tool Kit für Windows 7 Service Pack 1« an, das bis ein Jahr nach dem offiziellen Veröffentlichungstermin des Service Pack die automatische Installation per Windows Update verhindert. Die Installation von einer CD oder einer Installationsdatei wird damit nicht unterbunden. Den aktuellen Downloadlink finden Sie unter *www.windowsacht.de/?p=135*.

Das Tool *SPblockingTool.exe /B* muss mit Administratorrechten in einem Kommandozeilenfenster gestartet werden. Klicken Sie dazu mit der rechten Maustaste im Startmenü auf *Eingabeaufforderung* und wählen Sie *Als Administrator ausführen*.

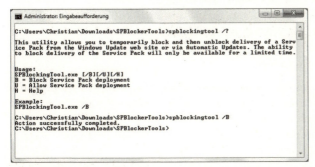

Bild 2.24: *SPblockingTool.exe /B* starten.

Das Windows Service Pack Blocker Tool Kit legt in der Registry unter *HKEY_LOCAL_MACHINE\SOFTWARE\Policies\Microsoft\Windows\WindowsUpdate* den neuen Parameter *DoNotAllowSP* mit dem Wert *1* an.

Natürlich können Sie diesen Wert auch manuell anlegen. Um die automatische Installation des Windows 7 Service Pack 1 wieder zuzulassen, braucht der Wert nur wieder gelöscht zu werden. *SPblockingTool.exe /U* erledigt das ebenfalls.

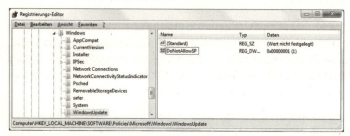

Bild 2.25: Ein kleiner Eingriff in die Registry blockiert die Installation des Windows 7 Service Pack 1.

2.3 Aktivierung und Registrierung

Beim ersten Start des neuen Windows 7 erscheint eine Aufforderung zur Aktivierung, falls diese nicht bereits bei der Eingabe des Produkt-Keys im Installationsprogramm durchgeführt wurde.

Nach einer Zeit von 30 Tagen muss das Betriebssystem spätestens bei Microsoft aktiviert werden. Für die Aktivierung wird auf dem eigenen Computer anhand verschiedener Daten, über die Microsoft nur wenig Auskunft gibt, eine Installations-ID zusammengestellt. Diese muss online über das Internet an Microsoft übermittelt werden. Eine Aktivierung per Telefon ist standardmäßig nicht mehr vorgesehen. Leider wird der Benutzer absolut im Dunkeln darüber gelassen, welche Daten tatsächlich übertragen werden.

Die *Systemsteuerung* zeigt unter *System und Sicherheit/System* einen Informationsbildschirm mit Details zum Computer. Diese Anzeige können Sie auch ohne viele Klicks mit der Tastenkombination [Win]+[Pause] aufrufen. Dort finden Sie ganz unten eine Information darüber, wie viele Tage noch bis zur Zwangsaktivierung verbleiben.

2.3 Aktivierung und Registrierung

Bild 2.26: Systeminformationen und Anzeige der Windows-Aktivierung.

Haben Sie bei der Installation keinen Produkt-Key angegeben, können Sie das jetzt nachholen. Windows 7 erkennt den fehlenden Produkt-Key beim Versuch der Aktivierung automatisch und bietet jetzt die Möglichkeit, einen gültigen Produkt-Key einzugeben. Dieser muss mit der installierten Windows-Version übereinstimmen, da Windows 7 andernfalls komplett neu installiert werden muss.

Diese Aktivierung hat nichts mit der freiwilligen persönlichen Registrierung zu tun. Diese beiden Vorgänge werden von vielen Benutzern leicht verwechselt. Nach der Aktivierung wird zwar ein Formular zur Registrierung angezeigt, das aber problemlos übersprungen werden kann.

Die Aktivierung später vornehmen

Windows 7 muss innerhalb von 30 Tagen nach der Installation aktiviert werden. Sie können also ruhig den Aktivierungsbildschirm beim ersten Neustart übergehen und die Aktivierung später manuell vornehmen.

 Mit der Aktivierung warten
Mit der Aktivierung etwas zu warten, hat den Vorteil, dass man eventuell noch inkompatible Hardware umbauen oder austauschen kann. Der Aktivierungscode ist von der Hardware abhängig. Bei einer bestimmten Zahl ausgetauschter Komponenten muss Windows 7 neu aktiviert werden. Allerdings werden bei der Aktivierung auch Daten installierter Software übertragen. Wer nicht möchte, dass Microsoft erfährt, welche Programme auf seinem eigenen PC installiert sind, aktiviert sein jungfräuliches Windows direkt nach der Installation.

Den Testzeitraum verlängern

Der 30-tägige Testzeitraum einer nicht aktivierten Windows 7-Version lässt sich bis zu drei Mal, also auf insgesamt 120 Tage, verlängern. Geben Sie als Administrator in der *Eingabeaufforderung* folgenden Befehl ein:

```
slmgr.vbs -rearm
```

Das *Eingabeaufforderung*-Fenster öffnen Sie im Startmenü über *Alle Programme/ Zubehör/Eingabeaufforderung*. Klicken Sie mit der rechten Maustaste auf diesen Menüpunkt und wählen Sie *Als Administrator ausführen*.

Bild 2.27:
Testzeitraum für
Windows 7 verlängern.

2.4 Den Bootmanager einrichten

Windows 7 liefert einen eigenen Bootmanager mit, der automatisch aktiviert wird, wenn Sie Windows 7 parallel zu einem vorhandenen früheren Windows installieren. Der Bootmanager installiert sich ebenfalls immer auf der ersten Festplatte, kann dann aber die Systemdateien von Windows 7 auf einer zweiten Platte unabhängig vom vorhandenen Betriebssystem installieren.

Der neue Bootmanager ist nicht der gleiche wie unter Windows XP. Sind beide Betriebssysteme oder noch mehr andere Windows-Versionen installiert, schaltet sich der neue Bootmanager vor den von Windows XP. Das bedeutet, dass beim Start der Windows 7-Bootmanager erscheint, in dem nur zwischen Windows 7 und einer früheren Windows-Version ausgewählt werden kann. Wählt man diese ältere Version, erscheint das aus Windows XP bekannte Bootmenü, in dem Windows XP und eventuell vorhandene weitere Windows-Versionen eingetragen sind.

Der Windows 7-Bootmanager richtet Windows 7 automatisch als Standardbetriebssystem ein, wenn der Anwender beim Booten nicht nach wenigen Sekunden ein anderes Betriebssystem auswählt. Diese Einstellung lässt sich aber auch ändern. Klicken Sie dazu in der *Systemsteuerung* unter *System und Sicherheit/System* links auf *Erweiterte Systemeinstellungen*.

Bild 2.28: Bootmanager für Windows 7 einrichten.

Klicken Sie im nächsten Dialogfeld auf die *Einstellungen*-Schaltfläche im Bereich *Starten und Wiederherstellen*. Im folgenden Fenster können Sie das Standardbetriebssystem wählen und die Anzeigedauer der Betriebssystemauswahlliste festlegen.

2.5 Wichtige Funktionen kurz erläutert

Die Schaltfläche *Start* unten links wurde in Windows 7 durch ein einfaches Windows-Logo ersetzt. Ein Klick darauf öffnet das neue Startmenü, in dem Sie ganz oben den Menüpunkt *Erste Schritte* finden. Dieser Menüpunkt führt in einen Dialog mit wichtigen Aufgaben auf einem neuen Computer oder nach einer Neuinstallation des Betriebssystems.

Sämtliche Funktionen des *Erste Schritte*-Fensters sind auch an anderen Stellen in Windows 7 zu finden, hier hat man aber alles auf einen Blick.

Bild 2.29: Das neue Startmenü in Windows 7.

Bild 2.30: Das Willkommensfenster von *Erste Schritte* in Windows 7.

Ein Klick auf eine der Funktionen zeigt im oberen Teil des Fensters eine Erklärung an, ein Doppelklick startet die jeweilige Funktion.

Neues in Windows 7 online abrufen

 Ein Doppelklick auf dieses Symbol startet den Webbrowser und führt zur Windows 7-Seite bei Microsoft. Hier finden Sie aktuelle Infos, Hilfetexte und kostenlose Downloads zu Windows 7.

Das Aussehen von Windows anpassen

Das Aussehen von Windows 7 lässt sich über Designs vielfältig anpassen. Ein Windows-Design kann neben dem Hintergrundbild auch noch ein Farbschema für die Fenster, verschiedene Sounds und einen Bildschirmschoner enthalten. Microsoft bietet vorgefertigte Designs zum Download an, einige werden bei Windows 7 auch standardmäßig mitgeliefert. Natürlich können Sie sich jederzeit selbst aus eigenen Komponenten Designs zusammenbauen.

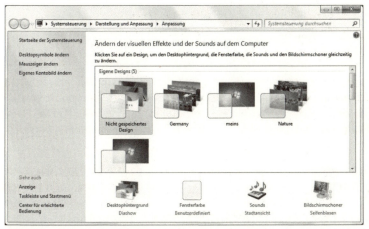

Bild 2.31: Visuelle Effekte und Designs auswählen.

Windows 7 bietet erstmals die Möglichkeit, anstelle eines festen Hintergrundbilds eine Diashow mit mehreren Bildern als Desktophintergrund zu verwenden. Die Bilder können dabei in einem frei wählbaren Zeitintervall wechseln.

Klicken Sie dazu im unteren Fensterbereich auf *Desktophintergrund* und wählen Sie die gewünschten Bilder aus, die im zeitlichen Rhythmus wechseln sollen. Neben den vorgegebenen Desktophintergründen können Sie auch Bilder aus der eigenen Fotogalerie in die Diashow einbauen.

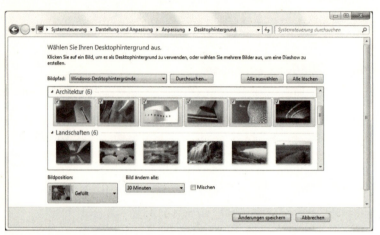

Bild 2.32: Windows-Desktophintergründe auswählen.

Bei Verwendung der Aero-Oberfläche bietet Windows 7 zahlreiche Einstellungsmöglichkeiten, um das Aussehen der Fenster und der Taskleiste dem persönlichen Geschmack anzupassen. Ein Klick auf *Fensterfarbe* zeigt einen Dialog zum Einstellen von Farben und Transparenz der Fensterrahmen in Windows 7. Die Farbflächen im oberen Teil des Dialogfelds schalten zwischen verschiedenen vorgefertigten Farbschemata um.

Mit dem Regler *Farbintensität* legen Sie fest, wie stark das Farbschema das Standardgrau von Windows 7 überdecken soll. Steht dieser Regler ganz links, bleiben die Fensterränder von der neuen Farbe unberührt. Wer spezielle Farben den vorgefertigten Farbschemata vorzieht, sollte den *Farbmixer einblenden*. Damit lassen sich beliebige Farben für die Fensterränder einstellen.

2.5 Wichtige Funktionen kurz erläutert

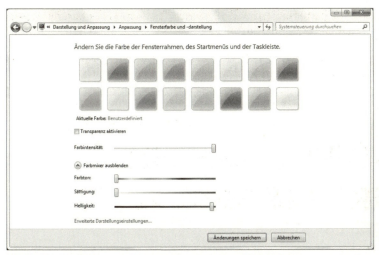

Bild 2.33: Farbschemata für Fensterrahmen und Taskleiste.

Das Kontrollkästchen *Transparenz aktivieren* schaltet die Transparenz der Fensterränder ein oder aus. Bei eingeschalteter Transparenz regelt die *Farbintensität* auch, wie stark weitere Fenster und der Hintergrund durchscheinen. Die Fensterinhalte bleiben klar erkennbar, nur die Ränder werden transparent dargestellt.

Bild 2.34: Transparente Fensterrahmen in Windows 7.

Ob diese Transparenz sinnvoll ist oder nicht, entscheiden Sie am besten selbst. Aus Gründen der besseren Erkennbarkeit verzichten wir bei den Bildschirmfotos in diesem Buch auf die transparente Darstellung.

Zu einem Windows-Design gehören neben Hintergrundbild und Fensterfarben auch die Sounds, die bei verschiedenen Systemereignissen, bei Fehlern, bei leerem Notebook-Akku oder auch bei eingehenden E-Mails abgespielt werden. Windows 7 fasst die einzelnen Sounds zu sogenannten Soundschemata zusammen. Ein Klick auf *Sounds* öffnet ein weiteres Dialogfeld, in dem zu jedem Systemereignis eine Sounddatei gewählt werden kann.

Sind alle Sounds ausgewählt, sollten Sie das Soundschema speichern. In jedem Windows-Design kann ein solches Soundschema definiert sein.

Bild 2.35: Sounds für Programmereignisse auswählen.

Die letzte Komponente eines jeden Windows-Designs ist der Bildschirmschoner. Was bei früheren Monitoren technisch bedingt notwendig war, ist heute nur noch eine nette Spielerei. Nach einer bestimmten Zeit der Inaktivität erscheint auf dem Bildschirm eine Animation oder eine Diashow der persönlichen Lieblingsbilder. Windows 7 liefert diverse Bildschirmschoner mit, viele davon bieten noch persönliche Einstellungen. Im Listenfeld *Wartezeit* legen Sie die Minuten fest, nach denen der Bildschirmschoner anspringen soll.

2.5 Wichtige Funktionen kurz erläutert

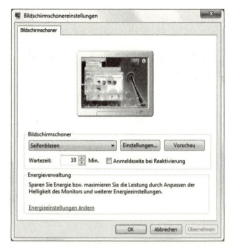

Bild 2.36: Bildschirmschoner auswählen und einstellen.

Die einzige technisch sinnvolle Anwendung für Bildschirmschoner neben Spielerei und Augenschmaus ist der schwarze Bildschirm, der während der Ruhephase keine Prozessorlast kostet, mit zusätzlich aktivierter Option *Anmeldeseite bei Reaktivierung*. Werden dann noch Benutzerpasswörter verwendet, lässt sich mit dem Bildschirmschoner verhindern, dass Besucher, die zufällig am Computer vorbeikommen, während dort niemand arbeitet, Zugriff auf die Daten haben oder sehen, woran zuletzt gearbeitet wurde.

Dateien von einem anderen PC übertragen

Ein neuer Computer und ein neues Betriebssystem sind schnell eingerichtet. Richtig aufwendig wird es, wenn es darum geht, Dateien und Einstellungen vom bisherigen Computer zu übertragen. Bis man auf dem neuen PC wieder produktiv arbeiten kann, vergeht meistens viel Zeit. Microsoft liefert mit Windows 7 ein Programm mit, mit dem der Datenumzug von einem PC auf einen anderen deutlich erleichtert wird.

① Sie finden dieses im Fenster *Erste Schritte* sowie im Startmenü unter *Zubehör/Systemprogramme/Windows-EasyTransfer*. Dieses Programm überträgt neben den eigenen Dateien auch Benutzerkonten, Programm- und Interneteinstellungen sowie E-Mails und das Adressbuch.

② Wenn Sie auf beiden Computern Windows 7 verwenden, starten Sie das Programm auf beiden. Läuft auf dem Quellcomputer noch Windows XP oder Vista, kann Windows-EasyTransfer dort per CD, USB-Stick oder Netzwerk installiert werden. Zur Übertragung der Daten kann ein spezielles EasyTransfer-Kabel, ein Wechselmedium (USB-Stick, externe Festplatte, Speicherkarte) oder das Netzwerk verwendet werden.

Bild 2.37: Ein Netzwerk als Übertragungsmedium auswählen.

③ Nachdem Sie die Art der Übertragung gewählt haben, legen Sie fest, welcher der Quellcomputer mit den alten Daten ist, sowie den Zielcomputer, auf den diese übertragen werden sollen.

④ In den nächsten Schritten müssen Sie auf dem einen Computer einen Windows-EasyTransfer-Schlüssel eingeben, der auf dem anderen bereitgestellt wird.

2.5 Wichtige Funktionen kurz erläutert

Bild 2.38: Eingabe eines Windows-EasyTransfer-Schlüssels.

Windows-EasyTransfer gleicht dann Listen mit den Dateien ab und führt eine Kompatibilitätsprüfung zwischen beiden Computern durch, zunächst ohne etwas zu übertragen. Das Programm schätzt ab, wie viele Daten kopiert werden müssen.

Bild 2.39: Auswahl der zu übertragenden Daten.

5. Jetzt kommt der wichtigste Schritt, in dem Sie auswählen müssen, welche Daten übertragen werden sollen. Benutzerkonten und Programmeinstellungen sollten nur übernommen werden, wenn der neue Computer genau so konfiguriert ist wie der alte und auch die gleichen Programme installiert sind. Ein Klick auf

Erweitert bietet die Möglichkeit, detailliert auszuwählen, was übertragen werden soll und was nicht.

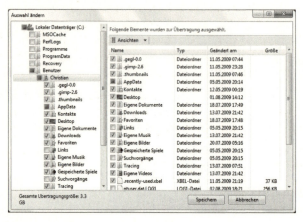

Bild 2.40: Erweiterte Auswahl der zu übertragenden Daten.

6. Wählen Sie dann über den Link *Erweiterte Optionen* noch einen Namen für das Benutzerkonto auf dem neuen Computer. Auf der Registerkarte *Laufwerke zuordnen* ordnen Sie den Laufwerken des Quellcomputers entsprechend Laufwerke auf dem Zielcomputer zu. Dies kann davon abhängen, auf welchem Laufwerk Windows 7 installiert ist.

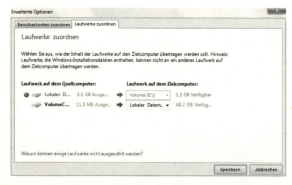

Bild 2.41: Ein Laufwerk auf dem Zielcomputer zuordnen.

7. Danach wird der Transfer gestartet, der je nach Datenmenge und Übertragungsverfahren einige Minuten bis Stunden dauern kann. Nach einem Neustart stehen die Daten und Einstellungen auf dem neuen PC zur Verfügung.

2.5 Wichtige Funktionen kurz erläutert

Computer in einer Heimnetzgruppe freigeben

 Die neuen Heimnetzgruppen in Windows 7 machen es kinderleicht, persönliche Dateien anderen Computern im Netzwerk zur Verfügung zu stellen. Die Heimnetzgruppe wird angelegt, sobald der erste Computer mit Windows 7 im lokalen Netz auftaucht. Wenn Sie bei der Installation nicht automatisch eine Heimnetzgruppe angelegt haben, können Sie das an dieser Stelle leicht nachholen.

Ist die Heimnetzgruppe einmal angelegt, können andere Windows 7-Computer dieser beitreten, untereinander freigegebene Ordner nutzen und auch selbst Ordner zur gemeinsamen Nutzung freigeben. Klicken Sie dafür auf die Schaltfläche *Jetzt beitreten*.

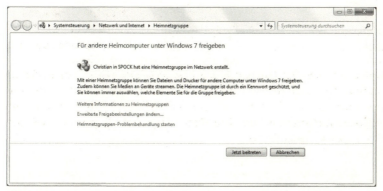

Bild 2.42: Mit dem neuen Computer einer Heimnetzgruppe beitreten.

Im nächsten Schritt legen Sie fest, welche der Bibliotheken auf Ihrem Computer Sie im Netzwerk freigeben wollen. Diese Standardfreigabe bezieht sich nur auf die von Windows 7 standardmäßig eingerichteten Bibliotheken, unabhängig von den in diesen Ordnern gespeicherten Dateitypen, und nicht auf gleiche Dateitypen in anderen Ordnern des Computers.

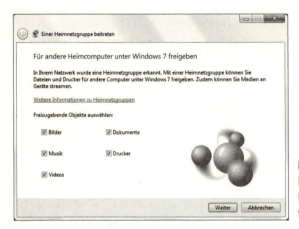

Bild 2.43: Welche Bibliotheken (*Objekte*) sollen in der Heimnetzgruppe freigegeben werden?

Danach müssen Sie nur noch das Kennwort der Heimnetzgruppe eingeben. Dieses finden Sie auf jedem Computer, der bereits Mitglied der Heimnetzgruppe ist. Klicken Sie dort in der *Systemsteuerung* unter *Netzwerk und Internet/Heimnetzgruppe* auf *Kennwort für die Heimnetzgruppe anzeigen oder drucken*.

Schutz vor systemkritischen Änderungen

Windows 7 schützt den Benutzer vor Programmen, die versuchen, systemkritische Änderungen vorzunehmen. In solchen Fällen verdunkelt sich der Bildschirm, und eine Abfrage der Benutzerkontensteuerung erscheint. Selbst wenn Sie selbst als Administrator auf dem Computer angemeldet sind, müssen Sie diese Abfrage bestätigen. Als eingeschränkter Benutzer müssen Sie ein Administratorpasswort eingeben, um das Programm in diesem Modus starten zu können. In Windows Vista sprang die Benutzerkontensteuerung bei jeder Kleinigkeit an, sodass viele Benutzer sie genervt abschalteten.

Windows 7 bietet jetzt eine anpassbare Benutzerkontensteuerung, die in der Standardeinstellung den Benutzer in Ruhe lässt, wenn er selbst Einstellungen verändert. Die Funktion *Benachrichtigungen über Änderungen an dem Computer auswählen* im Fenster *Erste Schritte* ermöglicht es, das Verhalten der Benutzerkontensteuerung in vier Stufen zu regeln.

2.5 Wichtige Funktionen kurz erläutert

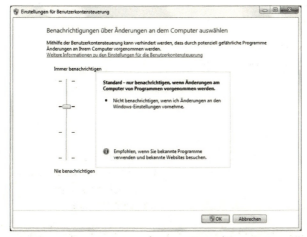

Bild 2.44:
Benachrichtigungen der Benutzerkontensteuerung anpassen.

Windows Live Essentials aus dem Internet herunterladen

Windows Live Essentials aus dem Internet herunterladen

Windows 7 ist deutlich schlanker als seine Vorgänger, was unter anderem auch daran liegt, dass einige der sogenannten Middleware-Anwendungen, wie Messenger, Mail und Fotogalerie, nicht mehr fest im Betriebssystem integriert sind, sondern optional nachinstalliert werden können. Diese Programme werden unter dem Namen *Windows Live Essentials 2011* von Microsoft kostenlos zum Download angeboten. Der Download enthält nur einen kleinen Installer, der anschließend auf dem PC gestartet werden muss. Erst jetzt werden die eigentlichen Windows Live Essentials heruntergeladen und installiert. Vor der Installation können Sie wählen, welche Anwendungen Sie installieren möchten und welche nicht.

Bild 2.45: Auswahl der Windows Live Essentials, die installiert werden sollen.

Das Datensicherungsprogramm einrichten

Windows 7 enthält ein neues Datensicherungsprogramm, das einmalig eingerichtet werden muss und dann seine Arbeit automatisch in festgelegten Zeitabständen erledigt.

Klicken Sie auf *Sicherung einrichten* und bestätigen Sie je nach Einstellung eine Anfrage der Benutzerkontensteuerung. Wählen Sie im ersten Schritt das Laufwerk aus, auf dem die Datensicherung gespeichert werden soll. Dies kann eine andere Festplatte, ein USB-Stick, eine Speicherkarte oder ein CD-/DVD-Brenner sein. Auch ein freigegebener Ordner im Netzwerk ist als Sicherungsverzeichnis möglich.

Im nächsten Schritt können Sie entscheiden, ob Windows die Dateien und Ordner, die gesichert werden sollen, automatisch wählen soll oder ob Sie selbst die Auswahl treffen möchten. Das Laufwerk, auf dem die Sicherung gespeichert wird, kann nicht gesichert werden.

Bei der automatischen Auswahl durch Windows werden alle Dateien in Bibliotheken, auf dem Desktop und in den Standard-Windows-Ordnern aller lokalen Benutzer gesichert, solange diese Dateien sich auf lokalen NTFS-formatierten Laufwerken und nicht im Netzwerk befinden. Wenn das Laufwerk, auf dem gesichert wird, NTFS-formatiert ist und genügend Platz hat, wird in die Sicherung auch noch ein komplettes Systemabbild eingeschlossen, aus dem sich der Computer vollständig wiederherstellen lässt, sollte einmal gar nichts mehr funktionieren.

2.5 Wichtige Funktionen kurz erläutert

Bild 2.46: Eigene Dateien werden auf Laufwerk *E:* gesichert.

Starten Sie dann die erste Sicherung mit einem Klick auf *Einstellungen speichern und Sicherung ausführen*. Beim ersten Mal wird automatisch eine Komplettsicherung erstellt, später folgen dann nur noch inkrementelle Sicherungen der veränderten Dateien.

Dem Computer neue Benutzer hinzufügen

Wer sich einen Computer mit mehreren Personen teilt, sollte für jeden Benutzer auch unter Windows ein eigenes Benutzerkonto anlegen. Jeder Benutzer bekommt seinen eigenen Desktop und seinen eigenen Ordner für persönliche Dateien. Zum Datenaustausch zwischen den Benutzern eines Computers wird automatisch ein öffentlicher Ordner angelegt. An dieser Stelle können Sie auch Ihr persönliches Kontobild und Ihr Kennwort ändern.

Textgröße auf dem Bildschirm ändern

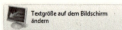 Auf sehr kleinen Bildschirmen oder Bildschirmen mit sehr hoher Auflösung fällt es manchen Menschen schwer, die Systemschriften in den Windows-Dialogen zu lesen, weil diese sehr klein dargestellt werden. Windows 7 bietet an dieser Stelle eine einfache Möglichkeit, alle Systemschriften etwas größer zu skalieren, ohne dass neue Schriftarten eingestellt werden müssen.

3 Rund um den neuen Desktop

Nach dem Einschalten des Computers startet das Betriebssystem automatisch. Zuerst erscheint der Windows 7-Startbildschirm, und unmittelbar danach sehen Sie schon den neuen Windows-Desktop.

3.1   Ihr Schreibtisch: der Desktop

Der Desktop ist Ihr persönlicher Schreibtisch. Hier liegen Ihre Werkzeuge und Schreibgeräte – das sind im Wesentlichen Programme, auf die Sie häufig zugreifen. Auf dem Desktop können Sie aber auch Ordner und Dokumente ablegen. Der *Papierkorb* ist nach dem Erststart das einzige Symbol auf dem Desktop. Im Laufe Ihrer Arbeit mit Windows 7 werden aber mit großer Wahrscheinlichkeit weitere Programme, Ordner und Dokumente auf dem Desktop auftauchen.

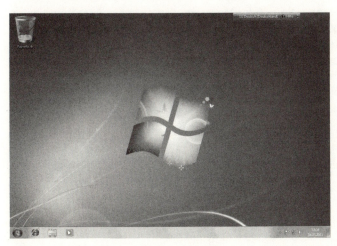

Bild 3.1: Unmittelbar nach der Installation sieht der Windows-Desktop noch auf jedem Computer fast gleich aus. Im Laufe Ihrer Arbeit werden Sie hier Symbole für Programme und Dateien ablegen und sicher auch das Aussehen des Desktops verändern.

Probieren Sie den *Papierkorb* einmal aus, indem Sie doppelt auf das Symbol klicken. Es öffnet sich ein Fenster. Der *Papierkorb* zeigt seinen Inhalt an, ist aber wahrscheinlich noch leer. Wenn aus dem Papierkorbsymbol noch ein Stück Papier herausschaut, befinden sich Dateien darin. In jedem Fenster sehen Sie oben rechts ein weißes Kreuz auf rotem Grund. Ein einfacher Klick darauf schließt das entsprechende Fenster wieder.

 Bild 3.2: Symbol (rechts) zum Schließen eines Fensters.

 Basis und Aero-Benutzeroberfläche
Windows 7 bringt wie Windows Vista zwei verschiedene Benutzeroberflächen mit: Basis und Aero, das erhöhte Anforderungen an die Grafikkarte stellt. Je nach Leistungsfähigkeit der Grafikkarte wählt das System selbstständig die geeignete Oberfläche aus. Zusätzlich muss für Aero ein kompatibler Grafikkartentreiber installiert sein. Aero ist auf einen Blick an seinen transparenten Fenstertitelleisten zu erkennen. Einige Funktionen laufen auch nur mit der Aero-Oberfläche. Bei wichtigen Unterschieden in der Bedienung finden Sie entsprechende Hinweise im Text.

Windows steuern mit Maus und Tastatur

Sie steuern Windows entweder mit der Maus, der Tastatur oder einer Kombinationen aus beidem. Jede Maus hat mindestens eine rechte und eine linke Taste. Darüber hinaus finden Sie oft noch ein Mausrad, das auch als dritte Taste verwendet werden kann. Einen kurzen Druck auf eine der Tasten nennen wir einen Klick. Er ist deutlich hörbar. Für manche Aktionen ist ein sogenannter Doppelklick notwendig. Dabei wird die linke Taste zweimal kurz hintereinander gedrückt. In praktisch allen Windows-Programmen haben die Tasten gleichartige Funktionen:

Taste	Funktion
Linke Maustaste, Einfachklick	Markieren, erkennbar an einem Farbwechsel. In Internetbrowsern: Aufrufen eines Links.
Linke Maustaste, Doppelklick	Funktion auslösen, z. B. Programm starten.
Linke Maustaste festhalten, Maus bewegen	Das Element wird festgehalten und kann bewegt werden (Drag-and-drop).
Rechte Maustaste	Aufrufen eines Kontextmenüs.
Mausrad	Rollen durch einen Text, z. B. im Internetbrowser.

3.1 Ihr Schreibtisch: der Desktop

Beim flüssigen Arbeiten ist der Griff zur Maus oft lästig oder zeitaufwendig. Deshalb lassen sich viele Funktionen auch mit der Tastatur ausführen. Wir werden daher im Buch neben der Mausbetätigung auch die Tastenfunktionen, soweit verfügbar, angeben.

Bildschirmlupe für Detaildarstellungen

Manchmal sind kleine Details auf dem Desktop oder innerhalb von Programmen schwer zu erkennen. Windows 7 bietet eine Bildschirmlupe (ab Home Premium) an, mit der sich der komplette Desktop vergrößert darstellen lässt.

Die Tastenkombination [Win]+[+] schaltet die Bildschirmlupe mit einem Standardvergrößerungsfaktor von 200 % ein. In der Grundeinstellung erscheint die Lupe im Vollbildmodus, der ganze Bildschirm wird vergrößert.

Bild 3.3: Ansichtsgröße der *Bildschirmlupe* einstellen.

Ein Klick auf das Lupensymbol auf dem Bildschirm blendet ein Fenster mit Steuerelementen für die Bildschirmlupe ein. Hier kann zwischen drei verschiedenen Darstellungsarten gewählt werden. Einfacher geht die Umschaltung mit Tastenkombinationen:

Darstellung	Tastenkombination	Beschreibung
Vollbild	[Strg]+[Alt]+[F]	Ganzer Bildschirm vergrößert.
Lupe	[Strg]+[Alt]+[L]	Vergrößertes Fenster um den Mauszeiger.
Verankert	[Strg]+[Alt]+[D]	Vergrößertes Fenster am oberen Bildschirmrand.

Die Tastenkombination [Win]+[+] erhöht den Vergrößerungsfaktor, die Tastenkombination [Win]+[-] zoomt wieder zurück. Selbst beim Zurücksetzen des Zoomfaktors auf 100 % bleibt die Bildschirmlupe aktiv. Sie verschwindet, wenn man das Steuerungsfenster schließt. Sollte dies ausgeblendet sein, schließt man die Lupe mit der Tastenkombination [Win]+[Esc].

Ein Klick auf *Optionen* ermöglicht es, das Verhalten der Bildschirmlupe genauer einzustellen.

Bild 3.4: Optionen der Bildschirmlupe im Modus *Lupe*.

Windows richtig herunterfahren

Nach dem Start und dem ersten Date mit der Benutzeroberfläche soll an dieser Stelle auch gleich das Beenden von Windows erklärt werden. Früher hieß es immer: »Schalten Sie auf keinen Fall den PC einfach aus!« Da Windows viele Aktivitäten im Hintergrund ausführt, könnten diese Programme und die zugehörigen Dateien beschädigt werden. Als Folge würde der PC nicht mehr richtig oder gar nicht mehr starten.

Moderne PCs haben keinen wirklichen Ausschalter mehr, der einfach die Verbindung zum Stromnetz trennt, sondern einen sogenannten Soft-Power-down-Schalter. Dieser Schalter, der sich auf der Gehäusevorderseite oder manchmal sogar auf der Tastatur befindet, fährt Windows herunter und schaltet dann den Computer scheinbar aus. In Wirklichkeit laufen einige Komponenten in einem Sparmodus weiter, sodass der Computer über denselben Schalter auch wieder gebootet werden kann.

3.1 Ihr Schreibtisch: der Desktop

Viele, aber nicht alle PCs haben einen zweiten Netzschalter auf der Rückseite, der das System wirklich stromlos schaltet. Diesen sollten Sie erst dann betätigen, wenn der PC bereits mit dem Soft-Power-down-Schalter heruntergefahren wurde.

Auch über das Startmenü besteht wie in früheren Windows-Versionen die Möglichkeit, den Computer auszuschalten. Klicken Sie dazu in der linken unteren Bildschirmecke auf das Windows-Logo. Rechts unten im Startmenü sehen Sie die Schaltfläche *Herunterfahren*.

Bild 3.5: Der Ausschalter *Herunterfahren* (rechts unten) im Startmenü.

▶ Optionen beim Herunterfahren

Im Gegensatz zu Windows Vista fährt dieser Schalter in Windows 7 den Computer wieder komplett herunter. Ein Klick auf das kleine Dreieck rechts daneben blendet ein Menü mit weiteren Optionen zum Beenden von Windows ein:

Bild 3.6: Menü der Schaltfläche *Herunterfahren* im Startmenü.

Option	Beschreibung
Benutzer wechseln	Ermöglicht einem anderen Benutzer, sich am Computer anzumelden, ohne dass der bisherige Benutzer abgemeldet wird. Laufende Programme laufen weiter. Nur auf Computern mit mehreren Benutzern zu finden.
Abmelden	Meldet den aktuellen Benutzer ab. Danach kann sich ein anderer Benutzer oder auch derselbe wieder anmelden. Alle laufenden Programme werden geschlossen.

Option	Beschreibung
Sperren	Der Bildschirm wird gesperrt, ohne dass der angemeldete Benutzer abgemeldet wird. Zur Wiederinbetriebnahme muss das Passwort eingegeben werden.
Neu starten	Alle Programme werden geschlossen, der Computer wird heruntergefahren und neu gestartet.
Energie sparen	Der Computer wird in den Energiesparmodus versetzt. Aus diesem Modus kann er sehr schnell durch einen Tastendruck oder eine Mausbewegung wieder aufgeweckt werden. Geöffnete Programme werden nicht beendet, sondern in ihrem derzeitigen Zustand eingefroren und stehen beim erneuten Einschalten des Computers wieder genau so zur Verfügung.
Ruhezustand	Der komplette Inhalt des Arbeitsspeichers wird in einer Datei abgelegt, und der Computer wird in den Ruhezustand versetzt. Beim »Aufwecken« steht nach kurzer Zeit alles wieder wie vorher zur Verfügung.

3.2 Aufgeklappt: das Startmenü

Das Startmenü öffnet sich, wenn Sie auf das runde Windows-Logo links unten klicken. Noch schneller geht es mit einem Druck auf die Windows-Taste [Win]. Rechts oben sehen Sie Ihren Benutzernamen. Das Menü ist in eine linke helle und eine rechte dunkle, transparente Hälfte geteilt.

3.2 Aufgeklappt: das Startmenü

Bild 3.7: Das neue Windows 7-Startmenü.

 Auch Windows 7 ohne Startschaltfläche
Linux- und Macintosh-Anwender machten sich seit dem Erscheinen von Windows 95 darüber lustig, dass man unter Windows auf *Start* klicken muss, um das System zu beenden. Ob dies der Grund dafür ist, dass das Wort »Start« seit Windows Vista und auch in Windows 7 vom Symbol zum Aufruf des Menüs verschwunden ist, wird man wohl nie erfahren.

Programme im Startmenü

Der helle linke Teil des Startmenüs enthält Programme. Am Anfang sind das die mit Windows mitgelieferten Anwendungen. Später kommen neu installierte Anwendungen hinzu. Durch einen einfachen Linksklick auf die Symbole starten Sie die Programme. Ein einfacher Rechtsklick öffnet ein kleines Untermenü mit weiteren Optionen zu den Einträgen. Bei einigen Programmen erscheint rechts neben dem Programmnamen ein kleines Dreieck. Fahren Sie mit der Maus darauf, erscheint eine Liste zuletzt geöffneter Dateien oder häufig verwendeter Komponenten im jeweiligen Programm. So können Sie besonders schnell wieder darauf zugreifen.

Bild 3.8: Häufig verwendete Objekte bei einem Programm, hier dem Windows Media Center, im Startmenü.

▶ Programmliste im Startmenü anpassen

① Wenn Sie an dieser Stelle mehr oder weniger Programme angezeigt bekommen möchten, als standardmäßig vorgegeben, klicken Sie mit der rechten Maustaste auf das Windows-Logo. Es öffnet sich ein kleines Kontextmenü.

Bild 3.9: Rufen Sie das Kontextmenü mit Rechtsklick auf das Windows-Logo auf.

② Wählen Sie hier den Menüpunkt *Eigenschaften*. Es öffnet sich das Dialogfeld *Eigenschaften von Taskleiste und Startmenü*. Auf der Registerkarte *Startmenü* klicken Sie auf die Schaltfläche *Anpassen*.

③ Im nächsten Dialogfeld finden Sie ausführliche Einstellungen zum Startmenü. Ganz unten unter *Startmenügröße* können Sie die Anzahl der zuletzt ausgeführten Programme festlegen, hier *10*. Mit der Schaltfläche *Standardeinstellungen* setzen Sie alle Änderungen am Startmenü wieder auf die Standardwerte zurück.

3.2 Aufgeklappt: das Startmenü

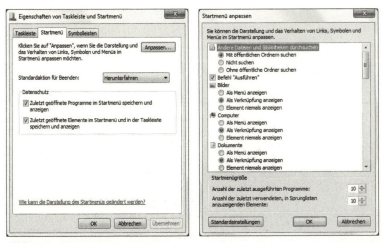

Bild 3.10: Startmenü anpassen.

▶ Alle Programme

Ein wichtiger Menüpunkt im Startmenü ist ganz unten die Funktion *Alle Programme*. Wenn Sie mit der Maus darauf klicken oder den Mauszeiger einfach nur kurz an diese Stelle halten, verändert sich das Menü und zeigt alle installierten Programme an. Im unteren Teil der Programmliste sehen Sie Ordnersymbole, hinter denen sich weitere Programme und Untermenüs befinden.

Bild 3.11: Das Menü *Alle Programme*.

Das Startmenü in Windows 7 kann schnell sehr lang werden, deshalb wurde ein Scrollbalken zum Verschieben des sichtbaren Ausschnitts eingeführt. Sie können auch mit dem Mausrad innerhalb des Startmenüs scrollen. Gegenüber Windows XP spart man sich aber lange Wege mit der Maus quer über den Bildschirm und das versehentliche Abrutschen in ein falsches Untermenü. Ein einfacher Klick in der Liste startet ein ausgewähltes Programm.

Auf wichtige Ordner zugreifen

Im rechten, dunklen Teil des Startmenüs sind standardmäßig die Zugriffe auf wichtige Ordner eingetragen.

Ordner	Beschreibung
Benutzername	Ein Klick auf Ihren Benutzernamen öffnet den persönlichen Ordner. In Windows 7 handelt es sich hier nicht mehr um einen physikalischen Ordner auf der Festplatte, sondern um eine Bibliothek mit Dateien. An dieser Stelle befinden sich weitere Bibliotheken für Bilder, Dokumente, Musik und Videos. Diese Bibliothek ersetzt den Ordner *Eigene Dateien* aus früheren Windows-Versionen.

3.2 Aufgeklappt: das Startmenü

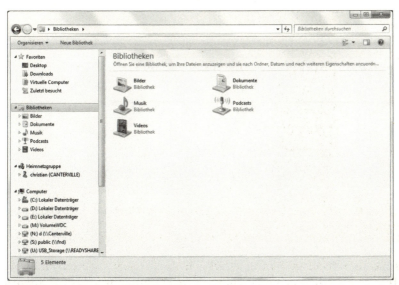

Bild 3.12: *Bibliotheken* für persönliche Daten.

Ordner	Beschreibung
Dokumente	Bibliothek für eigene Dokumente innerhalb der persönlichen Datenbibliothek.
Bilder	Bibliothek für eigene Bilder innerhalb der persönlichen Datenbibliothek. In früheren Windows-Versionen hieß diese Ansicht *Eigene Bilder*.
Musik	Bibliothek für eigene Musikdateien innerhalb der persönlichen Datenbibliothek. Diese Bibliothek wird auch vom Windows Media Player genutzt. In früheren Windows-Versionen hieß diese Ansicht *Eigene Musik*.
Spiele	Die vorinstallierten Windows-Spiele.

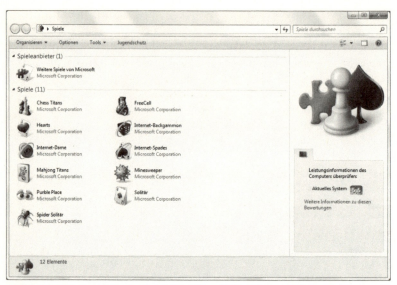

Bild 3.13: Windows 7 bringt mehr Spiele mit als Windows Vista.

Ordner	Beschreibung
Computer	Öffnet den Windows-Explorer mit einer Übersicht über alle Festplatten und Wechselmedien des Computers. Bei Festplatten wird automatisch angezeigt, wie viel Speicherplatz noch frei ist. Von hier aus können Sie auch direkt auf ein Laufwerk wechseln und die dort vorhandenen Dateien sehen und verwalten. In früheren Windows-Versionen hieß diese Ansicht *Arbeitsplatz*.

3.2 Aufgeklappt: das Startmenü

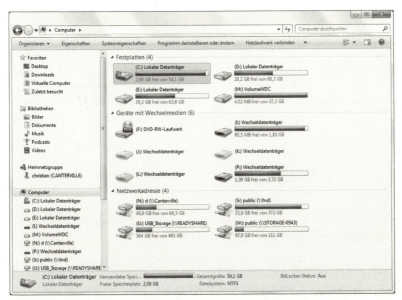

Bild 3.14: Übersicht über die Laufwerke eines Computers.

Ordner	Beschreibung
Systemsteuerung	Öffnet die *Systemsteuerung*, in der wichtige Einstellungen vorgenommen werden können.
Geräte und Drucker	Zeigt eine Liste aller wichtigen Systemgeräte und installierten Drucker. Hier können Sie auf die Systemeinstellungen, Druckerwarteschlangen und Druckeinstellungen zugreifen und auch neue Drucker einrichten.

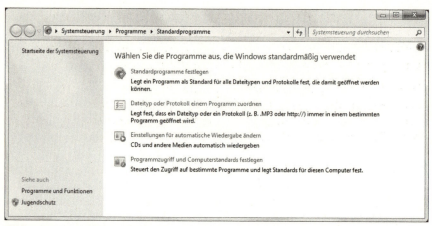

Bild 3.15: Einstellungen für Windows-Standardprogramme.

Ordner	Beschreibung
Standardprogramme	In früheren Windows-Versionen waren die Einstellungen, die festlegen, welche Dateitypen beim Doppelklick auf eine Datei mit welchen Programmen geöffnet werden sollen, nur schwer zu finden. Windows 7 hat diese Einstellungen übersichtlich an einer Stelle zusammengefasst.

Wege, ein Programm zu starten

Jetzt soll es aber endlich mit der Arbeit losgehen – starten Sie ein Programm. Windows 7 bietet verschiedene Möglichkeiten, die alle zum selben Ziel führen. Sie werden sehr schnell herausfinden, welche Vorgehensweise am besten zu Ihrem Arbeitsstil passt:

- Im linken Teil des Startmenüs sind die häufig benutzten Programme aufgelistet. Mit einem einfachen Klick der linken Maustaste auf den Programmnamen starten Sie das gewünschte Programm. Es wird dann anschließend in einem eigenen, neuen Programmfenster ausgeführt.

- Über *Alle Programme* im unteren Teil des Startmenüs haben Sie Zugriff auf alle auf Ihrem PC installierten Programme. Wenn ein Ordnersymbol erscheint, gehört zu dem Eintrag ein oder sogar noch ein zweites Untermenü. Ein einfacher Linksklick startet das Programm.

3.2 Aufgeklappt: das Startmenü

- Durch die Programmlisten können Sie auch mit den Pfeiltasten der Tastatur scrollen. Ein Druck auf die [Win]-Taste öffnet das Startmenü. Mit den Pfeiltasten gelangen Sie zum gewünschten Programm, das mit der Eingabetaste [Enter] gestartet wird. Die gleiche Taste öffnet auch Untermenüs.

- Wenn Sie ein Programm im Startmenü nicht auf Anhieb finden, geben Sie einfach die ersten Buchstaben des Programmnamens in das Suchfeld ganz unten im Startmenü ein. Automatisch werden passende Programme und Dateien angezeigt, die Sie einfach per Mausklick aufrufen können.

Bild 3.16: Programm im Startmenü suchen.

Programmsymbole auf dem Desktop

Hinter jedem Symbol auf dem Desktop verbirgt sich ein Programm, das mit einem Doppelklick der linken Maustaste gestartet werden kann. Eventuell ist der Desktop durch andere geöffnete Fenster verdeckt. Fahren Sie dann mit der Maus in die rechte untere Bildschirmecke, werden alle Fenster ausgeblendet und nur noch die Rahmen angezeigt. Jetzt sehen Sie das Hintergrundbild, die Minianwendungen und die Desktopsymbole.

Bild 3.17: Ausgeblendete Fenster zeigen den Desktop.

Ein Klick auf das kleine Feld ganz unten rechts schaltet die Fensterrahmen auch noch aus, sodass Sie die Desktopsymbole nicht nur sehen, sondern auch anklicken können. Ein weiterer Klick stellt alle Fenster wieder her.

Noch einfacher geht es mit der Tastenkombination [Win]+[D].

Möchten Sie ein bestimmtes Programm mit dem Desktop verknüpfen, suchen Sie es im Startmenü über *Alle Programme*, klicken mit der rechten Maustaste darauf und wählen im Kontextmenü *Senden an/Desktop (Verknüpfung erstellen)*.

3.3 Informationszentrum: die Taskleiste

Bild 3.18:
Desktopverknüpfung für ein Programm erstellen.

 Geöffnete Programme beenden
Möchten Sie ein geöffnetes Programm beenden, drücken Sie einfach die Tastenkombination [Alt]+[F4], oder Sie klicken auf das Kreuzsymbol auf rotem Grund in der rechten oberen Fensterecke in der Titelleiste des Programms.

3.3 Informationszentrum: die Taskleiste

Die Taskleiste ist ein wichtiges Informationszentrum in Windows und befindet sich normalerweise am unteren Bildschirmrand. Sie besteht aus dem schon bekannten Windows-Logo zum Aufruf des Startmenüs, Symbolen für Programme und geöffnete Fenster sowie dem Infobereich ganz rechts. Ganz links in der Taskleiste befinden sich Symbole für häufig verwendete Programme, wie Internet Explorer, Windows-Explorer und Windows Media Player. Mit einem Klick auf eines dieser Symbole wird das Programm ausgeführt. So haben Sie auf wichtige Anwendungen einen noch schnelleren Zugriff als über das Startmenü.

Bild 3.19: Die Taskleiste mit geöffneten Fenstern und Programmen.

Weitere geöffnete Programme gesellen sich mit ihren Symbolen in der Taskleiste dazu. Das Symbol des aktiven Programmfensters ist in der Taskleiste hervorgehoben dargestellt. Symbole mit Rand stehen für geöffnete Fenster, Symbole ohne Rand dienen einfach dem schnellen Start von Programmen, wie die Schnellstartleiste in früheren Windows-Versionen. Jedes Programmsymbol kann aus dem Startmenü einfach auf die Taskleiste gezogen werden. Das Programm steht dann mit einem Klick zur Verfügung.

Hat ein Programm mehrere Fenster geöffnet, zum Beispiel mehrere Ordnerfenster im Windows-Explorer oder mehrere Webseiten im Internet Explorer, erscheint das Symbol in der Taskleiste als Stapel. Es werden nicht wie in früheren Windows-Versionen zahlreiche gleiche Taskleistensymbole angezeigt.

Fährt man mit der Maus über ein Taskleistensymbol, werden Vorschaubilder aller Fenster angezeigt, die dieses Symbol darstellt (ab Home Premium). Ein Klick auf ein Taskleistensymbol minimiert ein angezeigtes Fenster oder stellt es wieder in ursprünglicher Größe her, wenn es minimiert war. Werden mehrere Fenster gestapelt angezeigt, kann man über die Vorschaubilder mit der Maus ganz einfach das gewünschte Fenster wählen. Alle anderen Fenster werden inaktiv geschaltet, sodass nur noch die Ränder zu sehen sind.

3.3 Informationszentrum: die Taskleiste

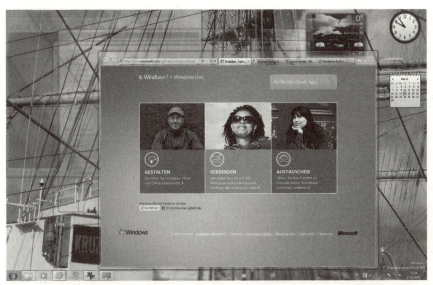

Bild 3.20: Ausgeblendete Fenster beim Klick auf ein Symbol in der Taskleiste.

Desktop ohne offene Fenster darstellen

Der kleine, unscheinbare, schmale, rechteckige Balken rechts außen in der Taskleiste blendet alle geöffneten Fenster aus und stellt den Desktop so dar, wie Sie ihn eingerichtet haben.

① Wenn Sie mit der Maus darauf stehen bleiben, werden die Fenster ausgeblendet, nur noch deren Ränder werden angezeigt. Der Desktop ist sichtbar, kann aber nicht genutzt werden. Eine Mausbewegung blendet die Fenster sofort wieder ein.

② Ein Klick schaltet die Fenster komplett aus und macht den Desktop voll nutzbar. Ein weiterer Klick stellt die Fenster wieder dar.

Tricks für die Taskleiste

Die Reihenfolge der Symbole in der Taskleiste lässt sich ganz einfach ändern. Man braucht ein Symbol nur mit gedrückter linker Maustaste an die gewünschte Position zu ziehen.

Oft ist man mit der Tastatur schneller als mit der Maus. In Windows 7 lässt sich auch die Taskleiste mit der Tastatur steuern. Mit der Tastenkombination [Win]+[T] aktivieren Sie die Taskleiste. Anschließend können Sie mit den Pfeiltasten zwischen den Taskleistensymbolen hin- und herschalten. Die [Enter]-Taste aktiviert das zum markierten Symbol gehörige Fenster. Mit der [Esc]-Taste verlassen Sie diesen Tastaturmodus, ohne ein Programm zu öffnen.

Noch schneller starten Sie ein Programm mit der [Win]-Taste in Kombination mit einer Zifferntaste. [Win]+[1] startet das erste Symbol der Taskleiste, meistens den Windows-Explorer, [Win]+[2] startet das zweite Symbol, meistens den Windows Media Player etc. In diesem Modus wird nicht ein aktuelles Fenster aktiviert, sondern jeweils ein neues Fenster des entsprechenden Programms geöffnet.

Sprunglisten in der Taskleiste

Ein Rechtsklick auf ein Symbol in der Taskleiste zeigt eine sogenannte Sprungliste, ein Menü, das je nach Anwendung weitere Funktionen enthält. So werden im Windows-Explorer Links auf häufig verwendete Ordner angeboten, die Sprungliste zum Internet Explorer zeigt einen Verlauf der viel besuchten Webseiten. In anderen Programmen, zum Beispiel im Messenger oder Media Player, werden programmspezifische Aufgaben in der Sprungliste oder die zuletzt verwendeten Dateien zum schnellen Zugriff angeboten.

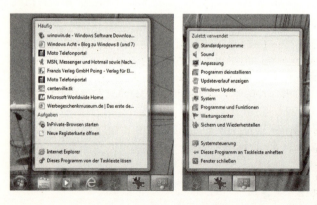

Bild 3.21: Sprunglisten bei Programmen in der Taskleiste.

In allen Fällen ist ein Menüpunkt zum Schließen des Fensters sowie *Dieses Programm an Taskleiste anheften* enthalten, mit dem das Programmsymbol fest zum Schnellzugriff in der Taskleiste verankert werden kann, wie das bei Internet Explo-

3.3 Informationszentrum: die Taskleiste

rer, Windows-Explorer und Windows Media Player standardmäßig der Fall ist. Ein auf diese Weise verankertes Programmsymbol kann mit *Dieses Programm von der Taskleiste lösen* aus der Taskleiste wieder entfernt werden.

▶ Anzahl der Sprunglisten festlegen

Die Anzahl der zuletzt verwendeten Dateien in den Sprunglisten kann in den Eigenschaften der Taskleiste festgelegt werden.

① Klicken Sie mit der rechten Maustaste auf das Windows-Logo. Es öffnet sich ein kleines Kontextmenü.

② Wählen Sie hier den Menüpunkt *Eigenschaften*, um das Dialogfeld *Eigenschaften von Taskleiste und Startmenü* zu öffnen. Auf der Registerkarte *Startmenü* klicken Sie auf *Anpassen*.

③ Im nächsten Dialogfeld können Sie ganz unten die Anzahl der zuletzt verwendeten Dateien in Sprunglisten festlegen.

Bild 3.22: Anzahl der in Sprunglisten angezeigten Dateien einstellen.

Der Infobereich der Taskleiste

Auf der rechten Seite der Taskleiste befindet sich der Infobereich. Die darin enthaltenen Symbole werden meist von den installierten Programmen automatisch angelegt, einige der Symbole legt Windows 7 aber auch selbst an. Sie zeigen bestimmte Ereignisse an, z. B. die Netzwerkverbindung oder den Batteriestatus.

Bild 3.23: Der Infobereich der Taskleiste.

Um die Übersicht zu bewahren, blendet Windows 7 einige Symbole, die längere Zeit nicht verwendet wurden, automatisch aus. Ein Klick auf das kleine Dreieck öffnet eine Liste ausgeblendeter Symbole. Klicken Sie hier auf *Anpassen*, können Sie für jedes Symbol wählen, ob das Symbol ständig angezeigt werden soll oder nur, wenn es aktuelle Benachrichtigungen gibt.

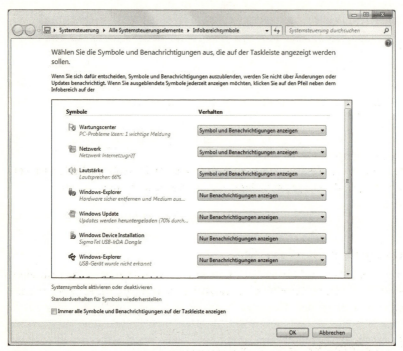

Bild 3.24: Einstellungen für die Benachrichtigungssymbole im Infobereich.

Mit dem Link *Systemsymbole aktivieren oder deaktivieren* lassen sich einzelne Systemsymbole oder auch die Uhr ganz abschalten.

3.3 Informationszentrum: die Taskleiste

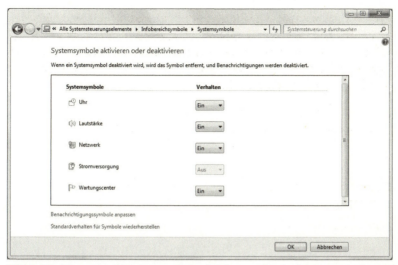

Bild 3.25: Wenn unter *Systemsymbole aktivieren oder deaktivieren* ein Systemsymbol deaktiviert wird, wird das Symbol entfernt, und die Benachrichtigungen werden deaktiviert.

Wichtige Symbole im Infobereich

In den meisten Fällen enthält die Taskleiste fünf Standardsymbole. Bei besonderen Ereignissen oder durch Installation zusätzlicher Software können weitere dazukommen.

Bild 3.26: Der Infobereich der Taskleiste mit Standardsymbolen.

- *Hardware sicher entfernen* – Dient dazu, extern angeschlossene Laufwerke, USB-Sticks oder Speicherkarten ohne Datenverlust zu entfernen. Im Cache befindliche Daten werden vorher auf das Laufwerk geschrieben.

- *PC-Probleme lösen* – Weist auf eventuelle Probleme hin und bietet Lösungsmöglichkeiten. Dabei kann es sich um inkompatible Hardware handeln oder um Softwareprobleme. Ein häufig angezeigter Problemfall direkt nach der Installation ist ein fehlender Virenscanner.

- *Energie* – Das Symbol steht nur auf Notebooks zur Verfügung und zeigt den Batteriestand an. Hier können Sie einen Energiesparplan auswählen und Energieeinstellungen vornehmen.
- *Netzwerkverbindung* – Zeigt verbundene Netzwerke an. Ein Klick führt direkt ins Netzwerk- und Freigabecenter.
- *Lautstärkeregelung* – Zeigt, ob der Lautsprecher ein- oder ausgeschaltet ist. Ein Klick darauf blendet einen Lautstärkeregler ein.

Bild 3.27: Der Lautstärkeregler und der Hinweis auf einen fehlenden Virenscanner in der Taskleiste.

Weitere Einstellungen für die Taskleiste

Auf der Registerkarte *Taskleiste* in den *Eigenschaften von Taskleiste und Startmenü* kann deren Aussehen und Verhalten noch weiter angepasst werden. Dieses Dialogfeld erreichen Sie mit einem Rechtsklick auf die Taskleiste. Wählen Sie dann im Kontextmenü *Eigenschaften*. Wenn Sie z. B. mehr Platz auf dem Bildschirm benötigen, können Sie kleine Symbole verwenden oder die Taskleiste automatisch ausblenden. In diesem Fall erscheint sie immer erst dann, wenn Sie mit dem Cursor den unteren Bildschirmrand erreichen.

3.4 Zentrales Element: Fenster

Bild 3.28: Eigenschaften der Taskleiste festlegen.

Die Option *Gruppieren, wenn die Taskleiste voll ist* stellt die Taskleiste von Windows 7 wie unter Windows XP oder Vista dar mit einzelnen beschrifteten Schaltflächen für jedes offene Fenster. Wenn die Taskleiste voll ist, werden gleichartige Symbole gruppiert. Die Option *Immer gruppieren, Beschriftungen ausblenden* stellt das Standardverhalten von Windows 7 wieder her.

Nur wenn die Funktion *Taskleiste fixieren* ausgeschaltet ist, können die einzelnen Bereiche auf der Taskleiste verschoben werden, was unter Windows 7 im Gegensatz zu Windows XP und Vista aber kaum noch nötig ist.

3.4 Zentrales Element: Fenster

Fenster sind, wie der Name schon sagt, ein zentrales Element von Windows. Jedes Programm wird in einem eigenen Fenster ausgeführt. Ein Fenster besteht in Windows 7 in den meisten Fällen aus den folgenden Elementen:

Bild 3.29: Beispiel für ein typisches Windows-Fenster.

Funktionen der Titelleiste

Die Titelleiste enthält den Programmnamen und – soweit erforderlich – den Dokumentnamen. Ganz links steht ein Symbol für das Programm. Aus Gründen der Kompatibilität zu früheren Windows-Versionen verbirgt sich dahinter ein kleines Menü. Sie erreichen es mit einem einfachen Linksklick oder mit der Tastenkombination [Alt]+[Leertaste]. Ein Doppelklick auf das Programmsymbol oder Drücken der [Alt]-Taste schließt das Fenster.

▶ **Symbole in der Titelleiste**

Ganz rechts in der Titelleiste befinden sich drei rechteckige Symbole. Das linke Symbol minimiert das Fenster und legt es als Schaltfläche in die Taskleiste. Das mittlere Symbol maximiert das Fenster auf die komplette Bildschirmgröße oder reduziert es auf die vorherige Größe. Das rechte Symbol schließt das Fenster. Das können Sie auch mit der Tastenkombination [Alt]+[F4] erreichen.

▶ **Fensterdarstellung wechseln**

Ein Doppelklick in einen freien Bereich der Titelleiste schaltet zwischen Vollbildmodus und verkleinerter Darstellung des Fensters um. Um ein verkleinertes Fenster an eine beliebige Stelle des Bildschirms zu schieben, führen Sie den Mauszeiger auf die Titelleiste und verschieben das Fenster bei gedrückter linker Maustaste an seine neue Position.

3.4 Zentrales Element: Fenster

Bild 3.30: Die Titelleiste und das Menü des Programmsymbols.

Fenster automatisch ausrichten

Häufig benötigt man bei der Arbeit zwei Fenster nebeneinander, z. B. eine Textverarbeitung und einen Browser. Windows 7 bietet hier eine neue Funktion zur automatischen Fensteranordnung. Ziehen Sie ein Fenster ganz nach links, wird es automatisch am linken Bildschirmrand ausgerichtet und belegt die volle Höhe und halbe Breite des Bildschirms. Das Gleiche funktioniert auch am rechten Rand. Ziehen Sie ein auf diese Weise ausgerichtetes Fenster wieder in Richtung Bildschirmmitte, nimmt es seine ursprüngliche Position und Größe wieder an.

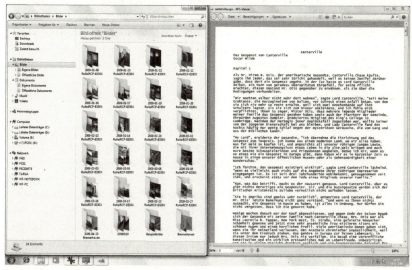

Bild 3.31: Automatisch ausgerichtete Fenster.

Fenstergröße beliebig ändern

Wird ein Fenster mithilfe des mittleren Symbols oben rechts in der Titelleiste verkleinert dargestellt, kann die Größe der meisten Fenster beliebig verändert werden. Wenn Sie den Mauszeiger auf eine der vier Fensterkanten platzieren, verwandelt sich der Pfeil in einen horizontalen oder vertikalen Doppelpfeil. Mit gedrückter linker Maustaste können Sie dann die Fensterkante beliebig nach links/rechts bzw. oben/unten ziehen. In den Fensterecken verwandelt sich der Mauszeiger in einen diagonalen Doppelpfeil. Jetzt können Sie das Fenster in Pfeilrichtung vergrößern oder verkleinern.

Funktionen der Menüleiste

Viele Windows-Programme haben unterhalb der Titelleiste eine Menüleiste. Hier sind die Befehle des jeweiligen Programms in Gruppen zusammengefasst. Ein Klick auf ein Menü klappt eine Liste mit Programmbefehlen aus. Ein kleines schwarzes Dreieck am rechten Rand verweist auf ein Untermenü. Durch einen einfachen Klick der linken Maustaste auf den Befehl wird dieser ausgeführt. Wenn Sie den Befehl nicht ausführen wollen, können Sie das Menü mit der [Esc]-Taste oder einem Klick irgendwo in das Fenster außerhalb des Menüs wieder schließen.

Bild 3.32: Die Menüleiste in einer Windows-Anwendung.

Die meisten Menüs lassen sich auch sehr schnell und effizient per Tastatur bedienen. Halten Sie die [Alt]-Taste fest, erscheint in jedem Menüpunkt ein Buchstabe unterstrichen. Drücken Sie dann die unterstrichene Buchstabentaste. Dadurch klappt ebenfalls das Menü mit den Befehlen aus, in dem Sie sich mit den Cursortasten bewegen können. Mit [Enter] wählen Sie den entsprechenden Befehl aus. Ein Druck auf die Taste mit dem im Menü unterstrichenen Buchstaben hat denselben Effekt. Häufig verwendete Menübefehle haben in den meisten Programmen zusätzliche Tastenkombinationen, die in den Menüs ebenfalls mit angegeben sind.

3.4 Zentrales Element: Fenster

Funktionen der Symbolleiste

Zusätzlich oder anstelle der Menüleiste haben viele Programme eine Symbolleiste. Hier sind verschiedene Befehle in Kurzform einem Symbol zugeordnet. In manchen Programmen sind Menüleiste und Symbolleiste auch kombiniert. Die Bedeutungen entnehmen Sie dem jeweiligen Programm. Wenn Sie mit dem Mauszeiger einen kurzen Augenblick auf dem entsprechenden Symbol verbleiben, wird in einem kleinen Fenster die Bedeutung des Symbols als Tooltipp angezeigt.

Bild 3.33: Kombinierte Menü- und Symbolleiste im XPS-Viewer.

Fensterinhalte verschieben

In Dokumentfenstern passt oftmals nicht die gesamte Menge der Informationen in den sichtbaren Fensterbereich. Das Fenster zeigt also nur einen Ausschnitt an. Dafür werden am rechten und am unteren Rand sogenannte Bildlaufleisten eingeblendet. Die Balken zeigen in vertikaler und horizontaler Richtung ungefähr das Verhältnis der dargestellten zur gesamten Informationsmenge an. Durch Verschieben dieser Balken wird der Inhalt im Fenster verschoben.

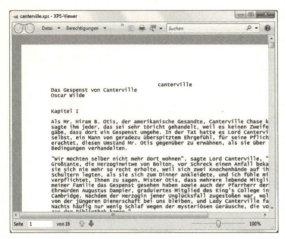

Bild 3.34: Fensterausschnitte mit Bildlaufleisten verschieben.

Alternativ können Sie auch auf die Pfeile oben und unten sowie links und rechts klicken. Wenn Sie in den freien Raum vor oder hinter dem Scrollbalken klicken, springt die Anzeige um genau eine Fenstergröße weiter.

3.5 Datums- und Zeiteinstellungen

Ein Klick auf die Uhrenanzeige rechts unten in der Taskleiste zeigt eine große Analoguhr und einen Kalender des aktuellen Monats.

Bild 3.35: Uhr und Kalender in der Taskleiste.

Wenn Sie auf den Link *Datum- und Uhrzeiteinstellungen ändern* unter der Uhr klicken, öffnet sich das Dialogfeld *Datum und Uhrzeit*. Hier finden Sie ausführlichere Angaben und können die Uhrzeit, das Datum und die Zeitzone einstellen.

3.5 Datums- und Zeiteinstellungen

Bild 3.36: Das Dialogfeld *Datum und Uhrzeit*.

Datum und Uhrzeit können Sie nur verändern, wenn Sie Administratorrechte besitzen. Bei der Installation haben Sie sicher schon das richtige Datum eingestellt. Sollte die Uhr des PCs dennoch falsch gehen, klicken Sie auf *Datum und Uhrzeit ändern*. Im *Datum*-Bereich des nächsten Fensters links können im Kalender Tag, Monat und Jahr eingestellt werden. Rechts wird mit einer Analoguhr die aktuelle Systemzeit angezeigt. Nach einem Klick in die Minutenanzeige können Sie mit den kleinen Pfeilen die Minuten verstellen. So funktioniert es ebenfalls mit den Stunden und den Sekunden.

Bild 3.37: Datum und Uhrzeit ändern.

Zeitzoneneinstellungen festlegen

Damit der PC weiß, in welcher Zeitzone Sie sich befinden, müssen Sie die richtige auswählen. Öffnen Sie dazu die Drop-down-Liste *Zeitzone*. Die Liste zeigt alle Zeitzonen rund um den Globus an. Für Deutschland gilt *UTC+01.00* (Coordinated Universal Time, eine Stunde nach der Greenwich Mean Time). Die Angabe ist wichtig, damit Sie die Zeit auch über einen Zeitserver aktualisieren können. Vergessen Sie nicht, das Kästchen unterhalb der Liste zu aktivieren. Damit erfolgt eine automatische Umschaltung zwischen Sommer- und Winterzeit.

Bild 3.38: Auswahl der Zeitzone für Deutschland.

Sommerzeitumstellung im BIOS ausschalten
Wenn Sie diese Einstellung verwenden, sollte im BIOS die Sommerzeitumstellung ausgeschaltet sein. Andernfalls kommt es häufig zu Unstimmigkeiten, besonders wenn mehrere Betriebssysteme auf einem Computer eingesetzt werden. Manche BIOS-Versionen schalten am Umschalttag fälschlicherweise auch um 00:00 Uhr statt um 02:00 Uhr um.

Zusätzliche Uhren anzeigen

Neben der lokalen Uhrzeit können Sie noch weitere Uhren anzeigen lassen. Schalten Sie dazu auf die Registerkarte *Zusätzliche Uhren*. Hier können Sie bis zu zwei weitere Zeitzonen auswählen und beliebige kurze Anzeigenamen dafür festlegen.

3.5 Datums- und Zeiteinstellungen

Bild 3.39: Weitere Uhrzeiten einstellen.

Wenn Sie für diese Uhren das Kontrollkästchen *Diese Uhr anzeigen* aktivieren, erscheinen die entsprechenden Zeiten zusätzlich, wenn Sie mit dem Mauszeiger auf der Uhr in der unteren rechten Bildschirmecke stehen bleiben.

Klicken Sie auf die Uhr, werden die zusätzlichen Uhren etwas kleiner ebenfalls als Analoguhren dargestellt.

Bild 3.40: Weitere Uhren als Analoguhren auf dem Bildschirm.

Internetzeiteinstellungen festlegen

Mit einer Funkuhr, die Sie vielleicht am Handgelenk tragen, können Sie die Systemzeit jederzeit exakt einstellen. Es geht aber viel einfacher. Lassen Sie einen Zeitserver aus dem Internet für sich arbeiten. Schalten Sie dazu auf die Registerkarte *Internetzeit* und klicken Sie auf *Einstellungen ändern*. In der Serverliste sind schon einige Server eingetragen. Verwenden Sie in Deutschland am besten den Server der Physikalisch-Technischen Bundesanstalt Braunschweig, *ptbtime1.pdb.de*. Von dort aus werden alle Funkuhren in Deutschland gesteuert.

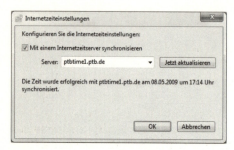

Bild 3.41: Internetzeitserver festlegen.

Ist der Schalter *Mit einem Internetzeitserver synchronisieren* aktiviert, wird die Systemzeit einmal pro Woche mit dem ausgewählten Zeitserver synchronisiert. Mit der Schaltfläche *Jetzt aktualisieren* können Sie jederzeit sofort synchronisieren. Das Aktualisierungsintervall ist auf eine Woche festgelegt, kann aber durch einen Eingriff in die Registry verändert werden.

4 Windows-Explorer: Fenster zur Festplatte

Alles was Sie bei der Arbeit mit Programmen speichern und so für die Ewigkeit konservieren, landet auf einem der in Ihrem Computer eingebauten Datenträger. Dies ist zunächst die leise vor sich hin surrende Festplatte. Der Windows-Explorer ist das Fenster zu Ihrer Festplatte und allen anderen Laufwerken des Computers, wie zum Beispiel USB-Sticks, Speicherkarten, CDs/DVDs oder Netzwerklaufwerken. Mit diesem Programm verwalten Sie die immer größer werdende Datenmenge auf Ihrem PC. Der Windows-Explorer wurde in Windows 7 gründlich überarbeitet und bietet jetzt einige neue Funktionen gegenüber früheren Windows-Versionen.

4.1 Windows-Explorer starten

Sie starten den Explorer, indem Sie im Startmenü auf den Menüpunkt *Computer* klicken oder in der Taskleiste auf das Ordnersymbol *Windows-Explorer*.

Bild 4.1: *Windows-Explorer* in der Taskleiste starten.

Sie können auch, wie in früheren Windows-Versionen, auf dem Desktop ein Icon für den Explorer anlegen. Windows 7 hat sogar ein Desktopsymbol dafür vorgesehen, das aber standardmäßig ausgeblendet ist.

Um es einzuschalten, klicken Sie mit der rechten Maustaste auf den Desktop und wählen im Kontextmenü *Anpassen*. Klicken Sie im nächsten Fenster links oben auf den Link *Desktopsymbole ändern*. Schalten Sie im dann erscheinenden Dialogfeld *Desktopsymboleinstellungen* das Kontrollkästchen *Computer* ein und verlassen Sie das Dialogfeld mit *OK*.

Bild 4.2: Desktopsymbol *Computer* für den Windows-Explorer einschalten.

Mit der Tastenkombination [Win]+[E] führen Sie einen Explorer-Schnellstart durch.

Mögliche Laufwerke im Explorer

Aktuelle PCs besitzen mindestens eine Festplatte und ein CD-ROM-/DVD-Laufwerk. Eventuell sind noch eine weitere Festplatte, ein CD-/DVD-Brenner und ein Kartenleser eingebaut. Diskettenlaufwerke werden kaum mehr verwendet, von Windows 7 aber noch unterstützt. Dazu kommen Wechseldatenträger wie USB-Sticks, externe Festplatten und Kartenlesegeräte. Alle diese Geräte werden als Laufwerke bezeichnet und mit einem Buchstaben benannt, gefolgt von einem Doppelpunkt. Eine typische Grundausstattung ist:

Laufwerk	Beschreibung
C:	Festplatte (Partition 1)
D:	Festplatte (Partition 2)
E:	DVD-RW-Laufwerk
F:	Wechseldatenträger (USB-Stick oder Kartenleser)

Der Laufwerkbuchstabe kann mit Klein- oder Großbuchstaben geschrieben werden. In der Grundeinstellung enthält der rechte Fensterteil des Windows-Explorers die Festplatte(n) und die Geräte mit Wechselmedien. Die Laufwerkbuchstaben dafür werden alphabetisch aufsteigend vergeben. Sofern ein Diskettenlaufwerk

4.2 Ordnung auf der Festplatte

noch vorhanden ist, erhält es immer den Laufwerkbuchstaben *A:*, die erste Festplatte den Laufwerkbuchstaben *C:*.

Die folgende Abbildung zeigt vier Festplatten, davon eine, auf die Windows keinen Zugriff hat (*E:*), ein DVD-RW-Laufwerk, eine SDHC-Speicherkarte und einen Wechseldatenträger (USB-Stick). Außerdem sind noch drei Netzwerklaufwerke verbunden.

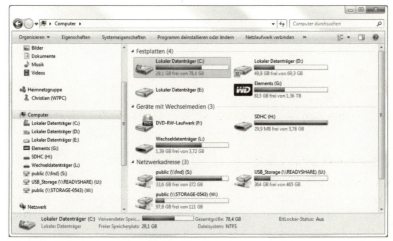

Bild 4.3: Der Windows-Explorer im neuen Outfit.

Ein Doppelklick auf eines der angezeigten Laufwerksymbole zeigt den Inhalt des Laufwerks an.

4.2 Ordnung auf der Festplatte

Im beruflichen und privaten Leben fallen meist große Mengen an Informationen in gedruckter Form an. Für deren Archivierung werden Sie verschiedene Ordner anlegen und diese selbst auch noch weiter unterteilen wollen. Mit einer sinnvollen Beschriftung und guter Ordnung können Sie jederzeit ein Schriftstück wiederfinden. Dazu muss es natürlich im richtigen Ordner abgelegt worden sein.

Ordner und Verzeichnisse

Windows hat auch ein solches Archivierungssystem eingebaut. Ihre Festplatte und alle anderen Datenträger enthalten verschiedene Ordner, auch Verzeichnisse genannt, mit weiteren Ordnern oder Dokumenten. Das Dateisystem ist hierarchisch in Form eines Baums aufgebaut. Jedes Verzeichnis kann Dokumente oder auch weitere Unterverzeichnisse enthalten. Die Baumstruktur des Dateisystems sehen Sie im linken Teilfenster des Windows-Explorers unter der Überschrift *Computer*.

Bild 4.4: Die Baumstruktur im linken Teilfenster des Windows-Explorers.

Das jeweils dargestellte Verzeichnis wird in der Baumstruktur hervorgehoben markiert. Einige Zweige der Baumstruktur sind mit einem kleinen Dreieck versehen. Diese Markierung bedeutet, dass weitere Unterverzeichnisse enthalten sind. Bei einem weißen Dreieck werden die Unterverzeichnisse nicht angezeigt, man braucht jedoch nur einmal darauf zu klicken, um die Baumstruktur zu erweitern. Bei einem schwarzen Dreieck werden die Unterverzeichnisse der nächsten Ebene bereits angezeigt.

Ordner oder Verzeichnis?
In Windows-Büchern, Zeitschriften und auch in der Originaldokumentation ist mal von Ordnern, mal von Verzeichnissen die Rede. Beide Begriffe bezeichnen genau das Gleiche.

Der Weg vom Laufwerk bis zum Verzeichnis oder zur Datei wird in fast allen Betriebssystemen als Pfad bezeichnet. Dieser Pfad wird in der obersten Zeile des Explorer-Fensters dargestellt. Hier können Sie durch Klick auf eines der kleinen Dreiecke an der entsprechenden Stelle des Verzeichnisbaums in einen anderen Unterordner verzweigen.

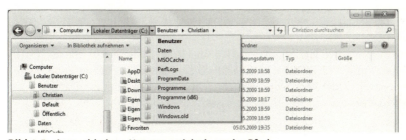
Bild 4.5: Auswahl eines Unterverzeichnisses im Pfad.

Das Dreieck ganz rechts in der Pfadanzeige blendet eine Liste der zuletzt angezeigten Ordner ein. Auf diesem Weg können Sie sehr einfach wieder auf eines dieser Verzeichnisse zurückspringen.

Flexible Bibliotheken statt starrer Ordner

Neben der starren Ordnerstruktur auf der Festplatte bietet Windows 7 mit den Bibliotheken ein weiteres Ordnungssystem. Eine Bibliothek kann mehrere sogenannte Speicherorte – Ordner auf verschiedenen Laufwerken – enthalten. Alle Dateien in diesen Verzeichnissen werden in der Bibliothek zusammen angezeigt.

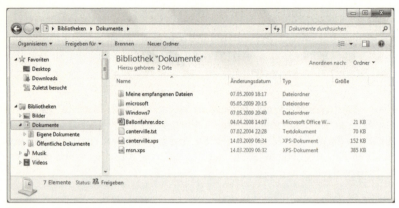

Bild 4.6: Eine Bibliothek im Explorer.

Windows 7 verwendet vier standardmäßig angelegte Bibliotheken: *Bilder*, *Dokumente*, *Musik* und *Videos*, die die ehemaligen Standardverzeichnisse unter *Eigene Dateien* ersetzen. Jede dieser voreingestellten Bibliotheken zeigt die Dateien eines eigenen und eines öffentlichen Verzeichnisses.

Dokumente und Dateien

Das Ziel einer Ordnung ist natürlich, Dokumente und Daten zu archivieren und wiederzufinden. Allgemein bezeichnet man die in den Ordnern gespeicherten Informationen als Dateien, sofern sie nicht selbst wieder Ordner sind. Dateien sind aber nicht nur Dokumente, sondern jede Art von Informationseinheit, zum Beispiel Briefe, Bilder, Programme, Datenbanken, Verknüpfungen etc.

Im rechten, großen Explorer-Fenster wird der Inhalt des aktuellen Ordners angezeigt. Jedes Element, das nicht durch die gelbe oder andersfarbige Ablagemappe dargestellt wird, ist eine Datei. In den Listen werden Ordner üblicherweise zuerst angezeigt, danach die Dateien.

Eigenschaften von Dateien

Dateiattribute sind zusätzliche Eigenschaften einer Datei, die sie näher beschreiben sollen. Die wichtigsten Attribute sehen Sie im *Eigenschaften*-Fenster einer Datei. In der Detailansicht können Sie alle Attribute anzeigen lassen. Um die Eigenschaften

4.2 Ordnung auf der Festplatte

einer Datei zu sehen oder zu ändern, klicken Sie mit der rechten Maustaste auf die Datei und wählen dann im Kontextmenü *Eigenschaften*.

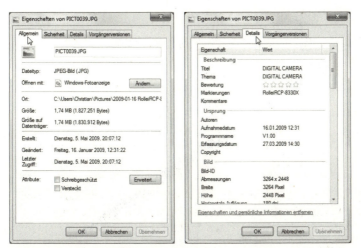

Bild 4.7: Die *Eigenschaften* einer Datei.

Auf vier Registerkarten werden unterschiedliche Eigenschaften angezeigt. Auf der Registerkarte *Details* lassen sich bestimmte persönliche Daten, die in der Datei eingetragen sind, anzeigen, ändern oder auch beseitigen. Dies ist nützlich, wenn eine Datei weitergegeben oder veröffentlicht werden soll. Welche Daten angezeigt werden, hängt vom Dateiformat ab. Die meisten Daten lassen sich direkt in den Feldern editieren. Viele erweiterte Dateieigenschaften enthalten durchaus nützliche Informationen, die z. B. in Fotocommunities wie Picasa oder Flickr genutzt werden können. Einige Kameras schreiben aber in die Felder *Titel* und *Thema*, die eigentlich für andere Daten bestimmt sind, den Kameratyp hinein. Der Link *Eigenschaften und persönliche Informationen entfernen* öffnet ein neues Dialogfeld, in dem auf sehr einfache Weise bestimmte oder gleich alle Daten beseitigt werden können.

Bild 4.8: Markierte Dateieigenschaften löschen.

Im Dialogfeld *Eigenschaften entfernen* können Sie eine Kopie der ausgewählten Datei anlegen, wobei alle erweiterten Eigenschaften entfernt sind, oder Sie markieren einzelne Eigenschaften, die dann in der Originaldatei gelöscht werden. Wählen Sie dazu die Option *Kopie erstellen, in der alle möglichen Eigenschaften entfernt sind*. Die Felder *Titel* und *Thema* können als Spalten in der Detailansicht des Explorers angezeigt werden. Dann können Sie danach auch sortieren und gruppieren. Klicken Sie dazu mit der rechten Maustaste auf einen Spaltentitel und wählen Sie im Kontextmenü *Weitere*. Schalten Sie im nächsten Dialogfeld die beiden Felder *Titel* und *Thema* ein.

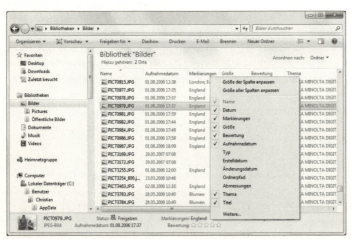

Bild 4.9: Dateieigenschaften in der Detailansicht des Explorers.

4.2 Ordnung auf der Festplatte

▶ Dateinamen festlegen

Der Dateiname ist das wichtigste Attribut einer Datei. Wählen Sie immer einen aussagekräftigen Dateinamen. Er darf bis zu 256 Zeichen lang sein und fast alle Zeichen enthalten. Um eine Datei umzubenennen, markieren Sie sie und klicken kurz darauf noch einmal auf die Datei. Der Dateiname wird farbig hinterlegt und kann geändert werden.

Umbenennen noch einfacher
Manchmal ist es schwierig, den richtigen Zeitabstand zwischen den beiden Klicks zu treffen, um eine Datei umzubenennen und nicht gleich auszuführen. Sie können in solchen Fällen die Datei auch einfach markieren und die Taste [F2] drücken. Jetzt wird der Dateiname ohne Erweiterung ebenfalls zum Umbenennen markiert.

Wenn Sie für den Namen ein nicht zugelassenes Zeichen verwenden, z. B. das Fragezeichen, meldet sich Windows 7 mit einer Sprechblase, die angibt, welche Zeichen nicht verwendet werden dürfen.

Bild 4.10: Meldung beim Umbenennen einer Datei.

Nach dem Dateinamen folgen ein Punkt und die Dateierweiterung mit üblicherweise drei Stellen.

▶ Größenangabe für Dateien

Die Dateigröße wird in KByte (Kilobyte) und in Byte angegeben. Technisch bedingt, ist die Datei auf dem Datenträger meistens etwas größer, als sie tatsächlich ist.

Dateigröße beim Verschicken von E-Mails beachten
Beim Verschicken von Dateien als E-Mail-Anhang sollten Sie die Dateigröße beachten. Mehrere MByte große Dateien verursachen beim Empfänger lange Ladezeiten, besonders wenn dieser seine E-Mails auf dem Handy liest.

Unter Umständen verweigert der Provider des Empfängers die Annahme einer Mail mit einem zu großen Anhang. E-Mails mit Anhängen über 1 MByte gelten als typische Anfängerfehler.

▶ Datumsangaben einer Datei

Das Datum einer Datei besteht immer aus Tag, Monat, Jahr, Stunde und Minute. Im *Eigenschaften*-Fenster wird zusätzlich noch der Wochentag bzw. *Heute* angezeigt. Datumsangaben können mit normalen Systemfunktionen nicht verändert werden. Allerdings gibt es diverse Freewareprogramme, mit denen Sie alle Datumsangaben beliebig manipulieren können. Mit jeder Datei werden drei verschiedene Datumsangaben gespeichert, bei Fotos sogar vier.

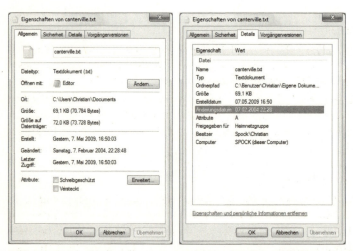

Bild 4.11: Verschiedene Datumsangaben in den *Eigenschaften* einer Datei.

Die Angabe *Erstellt* bezieht sich immer auf die physikalische Datei. Kopiert oder verschiebt man also eine Datei in ein anderes Verzeichnis, wird dort das Erstellungsdatum neu geschrieben. Das *Geändert*-Datum der Datei bleibt aber bestehen. So lässt sich erklären, dass das Erstellungsdatum einer Datei aktueller sein kann als das letzte Änderungsdatum, was nach deutschem Sprachverständnis unlogisch erscheint.

Nur NTFS protokolliert die Zugriffe, sodass auch nur hier das Datum *Letzter Zugriff* interessant ist. Dabei ist es egal, welcher Art der Dateizugriff war, ob die Datei angezeigt, kopiert, geändert oder ob nur die *Eigenschaften* angezeigt wurden. Auf FAT16-/FAT32-Dateisystemen wird das Feld *Letzter Zugriff* der Vollständigkeit halber zwar dargestellt, enthält aber immer das aktuelle Tagesdatum mit der Zeitangabe *00:00*, unabhängig vom tatsächlichen letzten Zugriff.

▶ Typ und Dateinamenserweiterung

Windows 7 versucht, aus der Dateinamenserweiterung den Typ zu erkennen. So wird aus der Endung *.txt* eine Textdatei. Wenn Windows eine Endung nicht interpretieren kann, wird aus *.xyz* einfach eine XYZ-Datei. Aus dem Typ wird auch ermittelt, mit welcher Anwendung die Datei bei einem Doppelklick geöffnet werden soll.

▶ Weitere Dateiattribute

Windows 7 verwendet für jede Datei noch drei weitere Attribute, die im Dateisystem definiert sind und schon seit DOS-Zeiten verwendet werden, aber weiterhin wichtige Funktionen erfüllen. Diese Attribute können Sie im Fenster *Eigenschaften* ansehen und auch ändern. Dabei wird im entsprechenden Kästchen ein Häkchen angezeigt, das Sie auch selbst setzen oder löschen können. Bei einer Änderung für einen Ordner werden Sie gefragt, ob die Änderung nur für diesen Ordner oder auch für alle Dateien und Unterordner gelten soll.

▶ Schreibgeschützte Dateien

Ist das Attribut *Schreibgeschützt* gesetzt, kann die Datei nicht verändert und nicht gelöscht werden. Wenn Sie es dennoch versuchen, fragt Windows zur Sicherheit nochmals nach. Allerdings nimmt Windows 7 dieses Attribut nicht mehr so ernst wie frühere Windows-Versionen. Ein Verschieben einer schreibgeschützten Datei per Zwischenablage ist zum Beispiel ohne weitere Nachfragen möglich. Der Schreibschutz stellt also keinen echten Schutz mehr dar.

Bild 4.12: Attribute im *Eigenschaften*-Fenster.

▶ **Versteckte Dateien**

Ist das Attribut *Versteckt* gesetzt, wird die Datei im Explorer nicht angezeigt. Damit soll verhindert werden, dass bestimmte Dateien aus Versehen manipuliert werden. Unter *Organisieren/Ordner- und Suchoptionen* können Sie die Anzeige versteckter Dateien mit dem Schalter *Versteckte Dateien und Ordner/Ausgeblendete Dateien, Ordner und Laufwerke anzeigen* dennoch erzwingen. Die Änderung tritt erst in Kraft, wenn man das Verzeichnis neu einlesen lässt, sich also im Explorer zunächst in einem anderen Verzeichnis befand. Versteckte Verzeichnisse werden in der Baumstruktur im linken Teilfenster des Explorers nicht angezeigt.

▶ **Dateien zur Archivierung kennzeichnen**

Die mit dem Attribut *Archiv* gekennzeichneten Dateien sollen bei der nächsten Datensicherung archiviert werden. Die meisten Archivierungsprogramme verwenden dieses Archivattribut zur Auswahl der Dateien für die Archivierung und setzen es nach der Sicherung automatisch zurück. Wird eine Datei verändert, setzt Windows 7 wieder das Archivattribut, damit diese Datei beim nächsten Backup erneut gesichert wird. Das Archivattribut finden Sie mit einem Klick auf *Erweitert* in den Eigenschaften einer Datei.

4.2 Ordnung auf der Festplatte

Bild 4.13: Archivattribut setzen.

Unbekannte Dateitypen öffnen

Sie haben sicher schon einmal eine Datei aus dem Explorer heraus zum Bearbeiten geöffnet. Ein Doppelklick auf das Dateisymbol genügt, und die Datei wird mit dem richtigen Programm zur Ansicht oder Bearbeitung geöffnet. Aber woher kennt Windows das passende Programm? Ein Dateiname besteht immer aus dem eigentlichen Namen und der Dateierweiterung. Dabei handelt es sich um die (meistens) drei Buchstaben nach dem letzten Punkt.

Windows 7 verwaltet intern eine Liste mit Dateierweiterungen und den zugehörigen Programmen. Dort ist z. B. verzeichnet, dass Dateien mit der Endung *.txt* immer mit dem Zubehörprogramm Editor geöffnet werden sollen. Wenn Sie ein neues Programm installieren, wird die Liste meistens von diesem Programm aktualisiert, wenn neue Dateiendungen verwendet werden. So weit, so gut. Was ist aber, wenn die Dateiendung nicht in der Liste enthalten ist?

Hier meldet sich Windows zu Wort und fragt, ob ein Webdienst für die Suche nach einem geeigneten Programm genutzt werden oder ein lokal installiertes Programm die Datei öffnen soll.

Bild 4.14: Wie soll eine unbekannte Datei geöffnet werden?

Da der Webdienst in den meisten Fällen keine brauchbaren Ergebnisse liefert, wählen Sie hier die zweite Option *Programm aus einer Liste installierter Programme auswählen*. Im nächsten Fenster empfiehlt Windows einige Programme, die es für geeignet hält. Die Auswahl kann sehr zufällig sein und enthält diverse Programme, die die betreffende Datei sicher nicht öffnen können. Wählen Sie das Programm aus, das nach Ihrer Meinung am besten geeignet ist.

Bild 4.15: Mit welchem Programm soll die Datei geöffnet werden?

Das Kontrollkästchen *Dateityp immer mit dem ausgewählten Programm öffnen* können Sie aktivieren, wenn der unbekannte Dateityp häufiger verwendet wird. Ein solcher Dateityp wird dann immer mit dem ausgewählten Programm ausgeführt. In der Zeile darüber können Sie eine Beschreibung für den Dateityp angeben, die dann bei jeder Datei mit dieser Endung in der Spalte *Typ* im Explorer erscheint.

Es gibt noch eine weitere Möglichkeit, eine Datei mit einem ganz bestimmten Programm zu öffnen. Dies ist besonders dann interessant, wenn Sie z. B. mehrere Bildbetrachter oder mehrere Office-Pakete installiert haben. Bei Dateien mit bekannten Dateitypen erscheint neben der *Öffnen*-Schaltfläche in der Symbolleiste des Explorers ein kleines Dreieck.

4.2 Ordnung auf der Festplatte

Bild 4.16: Auswahl eines Programms zum Öffnen einer Datei.

Hier können Sie das gewünschte Programm auswählen. Die gleiche Auswahl gibt es auch bei einem Rechtsklick auf eine Datei über den Kontextmenüpunkt *Öffnen mit*. Windows zeigt hier die empfohlenen Programme an und bietet auch eine Möglichkeit, ein neues Standardprogramm einzurichten. Wenn Sie keines für das richtige halten, können Sie den Computer nach einem geeigneten Programm durchsuchen.

Bei der Vielzahl von Dateitypen, die es derzeit gibt, wird die Auswahl eines geeigneten Standardprogramms immer wichtiger. In früheren Windows-Versionen waren die Einstellungen noch schwer zu finden. Windows 7 bietet direkt im rechten Teil des Startmenüs einen neuen Menüpunkt *Standardprogramme*.

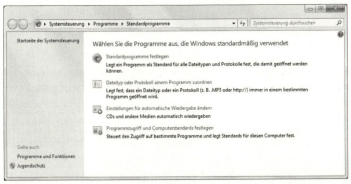

Bild 4.17: Einstellungen für Standardprogramme in der *Systemsteuerung*.

Wählen Sie hier die Option *Dateityp oder Protokoll einem Programm zuordnen*. Im nächsten Dialogfeld finden Sie eine lange Liste von Dateierweiterungen, wobei zu jeder das derzeit eingetragene Standardprogramm zu sehen ist. An dieser Stelle können Sie die Einstellungen für alle Dateiformate beliebig ändern.

4 Windows-Explorer: Fenster zur Festplatte

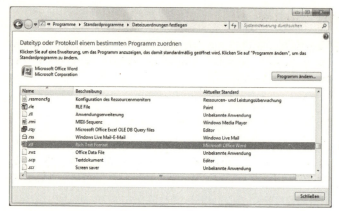

Bild 4.18: Zuordnung von Dateitypen und Programmen.

Die Symbolleiste Desktop

Es gibt zwei Typen von Windows-Nutzern. Die einen starten ein Programm und öffnen damit eine Datei. Die anderen öffnen lieber per Doppelklick eine Datei und starten damit das diesem Dateityp zugeordnete Programm. Für die zweite Gruppe bietet die Windows-Taskleiste eine interessante Zusatzfunktion. Mit einem Rechtsklick auf die Taskleiste erscheint ein Kontextmenü. Wählen Sie hier *Symbolleisten/Desktop*.

Es erscheint eine kleine Symbolleiste mit der Schaltfläche *Desktop >>*, die ein kaskadenförmiges Menü aufklappt. Hier können Sie zu jeder Datei navigieren und diese direkt öffnen.

Bild 4.19: Symbolleiste *Desktop* ist eingeschaltet.

4.3 Besondere Windows-Ordner

Windows 7 legt einige besondere Ordner auf dem PC an, die auch für den Anwender wichtig sind. Ein paar davon sind sinnvoll nutzbar, während andere nur mit spitzen Fingern angefasst werden sollten.

Benutzer-Ordner

Dieser Ordner wird für jeden Benutzer von Windows 7 eingerichtet. Er liegt standardmäßig im Explorer unter *Lokaler Datenträger (C:)\Benutzer* bzw. auf der Festplatte *C:* im Ordner *Benutzer*. In früheren Windows-Versionen hieß dieser Ordner *Eigene Dateien*.

Er enthält standardmäßig unter anderem die Unterordner *Eigene Bilder*, *Eigene Dokumente*, *Eigene Musik* und *Eigene Videos*. Diese sind automatisch auch in den Bibliotheken *Bilder, Dokumente, Musik* und *Videos* eingetragen. Dabei handelt es sich jedes Mal um das gleiche Verzeichnis, also nicht um eine Kopie. Löschen Sie eine Datei in der Bibliothek, ist sie danach auch unter *Lokaler Datenträger (C:)\Benutzer* gelöscht und umgekehrt.

Einige weitere Unterverzeichnisse werden für Systemeinstellungen verwendet und sind versteckt. Unterhalb dieses Verzeichnisses können Sie nach Belieben weitere Ordner einrichten.

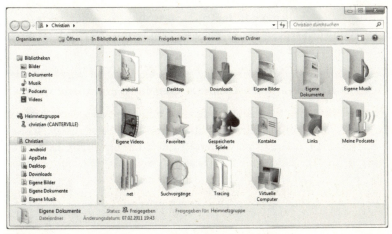

Bild 4.20: Unterordner im persönlichen Benutzerordner.

Der gesamte persönliche Ordner ist vor dem Zugriff anderer Anwender geschützt. Nur Sie und der Administrator haben vollen Zugriff auf alle Ordner und Dateien darin.

Projektorientierte Ordner anlegen
Ein Sicherheitsaspekt darf allerdings auch nicht verschwiegen werden: Sollte es Hackern oder Trojanern gelingen, einen Zugang zu Ihrem PC zu erhalten, ist der *Benutzer*-Ordner sicher das erste Ziel. Da er auf jedem PC mit derselben Struktur und demselben Namen angelegt wird, kann er auch leichter ausspioniert werden. Ein weiteres Problem ergibt sich bei der Reparatur einer defekten Windows-Installation. Bei einer Neuinstallation werden die persönlichen Ordner ohne Nachfrage gelöscht.
Wesentlich sinnvoller ist es, projektorientierte Ordner anzulegen, am besten auf einer zweiten Partition oder Festplatte, die nur für Daten verwendet wird. So kommt es nicht zu Datenverlusten, selbst wenn die Betriebssystempartition komplett ausfällt oder man auf ein anderes Betriebssystem wechselt.

Öffentlicher Ordner

Dieser Ordner wird von Windows 7 ebenfalls standardmäßig eingerichtet. Er existiert nur einmal auf dem PC und steht allen Anwendern mit allen Rechten zur Verfügung. Jeder Anwender kann dort Informationen ablegen, die für jeden anderen Anwender zugänglich sein sollen. In früheren Windows-Versionen hieß dieser Ordner *Gemeinsame Dokumente*.

Auch in diesem Ordner sind standardmäßig einige Unterordner angelegt. Jeder Anwender kann nach Belieben weitere Ordner anlegen und Dateien darin ablegen.

In der Ordneransicht finden Sie den öffentlichen Ordner mit derselben Struktur und identischem Inhalt einmal in den Bibliotheken in der obersten Verzeichnisebene und einmal unter *Lokaler Datenträger (C:)\Benutzer\Öffentlich*. Es handelt sich auch hier in beiden Fällen um das gleiche Verzeichnis bzw. den gleichen Ordner.

4.3 Besondere Windows-Ordner

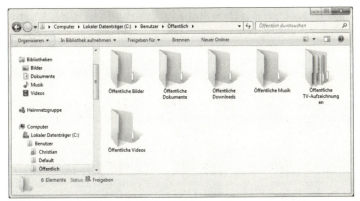

Bild 4.21: Ordner im öffentlichen Verzeichnis.

Der Papierkorb

Bei jeder Aufräumaktion ist der *Papierkorb* eine wichtige Einrichtung, so auch auf Ihrem PC. Bei der täglichen Arbeit fallen sicher Dokumente, Dateien, Ordner oder Programme an, die Sie nicht mehr benötigen und deshalb löschen wollen. Hier hat Windows 7 eine doppelte Sicherung eingebaut, um Sie vor unbeabsichtigtem Datenverlust zu schützen.

Wenn Sie ein Objekt löschen wollen, müssen Sie es zunächst markieren. Dann können Sie es nach einem weiteren Klick der rechten Maustaste im Kontextmenü mit dem Befehl *Löschen* entfernen. Jede Datei lässt sich auch mit einem Klick auf den *Löschen*-Befehl in der Symbolleiste *Organisieren/Löschen* des Explorers löschen. Die ⌈Entf⌉-Taste hat dieselbe Funktion. Diese Aktion muss immer bestätigt werden. Dann landet das Objekt im *Papierkorb*.

 Achtung – Dateileichen auf dem PC
Nicht mehr benötigte Programme sollten Sie nie in den *Papierkorb* werfen. Dabei bleiben mit Sicherheit Dateileichen auf Ihrem PC bestehen, und in der Registry verbleiben ebenfalls Rückstände. Deinstallieren Sie Programme immer über die *Systemsteuerung*.

Wie im realen Leben können Sie aus dem *Papierkorb* auch wieder etwas herausholen. Ein Doppelklick auf das Papierkorbsymbol öffnet das Fenster *Papierkorb*, in dem der Inhalt des *Papierkorbs* angezeigt wird.

Bild 4.22: Der Blick in den *Papierkorb* mit zu löschenden Elementen.

In der Papierkorbanzeige sehen Sie den Namen sowie Art und Größe des gelöschten Objekts. Ein Doppelklick auf ein Element im *Papierkorb* zeigt die Herkunft, das Lösch- und das Erstellungsdatum und stellt dieses Objekt mit einem Klick auf *Wiederherstellen* nach einer Sicherheitsabfrage wieder her. Im gleichen Schritt wird das Objekt an seinen ursprünglichen Ort zurückgelegt. Stellen Sie den *Papierkorb* mit dem Symbol *Ansicht ändern* auf die Detailansicht um, werden die ursprünglichen Ordner der gelöschten Dateien gleich mit angezeigt.

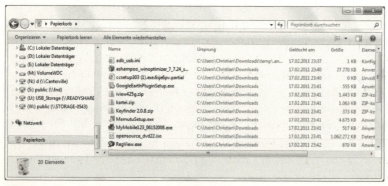

Bild 4.23: Der *Papierkorb* in der Detailansicht.

4.3 Besondere Windows-Ordner

Was Sie im *Papierkorb* löschen, ist allerdings unwiderruflich verloren und kann ohne Spezialtools nicht mehr wiederhergestellt werden. Das Gleiche gilt, wenn Sie mit *Papierkorb leeren* alle darin befindlichen Dateien auf einmal löschen.

Solange Daten im *Papierkorb* sind, belegen sie auch Speicherplatz auf der Festplatte. Sind Sie sich also sicher, dass Sie den Inhalt des *Papierkorb*s nicht mehr benötigen, sollten Sie ihn leeren. Klicken Sie dazu mit der rechten Maustaste auf das Papierkorbsymbol und wählen Sie im Kontextmenü *Papierkorb leeren*. Erst dann werden die Daten endgültig gelöscht, und der belegte Speicherplatz auf der Festplatte wird freigegeben.

Mit dem Menüpunkt *Eigenschaften* im Kontextmenü des Papierkorbsymbols können Sie festlegen, wie viel Platz der *Papierkorb* auf den einzelnen Festplatten belegen darf.

Bild 4.24: Eigenschaften des *Papierkorbs* bearbeiten.

Wird die angegebene Größe überschritten, werden die ältesten Dateien im *Papierkorb* automatisch gelöscht. Diese Maximalgröße kann für jede Festplatte einzeln angegeben werden. Eine globale Einstellung wie unter Windows XP gibt es in Windows 7 nicht mehr. Bei Wechselmedien und Disketten gibt es keinen *Papierkorb*. Hier werden gelöschte Daten sofort endgültig gelöscht.

Dateien ohne Umweg über den Papierkorb löschen
Möchten Sie eine Datei löschen, ohne sie erst in den *Papierkorb* zu werfen, löschen Sie sie nicht mit der Taste [Entf], sondern mit der Tastenkombination [Umschalt]+[Entf].

Die Systemsteuerung

Bei der *Systemsteuerung* handelt es sich um einen Systemordner, in dem Windows wichtige Informationen und Einstellungen zum Betriebssystem, zu Geräten und Diensten verwaltet. Die *Systemsteuerung* wurde in Windows 7 gegenüber Windows XP und Vista grundlegend überarbeitet.

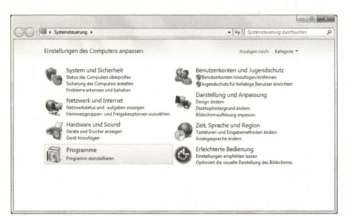

Bild 4.25: Startseite der *Systemsteuerung* in der neuen Standardansicht.

Wer viel Erfahrung mit älteren Windows-Versionen hat, wird sich möglicherweise in der klassischen Ansicht der *Systemsteuerung* besser zurechtfinden. Dazu können Sie oben rechts bei *Anzeigen nach* zwischen großen und kleinen Symbolen wählen.

Bild 4.26: Die *Systemsteuerung* in der klassischen Ansicht mit kleinen Symbolen.

Der Computer

Der Eintrag *Computer* im *Navigationsbereich* des Explorers ist kein herkömmlicher Ordner auf einer Festplatte, sondern steht übergeordnet über den Laufwerken. Hier finden Sie Symbole für alle Laufwerke. Im Anzeigemodus *Kacheln* wird bei Festplatten angezeigt, wie weit sie bereits mit Daten gefüllt sind. In früheren Windows-Versionen hieß diese Ansicht *Arbeitsplatz*.

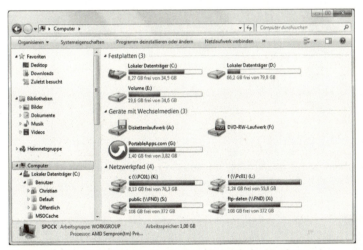

Bild 4.27: Der *Computer* im *Navigationsbereich* des Explorers.

Netzwerk

Der Eintrag *Netzwerk* in der Baumstruktur des Explorers ist ebenfalls kein Verzeichnis auf einer Festplatte, sondern zeigt alle Computer im lokalen Netzwerk an. Von hier aus können Sie auf freigegebene Laufwerke und Drucker zugreifen. Diese Ansicht wurde in früheren Windows-Versionen als Netzwerkumgebung bezeichnet.

4 Windows-Explorer: Fenster zur Festplatte

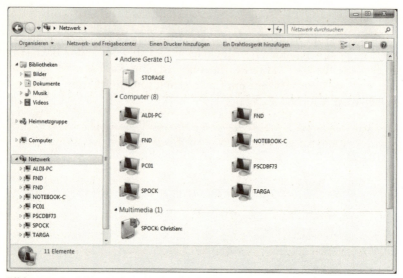

Bild 4.28: Das *Netzwerk* in der Verzeichnisstruktur des Explorers.

Heimnetzgruppe

Windows 7 zeigt zusätzlich die *Heimnetzgruppe* im *Navigationsbereich* an. Dabei handelt es sich um eine neue Netzwerkübersicht, über die sich freigegebene Verzeichnisse sehr einfach einrichten und verwalten lassen. Allerdings funktionieren Heimnetzgruppen nur zwischen Windows 7-Computern und nicht mit älteren Windows-Versionen oder anderen Betriebssystemen.

Geschützte Ordner

In Windows 7 Professional und Ultimate kann der Administrator den Zugriff auf bestimmte Ordner und Dateien für andere Benutzer begrenzen, sodass diese sie nur noch lesen oder auch gar nicht mehr sehen können. In den Home-Editionen von Windows 7 ist es nicht möglich, die Zugriffsrechte individuell zu vergeben. Deshalb gibt es hier keine geschützten Ordner. Allerdings sind dem normalen Benutzer nicht alle Ordner zugänglich.

4.3 Besondere Windows-Ordner

Ordner	Beschreibung
Benutzer	Hier werden Einstellungen für alle Anwender und für jeden einzelnen Anwender verwaltet.
Programme	Hier sind für jedes installierte Programm Ordner mit jeweils unterschiedlichen Unterordnern enthalten. Sie werden bei der Programminstallation eingerichtet. Die Programme verwalten dort auch interne Einstellungen. In der 64-Bit-Version von Windows 7 gibt es zusätzlich ein Verzeichnis *Programme (x86)*, in dem 32-Bit-Programme installiert sind.
Windows	Wie der Name sagt, liegen hier das Windows-Betriebssystem und die meisten weiteren Windows-Komponenten.
PerfLogs	Dieses Verzeichnis wird vom Windows-Systemintegritätsbericht verwendet und sollte nicht angetastet werden. Es ist über die Benutzerkontensteuerung auch automatisch vor versehentlichen Zugriffen geschützt.

Gehen Sie mit den anderen standardmäßig auf Laufwerk *C:* angelegten und sichtbaren Ordnern sehr verantwortungsvoll um – am besten lassen Sie die Finger davon!

Bild 4.29: Geschützte Ordner im Explorer. Die hier gezeigte *Attribute*-Spalte lässt sich mit einem Rechtsklick auf einen Spaltentitel und Auswahl von *Weitere* im Kontextmenü einschalten.

Die Ordner *ProgramData* und *MSOCache*, die Windows 7 auf Laufwerk *C:* anlegt, sind absichtlich versteckt, damit der Benutzer hier keine unbedachten Aktionen vornimmt, die die Systemstabilität gefährden könnten.

4.4 Das Explorer-Layout anpassen

Die Ansicht des Explorers und der Ordner lässt sich auf vielfältige Weise anpassen, beginnen wir aber zunächst mit einigen Details des Explorer-Fensters.

Neu: zweigeteilte Symbolleisten

Die Symbolleiste des Windows-Explorers wurde in Windows 7 gegenüber Windows XP in zwei Teile geteilt. Die Pfeile führen zur vorhergehenden bzw. folgenden Fensteransicht. Mit dem kleinen blauen Dreieck klappt man eine Drop-down-Liste auf, mit der man gleich mehrere Ansichten überspringen kann.

▶ Verzeichnis nach oben

In früheren Windows-Versionen gab es zusätzlich einen Pfeil nach oben, der in der Dateihierarchie um eine Stufe nach oben führte. Dieses Symbol fehlt im neuen Windows-Explorer. Sie können aber einfach die ←-Taste verwenden, um in der Verzeichnishierarchie einen Schritt nach oben zu springen.

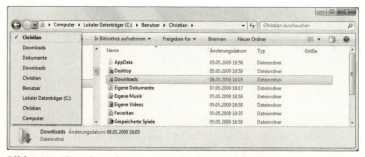

Bild 4.30: Liste der zuletzt verwendeten Verzeichnisse.

Die untere Symbolleiste enthält unterschiedliche Symbole, je nachdem, ob ein Unterverzeichnis oder eine Datei markiert ist:

4.4 Das Explorer-Layout anpassen

Bild 4.31: Die Explorer-Symbolleiste bei einem markierten Verzeichnis.

Schaltfläche	Beschreibung
Organisieren	Öffnet ein Menü mit allgemeinen Bearbeitungsfunktionen, den Funktionen der Zwischenablage (*Kopieren, Ausschneiden, Einfügen*) sowie Layout- und Ordneroptionen.
Neuer Ordner	Legt einen neuen Ordner im aktuellen Verzeichnis an.
In Bibliothek aufnehmen	Nimmt das aktuelle Verzeichnis in eine Bibliothek auf. Diese kann hier ausgewählt oder es kann eine neue angelegt werden.
Freigeben für	Ermöglicht es, das aktuelle Verzeichnis für andere Benutzer im Netzwerk freizugeben.
Brennen	Brennt das aktuelle Verzeichnis auf eine CD oder DVD.

Bild 4.32: Die Explorer-Symbolleiste bei einer markierten Datei.

Ist eine Datei markiert, sehen Sie etwas andere Schaltflächen in der Symbolleiste.

Schaltfläche	Beschreibung
Organisieren	Öffnet ein Menü mit allgemeinen Bearbeitungsfunktionen, den Funktionen der Zwischenablage (*Kopieren, Ausschneiden, Einfügen*) sowie Layout- und Ordneroptionen.
Öffnen	Öffnet eine Datei mit der Standardanwendung, das entspricht einem Doppelklick auf die Datei. Das kleine Dreieck daneben blendet ein Menü ein, in dem ein anderes Programm zum Öffnen gewählt werden kann.
Freigeben für	Ermöglicht es, die aktuelle Datei für andere Benutzer im Netzwerk freizugeben.
Drucken	Druckt die Datei direkt aus dem Explorer mit der Standardanwendung auf den Standarddrucker.
Brennen	Brennt die aktuelle Datei auf eine CD oder DVD.

Am rechten Rand befinden sich drei Symbole, die bei Ordnern und Dateien die gleiche Funktion haben. Die linke Schaltfläche der Dreiergruppe bietet verschiedene Ansichtsmodi für Dateien und Ordner. Für jedes Objekt werden immer ein typisches Symbol und der Name angezeigt. Wenn Sie einen Augenblick mit dem Cursor auf dem Objekt verharren, werden in einem Tooltipp zusätzliche Informationen eingeblendet.

Bild 4.33: Ansichtsmodi im Explorer ändern.

Extra große Symbole stellt Dateien und Ordner besonders groß dar. Diese Option ist nur für Verzeichnisse mit Bilddateien sinnvoll. Bei Bilddateien erscheint anstelle eines Symbols ein Vorschaubild, das in diesem Fall auch besonders groß ist.

Große Symbole bietet einen guten Überblick über Verzeichnisse mit Bilddateien. Zur Anzeige von Dateisymbolen in Datenverzeichnissen ist die Darstellung noch zu groß, die Symbole belegen zu viel Platz.

Mittelgroße Symbole ist die kleinste Ansicht, die bei Bildern noch Vorschaubilder anzeigt, eignet sich aber weder für Bilder noch für Dateiverzeichnisse besonders gut.

Kleine Symbole zeigt die Dateinamen in zwei Spalten an. Hier erscheint bei Bilddateien nur noch ein Symbol, kein Vorschaubild mehr.

Liste zeigt nur die Dateinamen und kleine Symbole in engen Spalten nebeneinander an. In dieser Ansicht passen die meisten Dateinamen in ein Explorer-Fenster.

4.4 Das Explorer-Layout anpassen

Bild 4.34: *Große Symbole* im Explorer.

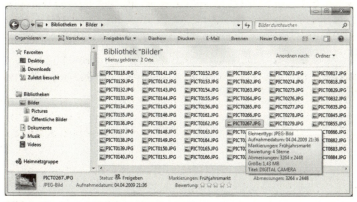

Bild 4.35: Ansicht *Liste* im Explorer.

Details liefert die meisten Informationen von allen Ansichten. Jede Datei belegt eine Zeile mit verschiedenen Informationen, die spaltenweise dargestellt werden.

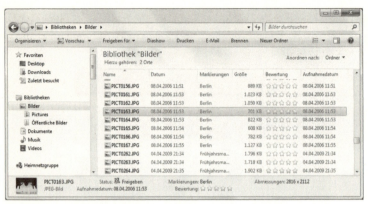

Bild 4.36: *Details*-Ansicht im Explorer.

Im Ansichtsmodus *Details* können Sie mit einem Rechtsklick auf einen Spaltentitel und dem Menüpunkt *Weitere* genau angeben, was in der Liste in welcher Reihenfolge angezeigt werden soll. Viele der Informationen sind nur für bestimmte Dateitypen verfügbar. Auch die Spaltenbreite können Sie beliebig anpassen. Führen Sie den Cursor auf die Trennlinie zwischen den Spalten im Kopf. Der Cursor ändert sich zu einem waagerechten Doppelpfeil. Mit gedrückter linker Maustaste kann jetzt die Spaltenbreite variiert werden.

Kacheln zeigt zusätzlich zum Dateinamen und dem Symbol eine kurze Klassifikation und die Größe des entsprechenden Objekts.

Bild 4.37: *Kacheln*-Ansicht im Explorer.

4.4 Das Explorer-Layout anpassen

Inhalt zeigt zu jeder Datei ein kleines Vorschaubild und je nach Dateityp zusätzlichen Informationen an. Im unteren Beispiel sehen Sie bei Bilddateien unter anderem auch die Maße in Pixeln.

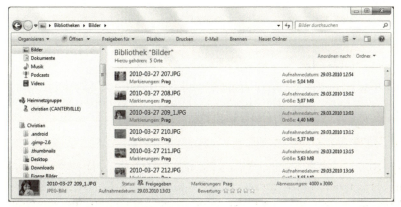

Bild 4.38: *Inhalt*-Ansicht im Explorer.

Vorschaufenster, das zweite Symbol in der Symbolleiste, blendet im rechten Teil des Explorer-Fensters die Vorschau einer markierten Bilddatei ein. Diese Vorschau ist nur bei bestimmten Dateitypen wie zum Beispiel Fotos und XPS-Dateien verfügbar.

Bild 4.39: Explorer mit Vorschaufenster für Fotos.

Elemente ein- und ausblenden

Der Windows-Explorer in Windows 7 lässt sich in seinem Aussehen noch viel besser an die persönliche Arbeitsweise anpassen als die Explorer aus früheren Windows-Versionen. Die Einstellungen dazu finden Sie unter *Organisieren* im Untermenü *Layout*. Hier können einzelne Elemente des Explorer-Fensters ein- und ausgeschaltet werden.

▶ Menüleiste einblenden

Standardmäßig zeigt der Explorer keine Menüleiste mehr an. Allerdings fehlen damit auch viele Funktionen. Die Menüleiste, die man aus Windows XP kennt, ist aber weiterhin verfügbar. Sie wird unter *Organisieren/Layout/Menüleiste* wieder eingeschaltet.

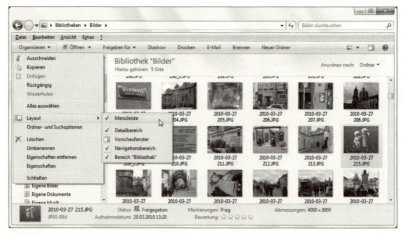

Bild 4.40: Die Menüleiste ist im Explorer-Fenster wieder eingeschaltet.

▶ Detailbereich

Der *Detailbereich* im unteren Teil des Explorer-Fensters zeigt Informationen zu einer markierten Datei.

Bild 4.41: Detailfenster im Windows-Explorer.

4.4 Das Explorer-Layout anpassen

▶ Navigationsbereich

Mit der Funktion *Navigationsbereich* schalten Sie den Verzeichnisbaum im linken Teil des Explorer-Fensters aus oder ein. Den *Navigationsbereich* auszuschalten, ist nur bei sehr kleinen Bildschirmen sinnvoll, wenn mehr Platz für die Dateiliste benötigt wird.

▶ Bereich »Bibliothek«

Die Funktion *Bereich »Bibliothek«* schaltet die Überschrift einer Bibliothek, den Schalter zur Anordnung sowie die Anzeige der Speicherorte der Bibliothek ein und aus. Ein Klick auf die Speicherorte ermöglicht es, weitere Speicherorte der Bibliothek hinzuzufügen oder Speicherorte zu entfernen.

Bild 4.42: *Bereich »Bibliothek«* im Windows-Explorer.

▶ Ansichtseinstellungen für Ordner festlegen

Beim Anpassen haben Sie sicher eine Eigenheit bemerkt: Sie haben ein Fenster nach Ihrem Geschmack angepasst, beim nächsten Fenster ist die mühsam hergestellte Einstellung aber wieder verschwunden. Auch hierfür gibt es eine Einstellung, die alle Ordner und Fenster gleichermaßen wie gewünscht aussehen lässt.

Richten Sie das Aussehen der Ordner nach Ihren Vorstellungen aus. Klicken Sie auf die Schaltfläche *Organisieren* und wählen Sie im Menü den Eintrag *Ordner- und Suchoptionen*.

Im Dialogfeld *Ordneroptionen* öffnen Sie die Registerkarte *Ansicht*. Hier klicken Sie auf die Schaltfläche *Für Ordner übernehmen*. Jetzt haben alle Ordner dasselbe Aussehen.

4 Windows-Explorer: Fenster zur Festplatte

Bild 4.43: Einstellungen zur Darstellung von Ordnern.

Alle Einstellungen im Bereich *Erweiterte Einstellungen* können Sie im Prinzip übernehmen. Beherzigen Sie dabei aber folgende Empfehlungen:

- *Erweiterungen bei bekannten Dateitypen ausblenden* sollten Sie ausschalten, um böswillig gefälschte Dateierweiterungen zu erkennen.

- *Geschützte Systemdateien ausblenden* sollten Sie nur ausschalten, wenn Sie schon Erfahrung mit dem Dateisystem und Windows haben.

- *Versteckte Dateien und Ordner* – Ist hier die Option *Ausgeblendete Dateien und Ordner nicht anzeigen* aktiv, sehen Sie nicht mehr jede Datei auf Ihrer Festplatte. Für Einsteiger ist diese Einstellung sinnvoll, um nicht mit Systemdateien konfrontiert zu werden, die man besser nicht verändert. Windows-Profis wollen dagegen jede Datei im Zugriff haben und sollten daher die Option *Ausgeblendete Dateien und Ordner anzeigen* aktivieren.

- *Erweiterungen bei bekannten Dateitypen ausblenden* – Lassen Sie die Anzeige der Dateinamenserweiterung immer eingeschaltet. Sie erhalten zum Beispiel per E-Mail eine Datei mit dem Namen *info.txt*. Sie haben die Datei gespeichert und öffnen sie jetzt ohne Argwohn. Aber plötzlich haben Sie einen böswilligen Virus installiert. Wie kommt das? Sie haben die Anzeige der Dateiendungen ausgeschaltet. Die Datei war eine ausführbare Datei und hieß in Wirklichkeit *info.txt.exe*. Irgendjemand hat Sie Ihnen untergejubelt.

Die Dateinamenserweiterung *.exe* kennzeichnet ausführbare Programme. Öffnen Sie solche Dateien mit Doppelklick nur, wenn Sie das Programm kennen. Auch Dateien mit den Endungen *.bat*, *.com*, *.dll*, *.ini*, *.scr* und *.sys* sollten Sie nur öffnen, wenn Sie wissen, was diese Dateien bewirken.

4.5 Kopieren, verschieben, verknüpfen

Ordner und Dateien sind Behälter, in denen Informationen aufbewahrt werden. Wie im realen Leben müssen die Informationen gelegentlich dupliziert oder verschoben werden. Windows bietet hier verschiedene Verfahren an. Welches Sie für Ihre Arbeit am besten finden, müssen Sie selbst entscheiden. Zunächst eine kurze Übersicht über die Methoden:

Methode	Was geschieht?
Kopieren	Von der Datei wird eine exakte Kopie am selben oder an einem anderen Ort angefertigt. Beispiele: Von wichtigen Dokumenten wollen Sie eine Sicherungskopie anlegen, oder Sie wollen ein Bild per USB-Stick oder Speicherkarte an einen Freund weitergeben. Achtung: Wenn sich mehrere Kopien auf dem PC befinden, müssen Sie sich darüber im Klaren sein, dass unter Umständen nicht alle dieselbe Aktualität haben, wenn eine davon verändert wurde.
Verschieben	Eine Datei zieht um. Sie ist anschließend am alten Ort nicht mehr vorhanden, sondern nur noch am neuen Ort. Sie wollen z. B. Ihren Brief an das Finanzamt nicht in der privaten Korrespondenz haben, sondern im Ordner *Steuer_2009*.
Verknüpfen	Die Datei existiert nur einmal, aber Sie setzen einen Wegweiser zu der Datei. So können Sie die Datei schnell von mehreren Orten aus erreichen, z. B. vom Desktop und vom Startmenü aus.

Wenn hier von Dateien die Rede ist, gilt das sinngemäß auch für Ordner. Auf Ausnahmen wird ausdrücklich hingewiesen.

Die Methode Drag-and-drop

Drag-and-drop ist die in der Computersprache bekannte Bezeichnung für Ziehen und Ablegen. Sie »fassen« eine Datei mit der Maus »an« (links klicken und festhalten). Wenn Sie den Mauszeiger jetzt bewegen, »hängt« das Dateisymbol sozusagen am Mauszeiger. Am Zielort angekommen, lassen Sie die linke Maustaste wieder los. Die Datei befindet sich jetzt an ihrem neuen Ort.

Hier ergibt sich gleich eine Schwierigkeit. Der neue Ort ist meistens nicht sofort sichtbar. Wenn Sie die Datei nicht auf den Desktop verschieben wollen, können Sie im linken Teil des Explorer-Fensters das Navigationsfenster verwenden. Sollte dieses nicht zu sehen sein, schalten Sie es über *Organisieren/Layout/Navigationsbereich* ein. Liegt der Zielordner außerhalb der Fensteranzeige, bewegen Sie den Mauszeiger einschließlich Datei an den Fensterrand und scrollen damit durch die Anzeige bis zum richtigen Ziel.

Bewegen Sie den Mauszeiger samt Datei auf einen Ordnernamen und bleiben dort eine Weile stehen, klappt der Ordner auf. Jetzt können Sie die Datei auch in einen Unterordner befördern. Wenn das Ziel weit entfernt ist, sollten Sie ein zweites Explorer-Fenster öffnen, in dem das Ziel sichtbar ist. Selbstverständlich können Sie eine Datei auch vom einen ins andere Fenster ziehen.

Bild 4.44: Drei Dateien in einen anderen Ordner kopieren.

 Wie unterscheidet Windows zwischen Kopieren und Verschieben?
Beim Ziehen innerhalb desselben Laufwerks wird verschoben. Beim Ziehen auf ein anderes Laufwerk wird kopiert. Beim Kopieren »hängt« am Mauszeiger zusätzlich ein kleines Textfeld *Nach ... kopieren*. Beim Verschieben steht hier *Nach ... verschieben*.

4.5 Kopieren, verschieben, verknüpfen

Es ist also Vorsicht geboten. Sie können das Kopieren aber immer erzwingen, wenn Sie während des Ziehens die [Strg]-Taste festhalten. Umgekehrt erzwingen Sie ein Verschieben, wenn Sie die [Umschalt]-Taste gedrückt halten.

Mehrere Dateien gleichzeitig verschieben

Möchten Sie gleichzeitig mehrere Dateien verschieben, markieren Sie vorher alle gewünschten Dateien. Halten Sie die [Strg]-Taste gedrückt und markieren Sie die Dateien nacheinander. Sie können auch mit [Strg]+[A] alle Dateien des aktuellen Ordners markieren und mit gedrückter [Strg]-Taste einzelne Markierungen wieder aufheben.

Wenn mehrere aufeinanderfolgende Dateien zu markieren sind, geht es noch schneller: Markieren Sie die erste Datei, halten Sie die [Umschalt]-Taste fest und markieren Sie dann die letzte Datei. Sie können den Mauszeiger auch in die Nähe des ersten Elements bringen und dann mit gedrückter linker Taste ein Rechteck aufziehen. Alle darin enthaltenen Elemente werden automatisch markiert.

Wenn Sie den sicheren Weg gehen wollen, verwenden Sie beim Drag-and-drop die rechte Maustaste. Sind Sie am Ziel angekommen, wird beim Loslassen der Maustaste immer ein kleines Kontextmenü eingeblendet. Jetzt können Sie die beabsichtigte Aktion (*Hierher kopieren*, *Hierher verschieben*, *Verknüpfungen hier erstellen* oder *Abbrechen*) auswählen.

Bild 4.45: Mit der rechten Maustaste eine Aktion auswählen.

Arbeiten mit der Windows-Zwischenablage

Dieser Weg verläuft in zwei Etappen. Zuerst wird die Datei in die Windows-Zwischenablage verschoben oder kopiert. Im zweiten Schritt wird sie dann am Zielort eingefügt. Das klingt zwar etwas umständlich, ist aber eine einfache und sichere Methode.

Die Zwischenablage ist übrigens keineswegs auf den Explorer beschränkt. Sie ist eine allgemeine Windows-Funktion. Sie können damit auch Texte, Textteile oder einzelne Zeichen kopieren bzw. verschieben. Die Zwischenablage funktioniert sogar programmübergreifend zwischen allen Windows-Programmen. So können Sie z. B. Ergebnisse aus dem Taschenrechner oder markierte Bildteile aus einem Paint-Bild in ein WordPad-Dokument übernehmen.

Bild 4.46: Eine Bilddatei in die Zwischenablage kopieren.

Klicken Sie die Quelle mit der rechten Maustaste an und wählen Sie aus dem Kontextmenü *Ausschneiden* (für Verschieben), *Kopieren* oder *Verknüpfung erstellen*. Jetzt suchen Sie sich in aller Ruhe das Ziel aus. Ein Klick mit der rechten Maustaste zeigt die möglichen Aktionen, um diese Datei am neuen Ort wieder einzufügen.

Tastenkombination	Für flinke Finger drei schnelle Tastencodes
Strg + C	Kopiert das markierte Element in die Zwischenablage.
Strg + X	Verschiebt das markierte Element in die Zwischenablage.
Strg + V	Fügt das Element aus der Zwischenlage an dieser Stelle ein.

4.5 Kopieren, verschieben, verknüpfen

Dateien und Ordner versenden

Zu guter Letzt können Sie Dateien und Ordner auch versenden. Dabei bleibt das Original selbstverständlich auf Ihrem PC erhalten. Das Kontextmenü führt die wichtigsten Ziele auf.

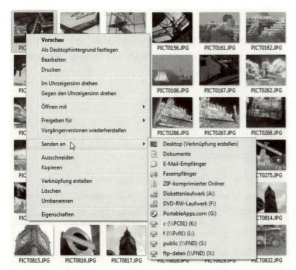

Bild 4.47: Dateien versenden via Kontextmenüfunktion *Senden an*.

Klicken Sie auf ein Ziel, und schon ist eine Kopie dort abgelegt. Als Ziele werden alle angeschlossenen Wechselmedien, USB-Sticks, Kartenleser, CD-/DVD-Brenner und verbundene Netzlaufwerke angezeigt. So können Sie z. B. einen Ordner mit Bilddateien schnell auf einen Wechseldatenträger zum Weitergeben speichern. Als Ziel können Sie auch E-Mail-Empfänger auswählen. In diesem Fall startet Windows 7 das installierte E-Mail-Programm. Im Mailfenster ist der Dateianhang bereits eingetragen. Sie müssen nur noch den Empfänger, den Betreff und den Text ergänzen.

▶ **Bildgröße vor dem Senden einer E-Mail festlegen**

Falls Sie Bilddaten versenden wollen, können Sie in einem Zwischendialog auf die Bildgröße Einfluss nehmen und so verhindern, dass Sie Empfänger mit langsamen Internetverbindungen (z. B. über Handys und UMTS) mit überdimensionalen Dateianhängen belästigen.

Bild 4.48: Bildgröße für den E-Mail-Versand optimieren.

Noch besser ist die neue Funktion *Foto E-Mail* im neuen Windows Live Mail 2011. Hier wird eine kleine E-Mail mit Links auf Fotos verschickt. Die Fotos selbst werden automatisch auf Windows SkyDrive hochgeladen.

Verknüpfungen für mehr Überblick

Verknüpfungen sind ein hervorragendes Instrument, um Übersicht und Ordnung zu erhalten. Sie funktionieren wie Wegweiser.

Dazu ein Beispiel: Sie haben die beiden Ordner *Versicherung* und *Auto* angelegt. Darin archivieren Sie Ihre Unterlagen und die zugehörige Korrespondenz. Wohin gehört nun ein Unfallbericht? Ein klassischer Fall für eine Verknüpfung.

- Sie legen den Bericht im *Auto*-Ordner ab und fügen in den *Versicherung*-Ordner eine Verknüpfung zum Unfallbericht ein. Wenn Sie nun den Bericht nachträglich um eine Skizze ergänzen, sehen Sie im *Versicherung*- wie im *Auto*-Ordner ein aktuelles Dokument, denn es existiert nur einmal auf Ihrem PC.

 Verknüpfungen auf die Schnelle
Schneller geht es so: Verwenden Sie Drag-and-drop mit der rechten Maustaste. Am Zielort wählen Sie aus dem Kontextmenü den Befehl *Verknüpfung hier erstellen*.

Bild 4.49: Verknüpfungen und Dateien in einem Verzeichnis. Verknüpfungen können für Dateien und für Ordner verwendet werden. Sie werden mit einem kleinen Pfeil unten links im Dateisymbol gekennzeichnet.

4.5 Kopieren, verschieben, verknüpfen

▶ Programme mit dem Desktop verknüpfen

Manche Programme werden häufig benötigt. Diese aus dem Startmenü heraus aufzurufen, ist zu aufwendig. Die Taskleiste sollte aber auch nicht überfrachtet werden. Hier bietet sich eine Verknüpfung auf dem Desktop an. Dort wird die Verknüpfung dann mit dem Originalsymbol der Datei oder des Ordners angezeigt. Links unten sehen Sie einen kleinen, abgeknickten Pfeil als Hinweis auf die Verknüpfung. Beim Löschen einer Verknüpfung wird nur die Verknüpfung, nicht aber die Originaldatei gelöscht.

Bild 4.50: Verknüpfung auf dem Desktop.

Sie wollen z. B. immer einen Taschenrechner zur Verfügung haben. Unter *Alle Programme/Zubehör/Rechner* stellt Windows 7 im Startmenü einen einfachen Taschenrechner zur Verfügung. Senden Sie dieses Programm einfach aus dem Kontextmenü der rechten Maustaste an den Desktop. Dort steht er Ihnen dann immer unterstützend zur Verfügung.

Bild 4.51: Für eine Desktop-Verknüpfung wählen Sie im Kontextmenü des Ordners oder der Datei *Senden an/ Desktop (Verknüpfung erstellen)*. Schon liegt die Verknüpfung auf dem Desktop.

Nach dieser Vorgehensweise kann jedes Programm aus dem Startmenü als Verknüpfung auf den Desktop gelegt werden. In den Eigenschaften der Verknüpfung können Sie den Dateinamen der Anwendung, eventuelle Parameter sowie das Symbol der Verknüpfung individuell einstellen.

Bild 4.52: Eigenschaften einer Programmverknüpfung.

▶ USB-Stick mit dem Desktop verknüpfen

Ein Kartenleser oder ein USB-Stick eignet sich besonders gut als Verknüpfung auf dem Desktop. Öffnen Sie im Explorer den Ordner *Computer* und ziehen Sie das Gerät, z. B. einen angeschlossenen USB-Stick, mit der rechten Maustaste auf den Desktop. Nach dem Loslassen wählen Sie im Kontextmenü den Befehl *Verknüpfung hier erstellen*. Nun können Dateien oder ganze Ordner einfach durch Ziehen auf die Speicherkarte oder den USB-Stick kopiert werden.

4.6 Dateien suchen und sortieren

»Wer Ordnung hält, ist nur zu faul zum Suchen.« Diese bekannte Redensart gewinnt dank neuartiger Suchtechnologien eine ganz andere Bedeutung – statt Ordnung zu halten, kann man seine Daten auch leicht per Suche finden. In Windows Vista und Windows 7 wurde die Suche nach Dateien deutlich verbessert, sodass eine strikte Ordnung in den Ordnern gar nicht mehr unbedingt nötig ist.

4.6 Dateien suchen und sortieren

Vorbild für die neue Suchfunktion war offensichtlich der beliebte Google Desktop, mit dem man in kürzester Zeit beliebige Informationen auf dem eigenen Computer wiederfindet.

Die Suche muss jetzt nicht mehr mit mehreren Klicks aufgerufen werden, sondern befindet sich direkt im Startmenü. Geben Sie in das Suchfeld im Startmenü einen Suchbegriff ein, werden schon während der Eingabe passende Suchergebnisse angezeigt.

Bild 4.53: Suchergebnisse werden sofort im Startmenü angezeigt.

Klicken Sie einfach ein Suchergebnis an und öffnen Sie damit direkt die entsprechende Datei. Ein Klick auf *Weitere Ergebnisse anzeigen* öffnet ein Explorer-Fenster mit den Suchergebnissen. Hier werden deutlich mehr Ergebnisse angezeigt als im Startmenü.

Bild 4.54: Suchergebnisse im Explorer.

Bei sehr vielen Treffern können Sie die Ergebnisliste einschränken, indem Sie in der Symbolleiste am unteren Ende nur an bestimmten Orten suchen.

Bild 4.55: Suche auf bestimmte Orte beschränken.

Was soll gesucht werden?

Diese Frage steht natürlich am Anfang. Grundsätzlich können Sie Teile von Dateinamen finden, aber auch Stichwörter in den Dateiinformationen oder Begriffe, die in Textdokumenten vorkommen. Geben Sie einfach eine Zeichenfolge oder auch mehrere ein. Die klassische Verwendung standardisierter Jokerzeichen wie »*« oder »?«, die man aus früheren Windows-Versionen oder älteren Suchanfragen kennt, ist nicht mehr nötig.

Wo soll gesucht werden?

Jedes Explorer-Fenster enthält in Windows 7 oben rechts ein Suchfeld, in das Sie einen zu suchenden Begriff eingeben können. Die Suche durchsucht dann den Ordner, in dem der Explorer gerade steht, inklusive aller Unterverzeichnisse.

4.6 Dateien suchen und sortieren

Die Suche über das Startmenü durchsucht immer alle indizierten Ordner. Dies sind die Ordner *Benutzer* und *Öffentlich* mit allen Unterverzeichnissen. E-Mails und Offlinedateien werden ebenfalls indiziert, Programmverzeichnisse und der Windows-Ordner standardmäßig nicht. Dateien anderer Benutzer werden standardmäßig ebenfalls nicht durchsucht.

Für diese Ordner legt Windows 7 einen automatischen Suchindex an, der die Suche erheblich beschleunigt, da Dateinamen und Dateieigenschaften nicht mehr für jede Datei durchsucht werden müssen, sondern direkt im Index zu finden sind. Der Index selbst kann nicht angezeigt werden, sondern wird von Windows nur intern verwendet. Wenn Sie dagegen auf einem Laufwerk oder in einem Ordner ohne Index suchen, kann das sehr lange dauern. Windows zeigt in solchen Fällen oberhalb der Suchergebnisse eine Meldung an.

Bild 4.56: Meldung bei der Suche in nicht indizierten Ordnern.

Mit einem Klick auf diese Meldung können Sie das Laufwerk oder den Ordner dem Index hinzufügen. Die Indizierung dauert einige Zeit, läuft aber komplett im Hintergrund ab, sodass Sie normal weiterarbeiten können.

 Die Suche startet sofort ohne Drücken der [Enter]-Taste
In Windows Vista startete die Suche nur in indizierten Ordnern sofort mit dem ersten im Suchfeld eingegebenen Zeichen und verfeinerte sich automatisch, je mehr Zeichen eingegeben wurden. In nicht indizierten Verzeichnissen musste man zuerst den gesamten Suchbegriff eingeben und die [Enter]-Taste drücken, um die Suche zu starten. Dies ist in Windows 7 nicht mehr so. Die Suche wird immer sofort mit der Eingabe gestartet.

Suchverhalten optimieren

Wenn Sie spezielle Projektordner mit eigenen Daten verwenden, können Sie diese dem Index hinzufügen, um die Suche weiter zu optimieren.

Starten Sie eine Suche im betreffenden Ordner. Es erscheint die besagte Meldung, dass die Suche in nicht indizierten Verzeichnissen langsam ist. Klicken Sie darauf und wählen Sie im Menü *Zum Index hinzuzufügen*.

Bild 4.57: Verzeichnis dem Index hinzufügen.

Eine detaillierte Übersicht aller im Index enthaltenen Ordner bekommen Sie nach einer Suche im Explorer, wenn Sie in der Meldung im Kontextmenü auf *Indexpfade ändern* klicken. Ist diese Meldung gerade nicht verfügbar, erreichen Sie die Einstellungen auch über *Systemsteuerung/Indizierungsoptionen* im Anzeigemodus *Große/Kleine Symbole*.

Bild 4.58: Anzeige der indizierten Verzeichnisse.

4.6 Dateien suchen und sortieren

In diesem Dialogfeld können Sie sich mit der Schaltfläche *Ändern* eine komplette Ordnerliste anzeigen lassen und einzelne Verzeichnisse auswählen, die dem Index hinzugefügt werden sollen.

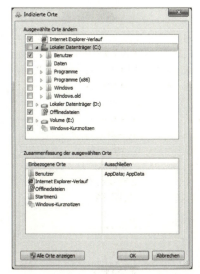

Bild 4.59: Neue Verzeichnisse dem Index hinzufügen.

 Ein großer Index bremst die Suche
Kommen Sie nicht auf die Idee, einfach den ganzen Computer dem Index hinzuzufügen. Das bremst die Suche derart, dass sie deutlich langsamer wird als ganz ohne Index. Sinnvollerweise fügen Sie nur die Verzeichnisse hinzu, die persönliche Daten oder Projektdaten enthalten.

Suche präzisieren

Wenn die Suche zu viele oder nicht die gewünschten Ergebnisse liefert, helfen in vielen Fällen die Suchfilter weiter. Im Suchfenster erscheinen bei der Eingabe eines Suchbegriffs zuletzt gesuchte ähnliche Begriffe sowie eine Zeile mit Suchfiltern, die die Suche präzisieren können. Bei Bedarf lassen sich sogar mehrere solcher Filter kombinieren.

4 Windows-Explorer: Fenster zur Festplatte

Bild 4.60: Die Suchfilter.

Der Suchfilter *name* sucht den Suchbegriff nur in Dateinamen und findet nicht mehr alle Dateien, bei denen er z. B. in Kommentarfeldern oder Dateieigenschaften eingetragen ist oder nur im Ordnernamen steht, in dem die Datei liegt.

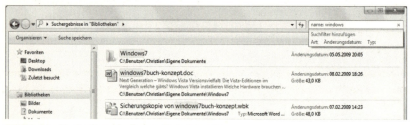

Bild 4.61: Suche innerhalb von Dateinamen.

Der Suchfilter *nrt* sucht den Suchbegriff nur innerhalb bestimmter Datentypen. Windows 7 zeigt dazu eine Liste möglicher Arten an, aus der Sie wählen können, welche durchsucht werden sollen.

Bild 4.62: Suche innerhalb bestimmter Datenarten.

Der Suchfilter *typ* funktioniert ganz ähnlich. Auch hier wird der Suchbegriff nur innerhalb bestimmter Datentypen gesucht, die aber explizit angegeben werden können. Windows 7 zeigt dazu eine Liste möglicher Dateitypen im aktuellen Verzeichnis an.

4.6 Dateien suchen und sortieren

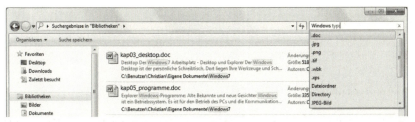

Bild 4.63: Suche innerhalb bestimmter Dateitypen.

Sie wissen genau, dass Sie am Dienstag letzter Woche eine Datei geändert haben, aber nicht, wo sie ist? Dazu können Sie bei der Suche einen genauen Zeitraum vor oder nach einem bestimmten Datum angeben. Als Hilfestellung wird beim Datum gleich noch ein Kalender eingeblendet, in dem Sie den gewünschten Zeitraum markieren können.

Der Suchfilter *Ordnerpfad* zeigt alle Unterverzeichnisse des aktuellen Ordners, der Dateien mit den Suchkriterien enthält. Hier können Sie einen Ordner auswählen, um die Suche einzuschränken.

Die zu durchsuchenden Ordner lassen sich über den Link *Benutzerdefiniert* ganz unten in der Liste der Suchergebnisse noch genauer auswählen. In diesem Dialogfeld können Sie auch nicht indizierte Verzeichnisse und sogar Netzwerklaufwerke in die Suche mit einbeziehen.

Bild 4.64: Suche in bestimmten Verzeichnissen.

Insbesondere bei der Suche nach Downloaddateien lohnt es sich, die Dateigröße zu berücksichtigen. In Verzeichnissen mit vielen unterschiedlich großen Dateien wird ein Suchfilter *größe* angeboten, in dem sich bestimmte Größenstufen auswählen lassen. In den Suchergebnissen werden dann nur Dateien entsprechender Größe angezeigt.

Bild 4.65: Suche nach Dateigröße.

Suchkriterien kombinieren

Bei der erweiterten Suche können mehrere Suchkriterien angegeben werden, die dann automatisch kombiniert werden. Geben Sie zum Beispiel ein Namensmuster für Dateinamen, einen Zeitraum und einen Dateityp an, werden nur Dateien gefunden, die allen angegebenen Kriterien gleichzeitig entsprechen. Auf diese Weise können Sie die Trefferquote deutlich erhöhen.

Der Menüpunkt *Organisieren/Ordner- und Suchoptionen* öffnet einen Dialog, in dem Sie auf der Registerkarte *Suchen* noch spezielle, selten benötigte Einstellungen für die Suche verändern können.

Bild 4.66: Erweiterte Suchoptionen festlegen.

4.6 Dateien suchen und sortieren

Ein Suchbegriff kann als Teil eines Dateinamens oder auch als Suchbegriff innerhalb einer Datei verwendet werden. In der auch ausdrücklich empfohlenen Standardeinstellung wird in indizierten Ordnern sowohl nach Dateinamen als auch nach Inhalten gesucht, in nicht indizierten Ordnern nur nach Dateinamen. Nur selten wird es sinnvoll sein, diese Einstellung zu ändern.

Ein wichtiges Kontrollkästchen im mittleren Teil des Dialogfelds ist *Unterordner bei der Suche in Dateiordnern in Suchergebnisse aufnehmen*. Nur wenn dieses aktiviert ist, werden automatisch die Unterordner des aktuellen Ordners mit durchsucht. Sollten Sie ausnahmsweise nur genau einen Ordner ohne seine Unterverzeichnisse durchsuchen wollen, können Sie die Option auch ausschalten. Einfacher funktioniert diese Einschränkung aber mit dem Suchfilter *Ordnerpfad*.

Die beiden Schalter im unteren Teil des Dialogfelds betreffen nur die Suche in nicht indizierten Verzeichnissen.

Systemverzeichnisse einbeziehen sucht in den Systemverzeichnissen von Windows, die normalerweise nicht durchsucht werden. Diese Verzeichnisse sollten auch keine persönlichen Daten enthalten. Die Suche hier kann nützlich sein, um für Administrationsaufgaben spezielle Systemdateien zu finden.

Komprimierte Dateien (.ZIP, .CAB usw.) einbeziehen sucht auch innerhalb von ZIP- und CAB-Archiven nach Dateien. In diesem Fall dauert die Suche aber deutlich länger.

Suchvorgänge speichern

Sie haben sich nun mit den Optionen eine genau passende Suchabfrage zusammengestellt und werden sie wahrscheinlich noch häufiger benötigen. In diesem Fall sollten Sie sie abspeichern. Dazu muss aber mindestens einmal ein Ergebnis gefunden worden sein. Später genügt ein Doppelklick auf diesen Suchordner, damit Windows die Suche mit den festgelegten Kriterien startet. Suchordner können wie normale Ordner verwendet werden, jedoch mit dem Unterschied, dass die Suche sofort automatisch gestartet wird und dass immer die aktuellsten Suchergebnisse angezeigt werden.

Um einen Suchvorgang zu speichern, klicken Sie im Suchfenster auf das Symbol *Suche speichern* und legen einen Namen fest.

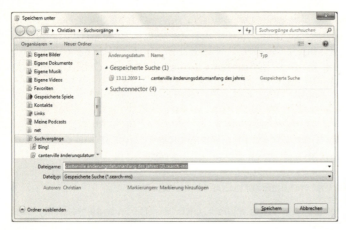

Bild 4.67: Suche im *Suchconnector* speichern.

Speichern Sie die Suche immer im vorgegebenen Ordner *<Benutzername>\ Suchvorgänge*. Auf diese Weise finden Sie die gespeicherten Suchvorgänge jederzeit schnell in Ihrem persönlichen Verzeichnis unter *Suchvorgänge* wieder.

Ordner und Dateien sortieren

Der Explorer zeigt Ordner und Dateien in der Ansicht an, die Sie eingestellt haben. Wenn die Anzahl der Dateien aber größer wird, geht leicht die Übersicht verloren. Deshalb muss eine Ordnung her, und zwar eine selbst gewählte. Lassen Sie den Explorer sortieren und anordnen.

▶ Sortierkriterien festlegen

Dateien können nach verschiedenen Kriterien sortiert werden. Für jeden Verwendungszweck gibt es eine passende Auswahl. Innerhalb jeder Auswahl werden die Objekte alphabetisch oder numerisch aufsteigend dargestellt. Für das Sortieren ist die Ansicht *Details* besonders gut geeignet. Hier werden die Dateieigenschaften in Form einer Tabelle angezeigt.

Ein Klick auf den Spaltenkopf sortiert genau nach diesem Merkmal. Ein kleines Dreieck in der Mitte über dem Spaltentitel zeigt die Sortierrichtung. Die Spitze nach oben bedeutet, es wird aufsteigend sortiert. Ein erneuter Klick auf den Spaltenkopf kehrt die Sortierrichtung um, und entsprechend ändert sich das Dreieck. Bei absteigender Sortierung nach Änderungsdatum haben Sie immer die jüngsten

4.6 Dateien suchen und sortieren

Dateien ganz oben. Zur Sortierung wird in diesem Fall nicht nur das Datum, sondern auch die volle Uhrzeit verwendet.

Eine Datei hat aber sehr viel mehr Eigenschaften, als der Explorer standardmäßig anzeigt. Ein Rechtsklick auf einen Spaltentitel der Tabelle öffnet ein Kontextmenü, in dem die wichtigsten Spalten ein- und ausgeschaltet werden können. Die Spalte mit dem Dateinamen lässt sich natürlich nicht ausblenden.

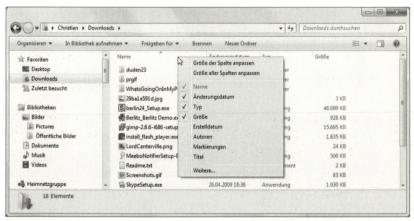

Bild 4.68: Durch einen Rechtsklick auf einen der Spaltentitel erscheint ein Kontextmenü.

▶ Spaltenattribute festlegen

Mit dem Menüeintrag *Weitere* öffnet sich das Fenster *Details auswählen*, in dem Sie aus über 100 Attributen auswählen, welche angezeigt werden sollen. Ein gesetztes Häkchen vor dem gewählten Attribut nimmt dieses in die Tabelle auf. Mit den Schaltflächen *Nach oben* und *Nach unten* können Sie das Attribut in der Tabelle nach vorne oder hinten verschieben. *Nach oben* im Fenster bedeutet in der Spaltenanzeige nach links.

Bild 4.69: Details zur Anzeige im Explorer auswählen.

▶ Spaltenanordnung ändern

Um die Spaltenanordnung zu verändern, müssen Sie nicht erst in das Menü gehen. Fassen Sie den Spaltenkopf mit dem Mauszeiger an und ziehen Sie ihn waagerecht an eine andere Position. Unter Umständen ist eine Spalte zu schmal, um alle Inhalte anzuzeigen. Das Attribut zeigt dann am Ende drei Punkte an.

▶ Spaltenbreite beliebig variieren

Führen Sie den Cursor auf die Trennlinie zwischen zwei Spaltenüberschriften. Der Cursor verwandelt sich in einen waagerechten Doppelpfeil. Mit festgehaltener linker Maustaste können Sie nun die Spaltenbreite beliebig variieren. Ein Doppelklick auf die Trennlinie vergrößert oder verkleinert die Spalte auf die passende Größe.

Nach Filterkriterien sortieren

Mit der Filterfunktion kommt eine Struktur in die Anzeige, was besonders bei längeren Dateilisten sehr hilfreich sein kann. Es werden dann nur Dateien gezeigt, die bestimmten Kriterien entsprechen. Ein Klick auf das kleine Dreieck rechts neben einem Spaltentitel zeigt automatisch festgelegte Optionen zur Filterung an.

Je nach ausgewähltem Sortiertyp werden beim Filtern nur bestimmte Gruppen von Dateien angezeigt. Wenn Sie die Kontrollkästchen vor den einzelnen Gruppennamen einschalten, werden nur die betreffenden Gruppen angezeigt.

4.6 Dateien suchen und sortieren

Bild 4.70: Gefilterte Dateiliste im Explorer.

▶ Nach Name filtern

Je nach den im Verzeichnis vorhandenen Dateinamen werden unterschiedliche Buchstabengruppen vorgeschlagen.

▶ Nach Änderungsdatum filtern

Je nach den im Verzeichnis vorhandenen Dateien werden unterschiedliche Zeiträume für die Gruppierung vorgeschlagen. Zum Filtern kann auch ein bestimmtes Datum im Kalender ausgewählt werden. Bei den Dateien mit gleichem Datum wird die Uhrzeit als Sortierkriterium verwendet.

▶ Nach Typ filtern

Für jeden Dateityp wird eine Gruppe vorgeschlagen. Dies gilt nur für Dateitypen, die im Verzeichnis auch vorhanden sind. Ordner kommen in eine eigene Gruppe.

4 Windows-Explorer: Fenster zur Festplatte

Bild 4.71: Nach Typ sortieren und filtern.

▶ **Nach Größe filtern**

Je nach den im Verzeichnis vorhandenen Dateien werden unterschiedliche Größenbereiche für die Gruppierung vorgeschlagen. Ordner kommen in eine spezielle Gruppe *Nicht angegeben*. Für die Sortierung von Fotos sind noch weitere Gruppierungsmerkmale möglich.

Auf Spurensuche mit dem Verlauf

Der Verlauf ist das Gedächtnis Ihres Windows-Computers. Hier wird gespeichert, welche Dateien Sie in letzter Zeit geöffnet haben. In älteren Windows-Versionen konnte die Verlaufsliste im Seitenfenster des Explorers angezeigt werden. Diese Funktion wurde in Windows 7 gestrichen.

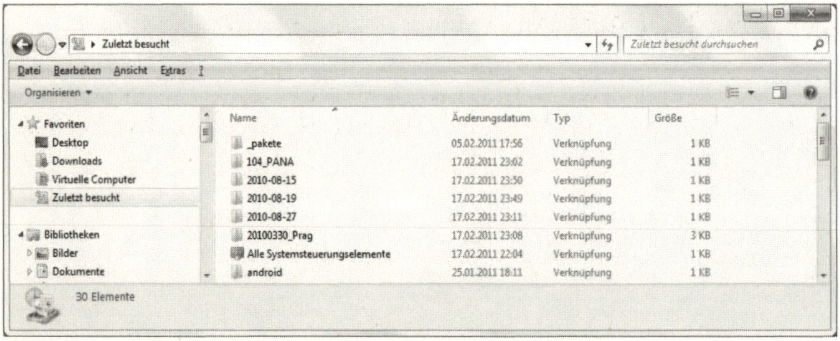

Bild 4.72: Die zuletzt besuchten Verzeichnisse.

4.6 Dateien suchen und sortieren

Windows 7 verwaltet zwei Verlaufslisten: *Zuletzt verwendet* und *Zuletzt besucht*. Die Listen enthalten Verknüpfungen auf die jeweiligen Dateien oder Verzeichnisse. Die Dateien selbst bleiben in ihren ursprünglichen Verzeichnissen, können aber über diese Verknüpfungen leicht aufgerufen werden.

Der Link *Zuletzt besucht* unter den Favoriten ganz oben im *Navigationsbereich* des Explorers zeigt Verknüpfungen auf die zuletzt besuchten Verzeichnisse.

Die zuletzt verwendeten Dateien lassen sich im Startmenü als Liste anzeigen. Hier sind auch Dateien enthalten, die nur betrachtet, aber nicht verändert wurden.

Um die zuletzt verwendeten Dateien im Startmenü als Liste anzeigen zu lassen, klicken Sie mit der rechten Maustaste auf einen freien Bereich der rechten Spalte im Startmenü und wählen dann den einzigen Kontextmenüpunkt *Eigenschaften*.

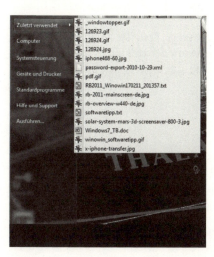

Bild 4.73: Die zuletzt verwendeten Dateien werden im Startmenü angezeigt.

Klicken Sie im nächsten Dialog auf der Registerkarte *Startmenü* auf die Schaltfläche *Anpassen*. Aktivieren Sie dann im folgenden Fenster ganz unten das Kontrollkästchen *Zuletzt verwendet*.

Bild 4.74: Die zuletzt verwendeten Dateien im Startmenü anzeigen lassen.

Im Startmenü werden allerdings nur einige wenige Dateien angezeigt. Deutlich mehr Dateien bekommen Sie zu sehen, wenn Sie mit der rechten Maustaste auf den Menüpunkt *Zuletzt verwendet* klicken und dann im Kontextmenü *Öffnen* wählen. Diese Verknüpfungen liegen im Ordner:

`C:\Users\<Benutzername>\AppData\Roaming\Microsoft\Windows\Recent`

▶ **Zuletzt verwendete Dateien löschen**

In früheren Windows-Versionen gab es eine mit »Paranoia« bezeichnete Funktion *Liste zuletzt verwendeter Elemente löschen*, mit der man die Listen der zuletzt verwendeten Dateien löschen konnte. Diese Funktion ist bei Windows 7 in das Kontextmenü des Startmenüpunkts *Zuletzt verwendet* integriert.

Wählen Sie hier den Menüpunkt *Liste zuletzt verwendeter Elemente löschen*, werden alle Verknüpfungen aus der Liste *Zuletzt verwendet* entfernt. Die Originaldateien bleiben natürlich erhalten.

Bild 4.75: Die zuletzt verwendeten Dateien im Explorer.

Diese Aktion hat keine Wirkung auf Suchvorgänge für zuletzt geänderte Dateien, da hier jedes Mal neu anhand des Änderungsdatums gesucht wird.

4.7 Favoriten auch im Explorer

Favoriten, zu finden im *Navigationsbereich* ganz oben, sind Lesezeichen, mit denen Sie schnell an eine interessante Stelle zurückfinden. Sie spielen eine wichtige Rolle beim Surfen im Internet. Aber auch im Windows-Explorer leisten sie gute Dienste. Im Gegensatz zu Windows XP und Vista unterscheidet Windows 7 klarer zwischen lokalen Favoriten und Favoriten aus dem Internet Explorer. Windows 7 hat nach der Installation schon Favoriten eingerichtet: den Desktop, den Downloadordner und eine Verknüpfung, die die zuletzt besuchten Ordner anzeigt. Diese Favoriten finden Sie jederzeit links oben im Explorer-Fenster.

Bild 4.76: Favoriten im Windows-Explorer.

Favoriten hinzufügen

Markieren Sie im rechten Explorer-Fenster einen Ordner und ziehen Sie ihn mit gedrückter Maustaste in das Feld *Favoriten*. Dabei können Sie sogar die Position festlegen, an der die Verknüpfung erscheinen soll. Diese Liste wird nicht automatisch sortiert. Sie können auch jederzeit mit der Maus die Reihenfolge der Favoriten ändern. Favoriten sind einfache Verknüpfungen, die im Ordner *Links* gespeichert werden:

```
C:\Users\<Benutzername>\Links
```

Favoriten verwalten

Sinn der Favoriten ist es, einen schnellen Zugriff auf Dateien zu ermöglichen. Deshalb ist eine gewisse Ordnung unumgänglich. Gliedern Sie Ihre Favoriten nach Ihren persönlichen Anforderungen.

Klicken Sie mit der rechten Maustaste auf einen Eintrag in den *Favoriten*, öffnet sich ein Kontextmenü, über das Sie den Eintrag umbenennen können. Dabei wird nur der Eintrag in dieser Liste umbenannt, der eigentliche Verzeichnisname bleibt unverändert.

Der Menüpunkt *Entfernen* löscht einen Eintrag aus der Liste der *Favoriten* ohne weitere Nachfrage. Das verknüpfte Verzeichnis selbst bleibt bestehen, es wird nur die Verknüpfung gelöscht.

4.8 Fotos im Explorer verwalten

Im Windows-Explorer ist auch ein schneller Bildbetrachter integriert. Bilderordner werden standardmäßig im Anzeigemodus *Große Symbole* angezeigt. Hier sind alle Bilder als Vorschaubilder zu sehen. Auf diese Weise kann man sich schnell einen Überblick über umfangreiche Fotosammlungen verschaffen. Dateien, die keine Bilder sind, werden in diesem Modus als entsprechendes Symbol angezeigt.

Der *Detailbereich* am unteren Rand des Explorer-Fensters liefert zusätzliche Informationen zum ausgewählten Bild wie *Abmessungen*, *Größe* oder *Aufnahmedatum*. Wenn Sie mit dem Symbol rechts oben neben dem Fragezeichen im Explorer-Fenster das Vorschaufenster einschalten, wird ein ausgewähltes Bild automatisch im rechten Bereich des Explorers noch einmal größer angezeigt.

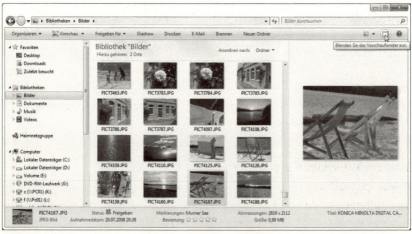

Bild 4.77: Übersicht über alle Bilder im Vorschaufenster des Windows-Explorers.

4.8 Fotos im Explorer verwalten 159

Diese Schnellansicht soll nur einen ersten Eindruck vom Bild geben. In der *Windows-Fotoanzeige* können Sie das Bild richtig betrachten. Klicken Sie doppelt auf das Bild, wird es in einem speziellen neuen Fenster geöffnet.

Bild 4.78: Bild in der *Windows-Fotoanzeige*.

Die obere Symbolleiste bietet Funktionen zum Drucken des Fotos, für den E-Mail-Versand, zum Brennen auf CD und zum Öffnen mit anderen Programmen wie z. B. einer Bildbearbeitungssoftware.

Steuern der Windows-Fotoanzeige

Die untere Symbolleiste steuert die Anzeige des Bilds und bietet zusätzlich eine Diashowfunktion im Vollbildmodus. Zur schnelleren Navigation lassen sich diese Funktionen auch per Tastatur aufrufen.

Symbol	Funktion	Taste
	Zoom.	[+], [-]
	Originalgröße: Das Bild wird in Originalgröße gezeigt, sodass im Fenster nur ein Teilbereich zu sehen ist, der mit der Maus verschoben werden kann.	[Strg]+[0]
	Vorheriges Bild im Ordner oder in der Bibliothek.	[←]
	Diashow im Vollbildmodus.	[F11]
	Nächstes Bild im Ordner oder in der Bibliothek.	[→]
	Entgegen dem Uhrzeigersinn drehen.	[Strg]+[,]
	Im Uhrzeigersinn drehen.	[Strg]+[.]
	Bild löschen.	[Entf]

Ersatzlos gestrichen: Anmerkungen bei TIFF-Bildern
Windows XP bot im Bildbetrachter speziell für Bilder im TIFF-Format einfache Anmerkungs- und Bearbeitungsfunktionen an, mit denen zum Beispiel grafische Kommentare in ein Fax gekritzelt werden konnten. Diese Werkzeuge wurden in der neuen Bildanzeige von Windows 7 ersatzlos gestrichen.

Mehr Übersicht in großen Bildarchiven

Die neuen Bibliotheken in Windows 7 ermöglichen eine bessere Übersicht in großen Bildarchiven. Wählen Sie im Listenfeld *Anordnen nach* eine Sortierung nach Monaten oder Tagen, werden die Bilder automatisch chronologisch geordnet. Die Bibliothek erstellt kleine Übersichtsbilder mit den ersten Fotos jedes Monats.

4.8 Fotos im Explorer verwalten

Bild 4.79: Bilderbibliothek im Windows-Explorer.

Versuchte man in Windows XP, ein Verzeichnis mit Fotos nach dem Bildaufnahmedatum zu sortieren, ergab sich eine nicht chronologische Reihenfolge. Das lag daran, dass die Eigenschaft *Aufnahmedatum* nicht als Datumszahl, sondern als Zeichenkette von der Kamera in die Datei geschrieben wird. Demnach wurde hier alphanumerisch sortiert. Die von Windows erstellten Datumsangaben sind Datumszahlen, die vom Explorer automatisch anhand des Datumsformats aus den Regions- und Sprachoptionen interpretiert werden. Windows 7 hat dieses Problem behoben und wertet das Aufnahmedatum, das die Kamera in die Datei geschrieben hat, automatisch korrekt als Datum aus, sodass Bilder sowohl nach Änderungsdatum wie auch nach Aufnahmedatum gruppiert werden können.

Defekte Miniaturbilder reparieren

Leider kommt es von Zeit zu Zeit vor, dass die Miniaturbilder (engl. Thumbnails) im Explorer auf einmal verschwinden und nur noch Symbole zu sehen sind. Um die Miniaturbilder zu reparieren, gehen Sie folgendermaßen vor:

1. Markieren Sie einen Bilderordner und wählen Sie im *Navigationsbereich* die Funktion *Organisieren/Ordner- und Suchoptionen*.

② Schalten Sie auf der Registerkarte *Ansicht* das Kontrollkästchen *Immer Symbole statt Miniaturansichten anzeigen* aus, falls dieses eingeschaltet ist, und verlassen Sie das Dialogfeld mit *OK*.

Sollte das Problem nicht behoben sein, ist ein weiterer Reparaturschritt erforderlich:

③ Klicken Sie im Startmenü unter *Alle Programme/Zubehör* mit der rechten Maustaste auf *Eingabeaufforderung* und wählen Sie im Kontextmenü *Als Administrator ausführen*.

④ Bestätigen Sie die Anfrage der Benutzerkontensteuerung und geben Sie im Eingabeaufforderungsfenster folgenden Befehl ein:

```
sfc /scanfile=c:\windows\system32\shimgvw.dll
```

⑤ Starten Sie danach den Computer neu.

Fotos per Stichwortsuche finden

Die erweiterten Dokumenteigenschaften können auch dazu verwendet werden, Dateien mit der neuen Windows-Suche zu finden. Textdateien und Office-Dokumente ließen sich schon in früheren Windows-Versionen nach Stichwörtern durchsuchen. In Windows 7 können Sie auch Bilder und Multimedia-Dateien per Stichwortsuche finden. Voraussetzung dafür ist, dass Sie diese Stichwörter, auch als »Markierungen« bezeichnet, in die Dateieigenschaften eingetragen haben.

Anstatt erst den *Eigenschaften*-Dialog einer Datei aufzurufen, können Sie *Markierungen* und Titel in Windows 7 auch direkt im *Detailbereich* im unteren Teil des Explorers eintragen. Dabei können ein oder mehrere Bilder ausgewählt sein, denen dann allen die neuen Markierungen zugewiesen werden.

Bild 4.80: Markierungen bei Fotos im Explorer.

4.8 Fotos im Explorer verwalten

Während der Eingabe von Markierungen erscheint automatisch eine Liste aller bereits verwendeten Markierungen mit den gleichen Anfangsbuchstaben. So haben Sie es einfacher, eine Markierung erneut zu vergeben. Außerdem wird damit sichergestellt, dass die gleiche Schreibweise verwendet wird, um die Fotos bei einer Suche auch wirklich wiederzufinden.

 Suchbegriffe in den Dateieigenschaften
Das Eintragen von Suchbegriffen in die Dateieigenschaften ändert nur das Änderungsdatum für diese Datei, nicht aber das Aufnahmedatum. Eine Dateiverwaltung nach Datum wird dadurch also nicht gestört. In Windows XP änderte die gleiche Funktion das Datum des letzten Zugriffs, aber nicht das Änderungsdatum.

Nicht immer sind die Dateinamen aussagekräftig. Besonders automatisch angelegte Dateinamen, wie die von Fotos aus einer Digitalkamera, geben keinerlei Informationen über den Inhalt einer Datei. In solchen Fällen können Sie nach Autorennamen oder speziellen Markierungen suchen, die Sie vorher für die Datei definiert haben. Bei derartigen Suchvorgängen müssen Sie nicht unbedingt einen Dateinamen angeben.

Bild 4.81: Suche nach bestimmten Markierungen oder Stichwörtern im Dateinamen.

Diese Markierungen müssen vorher gesetzt werden und können beliebige Stichwörter enthalten. Markieren Sie im Explorer die Dateien, die eine bestimmte Markierung bekommen sollen, und geben Sie die entsprechenden Begriffe dann im *Detailbereich* ein.

In der Detailansicht können Sie eine Spalte *Markierungen* einblenden. Hier werden zu jeder Datei die vorhandenen Markierungen angezeigt.

Geben Sie später im Suchfeld eines dieser Stichwörter an, wird bereits während der Eingabe die Suche gestartet, und die ersten Bilder werden angezeigt.

Um die Suche auf einen bestimmten Dateityp einzugrenzen, können Sie zusätzlich einen Suchfilter hinzufügen und den Typ zum Beispiel auf *JPG* für Fotos begrenzen.

Bild 4.82: Stichwörter und Formate als Suchbegriffe in der erweiterten Suche verwenden.

Diese Stichwortsuche durchsucht die Dateinamen und die erweiterten Dokumenteigenschaften. Bei Textdateien, Office-Dokumenten und HTML-Seiten wird in indizierten Ordnern auch der gesamte Dokumentinhalt durchsucht, was sehr lange dauern kann. Deshalb sollten Sie eine solche Suche immer auf bestimmte Dateitypen einschränken.

EXIF-Daten von Bildern anzeigen

Fotos können zusätzlich zu Daten über Größe und Farbtiefe auch noch Informationen zur verwendeten Kamera enthalten. Diese Daten werden im Exchangeable Image File Format (EXIF) innerhalb der Bilddatei gespeichert. Dabei legt die Kamera bzw. deren Software unterschiedliche Felder an, da nicht jede Kamera alle Eigenschaften unterstützt, die nach dem EXIF-Standard möglich wären.

4.9 ZIP-Archive sparen Platz

Bild 4.83: EXIF-Daten eines JPG-Fotos.

Windows 7 zeigt die EXIF-Daten an, wenn Sie mit der rechten Maustaste auf eine Bilddatei klicken, im Kontextmenü *Eigenschaften* wählen und dann auf die Registerkarte *Details* gehen.

Diese Kameradaten wurden auch schon vor Windows 7 von den Kameras in den Bilddateien abgelegt, nur konnten Windows-Versionen vor Windows XP sie nicht anzeigen. Bearbeitet man ein Foto mit einem Bildbearbeitungsprogramm, gehen die EXIF-Daten bei manchen Programmen verloren. Solange das Bild nur angezeigt wird, passiert nichts. Dreht oder bearbeitet man ein Bild in der Windows Live Fotogalerie, wird es zwar verändert gespeichert, die EXIF-Daten bleiben aber erhalten, und lediglich das Änderungsdatum wird aktualisiert.

4.9   ZIP-Archive sparen Platz

Neue PCs enthalten mittlerweile Festplatten mit riesigem Speichervolumen. Aber irgendwann wird auch da der Platz knapp. Hier bietet Windows 7 mit den ZIP-Archiven eine Möglichkeit an, erheblich Platz zu sparen. ZIP-Archive sind spezielle Ordner, die Sie als Datencontainer betrachten können. Darin werden Dateien ohne Datenverlust komprimiert und können daraus auch wieder in ihrer Originalgröße extrahiert werden.

ZIP-Format
Das ZIP-Format war schon lange vor Windows 7 ein weit verbreitetes Datenformat, um Dateien zu komprimieren. In früheren Windows-Versionen musste man noch externe Software einsetzen, um ZIP-Dateien zu verarbeiten. Seit Windows ME ist bereits eine ZIP-Pack- und Entpackfunktion fest im Betriebssystem integriert. Die Komprimierung hat noch einen weiteren Vorteil. Ein einfaches Word-Dokument kann leicht 1 MByte groß werden. Wenn Sie dieses als Anhang zu einer E-Mail über ein Handy oder UMTS-Stick versenden wollen, können Sie während der Sendezeit erst einmal Kaffee trinken gehen. Außerdem muss gerade bei UMTS jedes MByte teuer bezahlt werden.

Prinzip der Komprimierung

Das grundlegende Prinzip der Komprimierung ist einfach. Die meisten Dateien enthalten mehr oder weniger lange Passagen aus den gleichen Zeichen, die bei der Komprimierung zusammengefasst werden. Die Zeile:

```
Xy000000000000000000000000AAAAAAAAAAAAAAAAAACZ
```

ließe sich mit einem simplen Kompressionsverfahren so verkürzen:

```
Xy26018ACZ
```

Das Original hat 48 Zeichen, die komprimierte Version nur noch 10. Im Beispiel werden Folgen gleicher Zeichen durch eine Zahl ersetzt, die die Anzahl der folgenden Zeichen angibt. Ausgereifte Kompressionsverfahren arbeiten ähnlich, aber auf Bit-Ebene anstatt auf Zeichenebene, und erreichen so deutlich bessere Kompressionsraten. Eine weitere Verfeinerung bieten die Dictionary-based-Algorithmen, die während der Komprimierung eine Art Wörterbuch häufig vorkommender Zeichenfolgen anlegen, auf das in der komprimierten Datei bei jedem Auftreten der Zeichenfolge nur noch verwiesen wird. Einen solchen Algorithmus verwendet zum Beispiel das bekannte ZIP-Format.

Am Beispiel wird klar, dass sich nicht jede Datei gleich gut komprimieren lässt. So enthalten z. B. BMP- oder HTML-Dateien deutlich mehr unnötige Füllzeichen als Programme oder Dateien, deren Format bereits standardmäßig komprimiert ist. Am besten komprimierbar sind Word-Dokumente, denn sie bestehen zu fast 90 % aus Nullen.

4.9 ZIP-Archive sparen Platz

Komprimierung in Windows 7

Wie immer bei Windows gibt es mehrere Wege, Sie müssen nur den günstigsten für Ihren Arbeitsstil und die jeweilige Situation auswählen.

- Im Kontextmenü der zu komprimierenden Datei wählen Sie *Senden an/ZIP-komprimierter Ordner*. Es wird ein neuer Ordner mit dem Namen der komprimierten Datei und der Dateiendung *.zip* erstellt. Er befindet sich im selben Ordner. Sie können auch mehrere Dateien gleichzeitig markieren, die alle in einen einzigen ZIP-Ordner gepackt werden.

- Erstellen Sie im Kontextmenü des Explorers oder Desktops mit dem Befehl *Neu/ZIP-komprimierter Ordner* einen neuen Ordner. Geben Sie ihm einen aussagekräftigen Namen. In diesen Ordner können Sie nun Ihre Bilder, Dokumente, Videos etc. kopieren oder einfach mit der Maus hineinziehen und fallen lassen.

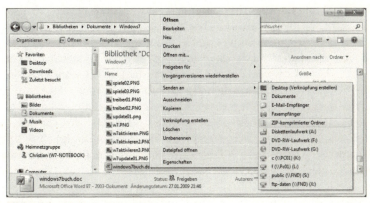

Bild 4.84: ZIP-Ordner erstellen.

- Ein längeres Word-Dokument schrumpft durch die Komprimierung von über 5 MByte auf 1,7 MByte zusammen. Die Platzersparnis ist offensichtlich. Nach der Komprimierung wird der automatisch vorgegebene Dateiname markiert, sodass Sie ihn direkt ändern können.

Bild 4.85: Der Name der fertigen ZIP-Datei kann leicht geändert werden.

- Der ZIP-Ordner wird als Ordnersymbol mit einem Reißverschluss (engl. Zip) angezeigt. Natürlich können Sie die Dateien aus dem Ordner wieder entpacken. Öffnen Sie den ZIP-Ordner mit einem Doppelklick. Sie sehen alle darin verpackten Dateien. Jetzt können Sie einzelne oder auch gleichzeitig mehrere Dateien auf den Desktop oder in einen normalen Ordner ziehen. Der ZIP-Ordner bleibt unverändert erhalten.

Was Sie beim Zippen beachten müssen

Obwohl die Platzersparnis unbestritten und das Komprimieren sehr einfach gelöst ist, sollten doch einige Punkte beachtet werden:

Bilddateien mit der Dateiendung *.bmp* (sogenannte Bitmapdateien) oder Textdateien mit den Dateiendungen *.txt*, *.doc*, *.rtf* und *.htm* lassen sich sehr gut komprimieren. Bilddateien, die von Haus aus schon komprimiert sind, wie *.jpg*, *.png* oder *.gif*, werden bei der Komprimierung im ZIP-Ordner nur ganz unwesentlich kleiner. Hier lohnt der Aufwand nicht. Wenn Sie mehrere Dateien transportieren wollen, z. B. per E-Mail, lohnt sich ein ZIP-Ordner immer, da Sie dann nur eine Datei transportieren müssen. Dateien, die regelmäßig benötigt und verändert werden, sollten nicht in einen ZIP-Ordner gepackt werden. Sie können zwar die Dateien schnell entpacken und sogar per Doppelklick direkt aus dem ZIP-Ordner heraus öffnen, Sie können sie aber nach einer Änderung aus den meisten Anwendungsprogrammen heraus nicht wieder in den ZIP-Ordner speichern. Sie müssten die Datei zunächst auf dem Desktop oder in einem anderen Ordner speichern und von dort in den ZIP-Ordner ziehen. Es besteht sehr schnell die Gefahr, dass Sie Dateien mit unterschiedlichen Aktualisierungsständen aufbewahren.

Windows 7-Echtzeitkomprimierung
Windows 7 bietet zusätzlich zur ZIP-Komprimierung noch eine Möglichkeit, Ordner und Dateien in Echtzeit zu komprimieren, auf die danach mit jedem Programm normal zugegriffen werden kann. Eine solche Echtzeitkomprimierung von ganzen Verzeichnissen oder Datenträgern ist nur auf NTFS-Partitionen möglich. Die erstmalige Komprimierung eines Verzeichnisses oder einer Partition kann je nach Menge der enthaltenen Daten mehrere Stunden dauern. Danach gehen die Zugriffe relativ schnell. Allerdings ist die Kompressionsrate bei Weitem nicht so gut wie bei speziellen Packprogrammen oder ZIP-Ordnern.

4.9 ZIP-Archive sparen Platz

Komprimieren nur mit Administratorrechten

Das erste Komprimieren eines Laufwerks ist nur möglich, wenn man als Benutzer Administratorrechte besitzt. Der Zugriff auf ein komprimiertes Verzeichnis ist später wieder für alle Benutzer möglich.

① Um ein Verzeichnis in Echtzeit zu komprimieren, klicken Sie mit der rechten Maustaste darauf und wählen im Kontextmenü die Option *Eigenschaften*.

② Klicken Sie dort auf *Erweitert* und aktivieren Sie im nächsten Dialogfeld den Schalter *Inhalt komprimieren, um Speicherplatz zu sparen*.

Bild 4.86: Echtzeitkomprimierung für ein Verzeichnis aktivieren.

③ Verlassen Sie beide Dialogfelder mit *OK*. Jetzt können Sie noch auswählen, ob die Komprimierung auch für alle Unterordner des gewählten Verzeichnisses gelten soll.

④ Danach wird die erstmalige Komprimierung durchgeführt. Auf dem gleichen Weg können Sie bei Bedarf die Komprimierung auch wieder ausschalten.

⑤ NTFS-komprimierte Verzeichnisse werden zur besseren Unterscheidung im Windows-Explorer blau dargestellt. Sollte das auf Ihrem Rechner nicht der Fall sein, wählen Sie im Explorer *Organisieren/Ordner- und Suchoptionen* und schalten auf der Registerkarte *Ansicht* das Kontrollkästchen *Verschlüsselte oder komprimierte NTFS-Dateien in anderer Farbe anzeigen* ein.

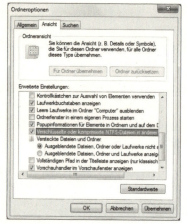

Bild 4.87: Komprimierte Verzeichnisse blau anzeigen lassen.

⑥ Möchten Sie wissen, wie viel die Kompression eines Ordners wirklich gebracht hat, lassen Sie sich die Eigenschaften des komprimierten Ordners oder Laufwerks anzeigen. Der Wert *Größe* gibt die Summe aller Bytes in den Originaldateien an, der Wert *Größe auf Datenträger* das tatsächlich belegte Volumen. Bei unkomprimierten Ordnern ist dieser zweite Wert etwas höher als der erste, da die Verluste durch die unvollständige Auslastung der Cluster mitgerechnet werden.

Bild 4.88: Platzgewinn durch Komprimierung.

4.10 Dateien auf CD/DVD brennen

Windows 7 enthält komfortable Funktionen zum Brennen von Daten auf CD oder DVD. Dabei unterscheiden sich CD und DVD prinzipiell nur in der Größe, der Vorgang des Brennens unter Windows ist in beiden Fällen der gleiche. Eine CD fasst etwa 650 bis 700 MByte Daten, eine DVD etwa 4,7 GByte. Windows 7 unterstützt wie auch schon Windows Vista zwei verschiedene Formate, in denen CDs und DVDs beschrieben werden können das UDF-Dateisystem und das Mastered-Dateisystem, die im Folgenden beschrieben werden.

Brennen mit dem UDF-Dateisystem

Das Livedateisystem, auch als UDF bezeichnet, ist ein neues, seit Windows Vista verfügbares Format. Dabei werden die Daten nicht auf der Festplatte zwischengelagert, sondern direkt auf die CD oder DVD gebrannt. Das Format bietet sich an, wenn eine CD ständig im Laufwerk liegt. Diese kann wie ein USB-Stick oder eine Speicherkarte als Datenspeicher verwendet werden, ohne dass ein spezieller Brennvorgang gestartet werden muss.

① Um Dateien zu brennen, wählen Sie im Explorer die gewünschten Dateien aus und klicken dann auf die Schaltfläche *Brennen* in der oberen Symbolleiste. Die Dateien werden in einen temporären Ordner der lokalen Festplatte kopiert.

② Legen Sie eine CD in den Brenner und wählen Sie im Dialogfeld *Automatische Wiedergabe* die Option *Dateien auf Datenträger brennen*.

Bild 4.89: Auswahl beim Einlegen einer leeren CD.

③ Im nächsten Dialogfeld müssen Sie der leeren CD einen Namen geben, der voreingestellte Datenträgername ist das aktuelle Datum. Hier können Sie aber auch selbst einen eindeutigeren Namen wählen.

Bild 4.90: Datenträgertitel eingeben und Dateisystem auswählen.

 Wählen Sie in diesem Dialogfeld noch das gewünschte Dateisystem aus. Danach werden die Daten auf die CD oder DVD gebrannt.

> **Kompatibilität zu anderen Systemen**
> Mit dem Livedateisystem erstellte CDs sind weder kompatibel zu CD- und DVD-Playern noch zu Macintosh und Linux noch zu allen älteren Windows-Versionen.

▶ **Tipps zum Brennen im UDF-Dateisystem**

Standardmäßig wählt Windows 7 bei leeren Medien das neue UDF-Dateisystem in der Windows XP-kompatiblen Version 2.01. Eine Auswahl älterer UDF-Versionen zur Unterstützung von Windows 2000 wird in Windows 7 nicht mehr angeboten. Wenn Sie die CDs mit älteren Windows-Versionen verwenden wollen, müssen Sie also auf das Mastered-Dateisystem zurückgreifen.

Mit Klick auf *Weiter* wird die CD mit dem UDF-Dateisystem formatiert und die Dateien werden auf die CD kopiert.

Bild 4.91: Kopieren der Daten auf eine leere CD.

4.10 Dateien auf CD/DVD brennen

Weitere Dateien können jetzt mit den normalen Kopierfunktionen des Explorers auf die CD kopiert werden. Die CD wird als Laufwerk in der Ansicht *Computer* angezeigt. Hier ist im Gegensatz zu nicht beschreibbaren CD-ROMs auch der belegte und freie Speicherplatz zu erkennen.

Bild 4.92: Beschreibbare CD mit UDF-Dateisystem in der *Computer*-Ansicht des Explorers.

Auf CDs mit dem UDF-Dateisystem können Sie auch Daten vom Laufwerk löschen und überschreiben. Allerdings werden diese auf einfachen CD-R-Medien nicht physikalisch gelöscht, es wird lediglich ein neues Inhaltsverzeichnis geschrieben. Die scheinbar gelöschten Dateien sind aber nicht mehr zu sehen. Wenn Sie ein wiederbeschreibbares CD-RW-Medium im Brenner verwenden, können Sie Dateien tatsächlich löschen und überschreiben.

Bevor die CD in einem anderen Computer verwendet werden kann, muss die aktuelle Sitzung geschlossen werden. Klicken Sie dazu in der Symbolleiste auf *Sitzung schließen* und warten Sie, bis eine Meldung zeigt, dass die CD jetzt auf einem anderen Computer genutzt werden kann. Erst dann dürfen Sie sie aus dem Laufwerk nehmen.

Es können später trotzdem weitere Daten auf die CD gebrannt werden. Diese erscheinen zwar physikalisch in einer eigenen Sitzung, werden aber in einem Dateisystem zusammengefasst, sodass die Sitzungen für den Benutzer nicht zu unterscheiden sind. Für jedes Schließen einer Sitzung werden etwa 20 MByte Platz benötigt, um das neue Verzeichnis zu schreiben.

Sie können in den Eigenschaften des Brenners allerdings festlegen, dass UDF-Sitzungen unter bestimmten Voraussetzungen beim Auswerfen der CD automatisch geschlossen werden.

Klicken Sie dazu im *Navigationsbereich* des Explorers mit der rechten Maustaste auf den Brenner und wählen Sie im Kontextmenü *Eigenschaften*. Gehen Sie dann auf die Registerkarte *Aufnahme* und klicken Sie auf *Globale Einstellungen*. Hier muss das Kontrollkästchen *UDF-Sitzung automatisch schließen* eingeschaltet sein.

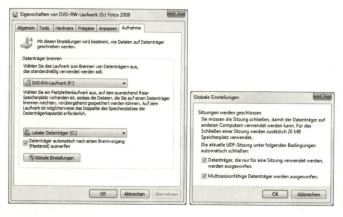

Bild 4.93: Einstellungen zum Schließen von UDF-Sitzungen.

Wenn Sie mehrere Brenner angeschlossen haben, können Sie an dieser Stelle auch festlegen, welcher davon standardmäßig von Windows verwendet wird.

Brennen mit dem Mastered-Dateisystem

Beim Mastered-Dateisystem werden die zu brennenden Daten zuerst auf der Festplatte gesammelt und dann alle zusammen auf die CD gebrannt. Auf der Festplatte ist dazu so viel freier Speicherplatz erforderlich, wie Daten auf die CD oder DVD gebrannt werden sollen. Dieses Dateisystem hat den Vorteil der höheren Kompatibilität zu älteren Windows-Versionen, Linux, Macintosh sowie zu CD- und DVD-Playern.

1. Um Dateien mit dem Mastered-Dateisystem zu brennen, gehen Sie zunächst analog vor. Markieren Sie die Dateien und klicken Sie auf die Schaltfläche *Brennen* in der oberen Symbolleiste. Die Dateien erscheinen im Explorer in einer schattierten Darstellung auf dem Brennerlaufwerk.

4.10 Dateien auf CD/DVD brennen

Bild 4.94: Zu brennende Dateien im Mastered-Dateisystem.

Ein auffälliges Pfeilsymbol zeigt zusätzlich, dass die Dateien noch nicht physikalisch auf der CD vorhanden sind. Weitere Dateien können mit den normalen Kopierfunktionen des Explorers auf das Laufwerk kopiert werden. Sie werden dabei ebenfalls nur temporär auf der Festplatte abgelegt.

❷ Erst ein Klick auf die Schaltfläche *Auf Datenträger brennen* brennt die Daten auf die CD, die anschließend automatisch ausgeworfen wird.

❸ Die Schaltfläche *Temporäre Dateien löschen* löscht die Temporärkopien der Daten und gibt so Speicherplatz auf der Festplatte frei, wenn Sie die CD doch nicht brennen möchten.

Laufwerk für Temporärdateien festlegen
Beim Brennen mit dem Mastered-Dateisystem ist sehr viel Festplattenplatz für die temporären Kopien der Dateien nötig. Diese müssen aber nicht unbedingt auf Laufwerk *C:* abgelegt werden. Wenn Sie auf einem anderen Laufwerk mehr Speicherplatz frei haben, können Sie auch dieses für die temporären Dateien verwenden.
Klicken Sie mit der rechten Maustaste im *Navigationsbereich* auf den Brenner und wählen Sie im Kontextmenü *Eigenschaften*. Auf der Registerkarte *Aufnahme* können Sie mit der Schaltfläche *Lokaler Datenträger C:* das Laufwerk auswählen, auf dem die Daten vor dem Brennen zwischengespeichert werden sollen.

ISO-Abbilder brennen

Bootfähige CDs, wie zum Beispiel kostenlose Linux-Distributionen oder Notfall-CDs, können nicht einfach als Ansammlung von Dateien gebrannt werden, da dann der Bootsektor nicht korrekt geschrieben würde. Solche CDs oder DVDs werden im Internet als ISO-Datei zum Download angeboten. Diese Dateien enthalten die komplette Struktur der CD einschließlich aller Ordner, Dateien und auch des Bootblocks in einer einzigen Datei.

Ein solches ISO-Abbild kann auch nicht einfach auf einen CD-Rohling kopiert werden, hier ist ein besonderes Brennverfahren notwendig, das in Windows 7 erstmals integriert ist. Früher waren zum Brennen von ISO-Dateien noch externe Brennprogramme nötig.

Klicken Sie doppelt auf eine ISO-Datei im Explorer, öffnet sich ein Fenster, in dem Sie den Brenner auswählen und dann sofort den Brennvorgang starten können.

Bild 4.95: ISO-Datei brennen.

5 Anbindung an das Internet

Ohne Internet geht heute gar nichts mehr. Verspüren Sie nicht auch Lust dazu, im globalen Netz mitzumischen? Dann seien Sie herzlich willkommen und nehmen Sie die nächste Ausfahrt Richtung Datenhighway. Nie war es einfacher, online zu gehen. Mit einem heute üblichen DSL-Anschluss und einem Internetzugang sind Sie mit Windows 7 in Windeseile im Netz. Sobald Sie Ihren Internetzugang sicher eingerichtet haben, erfahren Sie in den nachfolgenden Abschnitten alles über das Surfen mit dem Internet Explorer – und dazu natürlich, wie Sie Ihren Computer mit der Windows 7-Firewall vor Eindringlingen absichern.

Eine Internetverbindung in Windows 7 zu konfigurieren, ist in den meisten Fällen sehr einfach. Das Betriebssystem stellt dazu einen Assistenten zur Verfügung, der auf DSL optimiert ist, mit anderen Technologien aber ähnlich funktioniert. Spezielle Zugangssoftware, wie sie von vielen Internetdienstanbietern geliefert wird, ist zur Konfiguration nicht nötig.

5.1 Einen DSL-Zugang einrichten

Die einfachste Methode, mehrere Computer aus einem Netzwerk ins Internet zu bringen, führt über einen Router. Bei der Beantragung eines DSL-Anschlusses bekommt man meistens einen Standardrouter kostenlos mit dazu. Router erfüllen in kleinen Netzwerken gleichzeitig die Funktion des zentralen Hubs, an dem alle Netzwerkkabel zusammenlaufen. Fast alle modernen Router besitzen ein eingebautes DSL-Modem, sodass kein eigenes DSL-Modem mehr notwendig ist.

Wenn Sie kein lokales Netzwerk haben, sondern nur mit einem einzigen PC ins Internet gehen, brauchen Sie nicht unbedingt einen Router zu verwenden. In diesem Fall können Sie ein ganz einfaches DSL-Modem, wie Sie es heute von fast jedem Internetprovider kostenlos bekommen, direkt mit einem Netzwerkkabel an den PC anschließen.

① Windows 7 erkennt die Netzwerkverbindung zum DSL-Modem und zeigt im Infobereich der Taskleiste ein Symbol für ein nicht identifiziertes Netzwerk.

Bild 5.1: Meldung beim Anschluss eines DSL-Modems.

② Klicken Sie hier auf den Link *Netzwerk- und Freigabecenter öffnen*. Im nächsten Fenster sehen Sie eine kleine Übersicht des aktuellen nicht identifizierten Netzwerks mit der noch nicht funktionierenden Internetverbindung. Klicken Sie hier auf den Link *Neue Verbindung oder neues Netzwerk einrichten*, um eine DSL-Verbindung für diesen Computer einzurichten.

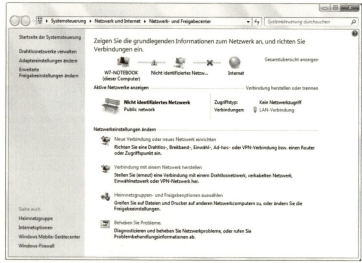

Bild 5.2: Grundlegende Informationen im Netzwerk- und Freigabecenter.

③ Im nächsten Schritt wird gefragt, welche Art von Verbindung angelegt werden soll. Wählen Sie hier die Option *Verbindung mit dem Internet herstellen*, wenn Sie eine DSL-Verbindung einrichten wollen, bei der der Computer ohne Router direkt mit dem DSL-Modem verbunden ist.

5.1 Einen DSL-Zugang einrichten

Bild 5.3: Auswahl eines Verbindungstyps.

④ Im folgenden Dialog fragt der Assistent, wie Sie die Verbindung herstellen möchten. Wählen Sie die Option *Breitband (PPPoE)*.

Bild 5.4: WLAN, Breitband oder Wählverbindung?

⑤ Geben Sie im nächsten Dialogfeld einen Namen für die Verbindung ein. Sinnvollerweise verwenden Sie hier den Namen des Internetdienstanbieters (ISP). Bei Verbindungen, die nur für bestimmte Zeiten gelten, zum Beispiel Wochenend- oder Nachttarife, können Sie zusätzliche Informationen im Namen angeben. Dieser Name wird nur für die Anzeige in den Netzwerkverbindungen verwendet. Bei DSL haben Sie üblicherweise keine zeitabhängig unterschiedlichen Tarife und nur eine Verbindung, die permanent verwendet wird.

⑥ Nun müssen Sie noch *Benutzername* und *Kennwort* für die Verbindung angeben. Beides wird in den meisten Fällen vom Internetdienstanbieter (ISP) vorgegeben.

Bild 5.5: *Benutzername* und *Kennwort* für die neue Internetverbindung.

Das Kennwort wird Ihnen in der Regel vom Internetdienstanbieter schriftlich per Post oder E-Mail mitgeteilt. Bei vielen Anbietern können Sie das vorgegebene Kennwort, das aus einer schwer zu merkenden Kombination aus Zahlen und Buchstaben besteht, auch nicht ändern.

Benutzername und Kennwort bei T-Online
Bei T-Online zum Beispiel setzt sich der Benutzername aus mehreren Komponenten zusammen. Geben Sie nacheinander und ohne Leerzeichen folgende Nummern ein: Anschlusskennung (12-stellig) + T-Online-Nummer (meist 12-stellig) + Mitbenutzernummer (für den Hauptnutzer immer 0001). Sollte Ihre T-Online-Nummer weniger als 12 Stellen enthalten, muss zwischen der T-Online-Nummer und der Mitbenutzernummer das Zeichen # stehen. Dieses Schema gilt für ISDN- und Modemverbindungen. Der Benutzername für DSL-Verbindungen ist genauso aufgebaut, jedoch mit dem Unterschied, dass am Ende noch die Zeichenfolge *@t-online.de* angehängt werden muss.

⑦ Ein Klick auf die Schaltfläche *Verbinden* versucht, eine Verbindung einzurichten. Dazu wird automatisch ein Internetkonnektivitätstest durchgeführt.

5.1 Einen DSL-Zugang einrichten

Bild 5.6: Die Internetverbindung wird erstmals hergestellt.

⑧ Wurde die Internetverbindung erfolgreich hergestellt, wird dies angezeigt, und Sie können direkt aus der Meldung heraus den *Internetbrowser aufrufen*.

Bild 5.7: Das Erstellen der Internetverbindung war erfolgreich.

⑨ Internetverbindungen werden von Windows 7 als Netzwerkverbindungen behandelt. Deshalb müssen Sie jetzt auch die Sicherheitseinstellungen für den Netzwerkstandort wählen.

Bild 5.8: Netzwerkstandort für die Internetverbindung festlegen.

⑩ Die aktive Internetverbindung wird durch ein Symbol in der Taskleiste angezeigt. Ein Doppelklick auf dieses Symbol zeigt den aktuellen Verbindungsstatus. Ein Rechtsklick auf das Symbol öffnet ein Kontextmenü, in dem die Verbindung getrennt werden kann.

DSL-Geschwindigkeit testen
Ein DSL-2000-, DSL-6000- oder gar ein Highspeed-DSL-Anschluss mit bis zu 16.000 KBit/s bringt noch lange nicht die Garantie, dass diese Geschwindigkeit im Download aus dem Internet auch tatsächlich erreicht wird. Auf der anbieterunabhängigen Webseite *www.wieistmeineip.de/speedtest* können Sie die aktuellen Download- und Uploadgeschwindigkeiten Ihrer Internetverbindung jederzeit testen, unabhängig davon, über welche Technik die Daten empfangen werden.

Internetverbindung automatisch aufbauen

Für alle, die oft ins Internet gehen, ist es auf die Dauer sehr lästig, jede Verbindung manuell auf- und wieder abbauen zu müssen. Viel einfacher ist es, wenn der Browser automatisch dafür sorgt, dass eine Internetverbindung aufgebaut wird. Bei Verbindungen über den Router regelt dieser den automatischen Verbindungsaufbau. Wenn Sie den Computer direkt ohne Router mit dem Internet verbunden haben, können Sie den automatischen Verbindungsaufbau in Windows einstellen.

5.1 Einen DSL-Zugang einrichten

Dabei spielt es keine Rolle, ob Sie DSL, ISDN oder ein analoges Modem nutzen, die Konfiguration ist immer die gleiche.

① Starten Sie in der *Systemsteuerung* unter *Netzwerk und Internet* das Modul *Internetoptionen*. Wählen Sie im Dialogfeld *Eigenschaften von Internet* auf der Registerkarte *Verbindungen* die Verbindung, die automatisch gewählt werden soll.

② In den meisten Fällen werden Sie eine DSL-Einwahlverbindung nur dann nutzen wollen, wenn keine Netzwerkverbindung über einen Router zum Internet besteht. Schalten Sie also die Option *Nur wählen, wenn keine Netzwerkverbindung besteht* ein. Möchten Sie auch in einem Netzwerk über die lokale DSL-Verbindung ins Internet, weil zum Beispiel der Router in einem Firmennetzwerk bestimmte Webseiten oder Dienste nicht zulässt, wählen Sie *Immer Standardverbindung wählen*.

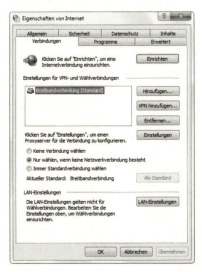

Bild 5.9: Auswahl einer Standardverbindung.

③ Klicken Sie in beiden Fällen anschließend auf die Schaltfläche *Immer Standardverbindung wählen*, solange die gewünschte Verbindung markiert ist. Speichern Sie die Einstellungen mit *OK*.

④ Wenn Sie das nächste Mal im Browser eine Internetadresse eingeben, erscheint automatisch ein Dialogfeld zur Anwahl. Schalten Sie hier das Kontrollkästchen *Verbindung automatisch herstellen* ein und klicken Sie dann auf *Verbinden*.

Bild 5.10: Verbindung auswählen und automatisch herstellen lassen.

⑤ Beim nächsten Start eines Webbrowsers wird diese Verbindung jetzt ohne weitere Nachfrage gewählt.

Vorsicht, Spyware!
Bedenken Sie, dass viele Programme versuchen, sich selbstständig ins Internet zu wählen, um zum Beispiel Benutzerdaten an die jeweiligen Hersteller zu übermitteln. Auch diese Programme können den automatischen Verbindungsaufbau nutzen. Aktivieren Sie sicherheitshalber immer die Windows-Firewall.

Internetverbindung automatisch trennen

Denken Sie bei automatisch aufgebauten Verbindungen daran, diese bei Nichtbenutzung auch wieder zu trennen, sonst kommt es bei zeitabhängig abgerechneten Tarifen auf Dauer zu hohen Internetkosten. Bei jeder Internetverbindung lassen sich Zeiten für die automatische Trennung einstellen.

① Wählen Sie in der *Systemsteuerung* unter *Netzwerk und Internet/Netzwerk- und Freigabecenter* die Option *Verbindung mit Netzwerk* herstellen.

② Klicken Sie mit der rechten Maustaste in der Liste der Netzwerkverbindungen auf die gewünschte Verbindung und wählen Sie im Kontextmenü *Eigenschaften*.

5.2 WLAN-Verbindung einrichten

③ Auf der Registerkarte *Optionen* im Dialogfeld *Eigenschaften von Breitbandverbindung* können Sie in einem Listenfeld die *Leerlaufzeit, nach der aufgelegt wird* festlegen, also nach welcher Inaktivitätszeit die Verbindung automatisch getrennt werden soll.

Bild 5.11: Einstellungen für die automatische Trennung nach einer Leerlaufzeit.

5.2 WLAN-Verbindung einrichten

Wer keine Kabel verlegen oder sich zum Beispiel mit einem Notebook frei im Haus bewegen möchte, kann seine Computer auch drahtlos miteinander vernetzen. Dabei ist Wireless-LAN, kurz WLAN, nicht eine Art Internetzugang, wie dies die großen Internetdienstanbieter werbewirksam propagieren, sondern einfach nur eine drahtlose Verbindung in ein lokales Netzwerk. Über diese Netzwerkverbindung kann man ins Internet gehen, sie kann aber genauso zum Zugriff auf andere Rechner verwendet werden, die über dieses Netzwerk miteinander verbunden sind.

Zentraler Punkt eines WLAN ist der WLAN-Router oder WLAN-Access-Point. Der Router übernimmt die Koordination des lokalen Netzwerks und stellt gleichzeitig einen Internetzugang zur Verfügung. Dabei können an die meisten WLAN-Router vier PCs per Kabel und theoretisch bis zu 250 weitere drahtlos angeschlossen werden. In der Praxis liegt die Zahl anschließbarer WLAN-PCs aufgrund der Bandbreite deutlich darunter.

Ein Access-Point hat im Gegensatz zu einem WLAN-Router keine eigene Internettechnik, sondern ist nur eine Sende- und Empfangsstation, die per Netzwerkkabel an einem Router oder Hub angeschlossen ist.

In jedem PC, der drahtlos mit dem Netzwerk verbunden werden soll, ist eine WLAN-Karte erforderlich. Diese Karten gibt es für PCI, PC-Card oder USB-Anschluss. Besonders bei Notebooks ist WLAN sehr verbreitet. Viele Notebooks haben diese Funktechnik bereits eingebaut. Anstelle der Steckbuchse für ein Netzwerkkabel haben WLAN-Karten für PCs eine kleine Antenne.

Bei den meisten WLAN-Routern kann das WLAN-Modul getrennt ein- und ausgeschaltet werden. Bevor ein Benutzer sich per WLAN anmelden kann, muss es also von einem per Kabel angeschlossenen PC eingeschaltet werden. Einige Router besitzen auch selbst eine Taste, um WLAN ein- oder auszuschalten.

Standortempfehlung für den WLAN-Router

Beachten Sie beim Aufbau eines WLAN, dass Betondecken starke Dämpfungen bewirken. Wer also im Hausanschlussraum im Keller seinen DSL-Anschluss hat, sollte nicht auch dort den WLAN-Router aufstellen. Legen Sie lieber ein Kabel vom Anschluss an einen zentralen Punkt im Haus und stellen Sie dort den WLAN-Router auf. Auch größere Metallteile wie Stahlregale oder die Bewehrung in Stahlbetondecken können die Ausbreitung eines WLAN beeinträchtigen.

Bild 5.12: Aktueller WLAN-Router Netgear WNDR3700 (Pressefoto: Netgear).

Ein weiterer Einflussbereich ist die Feuchtigkeit der Luft sowie die natürliche Feuchte in den Wänden von Neubauten, die oft erst nach Jahren völlig durchtrocknen. Probieren Sie am besten verschiedene Stellen für den Router aus, da die tatsächlichen Ausbreitungsbedingungen schwer abzuschätzen sind. So kann es passieren, dass auf der Straße vor dem Haus ein Empfang problemlos möglich ist, während einzelne Räume des Hauses im Funkschatten liegen.

5.2 WLAN-Verbindung einrichten

Kollision mehrerer Funkkanäle vermeiden

Sollte ein WLAN-Router im Netzwerk von einem Computer nicht gefunden werden, obwohl er eingeschaltet ist und problemlos läuft, kann dies am Funkkanal liegen. Für WLAN sind 13 verschiedene Funkkanäle möglich. Hierbei beträgt der Abstand der Mittenfrequenzen jeweils 5 MHz. Bedingt durch die große Bandbreite jedes einzelnen Funkkanals kommt es zu Überschneidungen der Frequenzbänder.

Befinden sich mehrere WLAN-Router in unmittelbarer Nachbarschaft, wie dies in Innenstadtbereichen häufig vorkommt, sollte jeder Router seinen eigenen Funkkanal benutzen, um Störungen zu vermeiden. Stellen Sie auf dem Router einen Funkkanal ein, der von keinem anderen Router in der näheren Umgebung verwendet wird.

Wichtig: Achten Sie bei der Umstellung auf einen anderen Kanal unbedingt darauf, dass der Mindestabstand für einen ungestörten Betrieb bei mehreren WLAN-Netzen fünf Kanäle betragen sollte.

Bild 5.13: WLAN-Kanalauswahl auf dem Router (Beispiel: Netgear WNDR3700-Router).

WLAN unter Windows 7 konfigurieren

WLAN-Karten werden unter Windows 7 automatisch erkannt. Beim ersten Einstecken der Karte wird man aufgefordert, einen Treiber zu installieren. Neben dem eigentlichen Treiber liefern viele WLAN-Karten eigene Konfigurationstools mit. Wird ein mit der Karte geliefertes Konfigurationstool verwendet, wurde unter Windows XP von der Installationsroutine in den meisten Fällen der Standard-WLAN-Manager von Windows ausgeschaltet, um Konflikte zu vermeiden.

Unter Windows 7 braucht man die eigenen Tools der WLAN-Karten nur noch in den seltensten Fällen. Die von Windows vorgegebene Steuerung funktioniert sehr zuverlässig.

① Schließen Sie nach der Treiberinstallation den USB-WLAN-Stick an. Nach einer kurzen Funktionsprüfung wird eine Liste der gefundenen drahtlosen Netzwerke angezeigt.

② Wählen Sie in der Liste der gefundenen drahtlosen Netzwerke das gewünschte Netzwerk aus und klicken Sie auf *Verbinden*. Sie können auch, wenn Sie dieses Netzwerk öfter verwenden, angeben, dass die Daten gespeichert werden sollen und dass die Verbindung wenn möglich automatisch hergestellt werden soll.

Bild 5.14: Verbindung mit einem drahtlosen Netzwerk.

③ Wird das drahtlose Netzwerk mit einem *Sicherheitsschlüssel* geschützt, geben Sie im nächsten Schritt den gültigen Schlüssel ein.

Bild 5.15: *Sicherheitsschlüssel* für die Verbindung mit einem drahtlosen Netzwerk.

5.2 WLAN-Verbindung einrichten 189

④ WLAN-Verbindungen zum lokalen Router werden im Netzwerk- und Freigabecenter ähnlich wie kabelgebundene Netzwerkverbindungen eingetragen. Die drahtlose Verbindung kann auch abwechselnd mit einer Kabelverbindung genutzt werden, wenn man ein Notebook zum Beispiel im Büro am Netzwerk betreibt und unterwegs an WLAN-Hotspots.

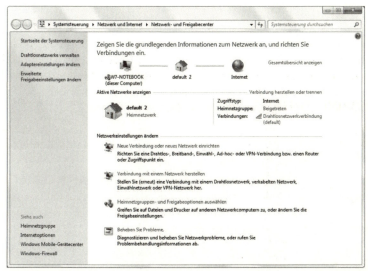

Bild 5.16: Drahtlose Netzwerkverbindung im Netzwerk- und Freigabecenter.

⑤ Windows 7 zeigt *Übertragungsrate* und *Signalqualität* bei WLAN direkt in der Statusanzeige der Netzwerkverbindung an. Diese Anzeige erreichen Sie mit einem Klick auf den Namen der Drahtlosnetzwerkverbindung im Netzwerk- und Freigabecenter.

Bild 5.17: Statusanzeige einer drahtlosen Netzwerkverbindung in Windows 7.

Sicherheitsregeln für jedes WLAN

Was jahrelang von Fall zu Fall ausgelegt wurde, wurde vom Bundesgerichtshof nun offiziell geregelt. Jedes private WLAN muss »*... durch angemessene Sicherungsmaßnahmen vor der Gefahr geschützt sein, von unberechtigten Dritten zur Begehung von Urheberrechtsverletzungen missbraucht zu werden.*«

Dazu zählt neben einer Verschlüsselung auch, dass das vom Hersteller vorgegebene Standardpasswort des Routers durch ein eigenes ersetzt wird. Neue Router verwenden kein Standardpasswort mehr, sondern ein individuelles, das bei jedem Gerät anders ist. Dieses finden Sie meist auf einem Aufkleber direkt auf dem Router. Bei diesen Geräten muss der Betreiber des Anschlusses das Passwort nicht mehr ändern. Viele Router bieten auch die Möglichkeit, den Zugang zur Konfigurationsoberfläche auf Kabelverbindungen zu beschränken. Mit dieser Option haben Unbefugte auf der Straße keine Chance mehr, den Router umzukonfigurieren, um Netzwerkschlüssel zu ändern oder andere Einstellungen zu manipulieren.

Neben den dadurch möglichen Betrugsgeschäften mit fremden Bank- oder eBay-Daten ist auch die Gefahr krimineller Aktivitäten nicht zu unterschätzen. Lädt sich jemand über Ihr WLAN zum Beispiel Kinderpornos oder anderes kriminelles Material herunter, wird die IP-Adresse Ihres Internetanschlusses übermittelt. Die Strafverfolgungsbehörden stellen also Sie persönlich zur Rede. Dann wird es schwer, die eigene Unschuld zu beweisen. Abgesehen davon können bei Volumen-

5.2 WLAN-Verbindung einrichten

tarifen immense Kosten entstehen, wenn Nachbarn in aller Ruhe über Ihr Netzwerk etliche GByte an Daten saugen.

▶ **Das ist zu tun:**

- Schalten Sie das WLAN-Modul im Router ab, wenn Sie es längere Zeit nicht benutzen. Das verringert das Risiko eines unbemerkten Angriffs, wenn Sie nicht zu Hause sind.

- Richten Sie den Router nach den lokalen Gegebenheiten aus. Für eine Etagenwohnung ist ein Router mit Zusatzantenne und mehreren hundert Metern Reichweite völlig überdimensioniert und stellt ein hohes Sicherheitsrisiko dar. In großen Büros verwendet man sinnvollerweise mehrere kleine Access-Points anstelle eines großen, um das Netzwerk an die lokalen Ausbreitungsbedingungen besser anpassen zu können.

- Verändern Sie das Standardpasswort zur Routerkonfiguration, damit sich niemand an Ihrem Router zu schaffen machen, sich selbst Zugang verschaffen oder einen anderen (teuren) Internetzugang einrichten kann.

- Bei drahtlosen Netzwerken ist die Verschlüsselung besonders wichtig, da man – anders als in einem kabelgebundenen Netzwerk – nicht merkt, wenn sich ein fremder Computer unautorisiert mit dem Netzwerk verbindet. Aktivieren Sie, wenn möglich, die WEP- oder WPA-Verschlüsselung. Dazu muss am Router und auf jedem PC einmalig ein Schlüssel eingegeben werden, der auf allen Geräten gleich ist. Geräte ohne diesen Schlüssel haben keinen Zugang zum WLAN.

WLAN richtig verschlüsseln

Die genauen Einstellungsmöglichkeiten zur Verschlüsselung sind bei jedem Router etwas anders. Firewalls helfen hier wenig, da sich der Access-Point zum WLAN innerhalb der Firewall befindet und nicht »draußen« im Internet.

Um ein Netzwerk zu verschlüsseln, müssen Sie nur auf dem Router und auf allen Computern im Netzwerk denselben Schlüssel eingeben und die Verschlüsselung aktivieren.

Die meisten Router bieten mehrere Felder zur Eingabe von Schlüsseln. Auf diese Weise können Sie zur besonderen Sicherheit für einzelne Computer verschiedene Schlüssel verwenden.

Auf jedem PC muss dann die Verschlüsselung ebenfalls aktiviert werden. Nur wenn hier ein Schlüssel eingetragen ist, der auch im Router eingetragen wurde, ist eine drahtlose Verbindung möglich.

WEP-Schlüssel knacken
Immer wieder veröffentlichen Computerzeitschriften Workshops zum Knacken solcher WEP-Schlüssel. Das Knacken eines Schlüssels ist aber immer noch deutlich aufwendiger als die unberechtigte Nutzung eines unverschlüsselten WLAN und gilt zudem im Zweifelsfall als rechtswidriges Eindringen in ein Netzwerk. Wenn die verwendete Hardware WEP-Verschlüsselung unterstützt, sollte man sie auch nutzen.
WPA2 (Wi-Fi Protected Access 2) ist eine Weiterentwicklung der WEP-Verschlüsselung. Sie bietet zusätzlichen Schutz durch dynamische Schlüssel. Nach der Initialisierung mit dem Schlüssel kommt ein Session-Key zum Einsatz. Die meisten aktuellen WLAN-Router unterstützen alternativ zu WEP auch WPA2. Wenn Ihr Router das anbietet, sollten Sie es auch aktivieren.

Nur bestimmte Geräte ins WLAN lassen

Einige Router bieten die Möglichkeit, nur bestimmte Geräte überhaupt per WLAN ins Netzwerk zu lassen. Zur Identifikation werden die MAC-Adressen der Geräte herangezogen. Die MAC-Adresse ist eine weltweit eindeutige Kennung jeder Netzwerkkarte. Sie ist bei vielen WLAN-Karten auf einem Aufkleber bereits dabei.

Die MAC-Adresse der im PC eingebauten Netzwerkkarte sehen Sie auch unter Windows. Klicken Sie im Netzwerk- und Freigabecenter auf die aktive Verbindung unterhalb von *Verbindung herstellen oder trennen*.

Klicken Sie im nächsten Dialogfeld auf die Schaltfläche *Details*. Es öffnet sich ein weiteres Fenster. Hier wird in der Zeile *Physikalische Adresse* die MAC-Adresse der eigenen Netzwerkkarte angezeigt.

Bild 5.18: Anzeigen der MAC-Adresse.

In jedem Fall sollten Sie regelmäßig die Statusanzeige des Routers überprüfen. Hier wird angezeigt, welche Geräte sich am Router angemeldet haben. Tauchen unbekannte Adressen auf, sollten Sie dringend Ihre Sicherheitseinstellungen anpassen.

So finden Sie MAC-Adressen heraus
Anhand der MAC-Adresse lässt sich zwar nicht direkt der Besitzer des Computers ermitteln, aber zumindest der Hersteller der Netzwerkkarte. Geben Sie dazu die ersten drei Blöcke der unbekannten MAC-Adresse (z. B. 00-80-C8) in das Suchformular *Search the Public OUI-Listing* auf der Webseite *standards.ieee.org/regauth/oui* ein. Anhand des Netzwerkkartenherstellers kann man schon leichter feststellen, ob es sich um ein eigenes Gerät oder ein unbekanntes handelt, das sich im Netzwerk angemeldet hat.

5.3 Per Internet Explorer 9 durch das Web

Der Internet Explorer, kurz IE, war bis vor Kurzem der Standardwebbrowser aller Windows-Versionen und fester Bestandteil des Betriebssystems. Technologisch gehörte er lange Zeit sicher nicht zu den besten Browsern, aber mit dem neuen Internet Explorer 9 wird sich das ändern, und Microsoft hat nicht zu viel versprochen. Der Internet Explorer 9 steht seit März 2011 kostenlos zum Download zur Verfügung: *www.internet-explorer9.de*.

Bild 5.19: Der Internet Explorer in der Taskleiste – starten Sie ihn mit einem Klick auf das *e*-Symbol.

Hier zunächst ein kurzer Überblick über die wichtigsten Neuerungen des Internet Explorer 9:

- **Der Internet Explorer 9 ist schnell!** Der neue Microsoft-Browser unterstützt durch Hardwarebeschleunigung auf der Grafikkarte die volle Leistung des Computers. Die neue JavaScript-Engine unterstützt Mehrkern-CPUs.

- **Der Internet Explorer 9 hat eine in allen Belangen verbesserte Benutzeroberfläche.** Sprunglisten, Anheftfunktion, die neue Benachrichtigungsleiste und das kombinierte Adress- und Suchfeld erleichtern die Bedienung enorm.

- **Der Internet Explorer 9 ist endlich kompatibel zu allen modernen Webstandards.** Webentwickler müssen keine eigenen Internet Explorer-Versionen ihrer Webseiten mehr bauen.

- **Der Internet Explorer 9 ist sicher!** Integrierte Schutzfunktionen erhöhen die persönliche Sicherheit beim Surfen.

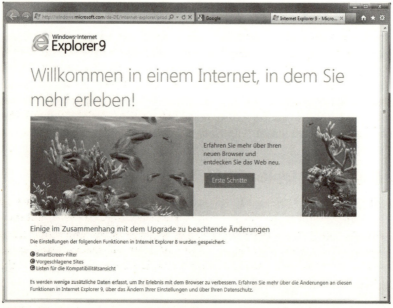

Bild 5.20: Gut – der Internet Explorer 9.

Startbremsen erkennen und aushebeln

Sollten Sie den Internet Explorer 9 noch nicht per Windows Update bekommen haben, können Sie ihn, wenn Sie zu *www.internet-explorer9.de* gehen, mit Ihrem aktuellen Browser herunterladen und installieren.

Nach der Installation und einem Neustart übernimmt der Internet Explorer 9 die Add-ons des vorher installierten Internet Explorer. Stellen sich diese als deutliche Bremse beim Start heraus, erscheint eine Meldung, in der Sie einzelne oder alle Add-ons deaktivieren können. Prüfen Sie hier noch einmal genau, welche der installierten Add-ons Sie wirklich benötigen.

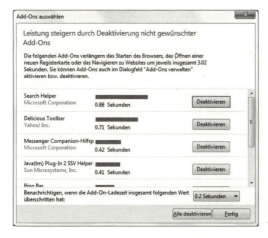

Bild 5.21: Leistungsplus durch das Abschalten alter Add-ons.

Navigieren im Internet Explorer 9

Um auf eine bestimmte Webseite zu kommen, geben Sie einfach deren Namen in die Adresszeile oben im Browser ein. Ein Klick in die Adresszeile markiert automatisch den dort befindlichen Text, sodass man ihn schnell löschen und durch einen anderen Text ersetzen kann. Auch die [F6]-Taste markiert automatisch den Text in der Browserzeile und setzt den Cursor dort hinein, sodass Sie auch ohne Maus sehr einfach Adressen eingeben können.

Bild 5.22: Internetadresse eingeben.

▶ Adresszeile und Registerkarten in einer Reihe

Im Internet Explorer 9 erscheinen die Registerkarten, auch Tabs genannt, mit den Titeln der geöffneten Webseiten direkt neben der Adresszeile. Sollte die Adresszeile zu kurz sein, sodass die Eingabe langer Adressen unübersichtlich wird, ziehen Sie einfach mit der Maus die Trennlinie zwischen Adresszeile und erster Registerkarte nach rechts.

Bild 5.23: URLs und Register geöffneter Webseiten in einer Reihe.

Sie können auch mit der rechten Maustaste auf den freien Bereich neben den Registerkarten klicken und im Kontextmenü die Option *Registerkarten in einer separaten Zeile anzeigen* einschalten. Dann erscheinen die Registerkarten, wie aus früheren Internet Explorer-Versionen gewohnt, unterhalb der Adresszeile.

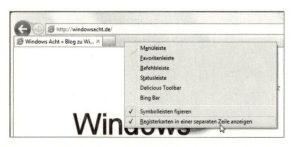

Bild 5.24: URLs und Register geöffneter Webseiten in zwei Reihen.

▶ URLs bei der Eingabe automatisch ergänzen lassen

Adressen müssen nicht komplett mit *http://* und *www://* eingegeben werden. Die meisten englischsprachigen Internetadressen enden auf *.com*, *.net* oder *.org*. Geben Sie in die Adresszeile einen Begriff ein und drücken dann die Tastenkombination [Strg]+[Enter], ergänzt der Internet Explorer vorn automatisch *http://www.* und hinten *.com*.

In den Einstellungen des Internet Explorer 9 finden Sie auf der Registerkarte *Allgemein* eine Schaltfläche *Sprachen*. Klicken Sie darauf, öffnet sich ein weiteres Dialogfeld. Hier können Sie ganz unten bei *Suffix* eine Endung angeben, zum Beispiel *.de*, die dann automatisch per Tastenkombination [Strg]+[Umschalt]+[Enter] ergänzt wird.

5.3 Per Internet Explorer 9 durch das Web

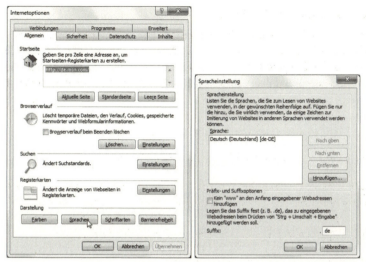

Bild 5.25: Den Dialog *Internetoptionen* rufen Sie über das Zahnradsymbol ganz rechts im Internet Explorer 9 auf. Wählen Sie dort im Menü *Internetoptionen*.

▶ Mit Tastenkürzeln navigieren Sie noch schneller

Mit dem Pfeilsymbol nach links kommen Sie auf die zuletzt aufgerufene Seite, mit dem Pfeilsymbol nach rechts gehen Sie von dort aus wieder eine Seite vorwärts. Schneller navigieren Sie mithilfe von Tasten:

Mit der Tastenkombination [Alt]+[←] oder der [Rück]-Taste springen Sie auf die zuletzt aufgerufene Seite zurück.

Mit der Tastenkombination [Alt]+[→] springen Sie eine Seite vor.

▶ Mit der Maus zwischen besuchten Seiten blättern

Noch einfacher geht das Blättern zwischen den zuletzt besuchten Seiten mit der Maus. Halten Sie die [Umschalt]-Taste gedrückt und drehen Sie das Mausrad. Damit können Sie sehr schnell in beide Richtungen durch die zuletzt besuchten Seiten blättern. Spezielle Internetmäuse haben an den Seiten zwei weitere Tasten, die mit Daumen und Ringfinger bedient werden können. Die Taste auf der linken Seite blättert auf die zuletzt aufgerufene Webseite zurück, die Taste auf der rechten Seite blättert eine Seite vor.

Kompatibilitätsmodus
Der neue Internet Explorer 9 ist deutlich kompatibler zu den W3C-Standards als alle seine Vorgänger. Was einerseits ein großer Vorteil ist, kann aber zum Verhängnis werden, wenn ein Webserver dem Besucher, der mit dem Internet Explorer ausgestattet ist, eine bewusst inkompatible Version der Webseite präsentiert. Aus diesem Grund verfügt der Internet Explorer 9 über einen Kompatibilitätsmodus, mit dem Webseiten, die nicht richtig dargestellt werden, so angezeigt werden können, wie der Internet Explorer 7 sie präsentieren würde.
Klicken Sie bei Darstellungsproblemen einfach auf das Symbol mit dem zerrissenen Dokument oben neben dem Adressfeld. Im Dialogfeld *Extras/ Einstellungen* der Kompatibilitätsansicht können Sie Webseiten festlegen, die automatisch immer in der Kompatibilitätsansicht dargestellt werden sollen. Um das Menü nutzen zu können, müssen Sie zuerst die Menüleiste mit einem Rechtsklick in den oberen Fensterrand des Internet Explorer aktivieren.

Internetadressen in der Taskleiste ablegen

Besuchen Sie häufig mal schnell bestimmte Webseiten, wollen Sie sicher nicht immer erst mit zusätzlichen Klicks den Browser starten. Mit dem Internet Explorer 9 können Sie Webseitensymbole direkt aus der Adresszeile auf die Taskleiste ziehen. Dort erscheinen sie wie Programmsymbole mit einer Sprungliste.

Bild 5.26: An die Taskleiste angeheftete Webseite.

Starten Sie den Internet Explorer über so ein neues Taskleistensymbol, wird das Webseitensymbol ganz links oben im Internet Explorer-Fenster angezeigt. Die Navigationsschaltflächen nehmen das Farbdesign der Webseite an.

5.3 Per Internet Explorer 9 durch das Web

Bild 5.27: Webseitensymbol und Navigationsschaltflächen im Farbdesign der Webseite.

▶ **Eingabefeld in der Taskleiste**

Sie können sich auch ein Eingabefeld für Internetadressen direkt in die Taskleiste legen.

Klicken Sie mit der rechten Maustaste auf einen leeren Bereich der Taskleiste. Schalten Sie im Kontextmenü die Option *Symbolleisten/Adresse* ein.

Bild 5.28: Einschalten der Option *Symbolleisten/Adresse*.

In der Taskleiste erscheint ein Eingabefeld, in das Sie Internetadressen oder auch Namen von Programmen eingeben können. Programme werden direkt gestartet, Internetadressen im aktuell eingestellten Standardbrowser geöffnet.

Bild 5.29: URLs in der Taskleiste eingeben.

Ein Klick auf das Dreieck rechts neben dem Eingabefeld blendet eine Liste der letzten Eingaben ein. Die [Enter]-Taste oder ein Klick auf den Doppelpfeil öffnet den Internet Explorer und springt auf die angegebene Seite.

Bild 5.30: Liste der letzten Eingaben einblenden.

Um Platz in der Taskleiste zu sparen, sollten Sie die Bezeichnung *Adresse* ausblenden. Klicken Sie dazu mit der rechten Maustaste auf den Titel der neuen Eingabeleiste – das Wort *Adresse* – und schalten Sie im Kontextmenü die Option *Titel anzeigen* aus. Wenn diese Option nicht angezeigt wird, deaktivieren Sie zuerst das Kontrollkästchen *Taskleiste fixieren*.

Bild 5.31: Platz in der Taskleiste sparen.

Mehrere Webseiten in einem Fenster

Beim Recherchieren oder Vergleichen von Angeboten hat man oft mehrere Browserfenster gleichzeitig geöffnet. Dabei geht die Übersicht auf dem Bildschirm sehr schnell verloren, besonders wenn man daneben auch noch andere Programme geöffnet hat. Der Internet Explorer 9 kann deshalb mehrere Webseiten auf verschiedenen Registerkarten, auch als Tabs bezeichnet, innerhalb eines Fensters darstellen. Diese Arbeitstechnik bezeichnet man als Tabbed Browsing.

▶ Neue Registerkarte mit mittlerer Maustaste

Klicken Sie mit der mittleren Maustaste oder durch einen Druck auf das Mausrad auf einen Link, wird dieser auf einer neuen Registerkarte geöffnet. Das funktioniert unabhängig davon, ob der Link die neue Seite standardmäßig im selben oder in einem neuen Browserfenster öffnen würde. Auf diese Weise stehen Ihnen also immer alle Seiten übersichtlich in einem einzigen Browserfenster zur Verfügung.

Bild 5.32: Die Taskleiste zeigt die Vorschauen aller geöffneten Registerkarten, wenn Sie mit der Maus über das Internet Explorer-Symbol fahren.

5.3 Per Internet Explorer 9 durch das Web

Ihre Maus hat nur zwei Tasten? Immer wenn von der mittleren Maustaste die Rede ist, können Sie auch die [Strg]-Taste gedrückt halten und dann mit der linken Maustaste klicken.

▶ Beliebte Webseiten auf einer neuen Registerkarte

Die Tastenkombination [Strg]+[T] öffnet eine leere Registerkarte, um dort eine neue Webseite anzuzeigen. Neben der letzten Registerkarte rechts erscheint eine weitere kleine ohne Namen. Klicken Sie darauf und tippen eine Internetadresse ein, wird eine neue Registerkarte erstellt.

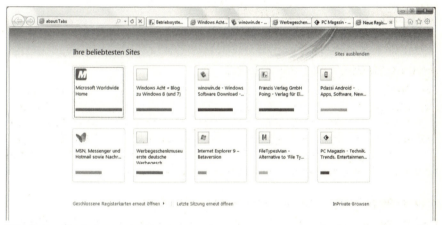

Bild 5.33: Eine leere Registerkarte.

Auf der neuen leeren Registerkarte finden Sie Schaltflächen zum Schnellaufruf Ihrer beliebtesten, in letzter Zeit am häufigsten besuchten Webseiten und Links für hilfreiche Aktionen, zum Beispiel um zuletzt geschlossene Registerkarten wiederherzustellen.

▶ Kontextmenü einer Registerkarte öffnen und schließen

Ein Rechtsklick auf den Titel einer Registerkarte öffnet ein Menü, über das Sie die Registerkarte schließen oder neu laden können. Auch hier finden Sie eine Liste der zuletzt geschlossenen Registerkarten. Zum Schließen können Sie einfach auf das x-Symbol auf der aktuellen Registerkarte klicken. Die Reihenfolge der Registerkarten kann per Drag-and-drop verändert werden.

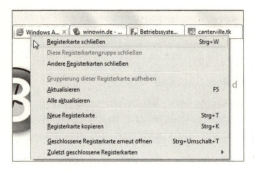

Bild 5.34: Kontextmenü einer Registerkarte.

▶ **Verhalten der Registerkarten festlegen**

In den *Einstellungen für die Registernavigation* können Sie das Verhalten der Registerkarten anpassen. Klicken Sie dazu auf der Registerkarte *Allgemein* auf die Schaltfläche *Einstellungen* im Bereich *Registerkarten*.

Mithilfe dieser Einstellungen können Sie unter anderem verhindern, dass Pop-ups neue Fenster öffnen. Stattdessen können Links, die standardmäßig neue Fenster öffnen, automatisch neue Registerkarten erzeugen oder immer im selben Fenster wie der Link erscheinen.

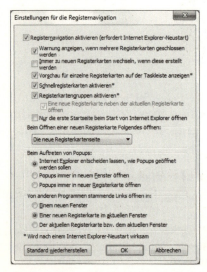

Bild 5.35: Einstellungen für die Registerkarten festlegen.

5.3 Per Internet Explorer 9 durch das Web

▶ **Alle offenen Register in einer Miniaturgalerie anzeigen**

Sind viele Registerkarten geöffnet, ist auf jeder nur ein kurzer Teil des Namens der jeweiligen Webseite zu sehen. Damit Sie die Übersicht behalten und schnell zur richtigen Registerkarte wechseln können, bietet der Internet Explorer die Schnellregisterkarten, auch Quick-Tabs-Funktion genannt. Mit der Tastenkombination [Strg]+[Q] wird eine Bildergalerie aller geöffneten Registerkarten angezeigt. Ein Klick auf eines der Bilder springt sofort auf die jeweilige Registerkarte.

Sollte diese Funktion nicht zur Verfügung stehen, müssen Sie sie in den *Einstellungen für die Registerkarten* in den *Internetoptionen* erst aktivieren. Danach ist ein Neustart des Internet Explorer erforderlich.

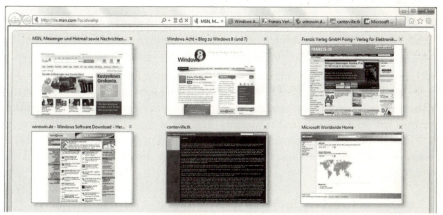

Bild 5.36: Galerie aller offenen Register.

Sie finden eine Adresse nicht mehr?

Waren Sie eben gerade oder gestern oder auch in der vergangenen Woche auf einer interessanten Seite gelandet, wissen aber die Adresse nicht mehr? In solchen Fällen hilft die Verlaufsanzeige oder Chronik im Browser weiter. Alle zuletzt besuchten Internetadressen werden noch einige Tage bis Wochen im Browser gespeichert.

Ein Klick auf das kleine Dreieck neben den Pfeilsymbolen in der Adresszeile blendet eine Liste der zuletzt besuchten Seiten ein. Hier können Sie leicht auf eine früher besuchte Seite zurückspringen. Manche Webseiten verhindern durch spezielle Skripten, dass der Besucher die Seite über die *Zurück*-Schaltfläche verlässt. Auch in diesem Fall hilft die kleine Liste.

Bild 5.37: Die Verlaufsliste in der Adresszeile.

Neben den zuletzt eingetippten Adressen sind weiter unten auch die letzten Einträge der kompletten Verlaufsliste sowie einige Favoriten zu sehen.

▶ Alte Einträge aus der Verlaufsliste löschen

Manchmal möchte man bestimmte Einträge aus der Liste entfernen, weil man sich vertippt hat oder um gegenüber anderen Benutzern des PCs seine Surfspuren zu verwischen. Fährt man mit der Maus über einen Eintrag in der Liste, erscheint rechts ein rotes Löschsymbol. Ein Klick darauf lässt diesen Eintrag aus der Liste verschwinden.

▶ Verlauf der besuchten Seiten im Favoritencenter

Ein Klick auf den Stern oben rechts oder die Tastenkombination [Strg]+[H] blendet rechts im Browserfenster eine Liste der Webseiten ein, die an bestimmten Tagen besucht wurden. Klicken Sie auf einen Namen, erhalten Sie eine Auflistung aller einzelnen Seiten innerhalb dieser Website. Auf diese Weise kann man sehr leicht wieder zu einer bestimmten Seite surfen, auch wenn man die Adresse nicht mehr im Kopf hat.

Der Internet Explorer bezeichnet die Liste der zuletzt besuchten Webseiten als Verlaufsliste. Da es im aktuellen Internet Explorer 9 standardmäßig kein Menü mehr gibt, wurde die Verlaufsliste in das Favoritencenter eingebaut. Dort finden Sie sie auf der Registerkarte *Verlauf*, auf der Sie die Liste auch nach unterschiedlichen Kriterien sortieren können.

5.3 Per Internet Explorer 9 durch das Web

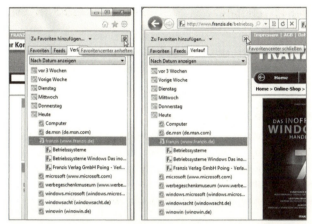

Bild 5.38: Ein Klick auf *Favoritencenter anheften* zeigt das Favoritencenter permanent links vom eigentlichen Browserfenster an, sodass es nach einem Klick auf einen Link nicht mehr ausgeblendet wird und auch nicht mehr Teile der Webseite verdeckt. Ein Klick auf *Favoritencenter schließen* blendet das Favoritencenter wieder aus.

▶ Häufig besuchte Webseiten in der Sprungliste

Häufig besuchte Webseiten werden automatisch auch in eine Sprungliste eingetragen, die sich per Rechtsklick auf das Internet Explorer 9-Symbol in der Taskleiste öffnet. Hier können Sie direkt auf eine häufig besuchte Seite springen, ohne erst den Browser starten zu müssen.

Bild 5.39: Webseiten in der Sprungliste.

Webseiten lesefreundlich darstellen

Viele Webseiten könnten deutlich mehr Informationen zeigen, wenn eine kleinere Schriftart für die Texte eingestellt wäre. Andere Seiten verwenden so kleine Schriftarten, dass sie nur auf alten, grobpixeligen Monitoren lesbar sind. Bei den heute üblichen hohen Auflösungen bräuchte man eine Lupe.

▶ Ansicht einer Webseite auf 100 % zoomen

Durch einen Klick auf das Zahnrad oben rechts wird ein Menü eingeblendet, in dem Sie eine Zoomfunktion finden. Klicken Sie auf eine Prozentangabe, wird die Seite im Ganzen gezoomt, einschließlich aller Bilder und Layoutelemente. Ein kleinerer Zoomfaktor bietet einen besseren Überblick über die gesamte Seite, ein größerer Faktor macht auch kleine Elemente deutlich erkennbar.

Noch schneller zoomt man mit den Tastenkombinationen [Strg]+[+] und [Strg]+[-] oder mit dem Mausrad bei gedrückt gehaltener [Strg]-Taste.

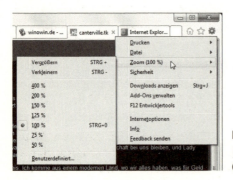

Bild 5.40: Die Tastenkombination [Strg]+[0] stellt ganz einfach den Originalzoomfaktor wieder her.

Webseiten bildschirmfüllend anzeigen

Die Fensterränder und Symbolleisten des Internet Explorer 9 fressen bei Weitem nicht mehr so viel Platz auf dem Bildschirm wie in früheren Versionen. Zu Präsentationszwecken oder auf kleinen Bildschirmen können Sie Webseiten im Internet Explorer 9 aber immer noch auch völlig ohne Symbolleisten und Fensterränder bildschirmfüllend anzeigen.

Drücken Sie dazu im Internet Explorer die Funktionstaste [F11]. Die Webseite wird auf dem ganzen Bildschirm dargestellt, am oberen Rand erscheint eine Symbolleiste

5.3 Per Internet Explorer 9 durch das Web

mit der Adresszeile, Registerkarten und den wichtigsten Funktionen. Die Symbolleiste verschwindet nach kurzer Zeit und taucht automatisch wieder auf, wenn Sie mit der Maus an den oberen Bildrand fahren.

Bild 5.41: Der Internet Explorer 9 im Vollbildmodus.

Im Vollbildmodus steht zur Navigation das Kontextmenü über die rechte Maustaste zur Verfügung, das unterschiedliche Menüpunkte zeigt, je nachdem, ob man mit der Maus über der Symbolleiste, über einem leeren Bereich einer Webseite, über einem Link oder über einer Grafik steht.

Arbeiten mit Favoriten und Lesezeichen

Internetadressen sind oft schwer zu merken, deshalb bieten alle Webbrowser die Möglichkeit an, Adressen als Lesezeichen zu speichern, um sie später mit einem Klick wieder aufrufen zu können. Die Begriffe Lesezeichen, Bookmarks und Favoriten bedeuten übrigens alle dasselbe. Die verschiedenen Browser verwenden nur unterschiedliches Vokabular.

▶ Favoritencenter im Internet Explorer öffnen

Ein Klick auf den Stern oben rechts oder die Tastenkombination [Alt]+[C] öffnet das Favoritencenter. Dieses kann entweder als eigenständiges Fenster oder als Seitenleiste im aktuellen Browserfenster angezeigt werden. Da dieses Fenster gleichzeitig auch für RSS-Feeds und die Verlaufsanzeige verwendet wird, müssen Sie eventuell erst noch die Registerkarte oben wechseln.

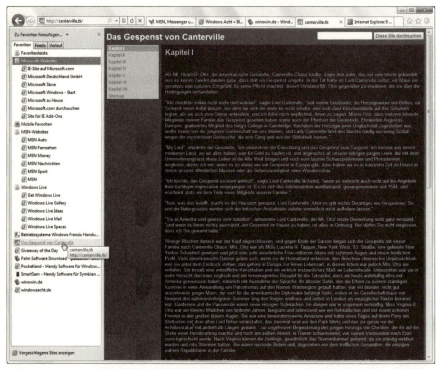

Bild 5.42: Das geöffnete Favoritencenter.

▶ Lesezeichen ablegen, bearbeiten und verwalten

Adressen, die Sie als Lesezeichen ablegen möchten, können Sie direkt aus der Adresszeile auf die Seitenleiste ziehen. Sie können auch auf die Schaltfläche *Zu Favoriten hinzufügen* oben im Favoritencenter klicken. Dann haben Sie die Mög-

5.3 Per Internet Explorer 9 durch das Web

lichkeit, dem neuen Lesezeichen einen Namen zu geben und gleich den Ordner zu wählen, in dem es abgelegt werden soll.

Bild 5.43: Eine Webseite als Favoriten hinzufügen.

Ein Rechtsklick auf ein Lesezeichen blendet einen *Eigenschaften*-Dialog ein, in dem das Lesezeichen bearbeitet werden kann. Hier können Sie eigene Anmerkungen und auch Bewertungssterne vergeben.

Bild 5.44: Beschreibung einer Internetadresse bearbeiten.

Klicken Sie im Favoritencenter oben auf das kleine Dreieck neben dem Auswahlfeld *Zu Favoriten hinzufügen*, öffnet sich ein Menü. Unter dem Menüpunkt *Favoriten verwalten* oder mit der Tastenkombination [Strg]+[B] finden Sie eine sehr einfache Lesezeichenverwaltung, in der sich neue Ordner anlegen oder Lesezeichen verschieben lassen.

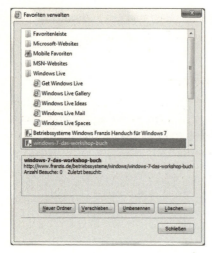

Bild 5.45: Lesezeichen verwalten.

▶ **Persönliche Lesezeichen im schnellen Zugriff**

Die Favoritenleiste im Internet Explorer ist ein Bereich, in dem Sie persönliche Lesezeichen zum besonders schnellen Zugriff ablegen können. Diese Favoritenleiste ist standardmäßig im Internet Explorer 9 ausgeblendet, Sie können sie mit einem Rechtsklick auf einen leeren Bereich der Symbolleiste wieder einschalten. Aktivieren Sie im Kontextmenü die Option *Favoritenleiste*.

Bild 5.46: Eine aktuelle Internetadresse können Sie mit einem Klick auf das Symbol mit dem Stern und dem grünen Pfeil direkt in die Favoritenleiste befördern. Mit einem Rechtsklick auf einen solchen Favoriten können Sie diesen später wieder löschen oder per *Eigenschaften*-Dialog auch ändern.

▶ **Mehr Favoriten in der Favoritenleiste unterbringen**

Die Anzahl der Favoriten in der Favoritenleiste ist eng begrenzt, da bei jedem Favoriten ein Titel angezeigt wird. Möchten Sie mehr Favoriten auf der Leiste unterbringen, können Sie die Titel abkürzen oder nur die Symbole anzeigen lassen. Klicken Sie dazu mit der rechten Maustaste auf einen Favoriten in der Favoritenleiste und wählen Sie im Menü unter *Anpassen der Titellängen* die gewünschte Option aus. Die Einstellung gilt automatisch immer für alle Favoriten.

Lesezeichen für andere Browser exportieren

Möchten Sie Ihre Favoriten aus dem Internet Explorer im Internet veröffentlichen oder auf einen anderen Computer übertragen, können Sie sie exportieren. Beim Export werden alle Lesezeichen in einer HTML-Datei gespeichert, die veröffentlicht oder in anderen Browsern importiert werden kann.

Klicken Sie dazu im Favoritencenter des Internet Explorer auf das kleine Dreieck neben *Zu Favoriten hinzufügen* und wählen Sie in der Liste *Importieren und Exportieren*.

Bild 5.47: *Im- und Export.*

Wählen Sie im nächsten Dialogfeld *Einstellungen für den Import/Export* die Option *In Datei exportieren*.

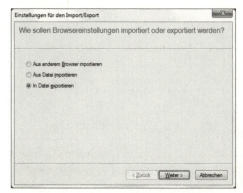

Bild 5.48: Lesezeichen in eine Datei exportieren.

Auf der folgenden Seite suchen Sie aus, was exportiert werden soll. Zur Übertragung auf andere Computer lassen sich neben Favoriten auch Feeds und Cookies exportieren.

Bild 5.49: Favoriten, Feeds oder Cookies exportieren?

Danach wählen Sie den zu exportierenden Favoritenordner aus. Eine Auswahl mehrerer Ordner, wie man es vom Windows-Explorer gewohnt ist, ist hier nicht möglich. Alle untergeordneten Verzeichnisse des selektierten Ordners werden automatisch mit exportiert.

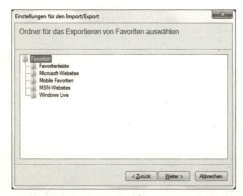

Bild 5.50: Einen Favoritenordner auswählen.

Wählen Sie im nächsten Fenster eine Datei, in die die Favoriten exportiert werden sollen. Diese Datei hat das HTML-Format und kann daher ganz einfach im Internet veröffentlicht und in jedem Browser angezeigt werden. Übernehmen Sie für die Datei den vorgegebenen Namen *bookmark.htm*. Dann können Sie sie bei Firefox und allen auf Mozilla basierenden Browsern einfach in das Profilverzeichnis kopieren, die Favoriten werden automatisch erkannt. Opera und der Internet Explorer können solche HTML-Dateien ebenfalls importieren.

▶ **Lesezeichen auch im Windows-Explorer verwalten**

Der Internet Explorer speichert die Lesezeichen nicht in einer einzigen Datei wie Firefox und andere Browser, sondern jedes in einer eigenen Datei. Diese Struktur macht zwar das Übertragen einer Lesezeichensammlung auf einen anderen Computer schwieriger, dafür können Sie aber den Windows-Explorer zur Verwaltung der Lesezeichen verwenden.

Im persönlichen Benutzerverzeichnis finden Sie unter *Favoriten* die Favoritenordner und -dateien, die Sie mit den üblichen Dateiverwaltungsfunktionen verschieben, bearbeiten und in Ordnern ablegen können.

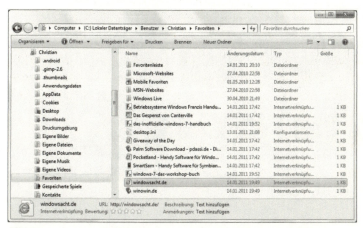

Bild 5.51: Der persönliche Benutzerordner im Windows-Explorer.

Eine neue Startseite anlegen oder gleich mehrere?

Eine besondere Art von Lesezeichen ist die Startseite des Browsers, die automatisch beim Start eines neuen Browserfensters angezeigt wird. Hier können Sie die Vorgaben der Browserhersteller ändern und eine Seite anzeigen lassen, die Sie häufig besuchen oder besonders schnell im Zugriff haben wollen. Die Startseite kann außerdem mit einem Klick auf das Haussymbol jederzeit im aktuellen Browserfenster angezeigt werden.

Der Internet Explorer 9 startet standardmäßig mit der Startseite *msn*, die direkten Zugriff auf die Microsoft-Suchmaschine Bing sowie Hotmail, SkyDrive und den Messenger bietet.

Bild 5.52: *de.msn.com* als Startseite.

Im Internet Explorer sind auch mehrere Registerkarten als gleichzeitig aufzurufende Startseiten möglich. Auf der Registerkarte *Allgemein* in den *Internetoptionen* können Sie mehrere Adressen eingeben, die als Startseiten auf einzelnen Registerkarten geöffnet werden sollen.

5.3 Per Internet Explorer 9 durch das Web

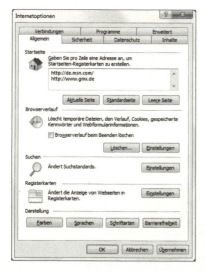

Bild 5.53: Startseiten in den *Internetoptionen* festlegen.

In diesem Dialog können Sie in jeder Zeile eine weitere Internetadresse eingeben. Einfacher ist es, alle gewünschten Seiten in einzelnen Registerkarten zu öffnen und dann auf *Aktuelle Seite* zu klicken. Die geöffneten Registerkarten werden automatisch als Startseiten übernommen.

Löschen Sie eine Seite aus der Liste, wird sie nicht mehr als Startseite angezeigt.

Die aus früheren Internet Explorer-Versionen bekannte Funktion, einfach die Adresse aus der Adresszeile auf das Haussymbol zu ziehen, funktioniert im Internet Explorer 9 nicht mehr.

Der Internet Explorer kann auch ganz ohne Startseite starten, was zum Beispiel immer dann sinnvoll ist, wenn er auf einem Notebook ohne Internetverbindung gestartet wird. Klicken Sie dazu unten auf die Schaltfläche *Leere Seite*.

Anstatt eine ganz leere Seite zu verwenden, ist es interessanter, die Übersichtsseite der beliebtesten Webseiten als Startseite zu nutzen, die auch auf einer neuen Registerkarte angezeigt wird. Tragen Sie dazu *about:Tabs* als Startseite ein.

Bild 5.54: Übersichtsseite der beliebtesten Webseiten als Startseite nutzen.

Suchen und Einbinden neuer Suchanbieter

Für viele führt der Weg zur gewünschten Information im Internet zunächst über eine Suchmaschine. Ganz vorne in der Gunst der deutschen Surfer liegt Google, aber auch die neue Suchmaschine Bing von Microsoft gewinnt besonders dank guter Integration in den Internet Explorer schnell an Beliebtheit.

Bild 5.55: Microsofts Suchmaschine Bing.

5.3 Per Internet Explorer 9 durch das Web

Der Internet Explorer 9 bietet interessante neue Funktionen zur Suche im Internet. Um im Internet etwas zu suchen, müssen Sie nicht mehr unbedingt erst auf die Webseite einer Suchmaschine gehen. Die Adresszeile dient automatisch gleichzeitig als Suchfeld.

▶ Neue Eigenschaften des Adress- und Suchfelds

Erstmals dient im Internet Explorer 9 die Adresszeile gleichzeitig als Suchfeld, das in der Voreinstellung mit Microsofts Suchmaschine Bing sucht. Hier können Sie einen Suchbegriff eingeben, der dann mit einem Klick auf das Lupensymbol oder durch Drücken der [Enter]-Taste gesucht wird. Die Suchergebnisse werden im aktuellen Browserfenster angezeigt. Während der Eingabe werden automatisch Seiten aus dem Browserverlauf vorgeschlagen.

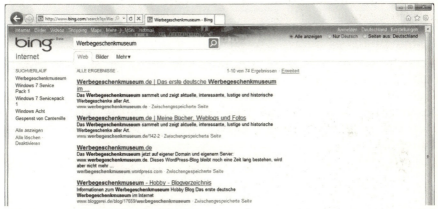

Bild 5.56: Anzeige der Suchergebnisse.

Während der Eingabe können Sie sich auch gleich beliebte Suchbegriffe vorschlagen lassen. Davon können Sie direkt einen auswählen und müssen den Suchbegriff dann nicht mehr vollständig eintippen.

Klicken Sie dazu ganz unten in der während der Eingabe eingeblendeten Liste auf *Suchvorschläge einschalten*.

Bild 5.57: Suchvorschläge einschalten/ausschalten.

▶ **Suchanbieter in der Add-on-Galerie**

Anstelle von Bing können Sie auch eine andere Suchmaschine für dieses Suchfeld auswählen, zum Beispiel Google. Weitere Suchanbieter lassen sich leicht nachinstallieren. Diese können dann über Symbole ganz unten in der Liste der Vorschläge ausgewählt werden. Microsoft bietet eine Liste mit bekannten Suchmaschinen an, die direkt in den Internet Explorer 9 eingetragen werden können. Klicken Sie dazu in der Liste während der Eingabe ganz unten auf *Hinzufügen*. Auf einer speziellen Webseite können Sie jetzt zusätzliche Suchanbieter auswählen.

5.3 Per Internet Explorer 9 durch das Web

Bild 5.58: Eine Auswahl verschiedener Suchanbieter in der Internet Explorer Add-on-Galerie.

Klicken Sie bei einem Anbieter auf das Feld *Dem Internet Explorer hinzufügen*, erscheint ein kleiner Dialog, in dem Sie nur noch auf *Hinzufügen* klicken müssen. Danach steht der Suchdienst sofort zur Verfügung.

Bild 5.59: Einen passenden Suchanbieter hinzufügen.

Wenn Sie das Kontrollkästchen *Als Standardsuchanbieter festlegen* aktivieren, wird der neu gewählte Suchdienst anstelle von Bing standardmäßig beim Start des Internet Explorer aufgerufen.

Ist das Kontrollkästchen *Suchvorschläge von diesem Anbieter verwenden* eingeschaltet, werden, wenn der Suchanbieter diese Funktion unterstützt, direkt bei der Eingabe im Suchfeld Vorschläge angezeigt. Manche Suchanbieter, wie zum Beispiel Wikipedia, zeigen in den Vorschlägen auch gleich Bilder mit an.

Bild 5.60: Symbole zur Auswahl eines Suchanbieters.

Mithilfe der Symbole unten im Suchfeld kann für die Suche ein anderer Anbieter ausgewählt werden, ohne dass die Suchbegriffe erneut eingegeben werden müssen. Ein einfacher Klick auf ein Symbol schaltet die Vorschläge um, ein zweiter Klick springt auf die Seite mit den Suchergebnissen des jeweiligen Suchanbieters.

▶ Verwalten aller installierten Suchanbieter

Mit einem Klick auf das Zahnrad oben rechts und dem Menüpunkt *Add-ons verwalten* können Sie unter allen installierten Suchdiensten den auswählen, der als Standard im Internet Explorer erscheinen soll. Wählen Sie dazu links unter *Add-On-Typen* die Zeile *Suchanbieter*. An dieser Stelle können Sie auch die Reihenfolge der Symbole ändern, Vorschläge aktivieren und einzelne Suchdienste wieder entfernen.

5.3 Per Internet Explorer 9 durch das Web

Bild 5.61: Add-Ons verwalten.

▶ Suchfunktionen von Portalen und Shops selbst integrieren

Viele Portale, Onlinekataloge und auch Shops bieten eigene Suchfunktionen innerhalb ihres Informationsbestands an. Solche Suchfunktionen können im Internet Explorer 9 direkt im Suchfeld genutzt werden.

Der Internet Explorer 9 bietet eine einfache Möglichkeit, weitere Suchdienste oder auch Shops und Portalseiten mit Suchfunktionen zu integrieren, die nicht in der vorgegebenen Auswahl verfügbar sind. In früheren Internet Explorer-Versionen war hierfür viel Handarbeit in der Systemkonfiguration nötig.

Klicken Sie auf der Webseite der zusätzlichen Suchanbieter ganz unten auf den Link *Erstellen Sie Ihren eigenen Suchanbieter*.

Öffnen Sie dann eine zweite Registerkarte im Internet Explorer, gehen Sie dort auf die Seite mit der gewünschten Suchmaschine und lassen Sie den Begriff *TEST* (großgeschrieben) suchen.

Kopieren Sie die Adresse der Seite mit den Suchergebnissen in das dafür vorgesehene Feld *URL* auf der Seite *Erstellen Sie Ihren eigenen Suchanbieter*. Jetzt brauchen Sie nur noch einen Namen für den neuen Suchdienst festzulegen und auf *Suchanbieter installieren* zu klicken.

Bild 5.62: Einen eigenen Suchanbieter erstellen.

Falls eine Fehlermeldung angezeigt wird, probieren Sie eine andere Zeichencodierung. Statt *UTF-8* funktioniert häufig *Central European (Windows-1250)* bei europäischen Webseiten.

Der Internet Explorer ermittelt automatisch anhand der eingetragenen Adresse den richtigen Aufruf für die Suchmaschine und installiert sie zusätzlich im Suchfeld. Der neue Suchanbieter kann anschließend genau so wie die vorgegebenen Suchdienste verwendet werden.

Bild 5.63: Suchergebnisse für den Begriff *servicepack* anzeigen.

Dieser Mechanismus funktioniert nicht mit allen Suchseiten. Voraussetzung ist, dass nach der Suche in der Adresszeile das Wort *TEST* auftaucht.

Pop-ups zulassen und andere blockieren

Die Beschreibungssprache der Internetseiten, HTML, bietet die Möglichkeit, Links in neuen Browserfenstern zu öffnen. Per JavaScript können sogar automatisch neue Fenster in beliebiger Größe auf dem Bildschirm eingeblendet werden. Diese Techniken, die eigentlich als nützliche Präsentationsmöglichkeiten entwickelt wurden, werden von Werbetreibenden immer häufiger missbraucht. Aufpoppende Browserfenster nerven mehr als sie nutzen. Auf einigen Webseiten kann man gar nicht schnell genug klicken, um alle Fenster wieder zu schließen, bevor sich neue öffnen.

Bei früheren Pop-up-Blockern für den Internet Explorer konnte man Pop-ups nur generell ein- und ausschalten, was zum Beispiel bei einigen Downloadservern oder Onlinebildergalerien sehr ungünstig war, da sie standardmäßig Pop-up-Fenster benutzten. Der neue Pop-up-Blocker, der seit dem Internet Explorer 7 verwendet wird, übernimmt das Konzept von Firefox, der eine eigene Liste darüber führt, auf welchen Seiten Pop-ups zugelassen werden.

▶ Meldung in der Statuszeile bei blockierten Pop-ups

Standardmäßig werden alle Pop-ups blockiert, die ein neues Internet Explorer-Fenster öffnen wollen, ohne dass der Benutzer auf einen Link geklickt hat. Das gilt allerdings nicht für Flash-Pop-ups und animierte Werbung, die über den Bildschirm schweben. Immer wenn ein Pop-up blockiert wurde, erscheint eine Meldung im Internet Explorer. Im Gegensatz zu früheren Internet Explorer-Versionen zeigt der Internet Explorer 9 diese Meldungen ganz unten im Browserfenster an.

Bild 5.64: Anzeige einer Meldung bei einem blockierten Pop-up.

▶ Ausnahmen über das Menü des Pop-up-Blockers zulassen

Ein Klick auf die Schaltfläche *Optionen* im Meldungsbalken blendet ein kleines Menü ein, in dem Pop-up-Fenster vorübergehend oder dauerhaft für diese Webseite angezeigt werden können.

Bild 5.65: Das Menü der Informationsleiste für Pop-ups zulassen.

Möchten Sie auf dieser Internetseite Pop-ups generell zulassen, wählen Sie die Option *Popups von dieser Site immer zulassen*. Die aktuelle Webseite wird dann automatisch in die Liste der Seiten mit erlaubten Pop-ups aufgenommen.

Auch diese Einstellung muss nicht endgültig sein. Klicken Sie in den *Internetoptionen* auf der Registerkarte *Datenschutz* unter *Popupblocker* auf *Einstellungen*, haben Sie jederzeit Zugriff auf diese Liste, können neue Seiten aufnehmen oder die Freigabe für bestehende Einträge wieder entfernen, sodass auch diese keine Pop-ups mehr zulassen.

Die Ausnahme, dass ein Pop-up zugelassen wird, gilt auch nur, wenn dieses Pop-up vom selben Server geladen wird wie die eigentliche Webseite. Damit erspart man sich jede Menge überflüssige Werbung, deren Pop-ups von anderen Servern wie *adtech.de* oder *affili.net* geladen werden.

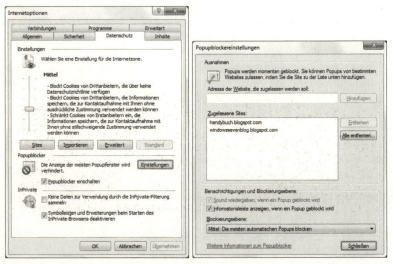

Bild 5.66: Ausnahmen zulassen.

5.3 Per Internet Explorer 9 durch das Web

▶ Meldungen des Pop-up-Blockers wieder ausschalten

Wenn Sie nach einer gewissen Gewöhnungsphase der Sound des Pop-up-Blockers und auch die zeitliche Verzögerung, mit der die Meldungszeile eingeblendet wird, nervt, deaktivieren Sie die beiden Schalter in den Pop-up-Blocker-Einstellungen einfach. Pop-ups werden ohne weitere Benachrichtigung blockiert.

Schnellinfos einer Webseite nutzen

Häufig kommt es vor, dass man die Informationen einer Webseite in irgendeiner Weise weiterverwenden möchte. Um ein Wort zu übersetzen oder eine Textpassage per E-Mail zu verschicken, waren bisher immer diverse Schritte nötig – Text in die Zwischenablage kopieren, anderes Programm starten oder Webseite öffnen, Text wieder einfügen und weiterverarbeiten.

Die Schnellinfos im Internet Explorer 9 vereinfachen solche Routinearbeiten und bieten auch weitere interessante Zusatzfunktionen.

▶ Das Schnellinfosymbol im Browser

Markiert man mit der Maus einen Text im Browser, erscheint ein quadratisches blaues Symbol mit einem Pfeil. Klickt man darauf, öffnet sich ein Menü mit den verschiedenen Schnellinfofunktionen, die sich mit einem Klick aufrufen lassen. Der markierte Text wird dabei direkt in eine Mail, einen Blogeintrag oder ein Suchformular übernommen.

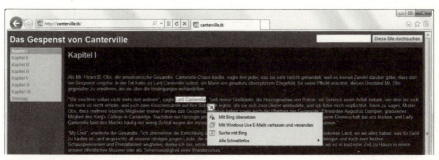

Bild 5.67: Zugriff auf Schnellinfofunktionen.

5 Anbindung an das Internet

▶ **Schnellinfos aus der Internet Explorer Add-on-Galerie**

Neben den standardmäßig installierten Schnellinfos werden noch zahlreiche weitere angeboten. Wählen Sie dazu über den Menüpunkt *Alle Schnellinfos* die Option *Weitere Schnellinfos suchen*. Der Internet Explorer öffnet eine Webseite bei Microsoft, von der aus Sie weitere Schnellinfos direkt installieren können.

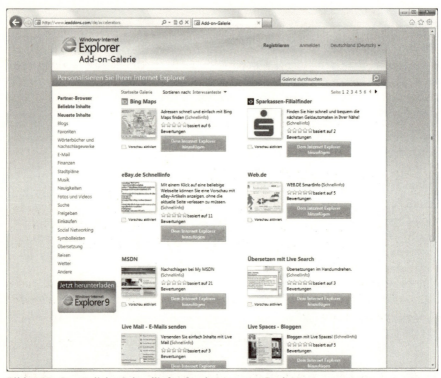

Bild 5.68: Persönliche Schnellinfos für den Internet Explorer.

Sehr interessant ist die Schnellinfo *Bing Maps*. Damit können Sie auf einer Webseite eine Adresse markieren und diese direkt in *Bing Maps* auf einer neuen Registerkarte anzeigen lassen.

Über den Menüpunkt *Alle Schnellinfos/Schnellinfos verwalten* können Sie jederzeit einzelne Schnellinfos ändern oder deaktivieren.

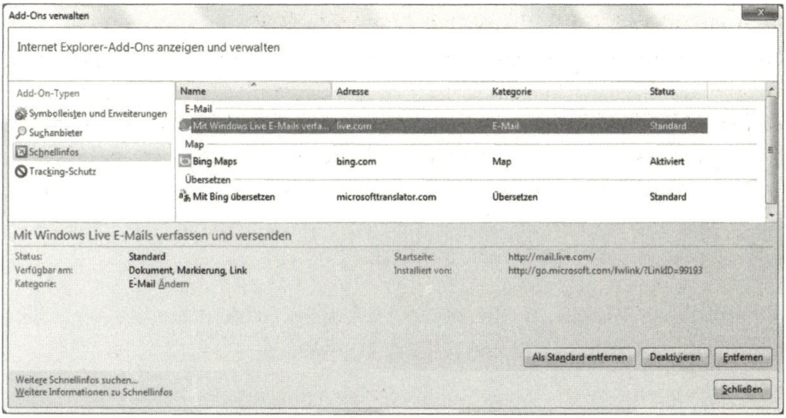

5.3 Per Internet Explorer 9 durch das Web

Bild 5.69: Add-ons anzeigen und verwalten.

Aktuelle Web Slices auf dem Bildschirm einblenden

Rufen Sie oft den aktuellen Wetterbericht auf, schauen nach eBay-Angeboten oder Aktienkursen? Bisher musste man dazu immer auf eine bestimmte Internetseite gehen oder die dort angezeigten Inhalte im Browser aktualisieren. Die im Internet Explorer 8 neu hinzugekommenen Web Slices bringen solche Informationen jederzeit aktuell direkt auf den Bildschirm.

Um die Web Slices sinnvoll nutzen zu können, müssen Sie zunächst mit einem Rechtsklick auf die Titelleiste des Internet Explorer-Fensters die Favoritenleiste und die Befehlsleiste einschalten.

Bild 5.70: Favoritenleiste und Befehlsleiste einschalten.

Webseiten, die die Web Slice-Funktionalität anbieten, zeigen oben in der Befehlsleiste des Internet Explorer ein grünes Web Slice-Symbol. Das gleiche Symbol taucht auf, wenn Sie mit der Maus über die betreffende Information auf der Seite fahren.

Bild 5.71: Webseiten mit Web Slice-Funktionalität.

Klicken Sie auf dieses Symbol, erscheint ein Dialogfeld, in dem Sie das Web Slice mit einem Klick der Favoritenleiste hinzufügen können.

Bild 5.72: Web Slice der Favoritenleiste hinzufügen.

Das Web Slice kann später jederzeit mit einem Klick auf das Symbol in der Favoritenleiste angezeigt werden. Die aktuellsten Daten werden in einem kleinen Fenster eingeblendet, ganz egal auf welcher Webseite Sie sich gerade befinden. So haben Sie die gewünschten Informationen immer im Blick, ohne erst die entsprechende Webseite aufrufen zu müssen.

Bild 5.73: Web Slice in der Favoritenleiste.

5.3 Per Internet Explorer 9 durch das Web

Sicher surfen mit InPrivate-Modus und Tracking-Schutz

Die Verlaufsliste, Cookies, Temporärdateien und andere Spuren, die der Internet Explorer auf dem PC hinterlässt, bieten jedem, der Zugriff auf den Computer hat, freien Einblick auf alle Seiten, die Sie zuletzt besucht haben. Möchten Sie nicht, dass ein anderer Benutzer des Computers oder ein Webseitenbetreiber im Internet sieht, dass Sie bestimmte Webseiten besucht haben, können Sie für diese Seiten den neuen InPrivate-Modus des Internet Explorer nutzen.

In diesem Modus speichert der Internet Explorer keine temporären Dateien oder Cookies. Die besuchten Seiten werden auch nicht in die Verlaufsliste eingetragen. Außerdem werden im InPrivate-Modus alle Symbolleisten und Erweiterungen deaktiviert, damit auch diese keine Möglichkeit haben, Daten an Dritte zu übertragen.

Datenschutz im Internetcafé
Wenn Sie in einem Internetcafé auf Webseiten surfen, auf denen Sie eigene Daten angeben, beispielsweise wenn Sie bei eBay bieten oder Webmail abrufen, sollten Sie grundsätzlich im InPrivate-Modus surfen, damit niemand später Zugriff auf Ihre Benutzerdaten hat.

Zum InPrivate-Surfen wird immer ein neues Internet Explorer-Fenster gestartet. Drücken Sie dazu die Tastenkombination [Strg]+[Umschalt]+[P]. Auf neuen Registerkarten befindet sich ebenfalls ein Link zum Öffnen eines neuen Fensters für das InPrivate-Browsen.

Bild 5.74: Neues Fenster für das InPrivate-Browsen öffnen.

Besonders beim Surfen auf Internetseiten mit zweifelhaften oder jugendgefährdenden Inhalten sollte man auch zu Hause den InPrivate-Modus nutzen, um den Computer, der möglicherweise auch von anderen Familienmitgliedern verwendet wird, frei von Spuren dieser Webseiten zu halten. Internet Explorer-Fenster im InPrivate-Modus werden mit einem blauen InPrivate-Symbol in der Adressleiste deutlich gekennzeichnet.

Bild 5.75: Internet Explorer-Fenster für das InPrivate-Browsen.

Alle weiteren Internet Explorer-Fenster, die aus einem InPrivate-Fenster heraus geöffnet werden, laufen ebenfalls im InPrivate-Modus.

InPrivate und Jugendschutz
Wenn die Jugendschutzfunktionen von Windows Live Family Safety aktiv sind, kann der InPrivate-Modus nicht genutzt werden. Dies ist als Schutz für Eltern gedacht, damit die Kinder nicht im InPrivate-Modus unerkannt zweifelhafte Webseiten besuchen.

▶ Der neue Tracking-Schutz im Internet Explorer 9

Möchten Sie nicht nur selbst auf dem PC keine Spuren hinterlassen, sondern auch für die Anbieter unerkannt bleiben, können Sie mit dem neuen Tracking-Schutz im Internet Explorer 9 Inhalte bestimmter Drittanbieter blockieren.

Viele Webseiten beziehen heute Informationen aus mehreren Quellen, nicht nur vom eigentlichen Seitenbetreiber, sondern auch von Dritten. Vielfach handelt es sich dabei um Werbung oder um Statistikmodule, die das Surfverhalten der Besucher beobachten.

Der neue Tracking-Schutz im Internet Explorer 9 blockiert Skripten von Drittanbietern auf Webseiten, die das eigene Surfverhalten ausspionieren. Über den Menüpunkt *Sicherheit/Tracking-Schutz* können Sie eigene Listen für den Tracking-Schutz erstellen. Üblicherweise reicht die standardmäßig bereits angelegte Liste.

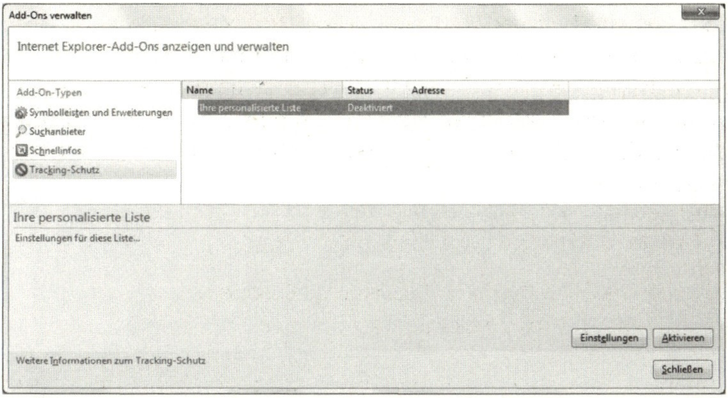

5.3 Per Internet Explorer 9 durch das Web

Bild 5.76: Personalisierte Listen für den Tracking-Schutz.

Markieren Sie diese Liste und klicken Sie auf *Einstellungen*. Hier können Sie festlegen, welche Anbieter blockiert oder zugelassen werden und ab wie vielen Einblendungen ein Anbieter als verdächtig identifiziert und in die Liste der zu blockierenden Inhalte aufgenommen wird.

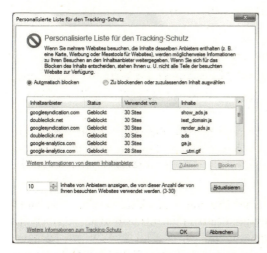

Bild 5.77: Einstellungen für den Tracking-Schutz.

▶ Private Surfspuren sicher beseitigen

Die Spuren, die man beim normalen Surfen im Internet Explorer ohne den InPrivate-Modus hinterlassen hat, kann man jederzeit löschen. Allerdings findet man nach dem Löschen der Verlaufsliste die früher besuchten Seiten selbst nicht mehr, wenn man die Namen nicht mehr präsent hat.

Wählen Sie zum Löschen der Surfspuren *Sicherheit/Browserverlauf löschen* oder drücken Sie die Tastenkombination Strg + Umschalt + Entf.

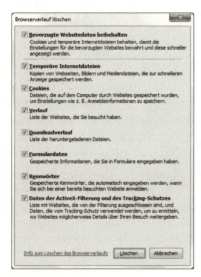

Bild 5.78: Surfspuren eliminieren.

Hier eine Auswahl verschiedener Datentypen, die gelöscht werden können:

- *Temporäre Internetdateien*: Der Internet Explorer speichert Grafiken, kleine Mediendateien und ganze Webseiten in einem temporären Cachespeicher, damit diese bei einem erneuten Besuch schneller aufgerufen werden. Diese Daten können gefahrlos gelöscht werden.

- *Cookies*: Cookies enthalten Informationen zum Besuch einer Seite, zum Beispiel Anmeldedaten in Shops und Communities, persönliche Einstellungen für interaktive Seiten, aber auch statistische Daten für Werbetreibende. Beim Löschen von Cookies müssen eventuell persönliche Einstellungen auf bestimmten Webseiten neu vorgenommen werden.

5.4 Alternativen zum Internet Explorer

- *Verlauf*: Die Verlaufsliste der zuletzt besuchten Webseiten im Browser.
- *Downloadverlauf*: Die Verlaufsliste der zuletzt heruntergeladenen Dateien im Browser.
- *Formulardaten*: Daten, die in Anmeldeformulare eingegeben wurden und beim erneuten Anklicken dieser Formulare automatisch vorgeschlagen werden.
- *Kennwörter*: Gespeicherte Passwörter beim Besuch kennwortgeschützter Webseiten. Sollte jemand anderer Zugriff auf den Computer haben, sollten Sie nie Kennwörter speichern und eventuell versehentlich gespeicherte Kennwörter immer löschen.
- *Daten der ActiveX-Filterung und des Tracking-Schutzes*: Enthalten persönliche Listen darüber, welche Webseiten Daten aufzeichnen und weitergeben dürfen und welche blockiert werden. Werden diese Daten gelöscht, verhält sich der Tracking-Schutz wieder wie nach der ersten Installation des Internet Explorer.

5.4 Alternativen zum Internet Explorer

Der Internet Explorer ist zwar seit einigen Versionen im Lieferumfang von Windows enthalten, was aber noch lange nicht heißt, dass man ihn auch zwingend verwenden muss. Andere Browser sind sicherer, schneller und oft auch komfortabler zu bedienen. Der bekannteste ist der Browser Firefox, der dem Internet Explorer zunehmend Prozentpunkte in der Verbreitung unter Windows abnimmt. Unter Linux ist Firefox schon längst der am häufigsten genutzte Browser.

Mozilla Firefox

Der Open-Source-Browser Mozilla Firefox, gewinnt – bedingt durch die aktuelle Sicherheitsdiskussion – mehr und mehr Anhänger. Aktuelle deutschsprachige Versionen von Firefox und weitere Informationen dazu gibt es auf der Webseite der Mozilla-Organisation *www.mozilla.com/de*.

Bild 5.79: Mozilla Firefox, eine Alternative zum Internet Explorer.

Google Chrome

Google sorgt derzeit mit seinem innovativen Browser Chrome für frischen Wind auf dem Browsermarkt. Google Chrome ist sehr schlank, schnell, sicher und bietet ein innovatives Bedienkonzept. Google Chrome wird bei *www.google.com/chrome* zum kostenlosen Download angeboten. Die Installation wird beim Download automatisch gestartet. Auf Wunsch können Lesezeichen, Passwörter und andere Einstellungen aus dem Internet Explorer automatisch importiert werden. Die Bedienung des Browsers braucht nicht weiter erklärt zu werden, die Tastenkombinationen sind weitgehend die gleichen wie beim Internet Explorer.

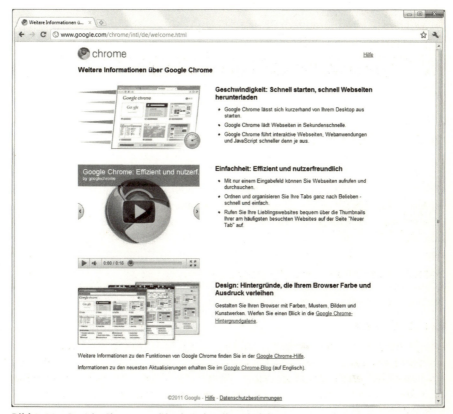

Bild 5.80: Google Chrome: schlank, schnell und sicher.

5.5 Brandschutzmauer: die Firewall

Eine Firewall schützt den eigenen Computer vor Gefahren aus dem Internet, indem nicht autorisierte Datenübertragungen blockiert werden. Windows 7 enthält standardmäßig eine Firewall. Außerdem ist in fast allen modernen DSL-Routern eine Firewall eingebaut. Die Firewall in Windows 7 ist nichts grundlegend Neues. Seit der ersten Windows XP-Version ist eine Firewall vorhanden. Doch warum hat niemand diese Firewall benutzt? Nach einem Whitepaper von Microsoft lag es daran, dass sie für den Anwender zu schwer zu finden war.

Firewall gleich Brandschutzmauer
Firewall heißt übersetzt nicht etwa »Feuerwand« oder »Feuerwall«, wie manch schlecht informierte Webseite schreibt, sondern »Brandschutzmauer«. Sie dient dazu, einen privaten Bereich, hier einen Computer oder ein Netzwerk, vor Gefahren von außen zu schützen. Microsoft sprach im Windows XP Service Pack 2 konsequent von »dem Firewall«, im deutschsprachigen Raum hat sich aber der weibliche Artikel eingebürgert. Im Rahmen der allgemeinen sprachlichen Verbesserungen in Windows 7 heißt es hier jetzt auch »die Firewall«.

Gesagt, getan! Seit dem XP Service Pack 2 ist die Firewall nicht mehr auf einer der hinteren Registerkarten für jede Internetverbindung getrennt zu konfigurieren, sondern liegt an auffälliger Stelle in der *Systemsteuerung* und gilt nun für alle Verbindungen gleichzeitig. Außerdem können die Einstellungen der Windows-Firewall über das neue Wartungscenter aufgerufen werden. In Windows 7 wurde die Firewall sehr prägnant in der *Systemsteuerung* unter *System und Sicherheit* platziert. Dazu wurden die Konfigurationsoptionen erweitert, sodass die Firewall jetzt für private und öffentliche Netzwerke getrennt konfiguriert werden kann.

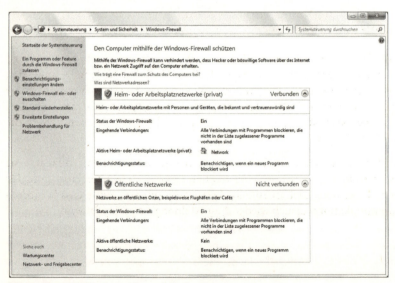

Bild 5.81: Die Windows-Firewall in der *Systemsteuerung*.

5.5 Brandschutzmauer: die Firewall

Über die Option *Windows-Firewall ein- oder ausschalten* kommt man in einen Konfigurationsdialog für die Firewall. Wer eine externe Firewall-Lösung verwendet, kann hier die Windows-Firewall deaktivieren. Alle anderen Anwender sollten sie aktiv lassen. Die Firewall wurde in Windows 7 gegenüber früheren Windows-Versionen wesentlich verbessert, sodass es, mit Ausnahme der Verwendung einer externen Alternative, keinen Grund mehr gibt, sie abzuschalten.

Bild 5.82: Der Konfigurationsdialog der Windows-Firewall.

Bemerkt die Firewall, dass ein neues Programm Daten aus dem Internet empfängt, wird dieser Datenverkehr automatisch blockiert und eine Meldung angezeigt. Microsoft-Programme sowie alle gängigen Webbrowser (Firefox, Google Chrome und Opera) sind automatisch für Internetzugriffe freigegeben. Alle anderen Programme bleiben standardmäßig so lange gesperrt, bis man sie manuell für die Internetnutzung freigibt.

Wenn ein Programm versucht, Daten aus dem Internet zu holen, erscheint eine Sicherheitswarnung. In diesem Dialog können Sie das angezeigte Programm für private Netzwerke oder auch öffentliche Netzwerke zulassen, ohne dass bei jedem neuen Kommunikationsversuch wieder diese Meldung eingeblendet wird.

Bild 5.83: Sicherheitswarnung der Firewall.

Automatischen Softwarezugriff unterbinden

Neue Software, die nach dem Windows XP Service Pack 2 auf den Markt gekommen ist, verfügt oft über Funktionen, um sich bei der Installation selbst in der Firewall freizuschalten oder die Firewall sogar ganz zu deaktivieren. So bot die Windows-Firewall lange Zeit nur noch einen begrenzten Schutz.

In Windows 7 kann durch die Benutzerkontensteuerung der automatische Zugriff auf die Konfiguration der Firewall unterbunden werden. Ein freigegebenes Programm wird im Konfigurationsdialog der Firewall unter *Zugelassene Programme* eingetragen.

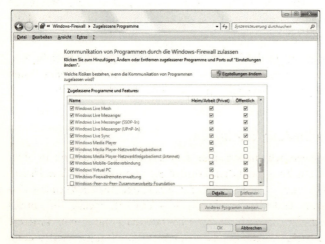

Bild 5.84: Anzeige der zugelassenen Programme in der Firewall.

5.5 Brandschutzmauer: die Firewall

In diesem Dialog können Sie auch später jederzeit ein ehemals freigegebenes Programm wieder sperren. Um hier etwas ändern zu können, müssen Sie zuerst auf *Einstellungen ändern* klicken und eventuell eine Abfrage der Benutzerkontensteuerung bestätigen. Mit der Schaltfläche *Anderes Programm zulassen* können Firewall-Regeln für weitere Programme hinzugefügt werden, ohne dass man diese Programme erst starten müsste.

Bild 5.85: Neues Programm in der Firewall zulassen.

In der Liste sind alle installierten Programme aufgeführt. Wählen Sie das gewünschte Programm aus und bestätigen Sie mit *OK*. In der Liste erscheint ein neues zugelassenes Programm. Hier kann das Programm für private oder öffentliche Netzwerke freigegeben oder blockiert werden. Programme, die nicht in der Liste erscheinen, findet man mit Klick auf *Durchsuchen*.

Die Schaltfläche *Entfernen* im Dialogfeld *Zugelassene Programme* löscht kein Programm, sondern nur die betreffende Regel. Wenn dieses Programm wieder Daten aus dem Internet übertragen will, erscheint erneut die Abfrage der Firewall.

Angriffsverdacht: Verbindung blockieren

Wenn Sie einen Angriffsverdacht haben oder sich mit Ihrem Notebook in einer besonders unsicheren Umgebung befinden, können Sie über den Link *Benachrichtigungseinstellungen ändern* mit einem Klick auf den Schalter *Alle eingehenden Verbindungen blockieren* ganz einfach alle eingestellten Firewall-Regeln auf einmal ignorieren, einschließlich der in der Liste der zugelassenen Programme, ohne die Programme jedes Mal einzeln sperren zu müssen. Alle Verbindungen werden dann blockiert. Wenn Sie diesen Schalter wieder deaktivieren, gelten erneut die zuvor eingestellten Regeln.

 Erweiterte Firewall-Einstellungen für Administratoren
Die neue Firewall in Windows 7 bietet noch diverse erweiterte Konfigurationsmöglichkeiten, die allerdings Administratoren vorbehalten sind. Diese finden Sie, wenn Sie in der *Systemsteuerung* unter *System und Sicherheit/Windows-Firewall* auf *Erweiterte Einstellungen* klicken und die Anfrage der Benutzerkontensteuerung bestätigen.

Bild 5.86: Windows-Firewall mit erweiterter Sicherheit.

6 Windows Live Essentials 2011

Windows 7 ist deutlich schlanker als seine Vorgänger, was unter anderem auch daher kommt, dass einige der sogenannten Middleware-Anwendungen, wie Messenger, Mail und Fotogalerie, nicht mehr fest im Betriebssystem integriert sind, sondern optional nachinstalliert werden können.

6.1 Vorteile der Windows Live-Methode

Diese Programme, die jetzt Windows Live Essentials heißen, werden von Microsoft bei *www.windowslive.de* kostenlos zum Download angeboten. Jeder Anwender kann selbst wählen, welche der Programme er installieren möchte und welche nicht. Ein weiterer Vorteil dieser Methode ist, dass die Tools jetzt unter Windows 7, Windows Vista und Windows XP ab Service Pack 2 gleichermaßen laufen.

Bild 6.1: Download der Windows Live Essentials.

Der Download enthält nur einen kleinen Installer, der anschließend auf dem PC gestartet werden muss. Erst jetzt werden die eigentlichen Windows Live-Programme heruntergeladen und installiert. Vor der Installation können Sie wählen, welche Anwendungen Sie installieren möchten und welche nicht.

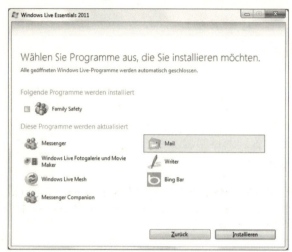

Bild 6.2: Hier wählen Sie Ihre Windows Live Essentials aus, die Sie installieren möchten.

6.2 Eine Windows Live ID besorgen

Damit die Onlinefunktionen der Windows Live-Programme funktionieren, braucht man eine sogenannte Windows Live ID, mit der man sich persönlich identifiziert und den Zugang zu seinen eigenen Dateien für andere sperren oder freigeben kann. Die Windows Live ID kann gleichzeitig als E-Mail-Adresse verwendet werden. Für neu vergebene E-Mail-Adressen wird die Domain *live.de* verwendet. Wenn Sie bereits eine E-Mail-Adresse bei *hotmail.de*, *hotmail.com*, *msn.de* oder *msn.com* haben, können Sie diese zur Anmeldung bei Windows Live genauso nutzen.

Mit einem Klick auf *Anmelden* rechts oben auf der Internet Explorer-Startseite *de.msn.com* oder auch direkt bei *www.windowslive.de* können Sie sich mit Ihrer bestehenden Windows Live ID anmelden oder ganz einfach und kostenlos eine neue anlegen.

6.3 Persönliche Startseite und Profil

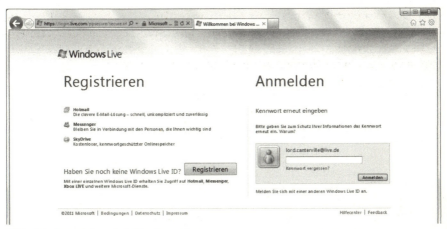

Bild 6.3: Anmeldung bei Windows Live.

Ob Sie diese Windows Live ID wirklich aktiv als E-Mail-Adresse nutzen oder nicht, bleibt Ihnen selbst überlassen. Zur effektiven Verwendung der Windows Live Essentials ist die Live ID jedenfalls sehr nützlich.

6.3 Persönliche Startseite und Profil

Windows Live präsentiert jedem Nutzer eine persönliche Startseite *home.live.com*, die als Startseite im Internet Explorer eingetragen werden kann und dann direkt beim Öffnen des Browsers aktuelle Informationen aus dem eigenen persönlichen Netzwerk zeigt. Die Startseite lässt sich personalisieren, sodass sie die Inhalte anzeigt, die man selbst am häufigsten braucht. Diese Seite ist nur für Sie privat als Startseite gedacht und nicht öffentlich einsehbar. Oben ist immer ein Suchfeld, das die eigenen Kontakte durchsucht und gleichzeitig auch ein Suchformular für die Suchmaschine Bing ist.

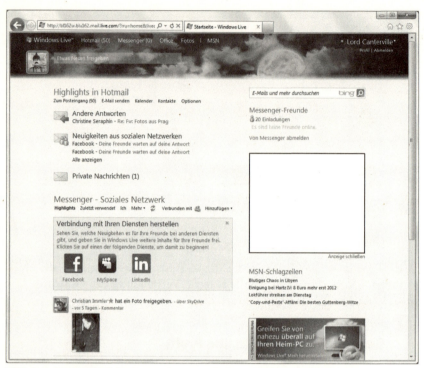

Bild 6.4: Die persönliche Startseite von Windows Live: *home.live.com*.

Die Seite kann im Aussehen und mithilfe der angezeigten Inhalte persönlich gestaltet werden. Ein Klick auf den Benutzernamen rechts oben blendet ein Menü ein, in dem verschiedene Seitendesigns ausgewählt werden können.

6.3 Persönliche Startseite und Profil

Bild 6.5: Designs für die persönliche Startseite von Windows Live.

Die Einstellungen werden gespeichert und stehen beim nächsten Start des Internet Explorer wieder zur Verfügung.

Neben der privaten Startseite bietet Windows Live auch noch eine öffentliche Profilseite. Hier können Sie selbst festlegen, welche Daten Sie der Öffentlichkeit im Internet preisgeben und welche nicht.

Bild 6.6: Das öffentliche Profil in Windows Live.

Zur Darstellung Ihres persönlichen Profils haben Sie die Möglichkeit, ein eigenes Foto hochzuladen, Beruf und Interessen anzugeben und mit der Windows Live Fotogalerie eigene Fotos zu veröffentlichen. Zu Ihrem persönlichen Netzwerk können Sie weitere Personen einladen, die dann mit auf der Profilseite erscheinen. Mit diesen können Sie über die Profilseiten persönliche Mitteilungen austauschen.

Das persönliche Windows Live-Profil kann mit zahlreichen bekannten Onlinediensten und sozialen Netzwerken verbunden werden. Auf diese Weise können Sie von einer zentralen Stelle Fotos freigeben, Nachrichten veröffentlichen und mit Freunden in Kontakt bleiben.

Bild 6.7: Windows Live-Profil mit anderen sozialen Netzen verbinden.

6.4 Die Bing Bar im Internet Explorer

Windows Live bietet mit den Windows Live Essentials eine Bing-Toolbar an, die sich in den Internet Explorer integriert und die wichtigsten Funktionen von Windows Live und Bing so jederzeit im Browser zur Verfügung stellt.

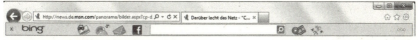

Bild 6.8: Die Bing Bar im Internet Explorer.

Beim ersten Aktivieren der Bing Bar erscheint noch eine Abfrage, die wissen möchte, ob Sie weitere Add-ons von Microsoft ebenfalls aktivieren wollen.

Die Bing Bar ist nach der Installation automatisch in jedem Internet Explorer-Fenster aktiv und kann mit dem *x*-Symbol ganz links jederzeit ausgeblendet werden. Ein Rechtsklick auf einen leeren Bereich in der Internet Explorer-Titelleiste blendet ein Menü ein, in dem die Bing Bar wieder aktiviert werden kann.

- Ein Klick auf das Bing-Symbol ganz links öffnet eine neue Registerkarte mit der Startseite der Bing-Suchmaschine.
- Das Kartensymbol blendet ein kleines Bing Maps-Fenster ein, in dem Sie schnell beliebige Orte auf einer Landkarte oder im Luftbild suchen und anzeigen können, ohne das aktuelle Browserfenster verlassen zu müssen. Ein Klick auf den *Maps*-Link links unten öffnet die Karte auf einer neuen Registerkarte.

Bild 6.9: Kartenanzeige in der Bing Bar.

- Das Wettersymbol zeigt beim Darüberfahren kurz die aktuellen Wetterdaten an. Klickt man darauf, erscheint auch noch eine Vorhersage für die nächsten Tage. Über den Link *Stadt hinzufügen* lassen sich mehrere Städte festlegen, für die Wetterdaten angezeigt werden sollen.
- *E-Mail* zeigt die Betreffzeilen der zuletzt eingegangenen E-Mails in einem eingeblendeten Fenster, ohne die aktuelle Webseite zu verlassen. Zuerst müssen Sie ein oder mehrere E-Mail-Konten angeben, die an dieser Stelle angezeigt werden sollen. Hier können Sie neben Hotmail auch E-Mail-Konten von Google Mail und Yahoo! angeben.

6.4 Die Bing Bar im Internet Explorer

Bild 6.10: Wettervorhersage in der Bing Bar.

- *facebook* zeigt aktuelle Neuigkeiten aus dem eigenen Facebook-Netzwerk in einem eingeblendeten Fenster, ohne die aktuelle Webseite zu verlassen. Vor der ersten Benutzung müssen Sie sich mit Ihrem Facebook-Konto anmelden und der Bing Bar die notwendigen Genehmigungen zum Zugriff auf Facebook-Daten gewähren.

Bild 6.11: Facebook in der Bing Bar.

- *Videos* öffnet die *MSN*-Videoseite in einer neuen Registerkarte.
- Das Übersetzungssymbol übersetzt die aktuell angezeigte Webseite automatisch mit dem Bing Translator. Oben rechts lassen sich verschiedene Sprachen einstellen. Die Übersetzungsqualität lässt allerdings derzeit noch zu wünschen übrig.

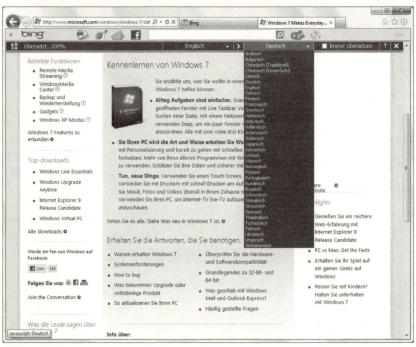

Bild 6.12: Übersetzung einer Webseite mit dem Bing Translator.

Ganz rechts finden Sie ein Symbol, über das zusätzliche Schaltflächen auf der Bing Bar eingeblendet werden können.

6.5 Live Kalender: die Terminverwaltung

Viele Anwender verwalten ihre Termine mittlerweile auf dem PC. Das gilt nicht nur für berufliche Termine, sondern immer mehr auch für private. Bisher musste man zur Terminverwaltung zusätzliche Programme installieren. Windows Live liefert einen eigenen Kalender. Der Windows Live Kalender ist auf der persönlichen

6.5 Live Kalender: die Terminverwaltung

Windows Live-Startseite oben unter *Mehr/Kalender* oder direkt bei *calendar.live.com* zu finden.

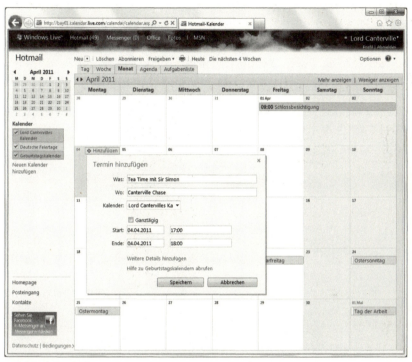

Bild 6.13: Der Windows Live Kalender in der Monatsansicht.

Oben links erhalten Sie eine Übersicht des aktuellen Monats. Hier können Sie schnell zu einem beliebigen Tag springen. Tage, an denen Termine eingetragen sind, erscheinen in Fettschrift. Mit dem Link *Heute* in der oberen Symbolleiste springen Sie auf einfache Weise wieder auf den aktuellen Tag. Mithilfe der Registerkarten können Sie zwischen Tages-, Wochen- und Monatsansicht, Agenda sowie Aufgabenliste hin- und herschalten.

Möchten Sie einen neuen Termin eingeben, klicken Sie auf das gewünschte Datum oder in der Tagesansicht auf die Uhrzeit, zu der der Termin stattfinden soll. Jetzt können Sie Name, Ort und weitere Details für den Termin eingeben. Die Uhrzeit kann schnell aus einer Liste ausgewählt oder auch minutengenau festgelegt werden.

Über den Link *Weitere Details hinzufügen* können Sie eine Wiederholung einrichten, wenn es sich um einen Termin handelt, der sich in einem bestimmten Rhythmus wiederholt.

Termine verwalten

Möchten Sie sich an diesen Termin erinnern lassen, wählen Sie in der Liste *Erinnerung senden* einen Zeitraum aus, der festlegt, wie lange vorher auf dem Bildschirm eine Erinnerung erscheinen soll. Dies kann Minuten, Stunden, Tage oder auch Wochen vor dem eigentlichen Termin sein. Die Meldung wird zum festgelegten Zeitpunkt per E-Mail verschickt.

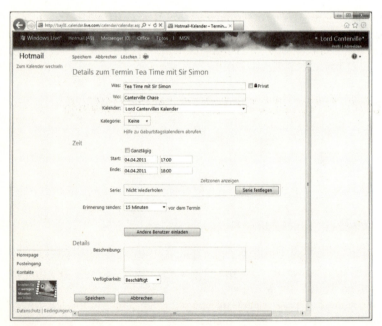

Bild 6.14: Termindetails und Erinnerungen einrichten.

Ganz unten in den Termindetails können Sie zu jedem Termin noch Notizen eintragen. Die Schaltfläche *Andere Benutzer einladen* ermöglicht, andere Benutzer aus dem eigenen Windows Live-Adressbuch auszuwählen und ihnen automatisch eine E-Mail mit einer Einladung zum Termin zu schicken. Eingeladene Benutzer kön-

6.5 Live Kalender: die Terminverwaltung

nen direkt über die Einladungsmail ihre Teilnahme bestätigen und werden dann in den Kalender eingetragen.

Alle Termindetails können jederzeit eingesehen und geändert werden. Sie brauchen dazu nur auf den Termin im Kalender zu klicken.

Aufgaben verwalten

Der Windows Live Kalender beinhaltet auch eine einfache Aufgabenverwaltung. Schalten Sie im Kalender auf die Registerkarte *Aufgabenliste* und klicken Sie in der Symbolleiste auf das kleine Dreieck neben *Neu*. Wählen Sie im Menü *Aufgaben*, um eine neue Aufgabe anzulegen.

Zu jeder Aufgabe können Sie eine Priorität und ein Fälligkeitsdatum eintragen. Wie bei Terminen kann man sich auch an Aufgaben erinnern lassen. Hier können Sie einen beliebigen Zeitpunkt für die Erinnerung festlegen.

Bild 6.15: Aufgaben im Windows Live Kalender einrichten.

Kalenderoptionen festlegen

In den meisten europäischen Ländern beginnt die Kalenderwoche am Montag, einige andere Länder verwenden den Sonntag als Wochenbeginn. In den Kalenderoptionen unter *Optionen* rechts oben lassen sich diese und andere Einstellungen verändern.

Je nachdem, wann Sie anfangen zu arbeiten, können Sie hier den Tagesbeginn auch auf einen anderen Zeitpunkt verschieben. Dieser Zeitpunkt gibt nur an, mit welcher Uhrzeit die Tagesansicht im Kalender standardmäßig beginnt. Selbstverständlich können Sie zu jeder beliebigen Stunde scrollen.

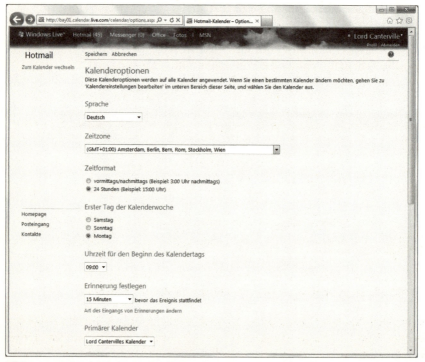

Bild 6.16: Kalenderoptionen festlegen.

Ein wichtiger Link ist *Art des Eingangs von Erinnerungen ändern*. Hier legen Sie fest, ob fällige Erinnerungen als E-Mail oder über den Messenger zugestellt werden, wenn man gerade online ist.

6.5 Live Kalender: die Terminverwaltung

Kalender freigeben

Ein großer Vorteil von Onlinekalendern ist die einfache Zusammenarbeit mit anderen Personen. Ein eigener Kalender kann auf verschiedene Arten freigegeben werden, sodass Freunde und Kollegen Termine bearbeiten und eintragen können oder ihn sich einfach nur anzeigen lassen, ohne etwas darin zu ändern.

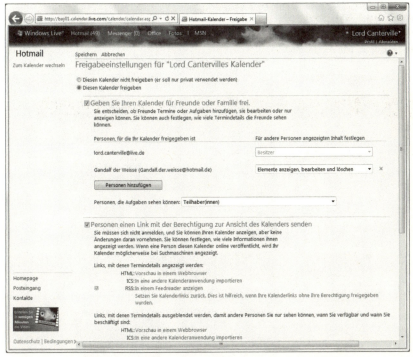

Bild 6.17: Eigenen Windows Live Kalender für andere Personen freigeben.

Wer in einem Kalender Termine ändern oder eintragen möchte, braucht dafür eine Windows Live ID. Personen, die einfach nur den Kalender anzeigen dürfen, bekommen eine E-Mail mit einem speziellen Link, der auch ohne Anmeldung bei Windows Live betrachtet werden kann. Für öffentliche Veranstaltungskalender lassen sich Links generieren, die direkt in eigene Webseiten eingebaut werden können und dann für jedermann einsehbar sind.

6.6 Live Mail 2011: das E-Mail-Programm

Jeder Computer und inzwischen auch fast jedes Handy kann E-Mails empfangen und senden. Nahezu jedes Betriebssystem liefert standardmäßig ein E-Mail-Programm mit – Windows 7 allerdings nicht. In früheren Windows-Versionen war Outlook Express bzw. dessen Nachfolger Windows Mail installiert. Für Windows 7 bietet Microsoft das E-Mail-Programm Windows Live Mail in den Windows Live Essentials 2011 zum kostenlosen Download bei *www.windowslive.de* an. Windows Live Mail 2011 funktioniert nicht nur mit Windows Live-E-Mail-Konten, sondern mit fast jeder E-Mail-Adresse.

Bild 6.18: Windows Live Mail 2011, das E-Mail-Programm von Microsoft.

Windows Live Mail können Sie erst wirklich nutzen, wenn Sie ein E-Mail-Konto eingerichtet haben. Um eine E-Mail zu verschicken, brauchen Sie als Absender eine eigene E-Mail-Adresse und ein E-Mail-Programm. E-Mail-Adressen können Sie von Ihrem Internetdienstanbieter bekommen, oder aber Sie verwenden kostenlose

6.6 Live Mail 2011: das E-Mail-Programm

E-Mail-Adressen bei E-Mail-Anbietern wie GMX, WEB.DE, Google Mail, T-Online oder Arcor. Diese Adressen lassen sich unabhängig vom Internetzugang über jeden Anbieter nutzen. Außerdem müssen Sie zum Versand einer E-Mail natürlich die E-Mail-Adresse des Empfängers kennen.

Alle E-Mail-Adressen sind weltweit gleich aufgebaut: *Name@Domain*.

Die Domain kann dabei eine Firma, eine private Domain oder ein E-Mail-Anbieter sein. Der Name ist beliebig wählbar, darf aber außer Buchstaben und Ziffern nur die Sonderzeichen Punkt (.), Unterstrich (_) und Bindestrich (-) enthalten. Groß- und Kleinschreibung wird in E-Mail-Adressen nicht unterschieden, Leerzeichen sind ausdrücklich nicht erlaubt.

Gehen Sie einfach auf die Seite eines der kostenlosen E-Mail-Anbieter und legen Sie sich eine Adresse an. Die Anbieter versuchen natürlich, ihre kostenpflichtigen Angebote zu verkaufen. Die kostenlose Variante reicht aber fast immer aus. Zur Anmeldung sind einige persönliche Daten erforderlich, anschließend können Sie die gewünschte E-Mail-Adresse wählen.

Wundern Sie sich nicht, wenn besonders bei häufig vorkommenden Namen die klassische Form der E-Mail-Adresse *vorname.nachname@...* nicht mehr verfügbar ist. Allein GMX, der größte deutsche Anbieter kostenloser E-Mail-Adressen, hat über 11 Millionen regelmäßig aktive Nutzer bei über 27 Millionen Nutzern insgesamt.

Zur Konfiguration des E-Mail-Kontos brauchen Sie neben Ihrer E-Mail-Adresse noch den Namen des Mailservers, den Benutzernamen und das Passwort.

Ein neues E-Mail-Konto einrichten

Beim ersten Start von Windows Live Mail muss man ein sogenanntes Konto einrichten. Dieses enthält die eigene E-Mail-Adresse, Zugangsdaten für den Mailserver und verschiedene weitere Einstellungen. Es erscheint automatisch ein Assistent zur Einrichtung eines E-Mail-Kontos. Sie können diesen Assistenten auch später noch über den Link *E-Mail-Konto hinzufügen* in der linken Spalte des Programmfensters starten. Auf diese Weise können Sie mehrere E-Mail-Konten anlegen, die von Windows Live Mail verwaltet werden sollen.

① Im ersten Schritt des Assistenten geben Sie Ihre E-Mail-Adresse, das zugehörige Kennwort und Ihren wirklichen Namen oder den Namen Ihrer Firma an, so wie er beim Empfänger der E-Mail angezeigt werden soll.

Bild 6.19: Eingabe der E-Mail-Adresse für ein neues Mailkonto.

② Im selben Dialog können Sie auch das Passwort für den Mailserver fest eintragen, sodass Sie es nicht bei jeder E-Mail-Abfrage neu eingeben müssen.

③ Wenn Sie eine E-Mail-Adresse bei einem der großen, bekannten Anbieter nutzen, können Sie den Schalter *Servereinstellungen manuell konfigurieren* deaktiviert lassen. Windows Live Mail versucht, die Einstellungen selbstständig zu finden und zu konfigurieren.

Vorsicht beim Speichern von Passwörtern
Bedenken Sie das Sicherheitsrisiko gespeicherter Passwörter. Jeder, der sich unbefugt Zugriff zu Ihrem PC verschafft, hat durch ein gespeichertes Passwort automatisch auch Zugriff auf Ihre E-Mails.

Konnte Windows Live Mail die richtigen Servereinstellungen automatisch identifizieren, ist damit die Konfigurationsarbeit auch bereits erledigt. Es wird eine Verbindung zum Mailserver hergestellt, und die dort liegenden E-Mails werden abgeholt. Je nach Anzahl und Größe der E-Mails, die auf dem Server liegen, kann das Abholen einige Zeit dauern. Danach werden alle Mails im Posteingang angezeigt.

6.6 Live Mail 2011: das E-Mail-Programm

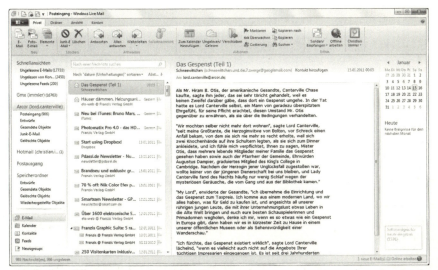

Bild 6.20: Neue E-Mails in Windows Live Mail.

▶ Konteneinstellungen manuell vornehmen

Bei E-Mails einer eigenen Domain, bei kleineren E-Mail-Anbietern oder E-Mail-Konten auf Firmenservern können die Einstellungen nicht automatisch erkannt werden. Hier müssen Sie diese manuell konfigurieren. Das Gleiche gilt für Weiterleitungen, da die angezeigte E-Mail-Adresse nicht mit der tatsächlich abgefragten übereinstimmt.

1. Klicken Sie links unterhalb der bereits angelegten E-Mail-Konten auf den Link *E-Mail-Konto hinzufügen*.

2. Nach dem Start des Assistenten geben Sie Ihre E-Mail-Adresse, das zugehörige Kennwort und Ihren wirklichen Namen oder den Namen Ihrer Firma an, so wie er beim Empfänger der E-Mail angezeigt werden soll. Aktivieren Sie unten im Dialogfeld den Schalter *Servereinstellungen manuell konfigurieren*.

Jeder E-Mail-Anbieter gibt seinen Mailservern eigene Namen, auch die Schemata, nach denen sich die Benutzernamen zusammensetzen, sind überall unterschiedlich.

Server- und Benutzernamen bekannter Anbieter			
Anbieter	**Posteingang**	**Postausgang**	**Benutzername**
GMX	pop.gmx.net	mail.gmx.net	E-Mail-Adresse
WEB.DE	pop3.web.de	smtp.web.de	Name vor dem @-Zeichen
Google Mail	pop.googlemail.com	smtp.googlemail.com	E-Mail-Adresse
Arcor	pop3.arcor.de	mail.arcor.de	Name vor dem @-Zeichen
T-Online	popmail.t-online.de	smtpmail.t-online.de	Name vor dem @-Zeichen

Eine wesentlich umfangreichere Liste mit Namen von POP3-/SMTP-Mailservern finden Sie unter *http://wp.me/P1b7oZ-47*.

Die E-Mails von Windows Live oder davor Hotmail und MSN konnten früher nicht über POP3 abgefragt werden. Das E-Mail-Programm Windows Live Mail unterstützt sowohl klassische POP3-Mailkonten wie auch Windows Live-Konten.

③ Tragen Sie jetzt die Serveradressen des POP3- und SMTP-Servers ein. Diese erhalten Sie von Ihrem Internetdienstanbieter. Windows Live Mail unterstützt für den Posteingang POP3- und IMAP-Server.

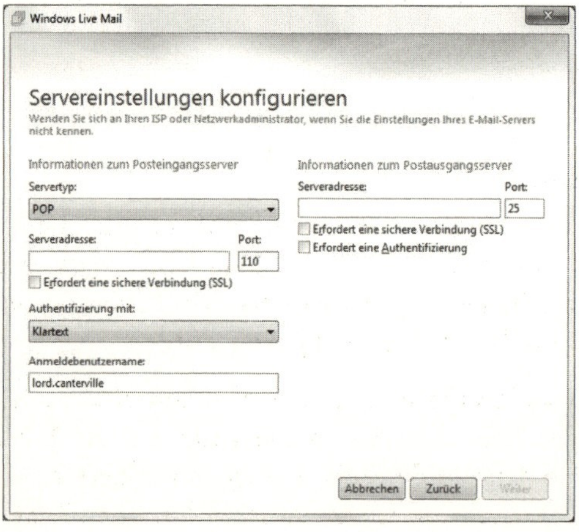

Bild 6.21: Kontotyp und Serverdaten für neues E-Mail-Konto eintragen.

6.6 Live Mail 2011: das E-Mail-Programm

❹ Wenn der Posteingangsserver eine Kennwortauthentifizierung erfordert, schalten Sie in diesem Dialog das entsprechende Kontrollkästchen zusätzlich ein.

❺ Der Benutzername für den Mailserver braucht nur angegeben zu werden, wenn er von der zuvor eingetragenen E-Mail-Adresse abweicht. Bei fast allen Internetdienstanbietern ist der Benutzername der Teil der E-Mail-Adresse vor dem @-Zeichen oder auch die ganze E-Mail-Adresse. Das Kontrollkästchen *Postausgangsserver erfordert Authentifizierung* muss bei den meisten Mailanbietern eingeschaltet sein.

❻ Zum Schluss können Sie das neue E-Mail-Konto noch als Standardkonto festlegen. Solange kein Konto ausgewählt ist, werden neue E-Mails immer mit dem Standardkonto abgeschickt.

> **Worin unterscheiden sich die Servertypen POP3 und IMAP?**
> IMAP ist ein weiteres Protokoll zum Zugriff auf einen Mailserver. Im Unterschied zu POP3 verbleibt auf dem IMAP-Server eine zentrale Datenbank der E-Mails. Hier wird gespeichert, welche Mails bereits auf den lokalen Computer heruntergeladen wurden. So können Sie von einem anderen Standort aus leichter auf Ihre Mails zugreifen, auch wenn Sie diese bereits einmal heruntergeladen haben. Bei POP3 werden die Mails auf den lokalen Computer kopiert, und man arbeitet mit der Kopie, bei IMAP arbeitet man im Prinzip direkt auf dem Mailserver. Bei langsamen Internetverbindungen sollten Sie daher lieber die POP3-Variante benutzen. Hier kann ein IMAP-Zugriff sehr lange dauern.

Neue E-Mail schreiben und senden

Sobald Sie ein neues E-Mail-Konto eingerichtet haben, können Sie die erste E-Mail-Nachricht verfassen und schreiben. Beachten Sie dabei, dass einige kostenlose E-Mail-Anbieter das Verschicken von E-Mails erst dann zulassen, wenn vom selben Computer zuerst die E-Mails vom Server abgeholt wurden.

Klicken Sie im Hauptfenster von Windows Live Mail links oben auf *Neu*. Es öffnet sich das Dialogfeld *Neue Nachricht*. Schreiben Sie in die Zeile *An:* die E-Mail-Adresse des Empfängers. Tragen Sie dann in der Zeile *Betreff:* eine Überschrift für die neue E-Mail ein. In das Hauptfenster können Sie anschließend den Text der E-Mail schreiben.

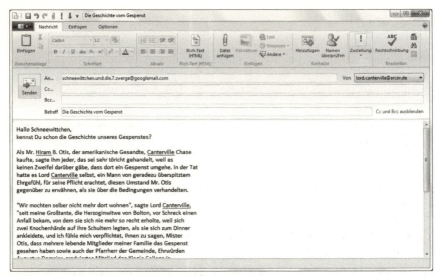

Bild 6.22: Eine neue E-Mail-Nachricht schreiben.

Betreffzeile sinnvoll verwenden
Tragen Sie in die Betreffzeile etwas Sinnvolles ein, sodass der Empfänger sofort weiß, worum es in der Mail geht. Die Betreffzeile ist auch ein wichtiges Kriterium für Spam-Filter-Software. Schreiben Sie hier vollständige deutsche Wörter und nicht nur »Hey« oder Ähnliches, wenn Sie möchten, dass Ihre Mail auch ankommt.

Wenn mehrere E-Mail-Konten eingerichtet sind, kann man beim Schreiben einer neuen E-Mail im Listenfeld *Von:* rechts oben auswählen, welche Adresse als Absender übertragen werden soll. Als Vorgabe wird das Mailkonto verwendet, bei dem der Schalter *Als Standardkonto festlegen* im Kontextmenü aktiviert ist.

6.6 Live Mail 2011: das E-Mail-Programm

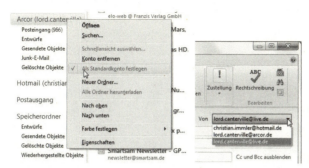

Bild 6.23: Konto als Standardkonto festlegen und beim Schreiben einer Mail auswählen.

Sollte die Mail nicht sofort automatisch verschickt werden, klicken Sie oben auf die Schaltfläche *Senden/Empfangen* oder drücken die Taste [F5]. Damit werden alle Mailserver auf eingegangene E-Mails überprüft, und im Postausgang liegende E-Mails werden verschickt. Mit dieser Schaltfläche laden Sie gleichzeitig vom Mailserver neue E-Mails herunter.

Falls E-Mails nicht automatisch versendet werden, klicken Sie oben links in Windows Live Mail auf die blaue Schaltfläche, die das Menü öffnet, und wählen dann *Optionen/E-Mail*.

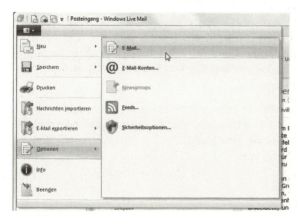

Bild 6.24: Optionen für E-Mails.

Schalten Sie im nächsten Dialogfeld auf der Registerkarte *Senden* das Kontrollkästchen *Nachrichten sofort senden* ein.

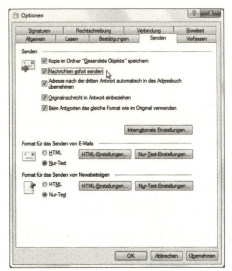

Bild 6.25: *Nachrichten sofort senden* aktivieren.

Kontakte aus dem Windows Live-Adressbuch

Jedes E-Mail-Programm bietet heute die Möglichkeit, häufig verwendete Adressen in einem Adressbuch zu speichern, um sie nicht jedes Mal neu eintippen zu müssen. Bei Windows Live Mail kann dieses Adressbuch auch gleich noch zentral auf einem Server gespeichert werden, sodass man von jedem Computer über Windows Live darauf zugreifen kann.

Um diese Windows Live-Onlinedienste verwenden zu können, müssen Sie sich mit Ihrer persönlichen Windows Live ID anmelden. Klicken Sie dazu auf die Schaltfläche *Anmelden* oben rechts in Windows Live Mail.

6.6 Live Mail 2011: das E-Mail-Programm

Bild 6.26: Anmelden bei Windows Live Mail 2011.

Wenn Sie noch keine Windows Live ID haben, können Sie sich in diesem Dialogfeld kostenlos dafür registrieren. Natürlich funktioniert Windows Live Mail auch ohne Windows Live ID. Funktionen wie das Onlineadressbuch können dann jedoch nicht genutzt werden.

Anstatt die E-Mail-Adressen der Empfänger einzeln einzutippen, können Sie sie mithilfe der Schaltfläche *An:* neben der Namenszeile aus dem Adressbuch von Windows Live übernehmen.

Bild 6.27: Kontakte auswählen, an die die Nachricht gesendet werden soll.

An dieser Stelle können Sie die Kontaktdaten auch bearbeiten, um zum Beispiel die E-Mail-Adresse zu ändern. Es ist aber nicht möglich, einen neuen Kontakt hinzuzufügen oder ganz zu löschen.

Möchten Sie neue Kontakte in das Adressbuch eintragen, klicken Sie dazu auf den Link *Kontakte* links unten im Hauptfenster von Windows Live Mail. Dort finden Sie ein komfortables Adressbuch, in dem Sie zu jeder Person detaillierte Informationen ablegen können.

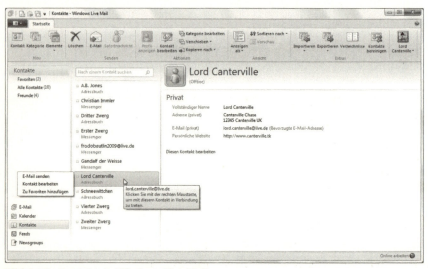

Bild 6.28: *Kontakte* in Windows Live Mail.

Dieses Adressbuch wird automatisch mit den Windows Live-Kontakten im Internet synchronisiert, auf die Sie von Ihrer persönlichen Startseite bei Windows Live über den Link *Kontakte* bzw. *Menschen* Zugriff haben.

6.6 Live Mail 2011: das E-Mail-Programm

Bild 6.29: Kontakte auf der persönlichen Windows Live-Seite.

E-Mail beantworten und weiterleiten

Wenn Sie eine E-Mail lesen, können Sie sie gleich auch ganz einfach beantworten, indem Sie in der oberen Symbolleiste auf *Antworten* klicken. Windows Live Mail öffnet automatisch ein E-Mail-Fenster, in dem bereits der Absender der E-Mail als neuer Empfänger eingetragen ist. Den Originalmailtext sehen Sie ebenfalls in diesem Fenster.

Bild 6.30: E-Mail beantworten.

Ist eine E-Mail an mehrere Empfänger gerichtet, kann man die Antwort mit der Schaltfläche *Allen antworten* an den Absender und alle Empfänger der Originalmail schicken.

Weiterleiten funktioniert ähnlich wie Antworten, jedoch mit dem Unterschied, dass die E-Mail nicht an den Absender, sondern an beliebige andere Adressen verschickt werden kann. Wenn Sie E-Mails an mehrere Empfänger verschicken, gibt es diverse Möglichkeiten, die Adressen anzugeben:

Adressierung	Beschreibung
An:	Diese Empfänger werden direkt adressiert, sie stehen in der Zeile *An:* im Mailtext, die Adressen sind auch für alle Empfänger zu lesen.
Cc:	Carbon Copy – Die in dieser Zeile aufgeführten Empfänger erhalten einen »Durchschlag« der E-Mail zur Kenntnisnahme. In diesem Fall sind die Empfänger der Carbon Copy für alle anderen Empfänger der Mail zu erkennen.
Bcc:	Blind Carbon Copy – Eine Blindkopie verhindert, dass die Empfänger dieser Kopie beim Originalempfänger oder auch bei den Empfängern regulärer Carbon Copys erkannt werden können.

6.6 Live Mail 2011: das E-Mail-Programm

Klicken Sie in der E-Mail auf *Senden*, und die Nachricht wird sofort abgeschickt. Sollte keine Verbindung zum Internet bestehen, wird sie so lange im Ordner *Postausgang* gespeichert, bis Sie eine Verbindung zum Internet hergestellt haben und im Hauptfenster von Windows Live Mail auf *Senden/Empfangen* klicken.

Bild 6.31: E-Mails vom Server abholen.

Mit der Verbindung zum Mailserver können Sie auch gleich dort liegende neue E-Mails abholen, um sie zu lesen.

E-Mail-Nachrichten zeitgesteuert abrufen

Haben Sie eine permanente Internetverbindung, brauchen Sie sich nicht selbst darum zu kümmern, Ihre E-Mails vom Server abzurufen. Deutlich einfacher ist in diesem Fall ein zeitgesteuertes Abrufen im Abstand von einigen Minuten. Beim Programmstart holt Windows Live Mail in der Standardeinstellung ebenfalls automatisch alle E-Mails von den Mailservern ab.

Auf der Registerkarte *Allgemein* im Dialogfeld *Optionen* legen Sie fest, ob automatisch beim Starten von Windows Mail die Mailkonten abgefragt und noch nicht gesendete E-Mails abgeschickt werden sollen. An dieser Stelle können Sie auch ein Zeitintervall für die automatische E-Mail-Abfrage einstellen, das dann für alle Mailkonten gilt. Eine detaillierte Einstellung für jedes Mailkonto separat ist in Windows Live Mail leider nicht möglich.

Bild 6.32: Einstellungen zum automatischen E-Mail-Abruf.

Ob Kopien der E-Mails beim Abrufen auf dem Server bleiben, kann in Windows Live Mail für jedes Konto getrennt festgelegt werden. Klicken Sie dazu mit der rechten Maustaste auf das Konto in der linken Spalte und wählen Sie im Kontextmenü *Eigenschaften*. Gehen Sie auf die Registerkarte *Erweitert*. Hier können Sie ebenfalls festlegen, wann die E-Mails auf dem Server gelöscht werden sollen: entweder nach bestimmten Zeitintervallen oder wenn eine Nachricht aus dem lokalen Posteingangsordner gelöscht wird.

Bild 6.33: Erweiterte Einstellungen eines E-Mail-Kontos.

6.6 Live Mail 2011: das E-Mail-Programm

 Räumen Sie den Mailserver regelmäßig auf
Bedenken Sie, dass der Speicherplatz für E-Mails besonders bei kostenlosen Mail-Internetdienstanbietern sehr begrenzt ist. Sorgen Sie dafür, dass die E-Mails auf dem Server regelmäßig gelöscht werden. Andernfalls kann es passieren, dass Sie keine neuen E-Mails mehr empfangen können. Die Absender bekommen automatisch eine Fehlermeldung zugeschickt.

Rechtschreibfehler sind uncool

Noch vor einigen Jahren galt es als chic, in elektronischer Kommunikation jede Menge Rechtschreibfehler zu haben. Dieser Trend ist glücklicherweise vorbei, und man achtet auch bei E-Mails und Messenger-Nachrichten wieder auf korrektes Deutsch. Als Hilfe dazu bietet Windows Live Mail eine integrierte Rechtschreibkorrektur an, die geschriebene Mails vor dem Versand überprüft. Falsch geschriebene Wörter werden automatisch mit einer roten Wellenlinie gekennzeichnet. Klickt man mit der rechten Maustaste auf ein so markiertes Wort, erscheint ein Menü mit Korrekturvorschlägen.

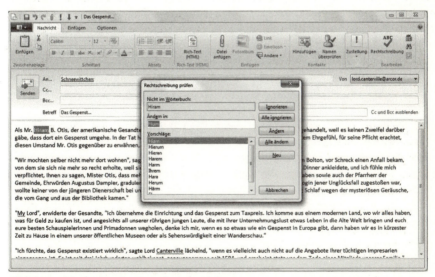

Bild 6.34: Die Rechtschreibprüfung in Aktion.

Die komplette Rechtschreibprüfung einer neuen E-Mail kann jederzeit mit der Taste F7 oder der Schaltfläche *Rechtschreibprüfung* in der Symbolleiste gestartet werden. Ein unbekanntes Wort nach dem anderen wird angezeigt, und es werden, wenn verfügbar, Korrekturvorschläge gemacht.

Auf der Registerkarte *Rechtschreibung* im Dialogfeld *Optionen* von Windows Live Mail können Sie festlegen, ob E-Mails vor dem Senden automatisch überprüft werden sollen.

Bild 6.35: Optionen zur Rechtschreibprüfung in Windows Live Mail.

Im Bereich *Bei der Rechtschreibung immer ignorieren* können Sie unter anderem Wörter in Großbuchstaben, Wörter mit Zahlen, Internetadressen und den Originaltext in Antworten und weitergeleiteten E-Mails automatisch ignorieren lassen. Nur der selbst verfasste Text sollte einer Prüfung unterzogen werden. Im unteren Teil des Dialogfelds können Sie Sprachpakete für die Rechtschreibprüfung in anderen Sprachen herunterladen und eine Sprache (am besten Deutsch mit neuer Rechtschreibung) als Standard festlegen.

6.6 Live Mail 2011: das E-Mail-Programm

Spam: Werbemails gehören in den Papierkorb

Wer nicht täglich diverse Viagra-Derivate oder gefälschte Rolex-Uhren kaufen möchte, verbringt einen erheblichen Teil seiner Onlinezeit mit dem Löschen überflüssiger E-Mails. Auf großen Mailservern sind bis zu 85 % aller E-Mails Spam, also unerwünschte Werbung.

Der Begriff »Spam«
Spam ist ursprünglich ein Markenname für amerikanisches Dosenfleisch, eine Abkürzung für »Spiced Ham«. Das Synonym für sinnlose Häufung und Wiederholung entstand aus einem Sketch der britischen Comedysendung »Monty Python's Flying Circus«, der in einem Restaurant spielt, dessen Speisekarte nur aus Gerichten mit »Spam« in verschiedenen Variationen besteht. Windows Live Mail beinhaltet einen Junk-Mail-Filter, der versucht, solche Spam-Mails automatisch zu identifizieren und in einem speziellen Ordner abzulegen.

In Windows Live Mail ist ein Junk-E-Mail-Filter integriert, der versucht, Werbemails automatisch zu identifizieren, um sie dann in einen speziellen Ordner zu schieben. Dieser Filter lernt im Lauf der Zeit selbstständig, was Junk oder auch Spam ist und was nicht. Am Anfang werden auch einige erwünschte E-Mails fälschlicherweise im Junk-E-Mail-Ordner landen. Indem Sie sie dort wieder herausnehmen, trainieren Sie den Filter.

Bild 6.36: Typische Spam-Mails im Junk-E-Mail-Ordner.

Der Junk-E-Mail-Filter kann im Menü unter *Sicherheitsoptionen* konfiguriert werden, allerdings nur für alle E-Mail-Konten gleichzeitig.

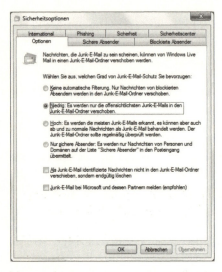

Bild 6.37: Einstellungen für den Junk-E-Mail-Schutz.

Wenn Sie von bestimmten Absendern E-Mails mit zweifelhaften Betreffzeilen bekommen, die Sie aber lesen möchten, können Sie diese Absender oder deren ganze Domain in die Liste sicherer Absender aufnehmen. Dann werden die Mails dieser Absender nicht vom Junk-Mail-Filter bearbeitet. Klicken Sie dazu mit der rechten Maustaste auf die betreffende Mail und wählen Sie unter *Junk-E-Mail* die gewünschte Einstellung.

Bekommen Sie im Posteingang weiterhin E-Mails, die eindeutig als Junk-Mail einzustufen sind, klicken Sie ebenfalls mit der rechten Maustaste darauf. Im Kontextmenü können Sie dann den Absender oder auch die ganze Domain in die Liste blockierter Absender aufnehmen. Diese E-Mails werden in Zukunft automatisch als Junk eingestuft. In den *Sicherheitsoptionen* können Sie die Listen sicherer Absender und blockierter Absender jederzeit einsehen und bearbeiten.

6.6 Live Mail 2011: das E-Mail-Programm

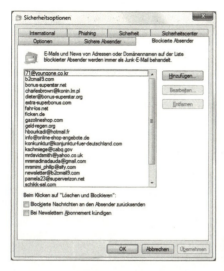

Bild 6.38: Listen sicherer und blockierter Absender für den Junk-E-Mail-Schutz.

Übrigens – Windows Live Mail bietet eine Option, blockierte Nachrichten an den Absender zurückzuschicken. Was auf den ersten Blick sinnvoll erscheint, erweist sich aber als genau das Gegenteil. An einer zurückgesendeten Nachricht erkennt ein Spam-Versender, dass eine möglicherweise zufällig generierte E-Mail-Adresse existiert. Damit steigt deren Wert auf dem Spammer-Schwarzmarkt, und Sie bekommen schnell noch mehr Spam von anderen Absendern, die dann wieder alle mühsam blockiert werden müssen. Also Spam lieber kommentarlos löschen.

Dateien per E-Mail senden und empfangen

E-Mail-Programme können auch dazu verwendet werden, Dateien zu verschicken. Dabei lässt sich prinzipiell jede Datei als Attachment verschicken, Sie sollten jedoch die Größe bedenken, besonders wenn Sie nicht wissen, ob der Empfänger eventuell über ein langsames Modem oder eine teure Mobilfunkverbindung ins Internet geht.

Dateigröße bei E-Mails
Generell sollten Sie vor dem Versand einer großen Datei mit dem Empfänger klären, ob dieser die Mail auch problemlos empfangen kann. E-Mails mit Dateianhängen größer als 1 MByte gelten als typische Anfängerfehler. Profis laden solche Dateien lieber auf einen Server hoch und verschicken nur noch den Downloadlink als E-Mail. Außerdem ist besonders bei kostenlosen Freemail-Anbietern der maximal verfügbare Speicherplatz für E-Mails begrenzt.

Wenn Sie in Windows Live Mail eine Mail schreiben, können Sie im E-Mail-Fenster mit dem Symbol *Datei anfügen* in der Symbolleiste Dateien auswählen und an die Mail anhängen. Die Dateinamen werden unterhalb der Betreffzeile in der neuen E-Mail angezeigt.

Bild 6.39: Eine Nachricht mit angehängter Datei.

Beim Empfänger werden die Anhänge ebenfalls mit einer Büroklammer dargestellt. Bilder werden direkt in der Mail angezeigt. Ein Rechtsklick auf den Dateinamen oben im Mailfenster ermöglicht es, den Anhang zu speichern oder direkt zu öffnen.

6.6 Live Mail 2011: das E-Mail-Programm

Bild 6.40: Angehängte Datei speichern.

▶ Dateien direkt aus dem Explorer als E-Mail senden

Um eine Datei zu versenden, muss man nicht unbedingt zuerst ein E-Mail-Programm starten – es geht auch einfacher:

1. Klicken Sie mit der rechten Maustaste auf die gewünschte Datei im Windows-Explorer und wählen Sie im Kontextmenü *Senden an/E-Mail-Empfänger*.

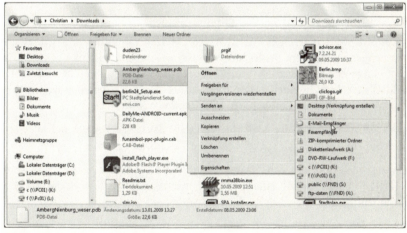

Bild 6.41: Datei aus dem Windows-Explorer per E-Mail verschicken.

2. Danach öffnet sich automatisch ein E-Mail-Fenster des Standard-E-Mail-Programms, in dem die Datei bereits als Anhang eingetragen ist. Bei Windows Live Mail ist ebenfalls automatisch das Standard-Mailkonto als Absender ausgewählt.

3. Eine Betreffzeile und ein Mailtext sind auch schon vorgegeben, können aber jederzeit geändert werden. Bearbeiten Sie also die E-Mail und schreiben Sie einen sinnvollen Text an den Empfänger.

Bild 6.42: Die Standard-E-Mail beim Versenden einer Datei aus dem Windows-Explorer.

④ Jetzt brauchen Sie nur noch die E-Mail-Adresse des Empfängers einzutragen und auf *Senden* zu klicken.

Fotogalerien als E-Mail verschicken

Urlaubsfotos werden gern per E-Mail verschickt. Dabei kommen sehr schnell große Datenmengen zusammen. Beides, der Versand wie auch das Empfangen der Mails, nimmt einige Zeit in Anspruch, und das Ganze ist auch nicht gerade übersichtlich. Windows Live Mail beinhaltet eine interessante Funktion, mit der sich ohne viel Aufwand überschaubare Fotogalerien als E-Mail verschicken lassen.

Klicken Sie in Windows Live Mail oben links auf das kleine Dreieck neben *Neu* und wählen Sie *Foto-E-Mail* oder drücken Sie die Tastenkombination [Strg]+[Alt]+[P].

Ein neues Fenster öffnet sich, in dem Sie direkt eigene Fotos auswählen können. Das E-Mail-Fenster enthält eine spezielle Formatierungsleiste, über die Sie weitere Fotos hinzufügen und das Layout der Mail verändern können.

Auf jeden Fall müssen Sie noch einen Albumnamen eingeben sowie eine Betreffzeile und einen oder mehrere Mailempfänger.

6.6 Live Mail 2011: das E-Mail-Programm

Bild 6.43: Hier wird ein ganzes Album per E-Mail verschickt.

In der Symbolleiste können Sie auch die Größe der Fotos festlegen. Mit der E-Mail werden nur kleine Miniaturbilder verschickt, um die E-Mail möglichst klein zu halten. Die eigentlichen Fotos werden auf SkyDrive, einen Microsoft-Server, hochgeladen, und die entsprechenden Links werden automatisch in die HTML-Mail eingebaut.

Je nach gewünschter Qualität können Sie unterschiedliche Bildgrößen wählen. Die Fotos werden von Windows Live Mail automatisch auf die entsprechende Größe reduziert. Hochauflösende Fotos können zu erheblichen Upload- und Downloadzeiten führen. Die Maximalgröße eines Fotos beträgt 5 MByte.

Mit der Schaltfläche *Layout* in der Symbolleiste stehen verschiedene Layouts für die Foto-E-Mail zur Verfügung. Die Bilder bleiben auch erhalten, wenn Sie noch andere Layouts ausprobieren möchten.

Bild 6.44: Festlegen eines neuen Layouts.

Die Vorschauseite der E-Mail enthält immer nur einige der Bilder. Das Onlinealbum, worauf die Mail verlinkt, enthält alle Bilder, die Sie markiert haben. Mit der Schaltfläche *Fotos hinzufügen oder entfernen* können Sie jederzeit weitere Fotos zusätzlich auswählen oder Fotos aus der Auswahl, die in das Onlinealbum hochgeladen werden sollen, wieder entfernen.

Bild 6.45: Fotos hinzufügen oder aus dem Album entfernen.

6.6 Live Mail 2011: das E-Mail-Programm

Der Versand der E-Mail dauert eine Weile, da die Fotos automatisch in der gewünschten Auflösung auf SkyDrive hochgeladen werden.

Der Empfänger bekommt eine relativ kleine E-Mail, die sich auch bei langsamen Internetverbindungen problemlos vom Server herunterladen lässt. Die eigentlichen hochauflösenden Fotos sind nicht als Anhang, sondern nur als Link in der Mail gespeichert. Die Fotos stehen auf dem Server 90 Tage lang zur Verfügung und müssen bis dahin vom Empfänger heruntergeladen werden.

Bild 6.46: Das Album ist zum Senden bereit.

Der Empfänger kann die Fotos jetzt herunterladen oder sich direkt anzeigen lassen. Ein Klick auf *Diashow anzeigen* oben in der Mail öffnet ein neues Fenster mit einer Diashow der Fotos. Diese kann interaktiv gesteuert werden oder einfach automatisch ablaufen.

Aus diesem Fenster heraus können Sie direkt einen Browser starten, sich das Fotoalbum auf Windows Live SkyDrive ansehen und es kommentieren. Wer keine aktuellen Windows Live Essentials installiert hat oder die E-Mail mit einem anderen Betriebssystem oder auf dem Handy liest, wird direkt auf das Onlinefotoalbum weitergeleitet.

Bild 6.47: Das Album trifft beim Empfänger ein und wird als Diashow abgespielt.

Bild 6.48: Oben in der E-Mail befindet sich ein weiterer Link, der dazu dient, alle Fotos als ZIP-Archiv herunterzuladen und in einem lokalen Ordner zu speichern.

6.6 Live Mail 2011: das E-Mail-Programm

Lesebestätigung anfordern

Wer eine E-Mail schreibt, kann vom Empfänger eine automatische Lesebestätigung anfordern, um zu sehen, ob und wann die Mail gelesen wurde. Was ursprünglich als nützliche Funktion geplant war, stellte sich schnell in Hinsicht auf den Schutz der Privatsphäre als bedenklich heraus. Oft fordern Spam-Mail-Versender automatische Lesebestätigungen an, um daran zu erkennen, welche der Adressen in ihren Listen wirklich existieren. Durch Abschalten der Lesebestätigungen können Sie zumindest einen Teil der Spammer abwehren.

Auf der Registerkarte *Bestätigungen* im Menüpunkt *Optionen/E-Mail* können Sie in Windows Live Mail festlegen, ob Lesebestätigungen immer oder nie verschickt werden sollen oder ob Sie jedes Mal gefragt werden wollen.

Wenn Sie immer Lesebestätigungen verschicken, was man eigentlich nicht tun sollte, können Sie diese trotzdem unterbinden, wenn Sie selbst nicht in den *An:*- oder *Cc:*-Zeilen der E-Mail stehen. Damit lassen sich die meisten Lesebestätigungen an Spammer unterdrücken, die Mails über Mailinglisten verschicken, anstatt sie direkt zu adressieren.

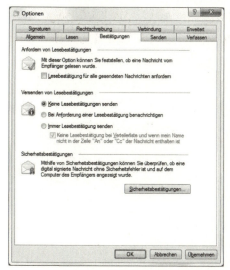

Bild 6.49: Regeln für Lesebestätigungen in Windows Live Mail.

Vorsicht beim Empfang von HTML-Mails

Wer sicherheitsbewusst mit seinem Computer umgeht, besucht zwielichtige Webseiten entweder gar nicht oder zumindest nur mit einem sicheren Browser. E-Mails, von denen man nicht weiß, wo sie herkommen und was dahintersteckt, lässt man aber ungeschützt auf seinem Computer.

Gerade bei E-Mails, über die der Anwender ohne eigenes Zutun aus dem Internet mit Daten »versorgt« wird, ist Sicherheit angeraten. Die E-Mail-Vorschau zeigt bei den bunten HTML-Mails, die die meisten Spammer verwenden, unaufgefordert eine Webseite an, die auch schädlichen Code enthalten kann. Windows Live Mail und Outlook sind die einzigen E-Mail-Programme, die schon bei der Vorschau einer Mail einen eventuell darin enthaltenen ActiveX-Programmcode, also auch einen Virus, starten können.

Windows Live Mail verwendet zur Darstellung von HTML-Mails den Internet Explorer. Schalten Sie deshalb auf jeden Fall über den Menüpunkt *Optionen/Sicherheitsoptionen* in Windows Live Mail auf der Registerkarte *Sicherheit* die *Zone für eingeschränkte Sites* ein. Jetzt gelten diese Sicherheitseinstellungen aus den *Internetoptionen* automatisch für alle empfangenen E-Mails. In dieser Zone sind standardmäßig alle ActiveX-Skripten blockiert.

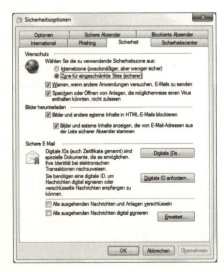

Bild 6.50: Zone für eingeschränkte Sites in Windows Live Mail verwenden.

6.7 Live Fotogalerie: die Bildverwaltung

Wer mit seinen Fotos noch mehr machen möchte, als sie einfach nur anzusehen, dem bietet Microsoft die kostenlose Windows Live Fotogalerie zum Download (*www.windowslive.de*) an, eine komfortable Fotoverwaltung mit Bearbeitungsfunktionen.

Fotogalerie starten und neue Ordner aufnehmen

Beim ersten Start der Windows Live Fotogalerie erscheint eine Meldung, die nachfragt, ob die Fotogalerie in Zukunft als Standardbetrachter für die gängigsten Fotoformate genutzt werden soll. Sie wird, wenn Sie das bestätigen, automatisch beim Doppelklick auf ein Foto anstelle des einfachen Bildbetrachters gestartet.

Bild 6.51: Festlegen der gängigen Bilddateiformate.

Die Windows Live Fotogalerie bietet eine eigene Verwaltung der Bilder auf dem Computer. Die Galerieansicht beim Start der Windows Live Fotogalerie zeigt alle Fotos in einer Baumstruktur.

Bild 6.52: Die Galerieansicht der Live Fotogalerie.

Bleibt der Mauszeiger eine kurze Zeit auf einem Bild, wird es vergrößert dargestellt. Mit dem Schieberegler links unten vergrößern oder verkleinern Sie die Ansicht der Vorschaubilder.

Um Bilder wiederzufinden, können Sie sie nach verschiedenen Kriterien gruppieren, und zwar unabhängig davon, in welchem Ordner auf der Festplatte sie sich befinden. Markieren Sie links einen Hauptordner und klicken Sie oben auf *Monat*. Wenn Sie jetzt einen Monat auswählen, werden alle Fotos in Unterordnern des markierten Ordners angezeigt, die in diesem Monat aufgenommen wurden.

6.7 Live Fotogalerie: die Bildverwaltung

Bild 6.53: Bilder in den Monatsordnern wiederfinden.

Die Galerie enthält in der Grundeinstellung nur Ordner unterhalb von *Eigene Bilder*, *Eigene Videos*, *Öffentliche Bilder* und *Öffentliche Videos*. Sie können allerdings, wenn Sie ein Bild aus einem anderen Ordner per Doppelklick aus dem Windows-Explorer heraus betrachten, dieses der Galerie hinzufügen. Die Schaltfläche links oben ändert sich und zeigt dann den Text *Ordner zur Galerie hinzufügen*.

Auf diese Weise können Sie alle Ordner, in denen Sie Fotos gesammelt haben, in die Galerie mit aufnehmen. Links in der Baumstruktur der Galerie finden Sie eine Liste aller erfassten Ordner. Ein Rechtsklick auf *Alle Fotos und Videos* bietet die Möglichkeit, weitere Ordner mit Fotos in die Galerie aufzunehmen. Mit einem Rechtsklick auf einen Ordner lässt sich dieser aus der Galerie auch wieder entfernen.

Bild 6.54: Ordner in der Bilderbibliothek.

Alle Fotos in neu hinzugefügten Ordnern werden automatisch auch in die Kategorien nach Aufnahmedatum und nach eventuell vorhandenen Beschriftungen einsortiert.

Bilder bewerten und verschlagworten

Die erweiterten Dokumenteigenschaften können dazu verwendet werden, Dateien zu ordnen und mit der neuen Windows-Suche aufzuspüren. Textdateien und Office-Dokumente ließen sich schon in früheren Windows-Versionen nach Stichwörtern resp. Schlagwörtern durchsuchen. In Windows 7 können Sie auch Bilder per Stichwortsuche finden. Voraussetzung dafür ist, dass Sie diese Stichwörter, auch als Markierungen bezeichnet, in die Dateieigenschaften eingetragen haben.

In der Windows Live Fotogalerie können Sie diese Markierungen vergeben. Wählen Sie alle Bilder aus, die eine Markierung erhalten sollen, und klicken Sie oben auf die Schaltfläche *Beschreibende Markierung*. Jetzt können Sie in der Seitenleiste rechts Markierungen auswählen und vergeben.

6.7 Live Fotogalerie: die Bildverwaltung

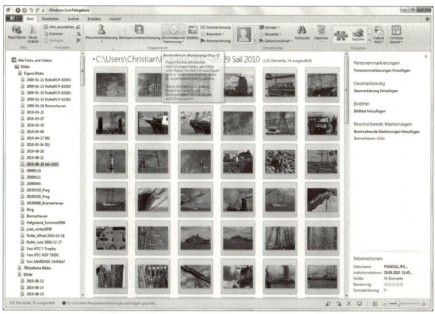

Bild 6.55: Markierungen in der Live Fotogalerie vergeben.

▶ In Bildern nach Stichwörtern suchen

Die Windows Live Fotogalerie filtert große Bildersammlungen nach den Markierungen. Schalten Sie dazu oben auf die Registerkarte *Suchen* um. Die Schaltfläche *Markierungen* zeigt alle verwendeten Markierungen. Hier können Sie die Bilder jetzt nach einzelnen Markierungen filtern.

Bild 6.56: Nach Markierungen filtern.

Wenn Sie in den Einstellungen der Windows Live Fotogalerie auf der Registerkarte *Allgemein* die Kontrollkästchen *Aufnahmedatum anzeigen* und *Beschreibende Markierung hinzufügen* einschalten, werden diese beiden Merkmale im *Navigationsbereich* der Galerieansicht ebenfalls angezeigt, sodass Sie Bilder auch hier danach filtern können.

6.7 Live Fotogalerie: die Bildverwaltung

Bild 6.57: Anzeige im *Navigationsbereich* der Live Fotogalerie.

Es ist ebenfalls möglich, auf der Registerkarte *Suchen* in der Windows Live Fotogalerie gezielt Bilder eines bestimmten Tages oder aus einem festgelegten Zeitraum zu finden.

Bild 6.58: Nach einem bestimmten Tag suchen.

▶ Bilder bewerten und schnell wiederfinden

In sehr großen Fotosammlungen hat man meist einige Lieblingsbilder, die man immer wieder verwendet, die große Masse der Bilder schaut man später dagegen nur noch selten an. Windows 7 bietet für diese Unterscheidung eine Bewertung mit 0 bis 5 Sternen an, die Sie jedem Bild zuordnen können, und zwar überall dort, wo die Sterne bei einer Datei angezeigt werden: in der Windows Live Fotogalerie, im Bildinformationsfenster des Windows-Explorers, im *Eigenschaften*-Dialog einer Datei und im Detailfenster des Explorers. Klicken Sie einfach auf die gewünschte Zahl von Sternen.

In der Windows Live Fotogalerie können Sie auf den Registerkarten *Start* und *Suchen* in der oberen Symbolleiste die Anzeige nach einer bestimmten Sternenzahl filtern. Es werden dann nur noch Fotos angezeigt, die genau eine bestimmte Anzahl von Sternen haben – oder auch z. B. drei Sterne und höher oder zwei Sterne und weniger, falls Sie besonders schlechte Bilder aussortieren wollen.

6.7 Live Fotogalerie: die Bildverwaltung

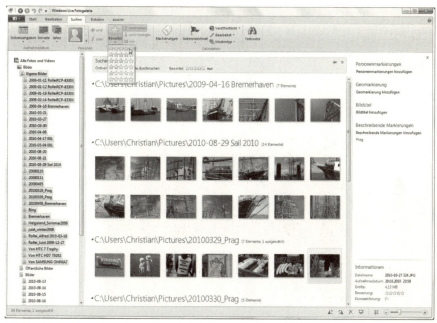

Bild 6.59: Anzeige nach der Anzahl der Sterne filtern.

Bilder in der Windows Live Fotogalerie bearbeiten

Die Festplatte ist voll von Bildern mit interessanten Motiven, aber nicht wenige Bilder lassen in Farbe, Kontrast oder Schärfe zu wünschen übrig. Wie Sie auch direkt in Windows 7 kleinere Bildkorrekturen vornehmen können, erfahren Sie jetzt. Denn die Windows Live Fotogalerie enthält einen Satz komfortabler Korrekturwerkzeuge sowie Funktionen für das Veröffentlichen der Bilder im Web.

▶ Zusätzliche Bildinformationen anzeigen lassen

Ein Doppelklick auf ein Foto öffnet das Bild in einem großen Fenster. Im rechten Teil der Bildanzeige sind zusätzliche Bildinformationen zu sehen. Hier finden Sie den Dateinamen, das Aufnahmedatum und die Bildgröße, die Bewertung und zusätzliche Kennzeichnungen, nach denen noch mal extra gefiltert werden kann. Die Schaltfläche *Markieren und beschriften* in der oberen Symbolleiste blendet dieses Informationsfenster auf Wunsch aus und wieder ein.

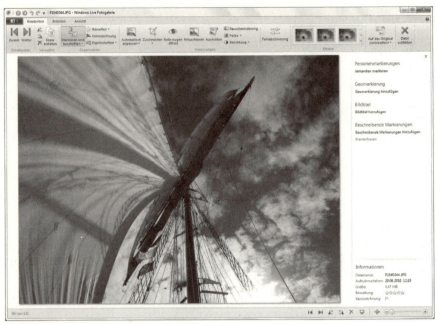

Bild 6.60: Einblenden zusätzlicher Bildinformationen (rechts).

Mit dem Link *Beschreibende Markierungen hinzufügen* rechts im Infofenster können Sie Stichwörter für die Suche festlegen. Alle bereits definierten Markierungen der Datei werden hier ebenfalls aufgelistet. Möchten Sie ein bestehendes Suchwort entfernen, klicken Sie rechts auf das kleine *x*-Symbol.

Außerdem können Sie noch einen Bildtitel hinzufügen oder den von der Kamera automatisch vergebenen Bildtitel sinnvoll überschreiben. Diese Bildtitel und auch die Markierungen können im Windows-Explorer in einer eigenen Spalte angezeigt und bearbeitet werden. Das Feld *Geomarkierung* dient dazu, einen Aufnahmeort einzutragen. Kameras mit GPS-Empfänger notieren diesen Ort automatisch.

▶ **Bildeigenschaften lassen sich nicht ändern?**

Nicht immer lassen sich an dieser Stelle Bildtitel und Markierungen eintragen oder Sterne vergeben. Sollte es nicht funktionieren, kann das folgende Gründe haben:

- **Das Bild ist schreibgeschützt:** Wenn das Bild in den Dateieigenschaften als schreibgeschützt gekennzeichnet ist oder sich auf einem schreibgeschützten

Datenträger wie zum Beispiel einer CD befindet, können keine Änderungen vorgenommen werden.

- **Falsches Dateiformat:** Bewertungen und Markierungen werden nur im JPEG-Format unterstützt. Bilder anderer Dateiformate können dennoch in der Galerieansicht der Windows Live Fotogalerie mit Markierungen versehen werden. Diese werden dann nicht in der Bilddatei, sondern in einer zentralen Datenbank abgelegt.

- **Das Bild liegt in einem Offlineverzeichnis:** Netzwerkverzeichnisse auf Computern, die zurzeit nicht verbunden sind, können unter bestimmten Voraussetzungen trotzdem angezeigt werden. In diesem Fall lassen sich die dort befindlichen Dateien aber nicht verändern.

▶ **So ändern Sie die Aufnahmezeit eines Fotos**

Die Uhren in Digitalkameras gehen nicht immer richtig. Außerdem stellt kaum jemand auf einer Reise die Uhr der Kamera auf die passende Zeitzone um, sodass viele Bilder eine falsche Aufnahmezeit enthalten.

Klicken Sie in den Bildinformationen auf das Datum oder die Uhrzeit eines Bilds, können Sie die Werte für die Aufnahmezeit nachträglich ändern.

Bild 6.61: Ändern der Aufnahmezeit.

Bilder automatisch optimieren

Die Windows Live Fotogalerie verfügt über eigene einfache Bearbeitungsfunktionen, um Bilder mit wenigen Klicks zu verbessern. Die Symbolleiste in der Einzelansicht eines Bilds zeigt diese Bearbeitungsfunktionen.

Wenn es nur darum geht, ein Bild einfach etwas besser aussehen zu lassen, als es aufgenommen wurde, bewirkt die automatische Optimierung oft Wunder. Hier werden Helligkeit und Farbwerte nach automatischen Algorithmen angepasst, um dem Bild mit nur einem Klick ein besseres Aussehen zu verpassen.

Im *Einstellungen*-Dialog für das automatische Anpassen legen Sie fest, welche Anpassungen automatisch vorgenommen werden sollen. Hier bestimmen Sie auch die Komprimierungsstufe für das Speichern des Bilds nach der automatischen Anpassung.

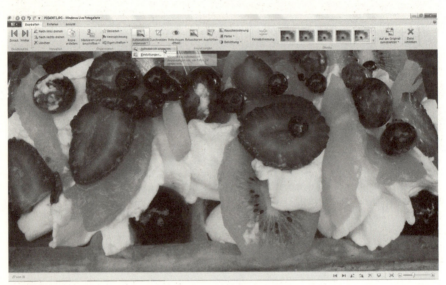

Bild 6.62: Durchführen einer automatischen Bildkorrektur.

▶ Schnell und einfach die Belichtung korrigieren

Gerade bei strahlendem Sonnenschein, in dem besonders helle Bilder entstehen müssten, haben Kompaktkameras oft Schwierigkeiten mit der Belichtung. Die Bilder werden trüb und dunkel. In vielen Fällen hilft hier schon die Funktion *Automatisch anpassen*. Die Windows Live Fotogalerie versucht anhand der Farb- und Kontrastwerte des Bilds, automatisch eine Belichtungs- und Farboptimierung durchzuführen. Dazu werden neben der vollautomatischen Belichtungsanpassung noch verschiedene Voreinstellungen zur Auswahl angeboten.

6.7 Live Fotogalerie: die Bildverwaltung

Bild 6.63: Belichtung eines Bilds automatisch anpassen.

Nicht immer bringt die automatische Korrektur den gewünschten Effekt. Mehr Einfluss kann man mit den Schiebereglern im Bereich *Belichtung anpassen* nehmen. Diese blenden Sie mit der Schaltfläche *Feinabstimmung* ein. Damit kann das ganze Bild stufenlos aufgehellt werden. Mit zunehmender Helligkeit gehen Kontraste verloren. Daher empfiehlt es sich, nach dem Aufhellen noch einmal die Kontraste zu verbessern. Die Helligkeit der besonders dunklen und hellen Flächen des Bilds lässt sich extra anpassen, was bei Aufnahmen im hellen Tageslicht besonders wichtig ist.

Bild 6.64: Manuelle Feinabstimmung vornehmen.

▶ Farben und Farbtemperatur anpassen

Zusätzlich zur Anpassung von Helligkeit und Kontrast bietet die Windows Live Fotogalerie auch noch Funktionen zur Anpassung von Farbton und Farbtemperatur. Das kleine Dreieck neben der Schaltfläche *Farbe* bietet verschiedene Voreinstellungen zur Auswahl.

Der Regler *Farbtemperatur* macht ein Bild scheinbar wärmer oder kälter. Dazu wird das gesamte Farbspektrum in Richtung Blau oder Rot verschoben. Tageslichtaufnahmen erscheinen oft zu blau, Kunstlichtaufnahmen zu gelb. Das lässt sich über die Farbtemperatur ausgleichen. Schiebt man den Regler bei einer Tageslichtaufnahme weit nach rechts, lässt sich damit der Effekt eines alten Gemäldes erzielen.

6.7 Live Fotogalerie: die Bildverwaltung

Bild 6.65: Noch detaillierter kann ein Bild mit den Reglern im Bereich *Farbe anpassen* auf der Feinabstimmungspalette optimiert werden.

Der Regler *Farbton* verschiebt das gesamte Farbspektrum des Bilds. Realistische Werte liegen meistens im mittleren Bereich.

Stellen Sie über den Regler *Sättigung*, je nach Farbqualität des Bilds, einen realistischen Wert ein. Die schwächste Sättigung macht aus einem Farbfoto ein Graustufenbild, die stärkste Sättigung sieht verfremdet und unrealistisch aus – wie ein amerikanisches NTSC-Fernsehbild.

▶ **Bearbeitungsschritte wieder rückgängig machen**

Haben Sie keine Angst, ein wertvolles Bild zu zerstören, jeder Bearbeitungsschritt lässt sich einzeln wieder zurücknehmen. Alle Veränderungen können mit der Schaltfläche *Rückgängig* ganz oben links wieder zurückgenommen werden. Änderungen werden sofort wirksam, brauchen also nicht extra gespeichert zu werden. Wurde das Bild gespeichert und die Galerie verlassen, lässt es sich beim erneuten Öffnen nur noch auf das Original zurücksetzen, nicht mehr auf die einzelnen Bearbeitungsschritte. Klicken Sie dazu rechts oben auf *Auf das Original zurücksetzen*. Die Originale werden in einem eigenen Verzeichnis gespeichert.

Bilder mit schiefem Horizont gerade ausrichten

Vor allem Landschaftsbilder und Aufnahmen am Meer wirken unprofessionell, wenn der Horizont auf dem Foto nicht waagerecht ist. Das fällt besonders unangenehm bei Wasserflächen auf. Die Funktion *Foto ausrichten* auf der Feinabstimmungspalette legt ein Gitternetz über das Bild. Daran kann es jetzt leicht mit dem Schieberegler horizontal oder vertikal ausgerichtet werden. Die Schaltfläche *Ausrichten* oben in der Mitte versucht, anhand kontraststarker Linien ein Bild automatisch auszurichten.

Bild 6.66: Den Horizont gerade ausrichten.

Leuchtend rote Pupillen wieder korrigieren

Auf Fotos, die mit Blitzlicht aufgenommen wurden, erscheinen die Pupillen in den Augen der fotografierten Personen oft leuchtend rot. Die Windows Live Fotogalerie bietet ebenfalls eine Funktion, rote Augen nachträglich zu korrigieren.

Dazu klicken Sie auf die Schaltfläche *Rote Augen korrigieren* und ziehen mit gedrückter Maustaste ein rechteckiges Feld rund um das rote Auge. Wenn Sie die Maustaste loslassen, ist das rote Auge bereits korrigiert.

6.7 Live Fotogalerie: die Bildverwaltung

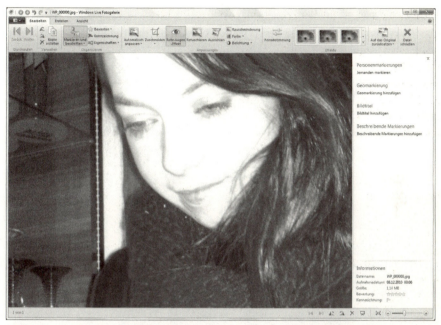

Bild 6.67: Rote Augen einfach korrigieren.

Der Rote-Augen-Effekt entsteht immer dann, wenn das Blitzlicht fast in der optischen Achse des Kameraobjektivs strahlt. Das ist bei allen Kameras mit eingebautem Blitz der Fall. Verwendet man externe Blitzlichter, die schräg zur optischen Achse auf die Person leuchten, gibt es keine roten Augen. Die roten Augen entstehen durch direkte Reflexion des Blitzlichts an der roten Netzhaut im Inneren des Auges, wenn das reflektierte Licht durch die Pupille wieder zurück auf die Kamera fällt.

Wirkungsvolle Ausschnittvergrößerungen

Auf manchen Bildern ist nur ein Teilbereich wirklich interessant. Darum herum sieht man z. B. öde Landschaften oder sogar störende Objekte, die besser nicht mit fotografiert worden wären, wie zum Beispiel Personen, die ins Bild gerannt sind. Die Windows Live Fotogalerie besitzt eine komfortable Funktion, die dazu dient, aus einem Bild einen Teilbereich auszuschneiden.

Klicken Sie dazu in der Bildansicht der Windows Live Fotogalerie auf die Schaltfläche *Zuschneiden*. Es erscheint ein rechteckiger Ausschnitt, markiert mit einem Raster. Sie können die Größe des Bildausschnitts jederzeit ändern, indem Sie auf die Ecken klicken und daran ziehen. Klicken Sie in den Bildausschnitt, können Sie ihn durch Ziehen mit der Maus auf dem Bild verschieben.

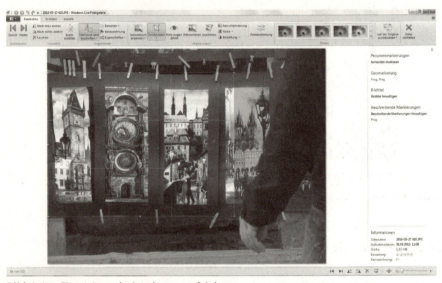

Bild 6.68: Einen Ausschnittrahmen aufziehen.

In der Liste *Proportion* können Sie ein Seitenverhältnis für den neuen Bildausschnitt wählen. Diese Seitenverhältnisse orientieren sich an den gängigen Formaten für Papierbilder aus Fotolaboren.

Der Menüpunkt *Bild drehen* unterhalb der *Zuschneiden*-Schaltfläche wechselt für den Ausschnitt zwischen Querformat und Hochformat. Ein weiterer Klick auf die Schaltfläche *Zuschneiden* oder die Wahl des Menüpunkts *Zuschneiden anwenden* schneidet das Bild auf den gewählten Ausschnitt zu.

6.7 Live Fotogalerie: die Bildverwaltung

Bild 6.69: Den ausgewählten Bildausschnitt zuschneiden.

Bilder von der Digitalkamera importieren

Schließt man die Digitalkamera an den Computer an, werden beim ersten Anschluss automatisch die passenden Treiber installiert. Danach verhält sich die Kamera wie ein Wechseldatenträger. Für die komfortable Übertragung der Fotos auf den Computer bietet die Live Fotogalerie einen Assistenten zum Import der Bilder von der Kamera.

Um den Akku der Kamera zu schonen, ist es besser, die Bilder nicht direkt von der Kamera auszulesen, sondern die Speicherkarte aus der Kamera zu nehmen und die Bilder dann mithilfe eines Kartenlesegeräts am PC auszulesen. Die Importfunktion kann auch bei dieser Methode verwendet werden.

▶ **Einstellungen nach dem Anschluss der Kamera**

Beim Anschluss einer Digitalkamera an den USB-Anschluss erscheint das Dialogfeld *Automatische Wiedergabe* mit einer Auswahl an Möglichkeiten dazu, was mit den Bildern auf der Kamera geschehen soll. Sie können sie importieren, also auf den PC kopieren, und bei Bedarf in der Kamera wieder freien Speicherplatz schaffen. Natürlich können Sie die Bilder auch direkt von der Kamera betrachten, dann muss allerdings jedes Mal beim Blättern zwischen zwei Bildern das neue Bild über die vergleichsweise langsame Kabelverbindung von der Kamera übertragen werden. Sinnvoller ist es, die Bilder erst auf den PC zu übertragen und sie dann dort anzusehen.

Bild 6.70: Bilder in die Live Fotogalerie importieren.

Die Auswahl *Bilder und Videos importieren* startet die Importfunktion. Im ersten Dialogfeld des Assistenten können Sie entscheiden, ob Sie alle Bilder der Kamera importieren möchten oder bestimmte Bilder vorher auswählen wollen. Falls Sie alle Bilder importieren, können Sie den importierten Bildern eine Markierung zuweisen, unter der die Bilder später zu finden sind.

Bild 6.71: Windows findet neue Fotos.

Der Link *Weitere Optionen* öffnet ein Dialogfeld, in dem sich detaillierte Einstellungen zum Bilderimport vornehmen lassen. Hier legen Sie fest, in welchen Ordner die Bilder importiert werden und wie sich die neuen Dateinamen zusammensetzen.

6.7 Live Fotogalerie: die Bildverwaltung

Diese können automatisch aus Aufnahmedatum und der beim Import angegebenen Beschriftung gebildet werden. Sie können auch angeben, dass importierte Bilder automatisch von der Kamera gelöscht werden, um dort freien Speicherplatz zu schaffen.

Bild 6.72: Anpassen der Importeinstellungen.

Eine wichtige Funktion ist *Fotos beim Importieren drehen*. Dadurch werden Bilder anhand der gespeicherten EXIF-Daten automatisch gedreht. Ein senkrecht aufgenommenes Bild wird also auch senkrecht auf dem PC gespeichert. Viele Kameras haben dazu einen Lagesensor, der bei der Aufnahme die Haltung der Kamera erkennt und das entsprechende Format – Hoch- oder Querformat – in die Bilddatei schreibt. Bestätigen Sie den Dialog anschließend mit *OK*.

▶ Ordnernamen festlegen und Bilder auswählen

Ordnernamen werden sinnvollerweise auf Basis des Datums erstellt. Hier können Sie zwischen Importdatum und Aufnahmedatum wählen. Letzteres ist meistens sinnvoller, vorausgesetzt, die Uhr in der Kamera ging zum Aufnahmezeitpunkt richtig. Wenn Sie Ordner nach Datum anlegen, ob automatisch oder manuell, sollten Sie immer zuerst die Jahreszahl, dann den Monat und als Letztes den Tag angeben. Auf diese Weise werden die Ordner bei alphanumerischer Sortierung im Explorer oder der Windows Live Fotogalerie automatisch chronologisch angeordnet. Bei der klassischen europäischen Datumsbezeichnung würden die Ordner zunächst nach dem Tag, beginnend mit dem 1. eines Monats, sortiert, unabhängig von Monat und Jahr.

Die Windows Live Fotogalerie zeigt automatisch die auf der Kamera vorhandenen Bilder in übersichtlichen Gruppen an und bietet vor dem Import die Möglichkeit, bestimmte Gruppen oder sogar einzelne Bilder auszuwählen.

Bild 6.73: Bilder zum Import auswählen.

Nach dem Import, der je nach Anzahl und Größe der Bilder einige Minuten dauern kann, wird der Windows-Explorer automatisch gestartet, und die importierten Bilder werden angezeigt. Sie finden sie ebenfalls in der Windows Live Fotogalerie unter dem gewählten Namen des Importverzeichnisses.

Windows ist in der Lage, sich zu merken, welche Bilder bereits importiert wurden, und importiert beim nächsten Mal, wenn dieselbe Kamera angeschlossen wird, nur noch neue Bilder.

6.7 Live Fotogalerie: die Bildverwaltung   307

Bild 6.74: Importierte Fotos in der Windows Live Fotogalerie.

Diashows aus der Live Fotogalerie

Für eine Diashow auf dem Bildschirm waren früher immer zusätzliche Programme nötig. Die Windows Live Fotogalerie liefert eine komfortable Funktion zur Diashow mit. Mit der Taste [F12] oder der Schaltfläche *Diashow* können Sie direkt aus der Fotogalerie heraus eine automatische Diashow starten. Alle Bilder im aktuellen Ordner werden nacheinander angezeigt. Um den Bildeindruck nicht zu stören, werden alle weiteren Bildschirmelemente und auch der Mauszeiger ausgeblendet.

▶ **Diashow mit Maus oder Tastatur steuern**

Bei einer Mausbewegung werden Steuerelemente eingeblendet. Hiermit können Sie die Diashow anhalten, ein Bild vor- oder zurückblättern, die Geschwindigkeit ändern oder die Diashow ganz beenden.

Oben im Menü *Designs* können verschiedene Übergangs- und Darstellungseffekte für die Bilder ausgewählt werden. Hier können Sie die Diashow auch bei YouTube,

Facebook oder Windows Live SkyDrive veröffentlichen oder einen Film daraus generieren.

Bild 6.75: Spezielle Übergangs- und Darstellungseffekte wählen.

Statt mit der Maus lässt sich eine laufende Diashow noch einfacher mit der Tastatur steuern.

Tasten	Wirkung
↑ , ← oder Bild↑	Ein Bild zurück.
↓ , → oder Bild↓	Ein Bild vor.
Leertaste	Pause.
Esc	Diashow beenden.

Bilder auf Papier ausdrucken

Fotos auszudrucken, lohnt sich bei den extrem günstigen Preisen von Onlinefotodiensten eigentlich nicht mehr. Jeder gute Farbdrucker zu Hause produziert mehr

6.7 Live Fotogalerie: die Bildverwaltung

Kosten für Tinte und Papier. Trotzdem kommt es immer wieder vor, dass man schnell ein Foto oder auch nur einen einfachen Ausdruck auf einem kostengünstigen Schwarz-Weiß-Laserdrucker braucht. Die Windows Live Fotogalerie bietet dazu eine komfortable Druckfunktion, mit der Sie ein oder auch mehrere Bilder auf einer Seite ausdrucken können.

▶ Bilder, Papiergröße und Layout auswählen

Die Druckfunktion starten Sie über das Menü oder mit der Tastenkombination [Strg]+[P]. Wenn Sie diese Funktion aus der Galerieansicht aufrufen, können Sie bei Bedarf mehrere Bilder auswählen, die dann alle gedruckt werden. Mehrere Bilder gleichzeitig lassen sich in der Galerieansicht wählen, indem Sie einfach jeweils ein Häkchen oben links bei den gewünschten Bildern setzen. Diese werden dann markiert und in die Druckauswahl übernommen.

Wählen Sie oben im *Bilder drucken*-Dialog den gewünschten *Drucker* sowie *Papiergröße* und *Qualität* (Druckauflösung) aus. In der rechten Spalte können Sie festlegen, wie viele Bilder auf einer Seite ausgedruckt werden sollen. Nachdem Sie das gewünschte Layout eingestellt haben, wird automatisch angezeigt, wie viele Druckseiten sich entsprechend der gewählten Anzahl an Fotos daraus ergeben.

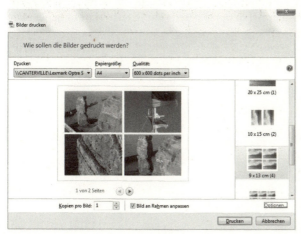

Bild 6.76: Druckeinstellungen festlegen.

Mit dem Feld *Kopien pro Bild* können Sie einzelne Bilder mehrfach auf einem Blatt ausdrucken oder auch mehrfach nacheinander, wenn das Layout *Ganzseitige Fotos* gewählt wurde.

Das Kontrollkästchen *Bild an Rahmen anpassen* sorgt dafür, dass das Foto den zur Verfügung stehenden Platz voll ausnutzt und keine weißen Ränder an den Seiten entstehen. Dafür muss man allerdings eine minimale Verzerrung in Kauf nehmen, wenn das Seitenverhältnis des Fotos nicht mit dem des Blatts übereinstimmt.

Die Schaltfläche *Drucken* startet anschließend den Ausdruck der Bilder auf dem ausgewählten Drucker.

Bildabzüge günstig im Onlinefotolabor bestellen

Eine viel bessere Bildqualität zu günstigeren Preisen bekommt man, wenn man Fotos nicht selbst druckt, sondern bei einem der zahlreichen Onlinefotodienste bestellt, die die Bilder in professioneller Qualität auf Fotopapier drucken. Die Windows Live Fotogalerie bietet eine direkte Schnittstelle zu diversen solcher Fotodienste, sodass man die Bilder nicht mühsam über Webbrowser einzeln hochladen muss.

▶ Fotolabor wählen, Format festlegen und bestellen

Wählen Sie die gewünschten Fotos in der Galerieansicht aus und klicken Sie dann auf der Registerkarte *Erstellen* auf *Abzüge bestellen*. Im nächsten Dialogfeld können Sie aus einer Liste bekannter Fotodienste einen auswählen, mit dem Sie schon gute Erfahrungen gemacht haben oder bei dem Sie bereits ein Benutzerkonto haben. Die Liste der hier angezeigten Fotoanbieter kann variieren.

Bild 6.77: Auswahl eines Fotolabors.

6.7 Live Fotogalerie: die Bildverwaltung

Beim Klick auf *Bilder senden* erscheint noch ein Datenschutzhinweis, den Sie aber für zukünftige Fotobestellungen ausblenden können. Danach wird die Startseite des jeweiligen Fotolabors angezeigt, auf der Sie sich anmelden müssen und zwischen Fotos, Fotobüchern sowie anderen Fotoartikeln auswählen können. Diese sieht bei jedem Fotoanbieter etwas anders aus. Nach der Anmeldung werden die Fotos zum Fotolabor hochgeladen, was je nach Anzahl der Bilder einige Minuten dauern kann.

Auch die folgenden Schritte können je nach ausgewähltem Fotolabor unterschiedlich sein, sind aber prinzipiell immer ähnlich. Sie wählen Größe und Anzahl der Fotos aus, meistens können Sie auch noch eine automatische Qualitätsoptimierung einschalten.

Bild 6.78: Format festlegen und Abzüge bestellen.

▶ **Bestellung abschließen und bezahlen**

Danach folgt der übliche Anmeldevorgang zur Bezahlung, außerdem müssen Sie natürlich Ihre Adresse für den Postversand angeben oder – was meistens deutlich kostengünstiger ist – eine Filiale der entsprechenden Ladenkette wählen, in der Sie die Bilder vor Ort abholen können.

Fotos im Web veröffentlichen

Natürlich kann man Urlaubsfotos an zu Hause gebliebene Freunde per E-Mail verschicken, aber auf die Dauer ist das doch sehr mühsam, besonders wenn man vielen Leuten Bilder schicken möchte. Viel einfacher ist es, die Fotos auf einer eigenen Website zu veröffentlichen. Man braucht dann nur noch einen Link zu verschicken, und alle Bekannten können sich die Bilder im Webbrowser ansehen. Statt einer E-Mail reicht sogar ein einfacher Hinweis per Telefon, SMS oder altmodischer Postkarte: »Alles Weitere findest du auf meiner Webseite unter www ...«

Windows Live bietet eine besonders einfache Form, ohne HTML-Kenntnisse, Server oder aufwendige Technik Texte und Bilder im Internet zu veröffentlichen. Als Benutzer braucht man sich auch um die Struktur und Navigation innerhalb der Seite nicht zu kümmern. Neue Einträge werden automatisch auf die persönliche Startseite gestellt. Über die Kommentarfunktion können Besucher Bilder kommentieren und so mit dem Autor in Kontakt treten. Den notwendigen Serverplatz (Webspace) stellt Microsoft unter dem Namen SkyDrive kostenlos zur Verfügung.

▶ **Live-Anmeldung und Fotoalbum auswählen**

Wählen Sie in der Galerieansicht der Windows Live Fotogalerie die gewünschten Bilder aus und klicken Sie dann in der oberen Symbolleiste unter *Veröffentlichen* auf das SkyDrive-Symbol. Spätestens jetzt müssen Sie sich mit Ihrer Windows Live ID anmelden, wenn Sie nicht bereits angemeldet sind. Die Windows Live Fotogalerie zeigt oben rechts den gerade angemeldeten Benutzer. Diese Live ID haben Sie sicher bereits für andere Windows Live-Dienste gebraucht. Wenn Sie mehrere Live IDs haben, können Sie auch eine andere wählen.

Im nächsten Schritt legen Sie einen Namen für das neue Onlinealbum fest. Es erscheint unter Ihren Fotoalben auf Ihrem Windows Live SkyDrive. Haben Sie bereits Onlinefotoalben veröffentlicht, werden diese zur Auswahl mit angezeigt, sodass Sie weitere Fotos in ein bestehendes Album einfügen können.

6.7 Live Fotogalerie: die Bildverwaltung

Bild 6.79: Bei Windows Live anmelden.

Legen Sie darüber hinaus fest, wer das Fotoalbum sehen darf: nur Sie selbst, alle Freunde, nur Freunde, die in Windows Live eigens eingeladen wurden, oder jeder im Internet.

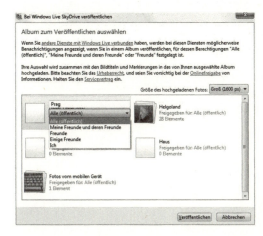

Bild 6.80: Album zur Veröffentlichung auswählen.

Oben rechts bei *Größe des hochgeladenen Fotos* stellen Sie ein, in welcher Auflösung die Bilder hochgeladen werden sollen. Fotos in voller Auflösung der Digitalkamera hochzuladen, ist sinnlos, da das nur lange dauert und viel Speicherplatz wegnimmt. Der von Microsoft zur Verfügung gestellte Speicherplatz ist zwar großzügig bemessen, aber dennoch begrenzt. Die Größe von 1.600 Pixeln reicht zur Darstellung auf jedem Monitor aus. Bei kleineren Bildschirmen werden die Fotos automatisch skaliert. Die kleine Größe von 600 Pixeln ist besonders für Weblogs geeignet.

▶ **Bilder hochladen und online betrachten**

Nach einem Klick auf *Veröffentlichen* werden die Fotos hochgeladen, was je nach Anzahl und Auflösung einige Minuten dauern kann. Sind alle Fotos hochgeladen, zeigt die abschließende Meldung gleich einen Link an, der dahin verweist, wo man sein neues Onlinefotoalbum ansehen kann.

Bild 6.81: Hochladen der Bilddateien.

Das neue Fotoalbum wird auch auf der eigenen Windows Live-Profilseite angezeigt. Eine Übersichtsseite präsentiert alle Bilder. Ein Klick auf ein Bild öffnet dieses im Großformat und liefert weitere Informationen. Hier können Ihre Besucher auch Kommentare hinterlassen.

6.7 Live Fotogalerie: die Bildverwaltung 315

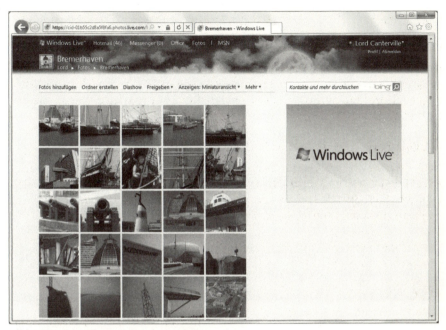

Bild 6.82: Fotoalbum online betrachten.

Windows Live bietet ebenfalls eine Diashowfunktion an. Schalten Sie den Browser in den Vollbildmodus, haben Sie eine Onlinediashow ohne störende Elemente, vergleichbar mit der Diashowfunktion der Windows Live Fotogalerie.

Bild 6.83: Diashow im Browser.

7 Anwendungsprogramme und Spiele

Windows ist ein Betriebssystem. Es ist für den Betrieb des PCs und die Kommunikation mit allen Hardware- und Softwarekomponenten verantwortlich. Nach dieser Definition müsste das System nur aus sogenannten Systemprogrammen bestehen. Diese werden entweder selbsttätig oder nur indirekt gestartet. Dazu gehören z. B. das automatisch konfigurierte Startmenü und der schon beschriebene Windows-Explorer. Microsoft liefert aber zusammen mit dem Betriebssystem einige kleine Anwendungsprogramme aus, die das Arbeiten mit Ihrem PC erst ermöglichen. Sie finden die Programme im Startmenü unter *Alle Programme/Zubehör*. Eine Auswahl der wichtigsten in Windows 7 vorinstallierten Programme lernen Sie jetzt kennen.

7.1 Editor: für reine Textdateien

Beim Editor handelt es sich um ein sehr einfaches Programm zum Anzeigen, Erstellen und Bearbeiten reiner Textdateien. Sie finden den Editor im Startmenü unter *Alle Programme/Zubehör*. Er wird standardmäßig mit einem Doppelklick auf eine TXT-Datei gestartet. Im Editor können Sie theoretisch jede Datei öffnen und anschauen. Ein sinnvolles Ergebnis sehen Sie allerdings nur bei Textdateien, die Sie an der Dateinamenserweiterung *.txt* erkennen. In diesen Dateien gibt es weder Formatierungen für Überschriften, Schriftarten oder Textverweise, noch enthalten sie Bilder. Nach dem Start des Editors sehen Sie einen leeren Bildschirm mit einer Menüzeile und den folgenden Menüs:

Bild 7.1: Eine geöffnete Textdatei im *Editor*.

Grundlegende Arbeitsweise im Editor

Über das Menü *Datei* können Sie neue Dateien anlegen und bestehende Dateien öffnen, speichern oder ausdrucken. Außerdem kann für das Drucken das Aussehen der Druckseite eingerichtet werden.

Zum Öffnen einer Datei über das Menü, oder auch mit der Tastenkombination [Strg]+[O], können Sie sich im *Öffnen*-Fenster wie im Windows-Explorer durch den Verzeichnisbaum bewegen und die gewünschte Datei heraussuchen. Im unteren Teil ist als Dateityp die Endung *.txt* eingestellt. Den Typ können Sie im Listenfeld unten rechts mit Klick auf den Eintrag *Alle Dateien* ändern, sodass auch Dateien mit anderen Endungen angezeigt werden, sollten Sie zum Beispiel HTML-Dateien mit dem Editor bearbeiten wollen.

Beim Speichern einer neuen Datei, auch mit der Tastenkombination [Strg]+[S], werden Sie immer gefragt, wohin gespeichert werden soll. Dabei müssen Sie ebenfalls einen Namen angeben. Eine geöffnete Datei wird immer an die alte Stelle mit dem gleichen Namen gespeichert. Mit *Speichern unter* können Sie den Speicherort genau angeben und auch den Namen ändern. Hier wird standardmäßig immer die Dateierweiterung *.txt* angehängt.

Beim Drucken, auch mit [Strg]+[P], müssen Sie zuerst einen Drucker auswählen. Wenn Sie Ihre Ergebnisse schwarz auf weiß nach Hause tragen wollen, stellen Sie natürlich einen realen Drucker ein. Alternativ können Sie den Druck auch in eine Datei umleiten. Vor dem Drucken können Sie noch die Seite einrichten. Diese Einstellungen bestimmen das Aussehen des Ausdrucks auf dem Papier. Einen ähnlichen Dialog finden Sie in fast allen Windows-Programmen.

7.1 Editor: für reine Textdateien

Unter *Papier* steht Ihnen eine Vielzahl von Einstellungen zur Verfügung. Die *Quelle* (des Druckerpapiers) ist vom Drucker abhängig. Die *Ränder* stellen Sie in Millimetern ein. Die *Vorschau* zeigt das ungefähre Aussehen des Drucks.

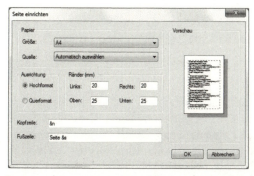

Bild 7.2: Eine Seite im Editor einrichten.

Kopf- und Fußzeile werden auf jedem Blatt gedruckt. Hier können Sie beliebigen Text eintragen. Für einige Informationen gibt es vordefinierte Befehle:

Kopf- und Fußzeile formatieren	
Befehl	**Wirkung**
&n	Dateiname.
&d	Aktuelles Datum.
&u	Aktuelle Uhrzeit (Systemzeit).
&s	Seitenzahl, auf das jeweilige Blatt bezogen.
&&	Kaufmännisches Und (&).
&l	Kopfzeile linksbündig ausrichten.
&c	Kopfzeile zentriert ausrichten.
&r	Kopfzeile rechtsbündig ausrichten.

Im Editor gibt es die bei Windows üblichen Bearbeitungsfunktionen *Rückgängig* [Strg]+[Z], *Ausschneiden* [Strg]+[X], *Kopieren* [Strg]+[C], *Einfügen* [Strg]+[V] und *Löschen* [Entf]. Mit den wichtigen Funktionen *Suchen* [Strg]+[F] und *Ersetzen* [Strg]+[H] können Sie schnell eine bestimmte Textstelle finden und diese auch durch etwas anderes ersetzen. Nach einer Fundstelle können Sie mit [F3] weitersuchen.

Wenn Sie einen Teil des Texts bearbeiten wollen, müssen Sie ihn zuerst markieren. Dazu haben Sie zwei Möglichkeiten:

- Sie setzen den Cursor vor das erste Zeichen des zu markierenden Texts. Halten Sie dann die ⃞Umschalt⃞-Taste gedrückt und führen Sie den Cursor mit den Pfeiltasten oder mit der Maus an das Ende des zu markierenden Texts. Der markierte Teil wird jetzt durch einen anderen Farbhintergrund dargestellt.
- Schneller geht es, wenn Sie den zu markierenden Text mit gedrückter linker Maustaste überstreichen.

Mit dem Menüpunkt *Bearbeiten/Uhrzeit Datum* oder der ⃞F5⃞-Taste können Sie die aktuelle Uhrzeit und das Datum an der Cursorposition einfügen. Wenn Sie dieselbe Datei häufig ändern müssen, können Sie eine Art Logbuch führen lassen. Geben Sie dazu am linken Rand der ersten Zeile eines Editor-Dokuments folgende Anweisung mit einem Punkt davor ein:

.LOG

Anschließend speichern Sie die Datei. Bei jedem Öffnen des Dokuments übernimmt der Editor die Systemzeit und das Systemdatum von der PC-Uhr und fügt beides am Ende des Dokuments an.

Bild 7.3:
Die Logfunktion im Editor.

Begrenzte Formatierungsmöglichkeiten

Die Formatierungsmöglichkeiten des Editors sind sehr eingeschränkt. Dafür ist die Länge einer Zeile fast unbegrenzt. Bei 1.024 Zeichen in einer Zeile ist allerdings Schluss. Dann wird zwangsweise eine neue Zeile begonnen. Sie können mit der ⃞Enter⃞-Taste jederzeit eine neue Zeile beginnen. Wenn Sie die Funktion *For-*

mat/Zeilenumbruch einschalten, passt sich der Zeilenumbruch genau an die Fensterbreite an. Es wird aber kein Zeilenendezeichen in die Datei eingefügt.

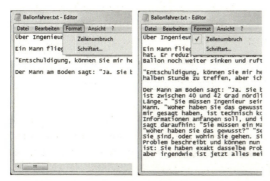

Bild 7.4: Zeilenumbruch im Editor.

Mit *Bearbeiten/Gehe zu* können Sie zu einer bestimmten Zeilennummer im Text springen. Dieser Befehl funktioniert allerdings nur, wenn der automatische Zeilenumbruch ausgeschaltet ist.

Mit der Funktion *Format/Schriftart* können Sie die *Schriftart*, den *Schriftschnitt* (fett oder kursiv) und die *Größe* beeinflussen. Die ausgewählte Schriftart wird in einem Vorschaufenster angezeigt.

Bild 7.5: Schriftarten zur Darstellung im Editor einstellen.

Die eingestellte Schriftart gilt nicht wie bei einer Textverarbeitung für die Markierung, sondern immer für das ganze Dokument. Sie wird auch nicht im Dokument, sondern in den Editor-Einstellungen gespeichert. Reine Textdokumente kennen keine Schriftformatierung.

7.2 Post-it: Kurznotizen auf dem Desktop

Viele Leute kleben sich die beliebten gelben Klebezettel auf den Monitor, um irgendetwas immer im Blick zu haben und nicht zu vergessen. Windows 7 legt jetzt eine kleine Anwendung bei, mit der sich solche Notizen virtuell auf den Bildschirm kleben lassen.

Bild 7.6: Kurznotizen auf dem Bildschirm.

Eine Kurznotiz können Sie direkt beschreiben oder Text aus der Zwischenablage in die Notiz einfügen. Ein Klick mit der rechten Maustaste blendet ein Menü ein, in dem sich die Farbe des Notizzettels verändern lässt. Die Notizzettel können mit der Maus frei auf dem Bildschirm bewegt werden, wenn man sie im oberen etwas dunkleren Bereich anfasst. Wie bei normalen Fenstern lässt sich durch Anfassen an den Rändern die Größe verändern. Ein Klick auf das Pluszeichen oben links erstellt eine neue Notiz, ein Klick auf das *x* oben rechts löscht die Notiz.

7.3 WordPad: Textverarbeitung ganz einfach

WordPad ist ein Textverarbeitungsprogramm, das weit über die Möglichkeiten des Editors hinausgeht, aber nicht die Komplexität kommerzieller Textverarbeitungsprogramme wie z. B. Microsoft Word hat. Sie finden WordPad im Startmenü unter *Alle Programme/Zubehör/WordPad*.

7.3 WordPad: Textverarbeitung ganz einfach

Nach dem Start sehen Sie einen leeren Bildschirm mit einer Symbolleiste und einem Lineal. Zusätzlich befindet sich am unteren Rand noch eine Statusleiste. Werden diese Leisten nicht angezeigt, können Sie sie auf der Registerkarte *Ansicht* einzeln ein- und auch wieder ausschalten. Die Benutzeroberfläche von WordPad wurde mit Windows 7 erstmals in der Windows-Geschichte grundlegend überarbeitet und dabei an das Design von Office 2007 angepasst.

Bild 7.7: Text in WordPad.

Einfache Texte erstellen

Auf dem leeren Bildschirm können Sie sofort Ihren Text oder Brief beginnen. Der dünne, senkrechte Strich ist die Schreibmarke, auch Cursor genannt. Er zeigt an, wo ein getippter Buchstabe erscheinen würde. Mit jedem Tastendruck wandert er um eine Stelle weiter. Schreiben Sie wie auf einer Schreibmaschine, aber benutzen Sie am Zeilenende nicht den Wagenrücklauf [Enter]. Wenn ein Wort nicht mehr ganz auf die Zeile passt, bringt es WordPad automatisch an den Anfang der nächsten Zeile. Die [Enter]-Taste erzeugt einen neuen Absatz. [Umschalt]+[Enter] erzeugt eine neue Zeile ohne neuen Absatz. Wenn Sie die Schreibmarke mit dem Cursor an einer anderen Stelle im Text platzieren, wird dort weitergeschrieben.

Das Lineal oben zeigt mit der hellen Fläche den beschreibbaren Bereich des Dokuments an. Es ist standardmäßig in Zentimeter eingeteilt. Die Ränder können Sie über den Menüpunkt *Seite einrichten* verändern. Das Menü erreichen Sie mit einem Klick auf das Symbol oben links in der Ecke des WordPad-Fensters neben der Registerkarte *Start*.

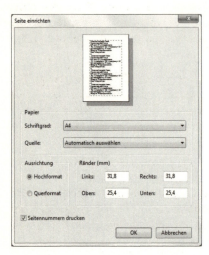

Bild 7.8: Einstellungen im Dialogfeld *Seite einrichten*.

Die kleinen, dachförmigen Symbole auf dem Lineal markieren den für den aktuellen Absatz gültigen Zeilenanfang sowie das Zeilenende und können mit der Maus verschoben werden. Das umgekehrte Dach am oberen Rand des Lineals markiert den Beginn der ersten Zeile eines Absatzes. So können Sie die erste Zeile eines Absatzes ein- oder ausgerückt beginnen lassen. Der Zeilenumbruch beginnt immer an dem rechten Symbol.

Tabulatoren werden durch kleine, schwarze Haken im Lineal angezeigt. Sie gelten immer nur für einen Absatz und werden durch Betätigen der `Tab`-Taste erzeugt. Durch einen Klick in das Lineal werden sie dort platziert und können noch mit der Maus verschoben werden. Eine gestrichelte, senkrechte Linie zeigt die Position relativ zum Text an. Wird ein Tabulator nicht benötigt, ziehen Sie ihn mit der Maus aus dem Lineal in das Textfenster. Wenn Sie in einem Absatz Tabulatoren gesetzt haben, werden sie durch Drücken der `Enter`-Taste in den nächsten Absatz übernommen.

Befehle im WordPad-Menü

Das WordPad-Menü enthält Befehle zum *Öffnen*, *Speichern* und *Drucken* von Dateien. Beim Öffnen und Speichern können Sie unter mehreren Dateitypen auswählen. WordPad konnte schon immer die Dateiformate RTF und TXT lesen und schreiben. Im Gegensatz zu früheren WordPad-Versionen unterstützt die aktuelle Version die Formate DOC von Microsoft Word und WRI von Microsoft Write nicht mehr. Neu ist dafür in Windows 7 die Unterstützung für die Dateiformate DOCX aus Office 2007/2010 sowie ODT aus den kostenlosen Office-Paketen OpenOffice.org und LibreOffice.

Im Menü werden zusätzlich immer die letzten geöffneten Dateien angezeigt. Ein Klick auf eine der Dateien öffnet diese sofort. Interessant ist auch der Befehl *Senden*. Er öffnet das Fenster Ihres E-Mail-Programms, und Sie müssen nur noch den Empfänger, den Betreff und einen Begleittext eintragen – ab geht die Post.

Funktionen im Register Start

Auf der Registerkarte *Start* finden Sie Funktionen und Befehle für die schnelle Formatierung Ihrer Dokumente. Wenn Sie mit dem Cursor einen Augenblick auf einem Symbol verweilen, wird ein kurzer Erklärungstext dazu angezeigt.

Symbolleiste für den Schnellzugriff
Ein hilfreicher Befehl ist *Rückgängig* [Strg]+[Z]. Damit können Sie mit jedem Aufruf eine Aktion rückgängig machen. Dieser Befehl befindet sich nicht in der Symbolleiste, sondern innerhalb der *Symbolleiste für den Schnellzugriff* oben links. Es ist das Symbol mit dem nach links unten abgeknickten Pfeil.

Schriftart: Die Symbole im Bereich *Schriftart* beeinflussen das Aussehen des Schriftbilds. Hier legen Sie die *Schriftart* und die *Größe* fest sowie weitere Textattribute wie *Fett*, *Kursiv* oder *Unterstrichen*. Welche Schriftarten hier zur Auswahl stehen, hängt davon ab, welche im System installiert sind.

Bild 7.9: Befehle zur Schriftformatierung in WordPad.

Tastenkombinationen für markierten Text	
Strg + Umschalt + F	fett
Strg + Umschalt + U	unterstrichen
Strg + Umschalt + K	kursiv

Absatz: Die Symbole im Bereich *Absatz* beeinflussen die Formatierung des aktuellen Textabsatzes. Die ersten beiden Symbole der oberen Symbolleiste rücken den aktuellen Absatz nach links aus oder nach rechts ein. Das Symbol *Liste starten* bietet verschiedene Formate für Punktlisten und Aufzählungen.

Bild 7.10: Befehle zur Absatzformatierung in WordPad.

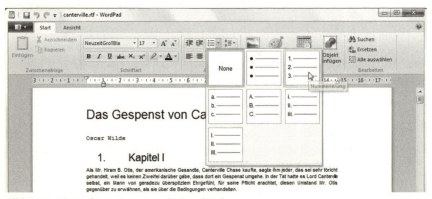

Bild 7.11: Listenformatierungen in WordPad.

Die Symbole der unteren Symbolleiste formatieren den aktuellen Absatz linksbündig, zentriert, rechtsbündig oder als Blocksatz. Mit dem Symbol ganz rechts lässt sich der Zeilenabstand einstellen.

Tastenkombinationen zur Absatzformatierung	
Strg + L	linksbündig
Strg + E	zentriert
Strg + R	rechtsbündig
Strg + J	Blocksatz

7.3 WordPad: Textverarbeitung ganz einfach

Ein Klick auf das kleine Pfeilsymbol rechts unten im Bereich *Absatz* öffnet ein Dialogfeld, in dem alle Absatzformatierungen und auch Tabstopps genau eingestellt werden können.

Bild 7.12: Absatzformatierungen in WordPad einstellen.

Einfügen: Hier können Sie das Datum oder die Uhrzeit einfügen. Es öffnet sich ein Fenster zum Auswählen des Zeit- und Datumsformats.

Bild 7.13: Auswahl des Datumsformats.

Das Symbol *Bild* blendet ein kleines Menü ein, über das Bilder in den Text eingefügt oder vorhandene Bilder verändert werden können. Die Bilder werden immer fest in den Text eingebunden, die Funktion zum Verknüpfen von Bildern, die in älteren WordPad-Versionen noch enthalten war, wurde in der aktuellen Version in Windows 7 ersatzlos gestrichen.

Der Menüpunkt *Bildgröße ändern* bietet die Möglichkeit, die Größe eines markierten Bilds im Text zu ändern. Die Bilddatei selbst wird nicht angetastet. Leider gibt es keine Möglichkeit, die Größe millimetergenau einzustellen, sondern nur im Verhältnis zur Originalgröße des Bilds. Dabei kann das Seitenverhältnis festgesetzt werden, um das Bild beim Skalieren nicht zu verzerren.

Bild 7.14: Bildgröße ändern.

Sie können die Größe eines Bilds im Text auch interaktiv ändern. Klicken Sie das Bild an, erscheinen an den Ecken und in der Mitte der Seiten kleine Quadrate. Wenn Sie das Bild an einer der Ecken mit der Maus anfassen, können Sie es beliebig strecken. Beim Ziehen am Mittelpunkt einer Seite ändert sich nur die Breite oder Höhe, die andere Richtung bleibt unverändert. Beim interaktiven Verändern der Bildgröße ist eine Sperrung des Seitenverhältnisses leider nicht möglich, sodass das Bild sehr leicht versehentlich verzerrt werden kann.

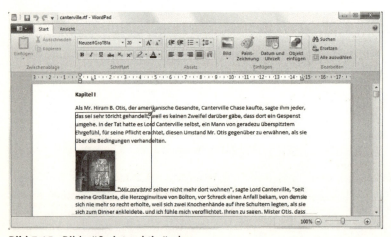

Bild 7.15: Bildgröße interaktiv ändern.

7.4 Zeichentabelle: Sonderzeichen finden

In der Statusleiste am unteren Fensterrand können Sie mit dem Zoomregler im Dokument zoomen. Dies gilt nur für die Bildschirmdarstellung, das Druckbild bleibt unverändert.

7.4 Zeichentabelle: Sonderzeichen finden

Beim Schreiben eines Texts benötigt man oftmals Sonderzeichen, die nicht auf der PC-Tastatur zu finden sind. Sie können zwar die Schriftart auswählen, aber dort finden Sie das gesuchte Zeichen nur durch Zufall. Hier bietet sich ein kleines Hilfsprogramm an, das Windows 7 mitliefert.

Öffnen Sie die Zeichentabelle parallel zu WordPad oder einer anderen Textverarbeitung über *Alle Programme/Zubehör/Systemprogramme/Zeichentabelle*.

Für die unter *Schriftart* angezeigte Schrift wird der gesamte verfügbare Zeichensatz angezeigt. Suchen Sie hier oder in einer anderen Schrift das benötigte Zeichen aus. Ein Klick auf das Zeichen vergrößert es, ein Klick auf *Auswählen* fügt es in die Zeichenauswahl ein, ein weiterer Klick auf *Kopieren* befördert es in die Zwischenablage. Von dort aus können Sie es in Ihr Dokument einfügen.

Bild 7.16: Alle Zeichen der Schriftart *Arial*.

Tipps zum Einsatz der Zeichentabelle

Häufig gebrauchte Zeichen können Sie mit *Auswählen* in die *Zeichenauswahl* aufnehmen. Sie stehen Ihnen dort unabhängig von der gewählten Schriftart zur Verfügung. In der *Zeichenauswahl* können Sie dann ein Zeichen markieren und mit *Kopieren* in die Zwischenablage legen.

Je nach Schriftart ist die Zeichentabelle unter Umständen sehr groß und damit unübersichtlich. Hierzu eine Hilfe: Schalten Sie das Kontrollkästchen *Erweiterte Ansicht* ein. Wählen Sie bei *Gruppieren nach* den *Unicode-Unterbereich* aus. Es öffnet sich ein kleines Fenster, in dem Sie diejenige Gruppe auswählen können, in der Sie Ihr Zeichen vermuten. In der Zeichentabelle werden jetzt nur noch die Zeichen der ausgewählten Gruppe dargestellt, und zwar übersichtlich geordnet. Das bringt auch bei der reinen Buchstabenliste (*Latin*) Übersicht in die Anzeige.

Bild 7.17: Gruppierung der Zeichentabelle.

7.5 Taschenrechner mit drei Gesichtern

Ein Taschenrechner liegt doch auf jedem Schreibtisch herum. Warum soll ich auf meinem PC auch noch einen benutzen? Dafür gibt es einige gute Gründe.

Starten Sie den Rechner über *Alle Programme/Zubehör/Rechner*. Auf den ersten Blick sieht der Rechner aus wie ein Billigmodell aus Fernost, aber der Eindruck täuscht. Sie können die Tasten mit der Maus bedienen oder aber für die Ziffern

7.5 Taschenrechner mit drei Gesichtern

und die Grundrechenarten die Tastatur benutzen. Die [Enter]-Taste ist die Ergebnistaste. Der Rechner hat auch eine Zurück-Funktion, mit der Sie die zuletzt eingegebene Ziffer wieder löschen können.

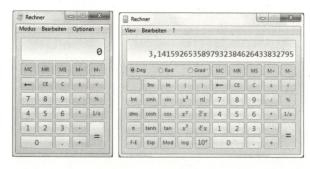

Bild 7.18: Einfacher und wissenschaftlicher Taschenrechner.

Über die Zwischenablage können Sie die Eingaben aus einem anderen Programm, z. B. aus WordPad, in das Eingabefeld des Rechners übertragen oder die Ergebnisse des Rechners ebenfalls über die Zwischenablage in ein anderes Programm einfügen. Verwenden Sie dazu die Tastenkombination [Strg]+[C] bzw. [Strg]+[V].

Seine Stärken spielt der Rechner aber erst aus, wenn Sie im Menü *Ansicht* von *Standard* auf *Wissenschaftlich* oder *Programmierer* umschalten. Was Sie beim Standardrechner vielleicht nicht beachtet haben, ist, dass der Rechner eine 32-stellige Anzeige besitzt.

Auf den Tasten liegen jetzt alle gängigen mathematischen, trigonometrischen, statistischen und logischen Funktionen. Trigonometrisch kann in *Deg* (Altgrad), *Rad* (Bogenmaß) oder *Grad* (Neugrad) gerechnet werden.

Im *Programmierer*-Modus werden logische Funktionen sowie die Umwandlung in andere Zahlensysteme angeboten. Außer im Dezimalbereich rechnet dieser Rechner auch hexadezimal, oktal oder binär mit den entsprechenden Anzeigeformaten.

Weitere interessante Funktionen finden Sie im Menü *Optionen*. Hier bietet der Taschenrechner Umrechnungsformeln für zahlreiche physikalische Einheiten sowie zur Berechnung von Zeiträumen im Kalender.

Bild 7.19: Berechnung von Zeiträumen im Kalender.

7.6 Snipping Tool: Bildschirmfotos erstellen

Für Dokumentationen von Programmen auf Webseiten oder in Büchern braucht man immer wieder Screenshots, also Bildschirmfotos des gesamten Bildschirms oder einzelner Dialogfelder. Da Windows bis XP kein Programm zum Erstellen solcher Screenshots mitlieferte, entwickelten zahlreiche Freeware- und Sharewarebastler Tools, mit denen auf komfortable Weise Screenshots erstellt und als Bilddatei abgespeichert werden konnten. Windows Vista und Windows 7 bringen ein eigenes Screenshotprogramm mit, das allerdings nicht an die Leistungsfähigkeit der meisten anderen Screenshotprogramme heranreicht. Sie finden es unter dem Namen *Snipping Tool* im Startmenü unter *Alle Programme/Zubehör*.

Bild 7.20: Das Startfenster des Snipping Tool.

Wählen Sie zuerst mit dem kleinen Pfeil neben der Schaltfläche *Neu* eine Ausschneidemethode. Hier stehen vier Methoden zur Verfügung:

Ausschneidemethoden für das Snipping Tool	
Freies Ausschneiden	Mithilfe dieses Werkzeugs können Sie mit der Maus eine geschlossene Linie auf den Bildschirm zeichnen. Der eingeschlossene Bereich wird vom Screenshot erfasst.
Rechteckiges Ausschneiden	Damit ziehen Sie ein Rechteck auf dem Bildschirm auf. Der eingeschlossene Bereich wird vom Screenshot erfasst.

7.6 Snipping Tool: Bildschirmfotos erstellen

Ausschneidemethoden für das Snipping Tool	
Fenster ausschneiden	Diese Methode wird meistens für Screenshots verwendet. Hier klicken Sie in ein Fenster, das mit einem roten Rahmen auf dem Bildschirm hervorgehoben wird. Dieses Fenster wird komplett vom Screenshot erfasst, auch wenn derzeit andere Fenster im Vordergrund sind.
Vollbild ausschneiden	Macht einen Screenshot vom ganzen Bildschirm, wobei das Snipping Tool automatisch ausgeblendet wird.

Sobald Sie den Screenshot erstellt haben, wird er im Fenster des Snipping Tool angezeigt. Jetzt können Sie das Bild per Diskettensymbol oder mit der Tastenkombination [Strg]+[S] speichern. Dabei stehen drei bekannte Grafikformate zur Verfügung: PNG, GIF und JPG.

Snipping Tool-Optionen festlegen

Die Schaltfläche *Optionen* im kleinen Startfenster des Snipping Tool oder der Menüpunkt *Extras/Optionen* öffnet ein Dialogfeld mit einigen wichtigen Einstellungen. Aktivieren Sie hier das Kontrollkästchen *Ausgeschnittenes immer in die Zwischenablage kopieren*, können Sie den Screenshot automatisch auch in jedem anderen Programm unmittelbar einfügen, da er sich von selbst ohne weiteres Zutun in der Zwischenablage befindet.

Bild 7.21: Die Optionen für das Snipping Tool.

Freihandfarbe legt die Farbe fest, mit der man den zu fotografierenden Bereich des Bildschirms auswählt. Deaktivieren Sie den Schalter *Freihand des markierten*

Bereichs nach dem Ausschneiden anzeigen. Andernfalls wird der rote Rand um das gewählte Fenster mit im Screenshot gespeichert, was in den meisten Fällen nicht erwünscht ist.

7.7 Kontakte: das persönliche Adressbuch

Kontakte ist der Nachfolger des wenig beachteten Windows-Adressbuchs aus früheren Windows-Versionen. Technisch gesehen, befinden sich die *Kontakte* nur einen Ordner unterhalb des persönlichen Benutzerverzeichnisses. Jede Adresse wird dort als eigene Datei mit der Endung *.contact* abgelegt. In der Ansicht mit Vorschaufenster werden E-Mail-Adressen, Telefonnummern und Postadressen zu jeder ausgewählten Person angezeigt.

Bild 7.22: Anzeige einer *Kontakte*-Adresse im Windows-Explorer.

Ein Doppelklick auf eine Datei mit der Endung *.contact* öffnet ein Dialogfenster, in dem alle Daten dieser Person bearbeitet werden können.

7.8 Windows-Spiele zur Entspannung

Bild 7.23: Kontaktdaten einer Person bearbeiten.

Ein Klick auf das kleine Dreieck unter dem Bild bietet die Möglichkeit, ein Foto der Person ins Adressbuch aufzunehmen. Auf den weiteren Registerkarten können private und Büroadressen, Familiendaten und weitere Angaben hinzugefügt werden.

Mit der Schaltfläche *Neue Kontaktgruppe* in der Symbolleiste des Hauptfensters können Sie Personen zu Gruppen zusammenfassen, um ihnen auf einfache Weise zum Beispiel E-Mails zu schicken.

 Windows Live Mail
Das Programm Windows Live Mail, das bei Microsoft kostenlos zum Herunterladen angeboten wird, enthält eine noch komfortablere Kontakteverwaltung. Hier ist auch ein Kalender integriert, nachdem der aus Windows Vista bekannte Windows Kalender in Windows 7 ersatzlos weggefallen ist.

7.8 Windows-Spiele zur Entspannung

Neben den produktiven Anwendungsprogrammen liefert Windows 7 auch einen Satz Spiele mit. Einige der Spiele sind weiterentwickelte Versionen von Spielen, die seit dem ersten Windows dabei sind, andere sind ganz neu. Alle Spiele finden Sie im Startmenü unter *Spiele* oder über den Menüpunkt *Spiele* im rechten Bereich des Startmenüs. Es öffnet sich ein Fenster mit einer speziellen Voransicht, die Informationen zur Altersbeschränkung sowie zu der für das Spiel notwendigen Systembewertung zeigt. Diese Systembewertung entspricht dem Windows-Leistungsindex, der im Wesentlichen von der im PC eingebauten Grafikkarte abhängt.

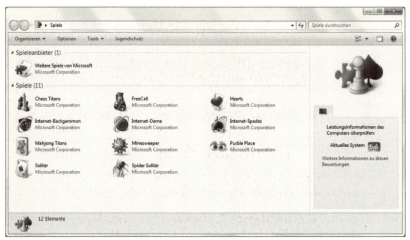

Bild 7.24: Alle Spiele auf einen Blick.

Bevor eine Bewertung des eigenen Computers angezeigt wird, muss man einmal auf *Diesen Computer bewerten* klicken. Die Bewertung bleibt gespeichert und muss erst wieder erneuert werden, wenn Hardwarekomponenten getauscht wurden. Alle in Windows 7 mitgelieferten Spiele laufen ohne Altersbeschränkung und mit einer Systembewertung von 1,0 – also spielbar auf jedem Computer, auf dem Windows 7 verwendet werden kann.

Internetspiele der Microsoft-Spiele-Community

Windows 7 enthält wieder Internetspiele, die in Windows XP noch vorhanden waren, in Windows Vista aber fehlten. Diese Spiele sind mit dem goldenen Ring aus dem Internet Explorer-Symbol gekennzeichnet und laufen über die Microsoft-Spiele-Community *Zone.com*, sind aber lokal installiert. Das Internet wird nur dazu genutzt, gegen andere menschliche Spieler anzutreten. Die übrigen Spiele in Windows 7 werden gegen den Computer gespielt.

7.8 Windows-Spiele zur Entspannung

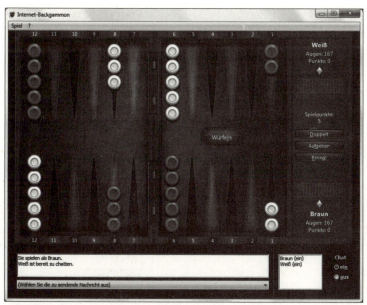

Bild 7.25: *Internet-Backgammon* in Aktion.

Solitär: Klassiker der Kartenspiele

Solitär ist das beliebte Kartenspiel, das bis jetzt in jeder Windows-Version dabei war. Wie bei den meisten Patiencen geht es hier darum, Karten aufsteigend vom Ass bis zum König nach Farben zu sortieren. Am Anfang liegen einige Karten auf verdeckten Stapeln, wobei jeweils die oberste Karte offen liegt. Die übrigen Karten liegen als verdeckter Nachzugstapel bereit.

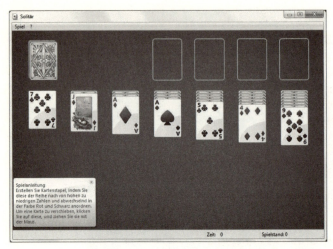

Bild 7.26:
Startauslage des *Solitär*-Spiels.

Karten können nur am unteren Ende einer Reihe weggenommen werden und müssen mit wechselnden Farben an eine nächsthöhere offen liegende Karte angelegt werden. Dabei können auch Reihen, die bereits in absteigender Reihenfolge mit Farbwechsel geordnet sind, komplett an einen anderen Ort bewegt werden. Auf frei werdende Reihen können nur Könige gelegt werden. Nimmt man die letzte offene Karte einer Reihe weg, wird automatisch die oberste noch verdeckt liegende Karte aufgedeckt.

Die vier leeren Felder rechts oben sind die Zielfelder für die vier Stapel, die mit den vier Assen beginnen, und am Ende müssen alle Karten einer Farbe in aufsteigender Reihenfolge geordnet sein. Anstatt einen Zug zu machen, kann man auch auf den Nachzugstapel klicken und dort neue Karten aufdecken, die ins Spiel gebracht werden können. Dabei müssen sie gemäß den Regeln an eine offene Reihe angelegt oder auf eines der Zielfelder gestapelt werden.

Spieltipps, Optionen und Darstellung
Mit der Taste [T] können Sie sich bei diesem und den meisten anderen Windows 7-Spielen einen Spieltipp anzeigen lassen. Dabei wird eine Karte und ein passendes Zielfeld markiert. Ein Rechtsklick auf die markierte Karte führt den empfohlenen Spielzug aus. Die Taste [F5] oder der Menüpunkt *Spiel/Optionen* blendet ein Dialogfeld ein, in dem noch einige Einstellungen vorgenommen werden können. Hier legen Sie unter anderem fest, ob vom Nachzugstapel einzelne Karten aufgedeckt werden oder immer drei auf einmal. Mit der Taste [F7] oder dem Menüpunkt *Spiel/Darstellung ändern* können Sie ein anderes Design der Karten und das Motiv des Hintergrunds auswählen.

FreeCell: die bekannte Kartenpatience

FreeCell ist eine bekannte Kartenpatience, die bereits in früheren Windows-Versionen mitgeliefert wurde. Wie bei den meisten Patiencen geht es auch hier darum, Karten aufsteigend vom Ass bis zum König nach Farben zu sortieren.

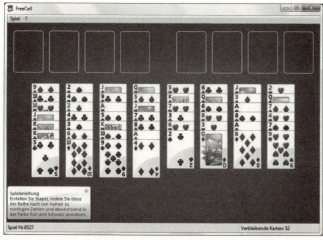

Bild 7.27: Startauslage in *FreeCell*.

Am Anfang sind alle 52 Karten bunt gemischt offen ausgelegt. Karten können nur am unteren Ende einer Reihe weggenommen werden und müssen mit wechselnden

Farben an eine nächsthöhere offen liegende Karte angelegt werden. Dabei können auch Reihen, die bereits in absteigender Reihenfolge mit Farbwechsel geordnet sind, komplett an einen anderen Ort bewegt werden. Die vier leeren Felder rechts oben sind die Zielfelder für die vier Stapel, die mit den vier Assen beginnen. Am Ende müssen alle Karten einer Farbe in eine aufsteigende Reihenfolge gebracht werden. Die vier leeren Felder oben links können als Zwischenablage für einzelne Karten verwendet werden.

Die Taste F5 oder der Menüpunkt *Spiel/Optionen* blendet ein Dialogfeld ein, in dem noch einige Einstellungen vorgenommen werden können.

Bild 7.28: Spieloptionen einstellen.

Mit der Taste F7 oder dem Menüpunkt *Spiel/Darstellung ändern* können Sie ein anderes Design der Karten und das Motiv des Hintergrunds auswählen.

Hearts: Kartenspiel für vier Spieler

Hearts ist ein Kartenstichspiel für vier Spieler, wovon drei der Computer übernimmt. In jedem Stich gewinnt der Spieler mit der höchsten Karte, dabei muss man die ausgespielte Farbe bedienen. Bei seinen Stichen sollte man vermeiden, die Pik-Dame und die Farbe Herz zu nehmen.

Der Spieler mit der Kreuz 2 beginnt das Spiel. Davor schiebt jeder seinem linken Nachbarn drei Karten zu. Wer einen Stich macht, spielt die nächste Karte aus. Für jeden Stich, der Herzkarten oder die Pik-Dame enthält, bekommt man Minuspunkte. Das Spiel endet, wenn ein Spieler 100 Minuspunkte hat. Wer einen Durchmarsch spielt, wozu man alle Herzkarten und die Pik-Dame braucht, bekommt keine Minuspunkte, die bekommen dafür aber alle anderen Mitspieler.

7.8 Windows-Spiele zur Entspannung

Bild 7.29:
Das Kartenspiel
Hearts in Aktion.

Die Taste [F5] oder der Menüpunkt *Spiel/Optionen* blendet ein Dialogfeld ein, in dem noch einige Einstellungen vorgenommen werden können. Hier können Sie auch die Namen der drei Computerspieler festlegen. Mit der Taste [F7] oder dem Menüpunkt *Spiel/Darstellung ändern* können Sie ein anderes Design der Karten und das Motiv des Hintergrunds auswählen.

Spider Solitär: schwierige Kartenpatience

Spider Solitär ist eine schwierige Kartenpatience, bei der die Karten in absteigender Reihenfolge von König bis Ass nach Farben sortiert werden müssen. Am Anfang liegen einige Karten auf verdeckten Stapeln, wobei jeweils die oberste Karte offen liegt. Die übrigen Karten liegen als verdeckter Nachzugstapel bereit.

Bild 7.30: Das Kartenspiel *Spider Solitär*.

Karten können nur am unteren Ende einer Reihe weggenommen und müssen mit gleichen Farben an eine nächsthöhere, offen liegende Karte angelegt werden. Dabei können auch Reihen, die bereits in absteigender Reihenfolge mit gleichen Farben geordnet sind, komplett an einen anderen Ort bewegt werden. Nimmt man die letzte offene Karte einer Reihe weg, wird automatisch die oberste noch verdeckt liegende Karte aufgedeckt.

Karten können auch zwischenzeitlich absteigend an falsche Farben angelegt werden. Allerdings bildet ein solcher Farbwechsel keine Reihe, die im Ganzen bewegt werden kann. Anstatt einen Zug zu machen, kann man auch auf den Nachzugstapel klicken und dort neue Karten aufdecken, die automatisch ins Spiel gebracht werden. Unter jeder Reihe wird zufällig eine neue Karte offen gelegt.

Die Taste F5 oder der Menüpunkt *Spiel/Optionen* blendet ein Dialogfeld ein, in dem weitere Einstellungen vorgenommen werden können. Hier legen Sie unter anderem den Schwierigkeitsgrad fest. Einfache Spiele verwenden nicht alle vier Kartenfarben. Mit der Taste F7 oder dem Menüpunkt *Spiel/Darstellung ändern* können Sie ein anderes Design der Karten und das Motiv des Hintergrunds auswählen.

Purble Place: drei einfache Kinderspiele

Purble Place ist eine Sammlung mit drei einfachen Kinderspielen, die beim Erlernen von Farben, Formen und Mustern helfen sollen.

Bild 7.31: Das Startbild von *Purble Place*.

Mahjong Titans: chinesische Solitär-Variante

Das Solitärspiel mit chinesischen Mahjong-Steinen ist mittlerweile auf jeder Geräteplattform und jedem Betriebssystem in diversen Variationen verfügbar. Windows Vista lieferte erstmals in der Windows-Geschichte ein eigenes Mahjong-Spiel standardmäßig mit, das auch in Windows 7 enthalten ist.

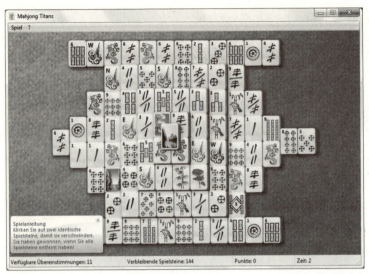

Bild 7.32: Das Spiel *Mahjong Titans*.

Paarweise müssen gleiche Steine vom Spielfeld geräumt werden, bis es komplett leer ist. Dabei dürfen nur Steine entfernt werden, die nach links oder rechts frei bewegt werden können, also nicht zwischen anderen Steinen eingebaut sind.

Mit der Taste [T] können Sie sich jederzeit einen Spieltipp anzeigen lassen. Dabei wird ein Paar gleicher Steine markiert, die abgeräumt werden können. Ein Klick auf einen der Steine führt den empfohlenen Spielzug aus. Die Taste [F5] oder der Menüpunkt *Spiel/Optionen* blendet ein Dialogfeld ein, in dem einige Einstellungen vorgenommen werden können. Mit der Taste [F7] oder dem Menüpunkt *Spiel/Darstellung ändern* können Sie ein anderes Design der Steine und das Motiv des Hintergrunds auswählen.

Minesweeper: der Windows-Spieleklassiker

Minesweeper ist ein Spieleklassiker, der seit vielen Windows-Versionen mit dabei ist. Hier geht es darum, Minen zu finden, ohne dass sie explodieren. Eine Zahl auf einem aufgedeckten Feld gibt an, wie viele Minen diesem Feld unmittelbar benachbart sind. Je nach gewünschtem Schwierigkeitsgrad kann beim Start ein unterschiedlich großes Spielfeld gewählt werden.

7.8 Windows-Spiele zur Entspannung

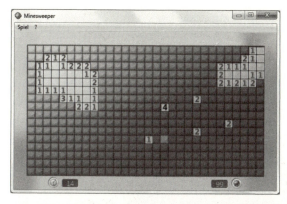

Bild 7.33: Das Spiel *Minesweeper*.

Die Taste F5 oder der Menüpunkt *Spiel/Optionen* blendet ein Dialogfeld ein, in dem weitere Einstellungen vorgenommen werden können. Hier können Sie im Modus *Benutzerdefiniert* die Spielfeldgröße und die Anzahl der Minen frei wählen.

Friedliches Minesweeper
Minesweeper ist wegen seines martialischen Themas öfter in die Kritik von Pädagogen geraten. Deshalb bietet Windows 7 jetzt auch eine »friedliche« Variante mit Blumen auf einer grünen Wiese an. Anstelle des Bombenlärms beim Explodieren einer Mine ertönt in der Blumengartenversion eine freundliche Melodie. Mit der Taste F7 oder dem Menüpunkt *Spiel/Darstellung ändern* können Sie vom klassischen Minesweeper auf den Blumengarten umschalten.

Chess Titans: Schach dem Computer

Schach ist seit der Anfangszeit der Computer eine Herausforderung für die Programmierer. Mittlerweile gibt es eine große Vielfalt an Schachprogrammen für alle gängigen Computerplattformen. Erstmals lieferte Microsoft mit Windows Vista ein eigenes Schachprogramm mit, das auch in Windows 7 enthalten ist. Hier kann man entweder gegen den Computer oder gegen eine zweite Person spielen.

Bild 7.34: Das Spiel *Chess Titans*.

Mit gedrückter rechter Maustaste kann man das Brett interaktiv drehen, um einen anderen Blickwinkel zu haben. Die Taste F5 oder der Menüpunkt *Spiel/Optionen* blendet ein Dialogfeld ein, in dem noch einige Einstellungen vorgenommen werden können. Hier können der Schwierigkeitsgrad und die Grafikqualität eingestellt werden.

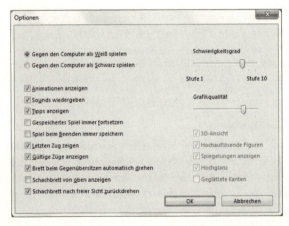

Bild 7.35: Einstellungen zum Spiel *Chess Titans*.

Mit der Taste F7 oder dem Menüpunkt *Spiel/Darstellung ändern* können Sie ein anderes Design der Figuren und des Spielbretts auswählen.

8 Neue Programme installieren

Windows 7 ein reines Betriebssystem, demzufolge werden auch nur wenige Programme mitgeliefert. Die wichtigsten im Lieferumfang von Windows 7 enthaltenen Zubehörprogramme haben Sie bereits kennengelernt. Sie werden aber sehr schnell feststellen, dass diese für die üblichen Arbeiten nicht ausreichen. So wird schnell der Wunsch nach einer komfortableren Textverarbeitung, nach einer Tabellenkalkulation oder nach besseren Grafikprogrammen aufkommen.

8.1 Mögliche Installationsformen

Programme für Windows bestehen immer aus einer Vielzahl von einzelnen Dateien, die gemeinsam verfügbar sein müssen, um einen geordneten Betrieb zu ermöglichen. Ohne Programmkenntnisse ist es unmöglich, durch Kopieren auf die Festplatte ein solches Programm zum Laufen zu bringen. Aber keine Angst – die Programmierer haben vorgesorgt, sodass die Installation auch für einen ungeübten Anwender kinderleicht ist. Ein neues Programm erhalten Sie üblicherweise in einer der folgenden Formen:

- **EXE-Datei:** Alle notwendigen Programmteile sind in eine Datei mit der Dateiendung *.exe* eingepackt.
- **ZIP-Datei:** Alle notwendigen Programmteile sind in eine komprimierte Datei mit der Dateiendung *.zip* eingepackt.
- **CD/DVD:** Alle notwendigen Programmteile sind gepackt oder ungepackt in verschiedenen Verzeichnissen der CD/DVD enthalten. Manchmal enthält die CD/DVD auch mehrere, einzeln installierbare Programme.

Programminstallation mit EXE-Dateien

Hierbei handelt es sich um eine ausführbare Installationsdatei, nicht um das eigentliche Programm. Das Beispielprogramm im Bild ist der bekannte Webbrowser

Firefox. Sie starten die Datei durch einen Doppelklick. Dann folgen Sie, wie weiter unten beschrieben, dem Installationsassistenten.

Bild 8.1: Die markierte Installationsdatei des Firefox-Browsers.

Programminstallation mit MSI-Dateien

MSI steht für »Microsoft Installer«, ein System, das Microsoft Entwicklern für die Installation von Microsoft-Software zur Verfügung stellt. Auch MSI-Dateien können per Doppelklick installiert werden. Ähnlich wie bei EXE-Dateien erscheint ein Assistent, der die Installation Schritt für Schritt durchführt.

Programminstallation mit ZIP-Dateien

Die ZIP-Datei müssen Sie zuerst entpacken. Klicken Sie dazu doppelt auf den ZIP-Ordner. Klicken Sie danach in der Symbolleiste auf *Alle Dateien extrahieren*.

Im folgenden Dialogfeld legen Sie fest, wohin die Dateien entpackt werden sollen. Hier wählen Sie einen beliebigen temporären Ordner. Wenn er noch nicht vorhanden ist, können Sie ihn vor dem Extrahieren erstellen. Dabei schlägt Windows automatisch ein Verzeichnis mit dem Namen des ZIP-Archivs im aktuellen Ordner vor.

Nach der Installation können Sie alle entpackten Dateien wieder löschen. Lediglich die ZIP-Datei sollten Sie aufbewahren.

Programme von CD oder DVD installieren

Die meisten CDs oder DVDs starten, wenn Sie sie ins Laufwerk einlegen, sofort selbsttätig mit dem Installationsprogramm. Wenn das nicht der Fall ist, haben Sie möglicherweise den automatischen Start ausgeschaltet. Ansonsten öffnen Sie das DVD-Laufwerk im Windows-Explorer unter *Computer* mit einem Doppelklick.

8.2 Beispiel einer Programminstallation

Wenn das Installationsprogramm nicht als eine einzige Datei, sondern als Verzeichnis mehrerer Dateien, als ZIP-Archiv oder auf CD geliefert wird, müssen Sie erst die Installationsdatei finden.

① Suchen Sie nach einer Datei mit dem Namen *readme.txt* oder *liesmich.txt*. Diese Datei enthält wichtige Informationen zur Installation und auch zum Programm. Sie lässt sich einfach mit dem Editor öffnen und lesen. Häufig sind auch Änderungen beschrieben, die erst nach dem Druck der Handbücher in das Programm eingearbeitet wurden.

② Suchen Sie jetzt nach der Datei *setup.exe*. Wenn Sie diese Datei mit einem Doppelklick öffnen, wird die Installation gestartet. Bei Programmen, die aus dem Internet heruntergeladen wurden, erscheint zuerst noch ein Warnhinweis, den Sie bestätigen müssen. Ein Assistent führt Sie durch die Installation. Manchmal hat diese Installationsdatei auch einen anderen Namen, sie endet aber immer auf *.exe* oder *.msi*. Sollte das Programm schwerwiegende Änderungen an der Windows-Konfiguration verursachen, erscheint noch eine Meldung der Benutzerkontensteuerung, die bestätigt werden muss.

Bild 8.2: Warnhinweis vor dem Start des Installationsassistenten bei einem aus dem Internet heruntergeladenen Programm

③ Nach einigen Vorbereitungen des Assistenten präsentieren die meisten Programme zuerst einen Lizenzvertrag. Lesen Sie ihn gründlich durch. Nur wenn Sie ihn vollständig akzeptieren, wird die Installation fortgeführt, andernfalls bricht sie ab. Der Lizenzvertrag wird von vielen Anwendern achtlos weggeklickt, obwohl sie an dieser Stelle eine rechtskräftige Vereinbarung mit dem Softwarehersteller eingehen.

Bild 8.3: Start des Installationsassistenten (Beispiel: Mozilla Firefox).

④ Je nach Programm wird ein Lizenzschlüssel verlangt. Sie finden ihn meistens auf der CD-Verpackung oder haben ihn im Internet erhalten.

⑤ Bei vielen Programmen folgt der Hinweis, alle Windows-Programme zu beenden. Beherzigen Sie diesen Hinweis. Windows-Programme nutzen häufig dieselben Geräte-, Treiber- oder andere Dateien. Wenn eine solche Datei von einem laufenden Programm belegt ist, bricht die Installation ab oder wird fehlerhaft beendet. Den Windows-Explorer müssen Sie nicht beenden.

⑥ Einige Programme bieten unterschiedliche Optionen zur Installation an. Oft kann zwischen einer Standardinstallation und einer benutzerdefinierten Installation ausgewählt werden. In diesem Fall können Sie dann die Komponenten wählen, die installiert werden sollen.

⑦ Der Assistent schlägt bei vielen Programmen ein Installationsverzeichnis vor. Meistens wird es *C:\Programme\...* sein. Dabei ist *C:* Ihre erste Festplatte, und ... bezeichnet das Programmverzeichnis. Den Vorschlag sollten Sie übernehmen. Ein paar Programme installieren sich auch standardmäßig in einen bestimmten Ordner und lassen dem Anwender keine Wahl.

⑧ Unter Umständen werden Sie gefragt, ob ein Symbol auf dem Desktop eingerichtet werden soll. Wenn Sie das neue Programm häufiger verwenden,

8.2 Beispiel einer Programminstallation

sollten Sie zustimmen. Sie können das Programm natürlich anschließend auch über das Startmenü starten.

⑨ Jetzt werden Dateien auf die Festplatte kopiert. Bei den meisten Programmen können Sie den Verlauf am Fortschrittsbalken verfolgen.

⑩ Im letzten Fenster schließen Sie mit einer Schaltfläche *Beenden*, *Fertig stellen* oder ähnlich die Installation ab. Bei Programmen, die keinen Neustart erfordern, haben Sie oft die Möglichkeit, das neu installierte Programm direkt aus dem Installationsassistenten heraus zu starten.

Bild 8.4: Die Installation ist abgeschlossen.

⑪ Bei manchen Programmen werden Sie nun noch aufgefordert, den PC neu zu starten. In diesem Fall lässt sich das neue Programm erst nach einem Neustart verwenden, weil erst dann einige Programmfestlegungen endgültig getroffen werden oder weil das Programm Treiber benötigt, die beim Systemstart neu geladen werden.

Nun können Sie das neue Programm verwenden. Es bleibt nur noch die Frage, wo Sie es finden. Wenn das Installationsprogramm ein neues Symbol auf dem Desktop eingerichtet hat, ist es einfach. Ein Doppelklick auf das Symbol startet das neue Programm. In jedem Fall ist es aber in das Startmenü eingefügt worden.

Bild 8.5: Das neue Programm im Startmenü.

Je nach Programm werden Sie beim ersten Start dazu aufgefordert, bestimmte Einstellungen vorzunehmen oder das Programm über das Internet beim Hersteller zu registrieren.

8.3 Programme sauber deinstallieren

Sie wollen ein Programm entfernen, weil Sie es nicht mehr benötigen, oder Sie haben es nur probeweise installiert? Vielleicht handelt es sich auch nur um eine zeitlich begrenzte Demoversion? Das Ziel ist in jedem Fall, ein Programm vollständig von Ihrem PC zu entfernen. Zur Deinstallation bieten sich zwei Wege an:

❶ Mit dem neuen Programm haben Sie seinerzeit bereits ein Deinstallationsprogramm erhalten.

❷ Das Programm wird über die *Systemsteuerung* im Modul *Programme und Funktionen* deinstalliert.

8.3 Programme sauber deinstallieren

Deinstallieren per Deinstallationsprogramm

Die meisten Programmen haben schon ein Deinstallationsprogramm dabei, das automatisch mit installiert wurde. Sie finden es im Startmenü als Untermenü zu dem gesuchten Programm. Ein Klick auf den mit *Deinstallieren* oder *Uninstall* bezeichneten Befehl startet das Programm zum Entfernen des nicht mehr gewünschten Programms. Der weitere Ablauf ist von Programm zu Programm unterschiedlich. Er folgt aber ungefähr dieser Reihenfolge: In einem Fenster werden Sie gefragt, ob Sie das ausgewählte Programm tatsächlich entfernen möchten. Hier können Sie Ihre Entscheidung nochmals überdenken.

① Sie werden gefragt, ob persönliche Dateien dieses Programms, soweit sie im Programmverzeichnis liegen, ebenfalls gelöscht werden sollen.

② Im folgenden Fenster wird angezeigt, welche Programmkomponenten gerade gelöscht werden. Ein Balken zeigt den Fortschritt an.

③ Unter Umständen sehen Sie eine Schaltfläche *Details*. Hier werden meistens Dateien angezeigt, die nicht automatisch gelöscht werden konnten. Diese Dateien müssen Sie manuell löschen.

④ Mit der Schaltfläche *OK* schließen Sie den Deinstallationsvorgang ab. In einigen Fällen müssen Sie den PC neu starten, um geöffnete Dateien zu schließen und zu entfernen.

Deinstallieren mit der Systemsteuerung

Wenn der Hersteller des zu löschenden Programms kein Deinstallationsprogramm mitliefert, können Sie das Programm auch via *Systemsteuerung* von Ihrem PC entfernen. Dabei gehen Sie folgendermaßen vor:

① Öffnen Sie die *Systemsteuerung* über das Startmenü.

② Wählen Sie *Programme/Programm deinstallieren*.

③ Unter *Programm deinstallieren oder ändern* finden Sie eine Liste der aktuell installierten Programme mit Installationsdatum, Größe und Versionsnummer.

8 Neue Programme installieren

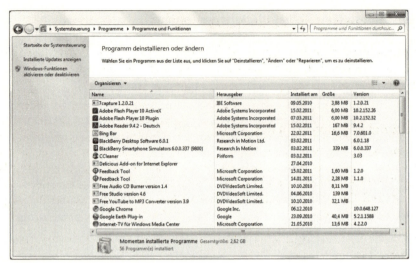

Bild 8.6: Die Liste der installierten Programme.

④ Wählen Sie das Programm aus, das Sie löschen möchten, und klicken Sie in der Symbolleiste auf *Deinstallieren*.

⑤ Nach einer Sicherheitsabfrage beginnt der Deinstallationsassistent seine Arbeit. Sollte die Deinstallation kritische Änderungen am Betriebssystem verursachen, erscheint eine Abfrage der Benutzerkontensteuerung.

⑥ Während der Löschaktion kann der Assistent Systemdateien finden, die sich nicht im eigentlichen Programmordner befinden, aber von keinem anderen Programm verwendet werden. Im Allgemeinen können Sie diesem Hinweis vertrauen und die Datei zum Löschen freigeben.

Windows 7 erkennt, wenn die Deinstallation nicht sauber abgeschlossen wurde, und blendet in diesem Fall ein spezielles Dialogfeld ein. Hier können Sie das Programm noch einmal mit den empfohlenen Standardeinstellungen zu deinstallieren versuchen. Sollte die Deinstallation problemlos verlaufen sein, von Windows aber als fehlerhaft gemeldet werden, was besonders bei älteren Programmen immer wieder vorkommen kann, können Sie hier auf *Das Programm wurde richtig deinstalliert* klicken. Damit bestätigen Sie die Deinstallation, und Windows 7 wird zu diesem Programm keine weiteren Meldungen mehr anzeigen.

8.4 Programme automatisch starten

Einen automatischen Start gibt es bei Windows 7 gleich an mehreren Stellen. Zum Teil ist er erwünscht, zum Teil auch nicht. Hier soll etwas Licht ins Dunkel gebracht werden.

Programme gleich beim Einschalten starten

Sie möchten beim Start Ihres PCs ein bestimmtes Programm automatisch gleich mit starten? Das kann z. B. Ihr persönlicher Kalender sein, weil Sie sofort Ihre aktuellen Termine sehen wollen. Dafür bietet Windows den sogenannten Autostart an. Damit wird Ihr Lieblingsprogramm sofort nach dem Hochfahren des PCs ausgeführt und angezeigt.

1. Klicken Sie im Startmenü mit der rechten Maustaste auf den Ordner *Autostart* unter *Alle Programme*.

2. Das *Autostart*-Menü setzt sich aus zwei Verzeichnissen zusammen, eines für die Programme, die für den aktuellen Benutzer gestartet werden sollen, und eines für die Programme, die für alle Benutzer gestartet werden sollen. Wählen Sie entsprechend einen der Menüpunkte *Explorer* oder *Explorer Alle Benutzer*.

3. Der Windows-Explorer öffnet automatisch das Verzeichnis

   `C:\ProgramData\Microsoft\Windows\Start Menu\Programs\Startup`

   oder

   `C:\Users\<Benutzername>\AppData\Roaming\Microsoft\Windows\Start Menu\Programs\Startup`

4. Suchen Sie im Ordner *Programme* eine Ebene oberhalb der *Autostart*-Verzeichnisse nach der Verknüpfung zu dem Programm, das beim Starten von Windows gestartet werden soll, und kopieren Sie diese Verknüpfung in den Ordner *Autostart*. Beim nächsten Start des PCs werden Sie dieses Programm sofort arbeitsbereit vorfinden.

Selbststartende CDs und DVDs

Sie haben eine CD erhalten und wollen wissen, was sie enthält? Sie legen sie in Ihr CD-Laufwerk ein und wundern sich, dass sofort ein Installationsprogramm anläuft oder sich ein Fenster mit Werbung öffnet?

Wenn Sie das Programm installieren wollen, hat alles seine Ordnung, das wurde im vorhergehenden Abschnitt ja bereits beschrieben. Aber wie kommt es, dass manche CDs sofort starten und andere nicht?

Standardmäßig startet Windows 7 keine Installationsprogramme mehr direkt von CDs, wie frühere Windows-Versionen vor XP das taten, sondern öffnet ein Fenster mit einer Abfrage.

Bild 8.7: Autostart einer Programm-DVD.

An dieser Stelle können Sie auswählen, ob das Programm, das unter früheren Windows-Versionen automatisch startete, gestartet werden soll oder ob Sie ein Explorer-Fenster mit dem Inhalt der CD-ROM oder DVD öffnen möchten.

Mit dem Schalter *Immer für Software und Spiele durchführen* können Sie festlegen, dass die Option, die Sie hier wählen – Programm starten oder Explorer öffnen –, für alle CD-ROMs und DVDs, die Programme enthalten, in Zukunft ohne weitere Nachfrage durchgeführt wird.

In der *Systemsteuerung* können Sie den Autostart von CDs noch detaillierter konfigurieren. Wählen Sie *Programme/Standardprogramme/Einstellungen für automatische Wiedergabe ändern* oder in der Symbolansicht *Automatische Wiedergabe*.

8.4 Programme automatisch starten

Bild 8.8: Aktionen beim Einlegen einer CD-ROM oder DVD.

Hier können Sie für verschiedene Arten von CDs und DVDs die Aktionen festlegen, die beim Einlegen des Mediums automatisch ausgeführt werden. Die Zeile *Software und Spiele* gilt für alle CDs, die Programme enthalten, die sich automatisch starten können.

Im Explorer unter *Computer* hat eine selbst anlaufende CD ein ganz eigenes CD-Symbol. Wenn Sie doppelt darauf klicken, startet erneut der Installer. Klicken Sie allerdings das CD-Symbol mit der rechten Maustaste an, sehen Sie im Kontextmenü den Befehl *Programm installieren oder ausführen* in fetter Schrift. Wenn Sie das Laufwerk mit einem Doppelklick öffnen, wird dieser Befehl automatisch ausgeführt. Der Menüpunkt *Automatische Wiedergabe öffnen* blendet eine Abfrage ein, die wissen möchte, was mit der CD gemacht werden soll.

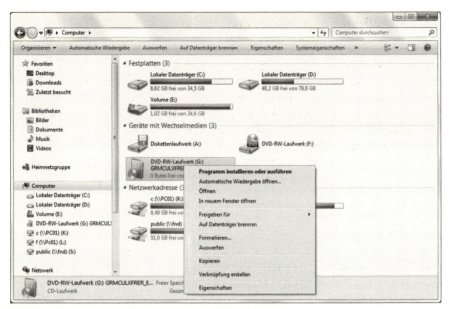

Bild 8.9: Rechtsklick auf eine Programm-CD im Explorer.

Im Kontextmenü des DVD-RW-Laufwerks können Sie mit *Öffnen* oder *In neuem Fenster öffnen* den DVD-Inhalt betrachten. Dort finden Sie auch gleich das Geheimnis des Autostarts in der Datei *autorun.inf*. Beim Start des Laufwerks sucht Windows nach einer Datei dieses Namens. Sie können die Datei ganz einfach mit dem Editor öffnen und betrachten.

Bild 8.10: Die Datei *autorun.inf*.

Neben *open* steht die auszuführende Datei und neben *icon* das für die DVD anzuzeigende Symbol.

8.5 Portable Anwendungen

Windows-Programme haben ein Problem: Sie werden immer größer und klinken sich an vielen Stellen in Systemfunktionen und in den Bootvorgang ein. Mit jedem installierten Programm wird das Booten langsamer, das Betriebssystem träger, und es verbraucht mehr Ressourcen. Den Hardwareherstellern kam das entgegen, konnten sie doch diese Bremsen mit immer stärker hochgezüchteten Maschinen ausgleichen, was wiederum die Softwareentwickler dazu anregte, ständig weitere mehr oder weniger sinnvolle Funktionen in ihre Programme einzubauen, die still im Hintergrund mitlaufen, ob man sie braucht oder nicht.

Ein Ausweg aus diesem Teufelskreis sind portable Anwendungen. Hier haben findige Entwickler Microsofts Prinzip der Anwendungsinstallation einfach umgangen. Die portablen Anwendungen sind so gemacht, dass sie ohne jegliche Installation starten und nach dem Beenden auch wieder spurlos aus dem Speicher verschwinden. Es werden keine Registrierungseinträge benötigt, keine System-DLLs modifiziert und keine Hintergrunddienste ausgeführt. Portable Anwendungen laufen ohne Installation direkt von USB-Sticks oder Speicherkarten und hängen sich auch nicht in den Bootvorgang ein.

Bild 8.11: Portable Anwendungen laufen auch von externen Laufwerken und ohne Installation.

Portable Anwendungen können ebenfalls von einer externen Festplatte oder einer zweiten Partition der eingebauten Festplatte laufen. Damit überstehen sie problemlos eine Neuinstallation von Windows oder den Wechsel auf eine andere Windows-Version. Wer zum Beispiel einen Bootmanager nutzt, um das moderne Windows 7 und das nach wie vor stabile XP parallel zu verwenden, braucht beim Einsatz portabler Anwendungen nicht jedes Programm mehrfach zu installieren. Neben den beiden Systempartitionen für Windows 7 und XP nutzt man eine dritte Partition gemeinsam für Daten und portable Anwendungen.

Portable Anwendungen installieren

Die meisten »normalen« Anwendungen benötigen eine bestimmte Ordnerstruktur, die bei der Installation von der Setup-Routine eingerichtet wird. Auch viele

8.5 Portable Anwendungen 361

portable Anwendungen benötigen ihre speziellen Ordner auf dem USB-Stick oder der zweiten Festplattenpartition. Um nicht alles von Hand einrichten zu müssen, werden die meisten portablen Anwendungen mit einem Installer geliefert, der die Anwendung auf dem jeweiligen Laufwerk installiert. Auf dem Windows-System selbst wird bei der Installation einer portablen Anwendung nichts verändert. Einige Anwendungen werden auch als ZIP-Archive geliefert, deren Inhalt einschließlich der im ZIP enthaltenen Unterverzeichnisse einfach nur in den entsprechenden Ordner kopiert werden muss.

Da sich portable Anwendungen nicht auf dem System installieren, erscheinen sie auch nicht automatisch im Startmenü. Um auf dem PC nicht jedes Mal einen Dateimanager oder eine Befehlszeile aufrufen zu müssen, um eine portable Anwendung zu starten, wurden spezielle Menüs entwickelt, die direkt auf dem externen Speichermedium laufen und so einen einfachen Zugriff auf die portablen Anwendungen bieten.

Bild 8.12: Das Startmenü von *PortableApps.com*.

Diese Startmenüs – die bekanntesten sind PortableApps (*portableapps.com/de*) und Circle Dock (*circledock.wikidot.com*) – müssen natürlich einmal wie eine normale Anwendung gestartet werden. PortableApps, das selbst nur 88 KByte groß ist, nistet sich dann im Infobereich der Taskleiste ein und kann von hier aus jederzeit aufgerufen werden.

Bild 8.13: *PortableApps.com* im Infobereich der Taskleiste.

Der Aufruf dieses Startmenüs erfolgt am einfachsten über die Autostart-Funktion des USB-Sticks oder eine Verknüpfung auf dem Desktop, wenn die portablen Anwendungen auf einer zweiten Festplatte oder Partition installiert sind. Sie können das *PortableApps*-Startmenü natürlich auch über den Windows-Explorer oder *Start/Ausführen* aufrufen.

9 Im Windows-Heimnetzwerk

Befindet sich in Ihrem Hausstand mehr als ein Computer? Besitzen Sie ein Notebook? Dann sollten Sie sich Gedanken über eine Vernetzung all dieser Geräte machen. Mit relativ wenig Aufwand und ohne den Geldbeutel allzu sehr strapazieren zu müssen, schaffen Sie sich in kürzester Zeit die ganz private Datenautobahn für zu Hause oder im Büro der neuen Ich-AG.

Schön und gut, wenn nur nicht der ganze Kabelsalat wäre. Okay, da kann Abhilfe geschaffen werden. WLAN heißt das Zauberwort. Ein WLAN ist nichts anderes als ein Netzwerk, das ganz ohne störende Kabel auskommt. Sie können sich mit Ihrem Notebook frei durchs ganze Haus bewegen, ohne die Verbindung zum Internet zu verlieren. Mit Windows 7 alles kein Problem.

9.1 Windows-Netzwerk konfigurieren

Ein Netzwerk ist, besonders wenn man vorgefertigte Kabel benutzt, schnell zusammengesteckt. Falsch machen kann man eigentlich nichts. Der größte Aufwand ist der Einbau der Netzwerkkarten in die Rechner, falls sie nicht bereits auf dem Motherboard vorhanden sind. Die Netzwerkkarten werden fast immer automatisch erkannt, anschließend muss das Netz aber noch konfiguriert werden.

Konfiguration mit dem Assistenten

Befindet sich der Computer in einem lokalen Netzwerk, wird automatisch eine Netzwerkverbindung in Windows 7 angelegt.

① Dazu startet der Netzwerkinstallationsassistent. Entscheidend ist hier die Angabe des Computernamens. Computernamen müssen im lokalen Netzwerk eindeutig sein und dürfen nur aus Buchstaben und Ziffern bestehen, Sonderzeichen und Leerzeichen sind nicht erlaubt. Der Name wird zur Identifikation des Computers im Netzwerk verwendet. In das Feld *Computerbeschreibung* können Sie irgendeinen Text eingeben.

② Geben Sie im nächsten Schritt den Namen der verwendeten Arbeitsgruppe an. Alle Computer im Netzwerk sollten hier denselben Namen verwenden. Windows 7 findet auch Computer aus anderen Arbeitsgruppen, dies kann nur manchmal sehr lange dauern. Bei älteren Windows-Versionen kann es Probleme mit dem Zugriff geben, wenn verschiedene Arbeitsgruppen im Netzwerk verwendet werden.

③ Wenn Sie den ersten Computer in einem Netzwerk einrichten, können Sie sich einen Arbeitsgruppennamen ausdenken. Bei weiteren Computern verwenden Sie immer diesen Namen, Sie finden ihn auf einem Computer, der bereits im Netzwerk ist, in der *Systemsteuerung* unter *System und Sicherheit/System* oder bei älteren Windows-Versionen unter *Netzwerkumgebung/Gesamtes Netzwerk/ Microsoft Windows Netzwerk*.

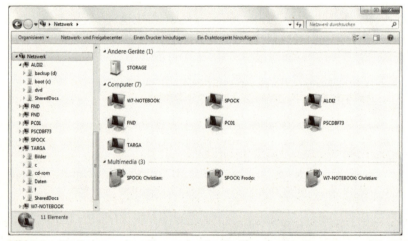

Bild 9.1: Die Baumstruktur *Netzwerk* zeigt die Namen aller Computer und Geräte im Netzwerk.

④ Damit andere Benutzer aus dem lokalen Netzwerk Dateien oder Drucker von diesem Computer verwenden können, muss die Datei- und Druckerfreigabe aktiviert werden. Dabei wird die Windows-Firewall so konfiguriert, dass die Datei- und Druckerfreigabe im Netzwerk verwendet werden kann.

9.1 Windows-Netzwerk konfigurieren 365

Manuelle Konfiguration

① Wenn der Assistent nicht automatisch startet, ist die Netzwerkverbindung wahrscheinlich bereits konfiguriert. Sie erscheint in der Symbolansicht der *Systemsteuerung* unter *Netzwerk- und Freigabecenter* oder in der Kategorienansicht unter *Netzwerk* und *Internet/Netzwerk- und Freigabecenter*.

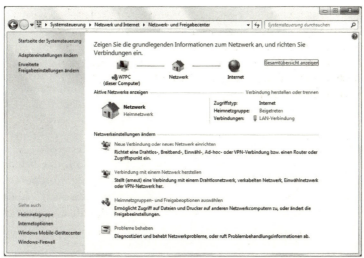

Bild 9.2: Das Netzwerk- und Freigabecenter in Windows 7.

② Wenn hier keine Verbindung eingetragen ist, können Sie über den Link *Verbindung mit einem Netzwerk herstellen* eine neue Verbindung erstellen.

③ Der Link *Gesamtübersicht anzeigen* oben rechts zeigt eine Übersicht über das gesamte Netzwerk. Hier ist ebenfalls zu sehen, welche Computer über welche Netzwerkhardware per Kabel oder drahtlos angebunden sind.

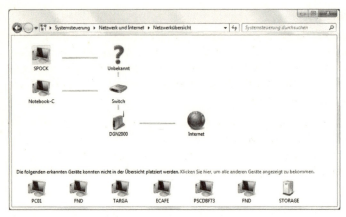

Bild 9.3:
Die Netzwerkübersicht.

 Auch Windows XP-Computer in der Netzwerkübersicht darstellen
Windows 7 verwendet zur Darstellung das LLTP-Protokoll, das Windows XP noch nicht kannte. Deshalb werden standardmäßig nur Computer mit Windows 7 und Vista in der Baumstruktur dargestellt. Um auch Windows XP-Computer in der Übersicht zu zeigen, bietet Microsoft ein kostenloses Update zum Windows XP Service Pack 2 mit dem komplizierten Namen Verbindungsschicht-Topologieerkennungs-Antwortprogramm an. Sie finden es, wenn Sie bei *www.microsoft.de* nach der Zeichenfolge »KB922120« suchen. Nach der Installation dieses kleinen Updates werden Computer mit Windows XP genauso wie Computer mit Windows 7 und Vista in der grafischen Netzwerkübersicht dargestellt.

9.2 Exkurs: das TCP/IP-Protokoll

Windows 7 verwendet standardmäßig das TCP/IP-Protokoll zur Datenübertragung. Andere Protokolle zur Kommunikation in gemischten Netzen oder mit älteren Windows-Versionen werden von Windows 7 nicht mehr unterstützt. Das TCP/IP-Protokoll (Transmission Control Protocol/Internet Protocol) wurde bereits 1983 vom amerikanischen Verteidigungsministerium definiert.

Eindeutige IP-Adressen

Für das TCP/IP-Protokoll nach dem derzeitigen Standard IPv4 benötigt jeder Rechner eine eindeutige IP-Adresse. Sie besteht aus vier aufeinanderfolgenden Zahlen, jede im Wertebereich zwischen 0 und 255. Zusammen ergibt sich also ein 32 Bit langes Datenwort. Anhand dieser Adresse wird der Computer im lokalen Netzwerk wie auch im Internet identifiziert.

IP-Adressen können entweder fest eingestellt oder von einem DHCP-Server im Netzwerk automatisch vergeben werden. Die meisten Router enthalten bereits standardmäßig einen solchen DHCP-Server. Im Internet werden die IP-Adressen nach dem DNS (Domain Name System) in leichter zu merkende Domainnamen umgesetzt.

Im Internet werden IP-Adressen zur eindeutigen Identifikation von Servern, Routern und auch einzelnen Rechnern verwendet. Innerhalb lokaler Netzwerke, die einen (wenn auch nur zeitweiligen) Zugang zum Internet haben, dürfen also auf keinen Fall wahllos irgendwelche IP-Adressen verwendet werden.

Adressräume für lokale Netzwerke

Für lokale Netzwerke gibt es deshalb eigene, weltweit festgelegte Adressräume. Hier unterscheidet man zwischen Class A, Class B und Class C. Die Klassen legen im Wesentlichen fest, wie viele Computer in einem Netzwerk sein können und wie viele logische Netzwerke im jeweiligen Adressraum möglich sind.

Üblicherweise verwendet man in privaten Netzwerken die Class C-Adressen 192.168.0.0 bis 192.168.255.254. Diese privaten IP-Adressen werden von keinem Internetrouter verarbeitet, können also problemlos in lokalen Netzen eingesetzt werden. Die Adresse 192.168.0.0 gilt dabei als Broadcast-Adresse, die alle Rechner anspricht. Der Router verwendet üblicherweise die Adresse 192.168.0.1. Die Adressen der einzelnen Computer beginnen dann bei 192.168.0.2.

Möchten Sie wissen, welche IP-Adresse Ihr Computer gerade hat, klicken Sie im Netzwerk- und Freigabecenter auf den Link *LAN-Verbindung* unter *Aktive Netzwerke anzeigen*. Klicken Sie dann im nächsten Dialogfeld auf *Details*.

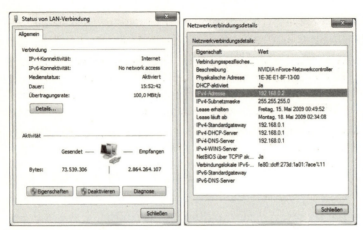

Bild 9.4: Die Details einer Netzwerkverbindung.

Angezeigt werden die aktuelle *IPv4-Adresse* sowie *IPv4-Subnetzmaske* und *-Standardgateway*, und zwar unabhängig davon, ob die Daten statisch oder dynamisch festgelegt wurden.

Windows 7 schon jetzt bereit für IPv6
Langsam werden die insgesamt verfügbaren IP-Adressen weltweit knapp. Bereits vor über vier Jahren beim Endspiel der Fußballweltmeisterschaft 2006 konnten nicht alle, die das Spielergebnis online sehen wollten, ins Internet. Das für Deutschland vorgesehene Kontingent an IP-Adressen war bereits vor dem Abpfiff aufgebraucht. Das Internet war »überfüllt«, viele mussten draußen bleiben. Da dieses Problem bereits seit einiger Zeit absehbar ist und immer mehr Geräte ins Internet gehen, wurde ein neuer Standard für IP-Adressen entwickelt, IP Version 6 oder kurz IPv6. Durch eine neue Adressierungsmethode sind erheblich mehr Adressen möglich. Windows 7 ist bereits auf IPv6 vorbereitet, obwohl es im Internet bis jetzt noch gar nicht genutzt wird.

IP-Adressen zuweisen

Es gibt zwei Möglichkeiten, den einzelnen Computern im Netzwerk IP-Adressen zuzuweisen: Am einfachsten ist es, einen DHCP-Server im Netzwerk die Adressen automatisch vergeben zu lassen. Die meisten Netzwerkrouter haben eine derartige

9.2 Exkurs: das TCP/IP-Protokoll

Funktion integriert. Sie müssen sich dann um nichts weiter kümmern, der DHCP-Server erledigt automatisch die Vergabe der IP-Adressen im ganzen Netzwerk.

❶ Diese Einstellung wird von Windows 7 automatisch vorgegeben. Wenn statische Adressen eingestellt sind und Sie auf dynamische umschalten wollen, markieren Sie in den *Eigenschaften von LAN-Verbindung* das *Internetprotokoll Version 4 (TCP/IPv4)* und klicken auf die Schaltfläche *Eigenschaften*.

❷ Schalten Sie hier auf der Registerkarte *Allgemein* die Optionen *IP-Adresse automatisch beziehen* und *DNS-Serveradresse automatisch beziehen* ein. Umgekehrt können Sie bei Bedarf hier auch eine statische Adresse festlegen.

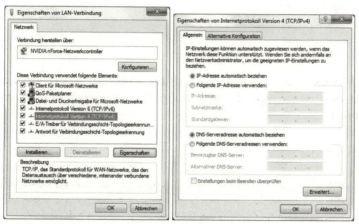

Bild 9.5: Einstellen einer dynamischen IP-Adresse.

Entweder ... oder
Sinnvollerweise verwendet man im ganzen Netzwerk entweder dynamische oder statische Adressen. Sollten einzelne Geräte, wie zum Beispiel Printserver, feste IP-Adressen benötigen, können Sie auf den meisten Routern trotz DHCP einzelne Adressen auch fest reservieren.

Statische IP-Adressen werden einem Computer manuell zugewiesen. Dabei muss man darauf achten, dass jede Adresse im Netzwerk nur einmal vorkommt.

❶ Markieren Sie in den *Eigenschaften von LAN-Verbindung* das *Internetprotokoll Version 4 (TCP/IPv4)* und klicken Sie auf die Schaltfläche *Eigenschaften*.

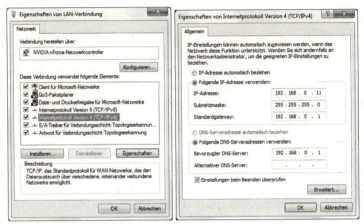

Bild 9.6: Einstellen einer statischen IP-Adresse.

② Im Dialogfeld *Eigenschaften von Internetprotokoll Version 4 (TCP/IPv4)* aktivieren Sie auf der Registerkarte *Allgemein* die Option *Folgende IP-Adresse verwenden* und geben dann im Feld *IP-Adresse* die Adresse ein, die der Computer verwenden soll. Die *Subnetzmaske* ist bei kleinen privaten Netzen, die den Adressraum 192.168.0.x verwenden, immer *255.255.255.0*.

③ In das Feld *Standardgateway* geben Sie die Adresse des Computers ein, über den der Internetzugang läuft, und wenn Sie einen Router verwenden, die Adresse dieses Routers.

④ Dieselbe Routeradresse verwenden Sie auch im Feld *Bevorzugter DNS-Server*. Wenn Ihr Internetzugangscomputer nicht als DNS-Server fungiert, was Sie am besten daran sehen, dass zwar eine Internetverbindung aufgebaut wird, im Browser eingegebene Adressen aber nicht gefunden werden, geben Sie anstelle der Routeradresse die Adresse des DNS-Servers Ihres Internetproviders ein.

9.3 Windows 7-Heimnetzgruppen

Die gemeinsame Verwendung von Dateien in lokalen Netzwerken musste in früheren Windows-Versionen immer sehr mühsam konfiguriert werden und war für viele Anwender mit Schwierigkeiten verbunden. Die neuen Heimnetzgruppen in Windows 7 machen es kinderleicht, persönliche Dateien anderen Computern im Netzwerk zur Verfügung zu stellen.

9.3 Windows 7-Heimnetzgruppen

Heimnetzgruppen nur für Windows 7
Heimnetzgruppen funktionieren nicht mit früheren Windows-Versionen. Windows XP und Vista können nur über die klassischen Netzwerkfreigaben auf Dateien und Ordner auf Windows 7-Computern zugreifen. Das Gleiche gilt umgekehrt auch, wenn man von einem Windows 7-PC auf freigegebene Verzeichnisse auf einem Windows XP- oder Vista-PC zugreifen möchte.

Anlegen einer Heimnetzgruppe

Die Heimnetzgruppe wird angelegt, sowie der erste Computer mit Windows 7 im lokalen Netz auftaucht (ab Home Premium). Wenn Sie bei der Installation nicht automatisch eine Heimnetzgruppe angelegt haben, können Sie das jederzeit leicht nachholen. Die Windows 7 Starter Edition kann keine Heimnetzgruppen anlegen, aber vorhandenen Heimnetzgruppen beitreten.

1. Sollte im Netzwerk noch keine Heimnetzgruppe vorhanden sein, bekommen Sie mit einem Klick auf *Heimnetzgruppe* in der *Systemsteuerung* unter *Netzwerk und Internet* eine entsprechende Meldung.

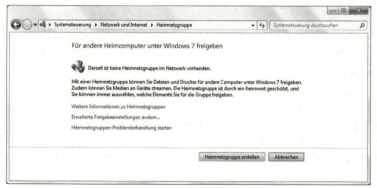

Bild 9.7: Noch keine Heimnetzgruppe im Netzwerk.

2. Klicken Sie also auf *Heimnetzgruppe erstellen*. Es erscheint ein Dialogfeld, in dem Sie festlegen können, welche der Bibliotheken auf Ihrem Computer Sie im Netzwerk freigeben wollen. Diese Standardfreigabe bezieht sich nur auf die von Windows 7 standardmäßig eingerichteten Bibliotheken, unabhängig von den in

diesen Verzeichnissen gespeicherten Dateitypen, und nicht auf gleiche Dateitypen in anderen Verzeichnissen des Computers.

Bild 9.8: Welche Bibliotheken sollen in der Heimnetzgruppe freigegeben werden?

③ Standardmäßig sind die Dokumente ausgeschaltet, Sie können sie aber ebenfalls im Netzwerk freigeben. Haben Sie an diesem Computer einen Drucker angeschlossen, kann auch der im Netzwerk freigeben werden, sodass er von anderen Computern genutzt werden kann.

④ Nach einem Klick auf *Weiter* erscheint ein zufällig generiertes Kennwort, das Sie auf anderen Computern benötigen, um die neue Heimnetzgruppe nutzen zu können. Drucken Sie sich dieses am besten mit dem Link *Kennwort und Anweisungen drucken* einfach aus.

Bild 9.9: Das Kennwort für die Heimnetzgruppe.

9.3 Windows 7-Heimnetzgruppen

❺ Mit einem Klick auf *Fertig stellen* wird die Heimnetzgruppe angelegt, und der Konfigurationsdialog erscheint. Möchten Sie später an der Heimnetzgruppe etwas ändern, können Sie diesen Konfigurationsdialog über *Netzwerk und Internet/Heimnetzgruppe* in der *Systemsteuerung* jederzeit aufrufen.

Bild 9.10: Die Einstellungen für die Heimnetzgruppe.

Einer Heimnetzgruppe beitreten

Nachdem die Heimnetzgruppe einmal angelegt ist, können andere Windows 7-Computer ihr beitreten und gegenseitig freigegebene Verzeichnisse nutzen.

❶ Starten Sie auf dem neuen Computer im Netzwerk in der *Systemsteuerung* unter *Netzwerk und Internet* das Modul *Heimnetzgruppe*. Hier werden Sie darüber informiert, dass eine Heimnetzgruppe im Netzwerk existiert und auf welchem Computer sie eingerichtet wurde.

Bild 9.11: Im Netzwerk wird eine Heimnetzgruppe gefunden.

② Klicken Sie auf *Jetzt beitreten*. Es erscheint das bekannte Dialogfeld, in dem Sie festlegen können, welche der Bibliotheken auf Ihrem Computer Sie im Netzwerk freigeben wollen. Diese Standardfreigabe bezieht sich, genau wie beim Erstellen einer Heimnetzgruppe, nur auf die von Windows 7 standardmäßig eingerichteten Bibliotheken, unabhängig von den in diesen Verzeichnissen gespeicherten Dateitypen, und nicht auf gleiche Dateitypen in anderen Verzeichnissen des Computers.

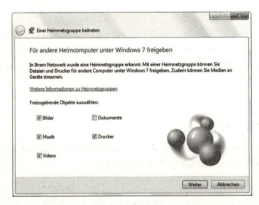

Bild 9.12: Welche Bibliotheken sollen in der Heimnetzgruppe freigegeben werden?

③ Mit einem Klick auf *Weiter* erscheint die Kennwortabfrage. Hier müssen Sie das Heimnetzgruppen-Kennwort eingeben, das beim Erstellen der Heimnetzgruppe generiert wurde. Beachten Sie dabei die Groß- und Kleinschreibung.

9.3 Windows 7-Heimnetzgruppen

Bild 9.13: Kennwort zum Beitreten der Heimnetzgruppe eingeben.

Heimnetzgruppen-Kennwort vergessen?
Die Heimnetzgruppen-Kennwörter wird sich kaum jemand merken wollen. Wenn Sie den ausgedruckten Zettel nicht mehr finden, gehen Sie an den Computer, an dem die Heimnetzgruppe erstellt wurde, und klicken dort in der *Systemsteuerung* unter *Netzwerk und Internet/Heimnetzgruppe* auf *Kennwort für die Heimnetzgruppe anzeigen oder drucken*. Hier finden Sie das Kennwort wieder.

 Mit einem Klick auf *Weiter* wird die Heimnetzgruppe angelegt. Sie müssen nur noch einen Schritt im Assistenten bestätigen und ein paar Sekunden warten. Andere Computer der Heimnetzgruppe erscheinen im Explorer unterhalb der eigenen Bibliotheken. Hier können Sie direkt auf die freigegebenen Bibliotheken zugreifen und Dateien hin- und herkopieren.

Daten für die Heimnetzgruppe freigeben

Neben den vorgegebenen Bibliotheken können auch beliebige andere Ordner der eigenen Festplatte für die Heimnetzgruppe freigegeben werden.

Klicken Sie dazu einfach mit der rechten Maustaste auf den entsprechenden Ordner und wählen Sie im Kontextmenü *Freigeben für*. Hier können Sie auswählen, ob die anderen Computer der Heimnetzgruppe die Daten in dem Ordner nur lesen oder auch verändern bzw. neue Dateien in das Verzeichnis schreiben dürfen.

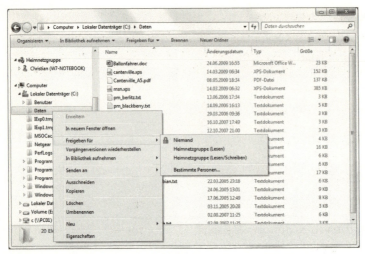

Bild 9.14: Lokales Verzeichnis für Heimnetzgruppe freigeben.

Der freigegebene Ordner erscheint sofort automatisch unter *Heimnetzgruppe* auf den anderen Computern. Auf die gleiche Weise können Sie Freigaben auch wieder zurücknehmen oder die Bibliotheken, die standardmäßig freigegeben sind, bei Bedarf von *Lesen/Schreiben* auf *Lesen* umschalten.

9.4 Freigaben in der Netzwerkumgebung

Da Heimnetzgruppen nur mit Windows 7 funktionieren und bei projektorientierten Ordnerstrukturen nicht immer zweckmäßig sind, unterstützt Windows 7 auch weiterhin die klassische Netzwerkfreigabe früherer Windows-Versionen.

Ein anderer Computer im Netz kann auf den eigenen Windows-PC nur zugreifen, wenn dort Freigaben existieren. Jedes Laufwerk, das im Netzwerk verwendet werden kann, muss explizit freigegeben werden.

Arbeitsgruppenname
Wenn Sie verschiedene Windows-Versionen im Netzwerk verwenden, achten Sie darauf, dem neuen Windows 7-PC den richtigen Arbeitsgruppennamen zu geben.

9.4 Freigaben in der Netzwerkumgebung

Freigegebene Laufwerke nutzen

Gehen Sie im Windows-Explorer auf den Ordner *Netzwerk*. Hier werden alle Netzwerkfreigaben angezeigt, die im Netz gefunden wurden. Im *Navigationsbereich* des Explorers finden Sie alle Freigaben und auch freigegebene Drucker, geordnet nach Computernamen.

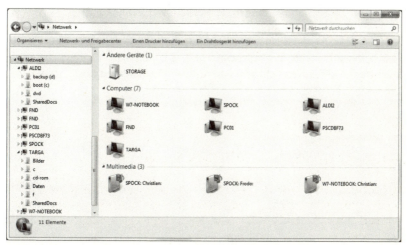

Bild 9.15: Das Netzwerk im *Navigationsbereich* des Explorers.

Die Netzwerkanzeige ist auch direkt über das Startmenü erreichbar, in der rechten Spalte des Startmenüs findet sich der Menüpunkt *Netzwerk*. In Windows XP hieß der gleiche Bereich noch *Netzwerkumgebung*.

Über den Netzwerkordner kann man auf freigegebene Ordner im Netzwerk genau so zugreifen wie auf lokale Ordner. Um sich die mühsame Navigation durch die verzweigten Äste zu ersparen, können Sie den Laufwerken im Netzwerk auch Laufwerkbuchstaben zuweisen.

1. Klicken Sie im Windows-Explorer mit der rechten Maustaste auf eine Netzwerkfreigabe und wählen Sie im Kontextmenü *Netzlaufwerk verbinden*.

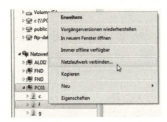

Bild 9.16: Netzlaufwerk verbinden.

❷ Im Dialog *Netzlaufwerk verbinden* wählen Sie einen Laufwerkbuchstaben, unter dem das Netzwerkverzeichnis erscheinen soll. Die Auswahlliste zeigt die Laufwerkbuchstaben, die noch nicht von vorhandenen Laufwerken belegt sind.

Bild 9.17: Laufwerkbuchstaben für das Netzlaufwerk festlegen.

❸ Aktivieren Sie das Kontrollkästchen *Verbindung bei Anmeldung wiederherstellen*, wird der Laufwerkbuchstabe automatisch beim nächsten Windows-Start auch wieder zugewiesen.

❹ Wenn auf dem anderen Computer im Netzwerk Ihr Benutzername nicht existiert, können Sie sich dort mit einem anderen Namen anmelden, um Zugriff auf die freigegebenen Laufwerke zu bekommen. Klicken Sie dazu auf den Link *Verbindung mit anderen Anmeldeinformationen herstellen* und geben Sie den Benutzernamen und das Passwort ein. Wenn Sie hier die Anmeldedaten speichern, brauchen Sie sie nicht bei jeder Netzwerkverbindung neu einzugeben.

9.4 Freigaben in der Netzwerkumgebung

Bild 9.18: Benutzername für Netzwerkanmeldung festlegen.

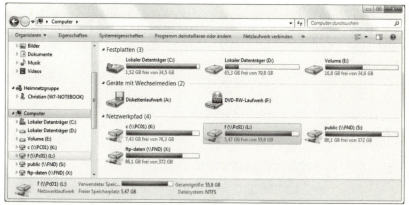

Bild 9.19: Zugewiesenes Netzlaufwerk in der Anzeige *Computer*.

 Netzlaufwerk wieder trennen
Möchten Sie ein solches Netzlaufwerk nicht mehr ständig anzeigen, weil Sie zum Beispiel den Laufwerkbuchstaben für ein anderes Laufwerk brauchen oder weil das Laufwerk im Netzwerk nicht mehr zur Verfügung steht, klicken Sie mit der rechten Maustaste darauf und wählen im Kontextmenü *Trennen*.

Eigene Daten im Netzwerk freigeben

Damit andere Benutzer im Netzwerk auf Dateien auf dem eigenen Computer zugreifen können, müssen Freigaben angelegt werden. Sind auf dem eigenen Computer keine Freigaben eingeschaltet, erscheint im Explorer-Fenster unter *Netzwerk* eine Meldung.

Bild 9.20: Meldung bei ausgeschalteter Dateifreigabe.

② Mit einem Klick auf diese Meldung kann die Netzwerkerkennung und Dateifreigabe eingeschaltet werden. Dazu muss je nach Einstellung eine Abfrage der Benutzerkontensteuerung bestätigt werden.

Ohne weitere Einstellungen wird nur die Freigabe von Dateien generell aktiviert. Solange keine Ordner oder Laufwerke explizit freigegeben sind, können andere Benutzer immer noch nicht auf den Computer zugreifen.

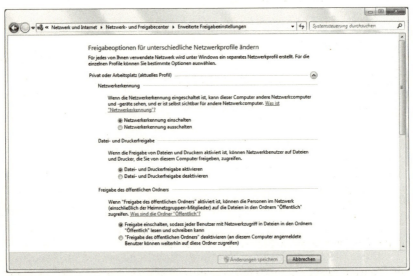

Bild 9.21: Eingeschaltete Freigabe im Netzwerk- und Freigabecenter.

③ Das Netzwerk- und Freigabecenter in der *Systemsteuerung* zeigt mit einem Klick auf *Erweiterte Freigabeeinstellungen ändern* an, dass die Freigabe von Dateien und die Netzwerkerkennung eingeschaltet sind. Die Netzwerkerkennung wird benötigt, um andere Computer im Netzwerk zu finden.

Diese Einstellungen gelten für das private Netzwerkprofil oder den Arbeitsplatz. Sollten Sie auch in Netzwerken, in denen Sie ein öffentliches Profil verwenden,

9.4 Freigaben in der Netzwerkumgebung

Dateien freigeben wollen, scrollen Sie in diesem Dialogfeld ganz nach unten. Dort sind die gleichen Einstellungen noch einmal für das öffentliche Profil zu finden.

Daten im öffentlichen Ordner

Die einfachste Möglichkeit, Dateien im Netzwerk zur Verfügung zu stellen, ist der öffentliche Ordner. Dieser Ordner steht allen lokal angemeldeten Benutzern zum Datenaustausch auf einem PC zur Verfügung und kann auch im Netzwerk für andere Benutzer freigegeben werden.

❶ Er liegt standardmäßig unter *Benutzer\Öffentlich* auf Laufwerk *C:*. Unterordner des öffentlichen Ordners sind ebenfalls Bestandteile der Bibliotheken *Bilder*, *Dokumente*, *Musik* und *Videos*.

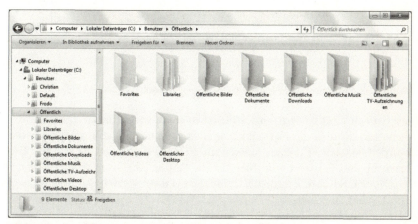

Bild 9.22: Der öffentliche Ordner auf dem lokalen PC.

❷ Im Fenster *Erweiterte Freigabeeinstellungen* können Sie wählen, ob Benutzer über das Netzwerk Dateien in diesem Ordner lesen und verändern dürfen. Die Netzwerkfreigabe für den öffentlichen Ordner ist unabhängig von der Verwendung für lokal angemeldete Benutzer. Diese können auch bei deaktivierter Netzwerkfreigabe auf den öffentlichen Ordner zugreifen.

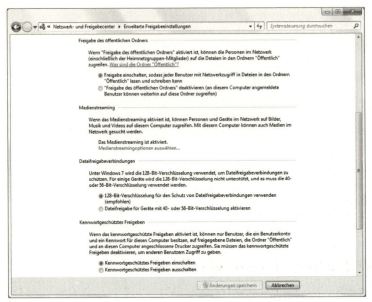

Bild 9.23: Netzwerkfreigabe des öffentlichen Ordners.

- Im Bereich *Kennwortgeschütztes Freigeben* etwas weiter unten legen Sie fest, ob Benutzer, die über das Netzwerk zugreifen möchten, ein gültiges Benutzerkonto auf dem lokalen PC haben müssen. In diesem Fall müssen sie sich mit Benutzername und Passwort anmelden. Ist die Option *Kennwortgeschütztes Freigeben ausschalten* gewählt, kann jeder Benutzer aus dem Netzwerk auf die freigegebenen Dateien zugreifen.

- Nachdem der Ordner freigegeben ist, können Sie von anderen Computern aus über den Explorer auf diesen öffentlichen Ordner zugreifen. Er erscheint unter *Users\Öffentlich* unterhalb des Computernamens im Ordner *Netzwerk*.

9.4 Freigaben in der Netzwerkumgebung

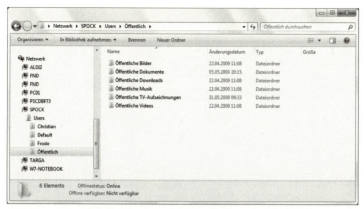

Bild 9.24: Der öffentliche Ordner im Netzwerk.

Ordner mit dem Freigabe-Assistenten freigeben

Mit dem Freigabe-Assistenten kann man beliebige Ordner auf dem eigenen PC für das Netzwerk freigeben.

① Dazu muss im Netzwerk- und Freigabecenter die Datei- und Druckerfreigabe aktiviert sein. Solange sie ausgeschaltet ist, können keine Dateien freigegeben werden.

② Anschließend können Sie mit der rechten Maustaste auf einen beliebigen Ordner klicken, um ihn freizugeben. Wählen Sie dazu im Kontextmenü die Option *Freigeben für/Bestimmte Personen*.

Der Freigabe-Assistent startet. Wenn Sie kennwortgeschütztes Freigeben aktiviert haben, müssen Sie jetzt Benutzer auswählen, die über das Netzwerk auf die neue Freigabe zugreifen dürfen. Für jeden Benutzer können Sie eine Berechtigungsebene festlegen. Diese regelt, ob der Benutzer im freigegebenen Ordner nur lesen oder auch Daten verändern darf.

Bild 9.25: Berechtigte Personen auswählen.

❸ Klicken Sie danach auf die Schaltfläche *Freigabe*. Damit wird die Freigabe erstellt und angezeigt. Die berechtigten Benutzer können ab sofort über das Netzwerk auf den freigegebenen Ordner zugreifen.

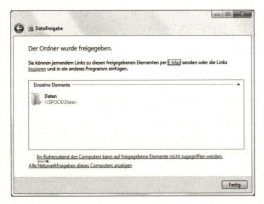

Bild 9.26:
Die neu angelegte Freigabe.

Wenn Sie wollen, können Sie auf die gleiche Weise die Freigabe wieder beenden oder die Liste der berechtigten Benutzer verändern.

Erweiterte Ordnerfreigaben

Windows 7 Professional, Enterprise und Ultimate bieten im Gegensatz zu den Home-Editionen noch eine Möglichkeit, Freigaben detailliert zu verwalten und Benutzern unterschiedliche Rechte zu gewähren. Diese Funktion ist in Windows 7 nur noch über die Benutzerkontensteuerung geschützt. Im Gegensatz zu früheren

9.4 Freigaben in der Netzwerkumgebung

Windows-Versionen muss der Freigabe-Assistent nicht mehr ausgeschaltet werden. Geben Sie hier ein Laufwerk oder einen beliebigen lokalen Ordner im Netzwerk für andere Benutzer frei:

① Klicken Sie dazu mit der rechten Maustaste im Explorer auf den Laufwerkbuchstaben des freizugebenden Laufwerks und wählen Sie im Kontextmenü *Eigenschaften*.

② Klicken Sie auf der Registerkarte *Freigabe* im *Eigenschaften*-Dialog des jeweiligen Verzeichnisses auf die Schaltfläche *Erweiterte Freigabe*.

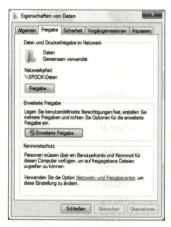

Bild 9.27: Eigenschaften eines Verzeichnisses.

③ Geben Sie im nächsten Dialog einen Namen für die Freigabe ein. Das kann der Laufwerk- oder Ordnername oder auch ein beliebiger anderer Name sein.

Bild 9.28: Neue erweiterte Freigabe anlegen.

❹ Die neue Freigabe wird in den *Eigenschaften* des Ordners eingetragen. Im Explorer erscheint ein Schlosssymbol unter dem Ordnersymbol als Zeichen dafür, dass dieser Ordner freigegeben ist.

❺ Mit der Schaltfläche *Berechtigungen* im Dialogfeld *Erweiterte Freigabe* können Sie festlegen, wer über das Netzwerk in welcher Weise auf das neu freigegebene Verzeichnis zugreifen darf.

Bild 9.29: Berechtigungen für Benutzer im Netzwerk zum Zugriff auf die Freigabe.

❻ Je nachdem, ob Sie von anderen PCs aus über das Netzwerk auf diesem PC Daten nur lesen oder auch verändern wollen, müssen Sie die entsprechenden Rechte für das freigegebene Laufwerk vergeben. Mit der Schaltfläche *Hinzufügen* können Sie einzelnen Benutzern oder Gruppen unterschiedliche Rechte zuweisen. Diese Benutzer müssen vorher in der *Systemsteuerung* unter *Benutzerkonten* angelegt worden sein.

Zum Ausprobieren in einem kleinen privaten Netzwerk, das nur von einer Person genutzt wird und bei dem es keine Sicherheitsrisiken gibt, können Sie jedem Benutzer Vollzugriff geben. Dann können Sie von jedem PC aus auf der freigegebenen Festplatte dieses PCs Daten lesen und schreiben. Das sollten Sie natürlich anders einstellen, wenn mehrere Benutzer im Netz arbeiten.

Überblick über alle Freigaben

Im Explorer können Sie sich auf einfache Weise einen Überblick über die Freigaben auf dem eigenen Computer verschaffen. Springen Sie dort in das Verzeichnis *Netzwerk* und wählen Sie hier den eigenen Computernamen aus.

9.4 Freigaben in der Netzwerkumgebung

Bild 9.30: Freigaben auf dem eigenen Computer.

An dieser Stelle sehen Sie nicht wie im Ordner *Computer* alle lokalen Laufwerke, sondern alle Freigaben für das Netzwerk.

Zugriff auf versteckte Freigaben

Standardmäßig legt Windows 7 für jedes Laufwerk eine versteckte Freigabe an. Ist im Freigabenamen am Ende ein Dollarzeichen zu sehen, wird diese Freigabe im Windows-Explorer der anderen Computer im Netzwerk nicht angezeigt. Man kann aber darauf zugreifen, wenn man den Namen weiß und diesen in die Adresszeile des Explorers eingibt. Auf diese Freigabe hat in der Standardeinstellung nur der Administrator Zugriff. Andere Betriebssysteme, wie zum Beispiel Linux, zeigen diese versteckten Freigaben über das Netzwerk normal an. Die versteckten Freigaben werden auch im Explorer auf dem eigenen Computer nicht angezeigt. Man kann sie aber über einen Konsolenbefehl aufrufen. Öffnen Sie dazu ein Eingabeaufforderungsfenster und geben Sie dort den Befehl *net share* ein.

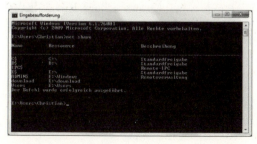

Bild 9.31: *net share* zeigt alle Freigaben auf dem eigenen Computer.

Hier werden alle Freigaben mit Freigabenamen und dem entsprechenden Verzeichnis oder Laufwerk angezeigt.

Probleme mit Freigaben beheben

Sollte es im Netzwerk zu Problemen mit Freigaben kommen, können Sie in Windows 7 die neue automatische Problembehebung verwenden, die in vielen Fällen die Probleme auch wirklich findet.

❶ Klicken Sie im Netzwerk- und Freigabecenter unten auf *Beheben Sie Probleme*.

❷ Das nächste Dialogfeld zeigt eine Übersicht mit Problemkategorien, die automatisch behandelt werden können.

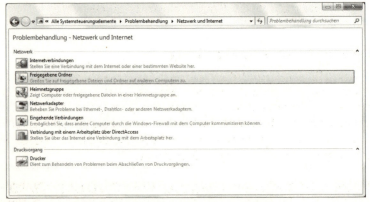

Bild 9.32: *Problembehandlung – Netzwerk und Internet.*

❸ Wählen Sie hier die betreffende Problemkategorie. Es startet ein Assistent, den Sie mit einem Klick auf *Erweitert* mit Administratorrechten laufen lassen können, um noch mehr Probleme finden und besser beheben zu können. Je nach Systemeinstellung ist eine Bestätigung der Benutzerkontensteuerung erforderlich.

9.4 Freigaben in der Netzwerkumgebung

Bild 9.33: Automatische Problembehandlung starten.

❹ Viele Netzwerkprobleme resultieren nur aus ein paar falschen Einstellungen und lassen sich mit der Problembehandlung automatisch reparieren.

Anmeldung ohne Passwort nicht zulässig

Wenn Sie auf dem PC einen Benutzernamen ohne Passwort verwenden, können Sie sich mit diesem Namen normalerweise nur lokal und nicht von einem anderen Computer im Netzwerk aus anmelden. Windows 7 regelt die Anmeldung im lokalen Netzwerk automatisch. Bei dem Versuch, mit einer früheren Windows-Version oder mit Linux als Benutzer ohne Passwort über das Netzwerk auf ein freigegebenes Verzeichnis zuzugreifen, erscheint eine Fehlermeldung:

Bild 9.34: Versuch, mit Windows XP ohne Passwort auf eine Freigabe eines Windows 7-PCs zuzugreifen.

Um dem Benutzer nicht extra ein Passwort zuweisen zu müssen, können Sie die Netzwerkanmeldung auch ohne Passwort freischalten. Wählen Sie dazu in der *Systemsteuerung* unter *System und Sicherheit/Verwaltung* die Option *Lokale Sicherheitsrichtlinie*.

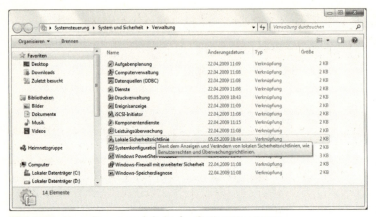

Bild 9.35: Verwaltungsmodule in der *Systemsteuerung*.

Suchen Sie in der Liste unter *Lokale Richtlinien/Sicherheitsoptionen* die Richtlinie *Konten: Lokale Kontenverwendung von leeren Kennwörtern auf Konsolenanmeldung beschränken*. Klicken Sie doppelt auf diese Richtlinie und setzen Sie sie auf *Deaktiviert*.

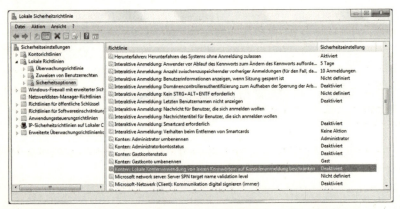

Bild 9.36: Lokale Sicherheitseinstellungen für Benutzer ohne Passwort.

Danach können Sie auch als Benutzer ohne Passwort über das Netzwerk auf eine Freigabe zugreifen.

10 Ein Windows für mehrere Benutzer

Windows 7 bietet verschiedene Sicherheitsfunktionen, die die Daten und das System selbst für die entsprechenden Benutzer absichern. Auf Computern, auf die mehrere Benutzer Zugriff haben, können die Daten eines Benutzers vor den neugierigen Blicken oder gar Veränderungen der anderen Benutzer geschützt werden. Aber auch bei Computern, die man nur allein nutzt, kann eine Benutzerverwaltung zum eigenen Schutz sinnvoll sein.

Solange man während der alltäglichen Arbeit nur mit eingeschränkten Rechten angemeldet ist, kann man verhindern, dass das System durch fehlerhafte Konfigurationseinstellungen versehentlich beschädigt wird. So können zum Beispiel auch Viren und Trojaner nur auf die Dateien und Systemeinstellungen zugreifen, auf die der angemeldete Benutzer Zugriff hat.

10.1 Die NCSC-Sicherheitsstufe C2

Die Windows 7-Editionen Professional, Business und Ultimate entsprechen der NCSC-Sicherheitsstufe C2 (NCSC = National Computer Security Center), bei der bestimmte Voraussetzungen erfüllt sein müssen:

- Jeder Benutzer muss sich über einen eindeutigen Benutzernamen mit Kennwort identifizieren.
- Eine Überwachung der Benutzer muss möglich sein, der Administrator muss die Überwachungsdaten einsehen können.
- Jede Ressource hat einen Besitzer, der die Rechte für andere an dieser Ressource festlegen kann.
- Ein unrechtmäßiger Zugriff auf Ressourcen und externe Manipulationen an Systemdateien muss unterbunden werden.
- Speicherinhalte eines Prozesses müssen nach dessen Beenden gelöscht werden und dürfen nicht von fremden Prozessen ausgelesen werden können.

Unter Windows 7 Professional, Business und Ultimate können für jede Datei, jeden Ordner, jeden Drucker und auch für jeden Registry-Schlüssel benutzerabhängige Zugriffsrechte vergeben werden. In den Home-Versionen von Windows 7 sind die Möglichkeiten zur Rechtevergabe deutlich eingeschränkt.

10.2 Aktivieren der Benutzerkontensteuerung

In früheren Windows-Versionen gab es häufig Probleme mit eingeschränkten Benutzerkonten. Bestimmte Einstellungen ließen sich nicht vornehmen und Programme nicht starten. Aus diesen Gründen meldeten sich viele Benutzer im Alltag mit Administratorrechten an und machten dadurch ihr System sehr anfällig für Fehlbedienung und bösartige Software. Seit Windows Vista verwendet Windows eine neuartige Benutzerkontensteuerung, einen Administrator mit eingeschränkten Rechten.

Was auf den ersten Blick sinnlos klingt, kann bei der alltäglichen Arbeit sehr nützlich sein. Für alle systemkritischen Vorgänge fragt Windows seit Vista explizit nach Zustimmung. Alle Funktionen in der Windows-Benutzeroberfläche, die eine solche Zustimmung erfordern können, sind mit einem vierfarbigen Schildsymbol gekennzeichnet. Die meisten davon finden sich in der *Systemsteuerung*.

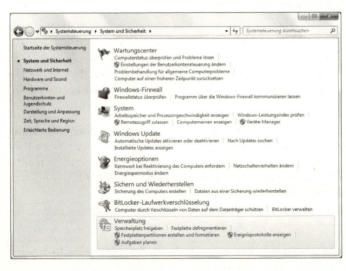

Bild 10.1: Sicherheitskritische Funktionen in der *Systemsteuerung*.

10.2 Aktivieren der Benutzerkontensteuerung

Beim Anklicken einer geschützten Funktion erscheint das Dialogfeld *Zur Fortsetzung des Vorgangs ist Ihre Zustimmung erforderlich.* Wenn Sie bereits als Benutzer mit Administratorrechten angemeldet sind, klicken Sie hier einfach auf *Fortsetzen.* Benutzer mit eingeschränkten Rechten können die Daten eines Administrators eingeben und die Funktion so trotzdem ausführen. Man braucht sich also nicht ab- und wieder neu anzumelden. Die Administratorrechte gelten auch nur für diesen einen Dialog und nicht systemweit.

Wenn Sie diesen Dialog nach einer gewissen Zeit nicht beantwortet haben, wird er automatisch wieder abgeschaltet, und die entsprechende Funktion wird nicht ausgeführt. Auf diese Weise soll verhindert werden, dass bösartige Software das System automatisch umgeht.

Ein weiterer Schutz vor automatischem Klicken ohne Nachfrage ist der sichere Desktop. Beim Einblenden einer solchen Zustimmungsabfrage werden alle anderen Elemente der Windows-Benutzeroberfläche vorläufig deaktiviert. So können keine anderen Programme auf den Zustimmungsdialog zugreifen. Auch bei unbekannten Programmen kann die Benutzerkontensteuerung aktiv werden und vor dem Ausführen des Programms nachfragen.

Programme als Administrator starten

Programme, die über das Startmenü aufgerufen werden, haben normalerweise keine Möglichkeit, systemkritische Änderungen vorzunehmen. Möchten Sie ein Programm mit vollen Administratorrechten starten, sodass Sie damit jede (auch noch so gefährliche) Änderung am System durchführen können, halten Sie die Tasten [Strg]+[Umschalt] gedrückt, während Sie auf das Programmsymbol im Startmenü klicken.

Das funktioniert nur bei Programmen, die direkt in der linken Spalte des Startmenüs angezeigt werden, nicht bei denen unter *Alle Programme.* Dort müssen Sie mit der rechten Maustaste auf ein Programm klicken und im Kontextmenü *Als Administrator ausführen* wählen. Damit verdunkelt sich der Bildschirm, und eine Abfrage der Benutzerkontensteuerung erscheint.

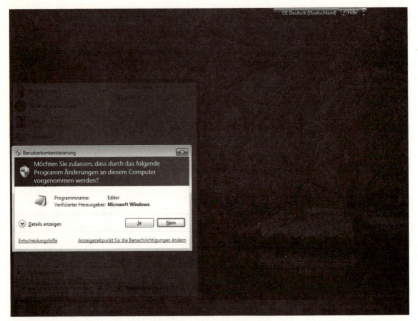

Bild 10.2: Programm mit Administratorrechten starten.

Selbst wenn Sie selbst als Administrator auf dem Computer angemeldet sind, müssen Sie diese Anfrage bestätigen. Als eingeschränkter Benutzer müssen Sie ein Administratorpasswort eingeben, um das Programm in diesem Modus starten zu können.

Anpassen der Benutzerkontensteuerung

Die Benutzerkontensteuerung in Windows Vista wurde von den meisten Benutzern eher als lästig denn als nützlich empfunden, deshalb haben viele Benutzer sie deaktiviert. Windows 7 bietet jetzt eine anpassbare Benutzerkontensteuerung, die sich in der Standardeinstellung nur dann meldet, wenn ein Programm im Hintergrund systemkritische Änderungen an Windows vornehmen will, den Benutzer aber in Ruhe lässt, wenn er selbst Einstellungen verändert.

10.3 Differenzierte Benutzerverwaltung

Nerven Sie die ewigen Nachfragen der Benutzerkontensteuerung trotzdem noch zu sehr oder – im Gegenteil – wollen Sie sich vor eigenen Benutzerfehlern besser schützen, können Sie die Benutzerkontensteuerung entweder ganz deaktivieren oder sich sogar häufiger warnen lassen. Die Einstellungen dazu finden Sie in der *Systemsteuerung* unter *System/Sicherheit/Wartungscenter/Einstellungen der Benutzerkontensteuerung ändern*.

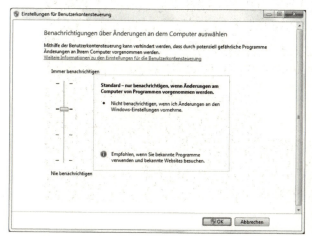

Bild 10.3: Benutzerkontensteuerung anpassen.

Damit diese Änderung wirksam wird, müssen Sie den Computer neu starten.

10.3 Differenzierte Benutzerverwaltung

In den allermeisten Netzwerken gibt es verschiedene Benutzer mit verschiedenen Rechten. Die Benutzer haben Zugriff auf unterschiedliche Anwendungen auf dem Server und einen Pool gemeinsam genutzter Daten. Sie haben ihre eigenen Home- und Mailverzeichnisse und Zugriff auf bestimmte Drucker und sonstige externe Geräte.

Windows 7 Professional, Business und Ultimate ermöglichen eine differenzierte Benutzerverwaltung nicht nur für Netzwerkressourcen, sondern auch für den lokalen Rechner. So hat jeder Benutzer hier eigene Ordner, eigene Desktopeinstellungen und Zugriffsberechtigungen für lokale Ressourcen.

Weniger Rechte, mehr Sicherheit
Bei rein persönlichen Arbeiten am Netzwerk sollte man sich nicht immer als Administrator anmelden, um Fehlkonfigurationen aus Versehen zu vermeiden. Mit weniger Rechten kann man auch weniger verkehrt machen.
Bei der Installation von Windows 7 werden ein unsichtbarer Administrator, ein inaktiver Gast und ein weiterer Benutzer mit Administratorrechten angelegt. Dieser erhält seinen Namen aus dem angegebenen Namen des Computerbesitzers. Dieser Benutzername darf allerdings nicht gleich dem Computernamen oder Domainnamen sein. Bei der Installation können gleich noch bis zu vier weitere Benutzer angelegt werden.
Windows 7 bietet nach der Installation zwei verschiedene Wege, einen neuen Benutzer anzulegen: über die *Systemsteuerung* unter *Benutze*rkonten und über die *Computerverwaltung*. Um einen Benutzer anlegen zu können, muss man mit Administratorrechten angemeldet sein, aber nicht unbedingt als Administrator.

Neue Benutzerkonten anlegen

Die einfachste Methode, Benutzer anzulegen und zu verwalten, ist das Modul *Benutzerkonten* in der *Systemsteuerung* unter *Benutzerkonten und Jugendschutz*.

1. Diese vereinfachte Form der Benutzerverwaltung unterscheidet nur zwischen Administratoren und eingeschränkten Benutzern. Eine detaillierte Vergabe von Benutzerrechten für einzelne Dateien oder Verzeichnisse ist nicht möglich, was im einfachen Fall eines Computers, der von einer Familie oder WG genutzt wird, auch nicht nötig ist.

2. Mit dem Link *Anderes Konto verwalten* können Sie in der *Systemsteuerung* einen neuen Benutzer anlegen. Dieser Link ist mit dem Schutzschild für die Benutzerkontensteuerung versehen und nur Administratoren zugänglich. Im nächsten Fenster sehen Sie alle derzeit vorhandenen Benutzerkonten. Klicken Sie hier auf *Neues Konto erstellen* und geben Sie dann einen Namen für den Benutzer ein.

10.3 Differenzierte Benutzerverwaltung

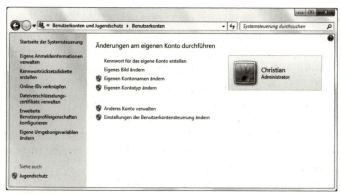

Bild 10.4: Einstellungen für das eigene Benutzerkonto.

Bild 10.5: Angabe eines Benutzernamens.

Der gewählte Benutzername erscheint auf dem Willkommensbildschirm und im Startmenü, sodass man sofort sieht, unter welchem Benutzernamen man angemeldet ist.

Bild 10.6: Benutzername im Startmenü.

③ Wählen Sie auch zwischen zwei verschiedenen Benutzertypen: *Standardbenutzer* oder *Administrator*. Für alle normalen Arbeiten am Computer reicht der Kontotyp *Standardbenutzer*. Standardbenutzer können nicht alle Systemeinstellungen vornehmen und deshalb auch nicht alle Programme installieren. Außerdem haben sie nur Zugriff auf ihre eigenen Dateien im eigenen Benutzerordner *C:\Users\<Benutzername>* und auf Dateien in dem öffentlichen Ordner *C:\Users\Public*.

④ Beim Klick auf *Konto erstellen* wird der neue Benutzer angelegt. Diesem wird standardmäßig ein zufällig ausgewähltes Bild zugewiesen, das noch nicht von einem anderen Benutzer verwendet wird.

Bild 10.7:
Der neue Benutzer in der *Systemsteuerung*.

Die persönliche Ordnerstruktur unterhalb von *C:\Users* wird erst bei der ersten Anmeldung des Benutzers angelegt. Deshalb dauert die erste Anmeldung eines neuen Benutzers auch deutlich länger als eine normale Benutzeranmeldung.

Eigenschaften eines Benutzers ändern

Die Eigenschaften eines Benutzers, also Name, Bild und Kontotyp, können nachträglich verändert werden. Klicken Sie dazu auf den Benutzernamen im Dialogfeld *Zu änderndes Konto auswählen*.

10.3 Differenzierte Benutzerverwaltung

Bild 10.8: Benutzereigenschaften verändern.

Bild ändern: Auf der Willkommensseite und im Startmenü wird für jeden Benutzer ein Bild angezeigt. Dieses Bild ist Teil einer Microsoft-Initiative, Windows für Kinder und Personen mit Leseschwächen leichter bedienbar zu machen. Beim Anlegen eines neuen Benutzers in der *Systemsteuerung* wird zufällig ein Bild aus der mitgelieferten Bildersammlung ausgewählt. Über die Funktion *Bild ändern* können Sie hier auch ein anderes Bild aus der vorgegebenen Liste auswählen.

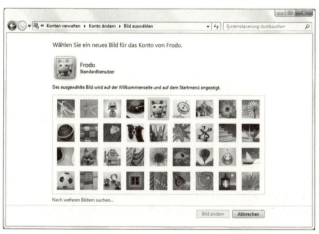

Bild 10.9: Auswahl eines Benutzerbilds. Zusätzlich zu den vorhandenen Bildern kann man über den Link *Nach weiteren Bildern suchen* beliebige andere Bilder verwenden.

Sie können in dieser Liste aber auch eigene Bilder zur Auswahl anbieten. Erstellen Sie dazu Bilddateien mit der Größe 128 × 128 Pixel im BMP-Format und kopieren Sie sie in den Ordner *C:\ProgramData\Microsoft\User Account Pictures\Default Pictures*. Dieser Ordner ist nur sichtbar, wenn im Explorer in den Ordner- und Suchoptionen die ausgeblendeten Dateien angezeigt werden. Die Bilder werden dann automatisch in der Liste angezeigt.

Kennwort erstellen: Für jeden Benutzer kann ein Kennwort, auch Passwort genannt, festgelegt werden. Dieses muss bei der Benutzeranmeldung eingegeben werden. Sicherheitshalber wird bei der Definition eines Kennworts dieses zweimal eingegeben, um Tippfehler auszuschließen.

Groß- und Kleinschreibung bei Kennwörtern
Bei Kennwörtern unterscheidet Windows anders als bei Dateinamen zwischen Groß- und Kleinschreibung. Heißt das gültige Kennwort zum Beispiel »Geheim«, wäre »gEhEiM« ungültig.

Beachten Sie beim Anlegen von Kennwörtern den Sicherheitshinweis im Dialogfeld, der Ihnen sagt, dass EFS-verschlüsselte Dateien und persönliche Zertifikate verloren gehen, wenn ein Kennwort für einen Benutzer angelegt wird, der vorher kein Kennwort hatte. Zusätzlich zum Kennwort kann auf der Willkommensseite noch ein Kennworthinweis gezeigt werden, um den Benutzer an sein Kennwort zu erinnern. Dieser Hinweis sollte aber nicht zu eindeutig sein, damit andere Benutzer das Kennwort nicht herausfinden können.

Bild 10.10: Kennwort für einen Benutzer festlegen.

Konto löschen: Beim Löschen eines Benutzers unter *Systemsteuerung/Benutzerkonten* haben Sie noch die Möglichkeit, den Desktop und das persönliche Verzeichnis mit Dokumenten, Favoriten und anderen Dateien des Benutzers zu sichern. Persönliche Einstellungen und in Windows Live Mail eingegangene E-Mails gehen in jedem Fall verloren.

10.3 Differenzierte Benutzerverwaltung

Bild 10.11: Abfrage vor dem Löschen eines Benutzers.

An dieser Stelle sollten Sie in jedem Fall auf *Dateien behalten* klicken, da die Daten andernfalls nach einer weiteren Sicherheitsabfrage unwiderruflich verloren sind. Sie werden nicht im *Papierkorb* abgelegt.

Benutzer in der Computerverwaltung anlegen

In der *Computerverwaltung*, die Sie im Modul *System und Sicherheit/Verwaltung* der *Systemsteuerung* finden, gibt es in der Professional-, Business- und Ultimate-Version von Windows 7 eine weitere Methode, Benutzer anzulegen. Hier ist auch die detaillierte Vergabe von Zugriffsrechten möglich. Es gibt deutlich mehr Optionen, als in der *Systemsteuerung* unter *Benutzerkonten* zur Verfügung stehen.

❶ Schalten Sie im linken Teilfenster der *Computerverwaltung* auf *System/Lokale Benutzer und Gruppen/Benutzer*. In diesem Fenster finden Sie eine Liste aller Benutzer auf dem System. Auch die automatisch angelegten Benutzer, die in der *Systemsteuerung* nicht zu sehen sind, wie zum Beispiel der Administrator, werden hier angezeigt.

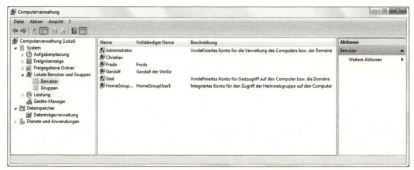

Bild 10.12: Liste der Benutzer in der *Computerverwaltung*.

❷ Klicken Sie mit der rechten Maustaste in einen leeren Bereich des rechten Teilfensters. Wählen Sie im Kontextmenü *Neuer Benutzer*.

Bild 10.13: Neuen Benutzer in der *Computerverwaltung* anlegen.

❸ Hier können Sie einen Benutzernamen und einen davon unabhängigen vollständigen Namen angeben. Der vollständige Name taucht in der *Systemsteuerung* unter *Benutzerkonten* auf, der Benutzername nicht.

❹ Im gleichen Dialog legen Sie ein *Kennwort* für den neuen Benutzer an und legen aus Sicherheitsgründen auch gleich fest, dass dieser das Kennwort bei der nächsten Anmeldung sofort ändern muss.

Nachdem der Benutzer angelegt ist, bleibt das Dialogfeld automatisch geöffnet, sodass direkt der nächste Benutzer eingerichtet werden kann.

10.4 Kennwortrichtlinien festlegen

Kennwortrichtlinien definieren bestimmte Eigenschaften von Passwörtern, die dann für alle lokalen Benutzer gelten (ab Professional). Um diese Kennwortrichtlinien festzulegen, starten Sie in der *Systemsteuerung* unter *System und Sicherheit/Verwaltung* das Modul *Lokale Sicherheitsrichtlinie*. Dort finden Sie die *Kennwortrichtlinien* unter *Sicherheitseinstellungen/Kontorichtlinien*.

10.4 Kennwortrichtlinien festlegen

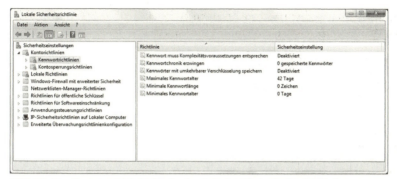

Bild 10.14: *Kennwortrichtlinien* in den lokalen Sicherheitsrichtlinien.

Mit einem Doppelklick auf eine Richtlinie erscheint ein Konfigurationsdialog, in dem Sie je nach Typ der Richtlinie diese aktivieren, deaktivieren oder einen Wert einstellen können. Jeder dieser Konfigurationsdialoge besteht aus zwei Registerkarten, einer zur Einstellung der Richtlinie und einer mit einem zugehörigen Erklärungstext.

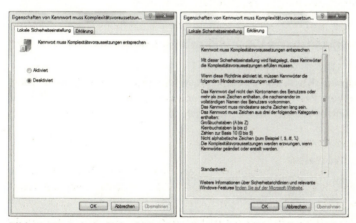

Bild 10.15: Lokale Sicherheitseinstellungen und dazugehörige Erklärungen.

Mit der Richtlinie in der Abbildung können komplexe Passwörter erzwungen werden. Dazu muss das Passwort die folgenden Voraussetzungen erfüllen:

- Das Passwort muss aus mindestens sechs Zeichen bestehen.

- Das Passwort darf weder einen mehr als zwei Zeichen langen Teil noch den vollständigen Benutzernamen enthalten.
- Aus mindestens drei der folgenden vier Zeichengruppen müssen Zeichen enthalten sein: Großbuchstaben A–Z, Kleinbuchstaben a–z, Ziffern und nicht alphanumerische Sonderzeichen (z. B. !, $, #, %, @).

Kennwortchronik erzwingen

Diese Richtlinie verhindert, dass Benutzer zwischen wenigen Passwörtern hin- und herwechseln. Voraussetzung dafür ist, dass die Richtlinie sinnvoll arbeitet, sodass die Benutzer gezwungen werden, ihre Passwörter regelmäßig zu ändern. Außerdem sollte ein minimales Kennwortalter vorgegeben werden.

In den Einstellungen können Sie festlegen, wie viele eindeutige Passwörter verwendet werden müssen, bevor ein Benutzer ein einmal verwendetes wieder benutzen darf. Beachten Sie hierbei, dass zu rigorose Kennwortchroniken die Benutzer dazu verleiten, ihre Passwörter aufzuschreiben, was die gewünschte Sicherheit ins Negative verkehrt.

Kennwörter mit umkehrbarer Verschlüsselung speichern

Diese Richtlinie ermöglicht das Speichern von Passwörtern für Anwendungen, die Protokolle verwenden, denen das Benutzerpasswort bekannt sein muss. Da mit jeder Speicherung von Passwörtern Sicherheitsrisiken verbunden sind, sollte die Richtlinie nur verwendet werden, wenn eine Anwendung dies unbedingt erfordert.

Maximales Kennwortalter

Die Anzahl von Tagen, nach denen ein Passwort spätestens verändert werden muss, legt diese Richtlinie fest. Wollen Sie Benutzern ermöglichen, ihr Passwort auf ewig unverändert zu behalten, setzen Sie den Wert auf *0*.

Minimale Kennwortlänge

Minimale Kennwortlänge bedeutet die Mindestlänge eines Passworts in Zeichen. Dieser Wert kann maximal auf 14 stehen, damit immer gewährleistet ist, dass sich ein Benutzer mit diesem Passwort auch auf einem älteren Windows 9x-System anmelden kann, das keine längeren Passwörter unterstützt. Steht der Wert auf *0*, ist ein Passwort nicht zwingend erforderlich.

Minimales Kennwortalter

Diese Richtlinie bestimmt die Anzahl von Tagen, nach denen ein Passwort frühestens erneuert werden muss. Damit können Sie verhindern, dass ein Benutzer bei einer erzwungenen Passwortänderung sofort wieder auf sein Lieblingspasswort zurückwechselt. Wollen Sie Benutzern ermöglichen, ihr Passwort sofort wieder zu ändern, setzen Sie den Wert auf *0*.

Für eine sinnvolle Nutzung einer Kennwortchronik sollten Sie für das minimale Kennwortalter einen Wert von mindestens *1* eintragen, damit die Benutzer ihr Passwort nicht sofort hintereinander so oft verändern, bis sie die Kennwortchronik überwunden haben und wieder ihr Lieblingspasswort verwenden können.

10.5 Mit Benutzergruppen arbeiten

Benutzer mit ähnlichen Rechten können in Gruppen zusammengefasst werden. Damit braucht man als Administrator nicht mehr jedem Benutzer einzeln Rechte zuzuweisen (ab Professional). Die Mitglieder der Gruppe erhalten automatisch die Rechte der Gruppe. Jeder Benutzer muss mindestens in einer Gruppe Mitglied sein. Ein Benutzer kann durchaus auch in mehreren Gruppen Mitglied sein, soweit dies in der Hierarchiestruktur der Gruppen sinnvoll ist.

Um einen Benutzer in eine Gruppe einzufügen, gibt es in der *Computerverwaltung* unter *Lokale Benutzer und Gruppen* zwei Möglichkeiten:

❶ Klicken Sie doppelt auf einen Benutzernamen und fügen Sie auf der Registerkarte *Mitglied von* die neuen Gruppenmitgliedschaften hinzu oder klicken Sie doppelt auf einen Gruppennamen und fügen Sie die neuen Gruppenmitglieder hinzu.

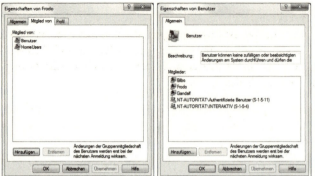

Bild 10.16: Gruppenmitgliedschaften eines Benutzers und Benutzer in einer Gruppe.

② Über die Schaltfläche *Hinzufügen* können Sie einer Gruppe neue Benutzer hinzufügen. Im nächsten Dialog müssen Sie die Benutzernamen entweder manuell eingeben oder können sich über die Schaltflächen *Erweitert* und *Jetzt suchen* eine Liste aller Benutzer anzeigen lassen, aus der Sie die gewünschten Benutzer auswählen.

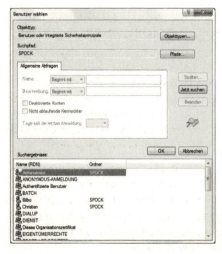

Bild 10.17: Benutzer einer Gruppe hinzufügen.

Auf die gleiche Weise können Sie sich beim Einfügen eines Benutzers in eine Gruppe auch eine Liste der vorhandenen Gruppen anzeigen lassen.

10.5 Mit Benutzergruppen arbeiten

Vordefinierte Benutzergruppen

Neben der Möglichkeit, beliebige Benutzergruppen selbst anzulegen, bietet Windows 7 einige vordefinierte Gruppen mit Standardeigenschaften und Rechten für alle wichtigen Situationen, die in den meisten Fällen eine individuelle Gruppendefinition unnötig machen (ab Professional).

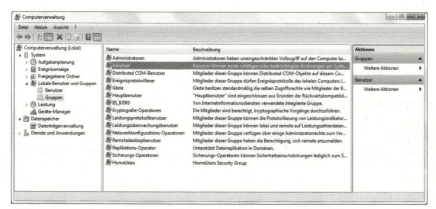

Bild 10.18: Vordefinierte Benutzergruppen in der *Computerverwaltung*.

Benutzertyp	Rechte
Administratoren	Nur diese Benutzer dürfen wirklich alles: Sie haben volle Rechte auf alle Dateien und Einstellungen sowie die Fähigkeit, die eigenen Rechte und die Rechte anderer Benutzer zu ändern, Benutzer anzulegen und zu löschen. Diese Gruppe hat standardmäßig auch das Besitzrecht auf alle Dateien.
Benutzer	*Benutzer* haben keine Rechte, Änderungen am System durchzuführen oder Freigaben zu erstellen. Durch die Einschränkungen können auch nicht alle Anwendungen ausgeführt werden, da einige Programme Einstellungen im Systembereich der Registry verändern. Sie haben auch keine Rechte, Gerätetreiber zu installieren oder zu verändern.
Distributed COM-Benutzer	Können Distributed COM-Objekte starten und verwenden.

Benutzertyp	Rechte
Ereignisprotokoll-leser	Berechtigung, das Ereignisprotokoll des lokalen Computers zu lesen.
Gäste	Gegenüber normalen Benutzern noch weiter eingeschränkte Rechte.
Hauptbenutzer	Rechte, Benutzer und Gruppen zu erstellen und die selbst erstellten zu ändern. Kein Zugriff auf Benutzer der Gruppen *Administratoren* und *Sicherungs-Operatoren*. Keine Rechte, Gerätetreiber zu installieren oder zu verändern.
IIS_IUSRS	Spezielle Gruppe, die von den Internetinformationsdiensten verwendet wird.
Kryptografie-Operatoren	Spezielle Gruppe zur Verwendung für Verschlüsselungsdienste.
Leistungsprotokollbenutzer	Rechte, um Leistungsindikatoren zu verwenden und zu planen.
Leistungsüberwachungsbenutzer	Rechte, um auf Leistungszählerdaten zuzugreifen, lokal oder über das Netzwerk.
Netzwerkkonfigurations-Operatoren	Ähnlich wie normale Benutzer, aber mit erweiterten Rechten für die Administration und Konfiguration von Netzwerkfunktionen.
Remotedesktopbenutzer	Berechtigung, sich über eine Remotedesktopverbindung anzumelden.
Replikations-Operator	Diese Gruppe enthält keine natürlichen Personen, sondern ein einziges Benutzerobjekt, das zum Anmelden der Replikationsdienste des Domaincontrollers verwendet wird.
Sicherungs-Operatoren	Rechte, Dateien zu sichern und wiederherzustellen, auch wenn sie auf diese Dateien sonst keinen Zugriff haben. Keine Rechte, die Sicherheitseinstellungen zu ändern.
HomeUsers	Mitglieder der Heimnetzgruppe, einer neuen Technik für einfach einzurichtende Netzwerke.

10.6 Jugendschutzeinstellungen festlegen

 Vorsicht mit Administratoren
Überlegen Sie sich gut, wen Sie in die Gruppe der Administratoren aufnehmen! Ein Mitglied dieser Gruppe hat Vollzugriff auf alle Objekte und kann damit auch andere Benutzer verändern, im Extremfall kann es Ihnen selbst sogar die Zugriffsrechte wegnehmen, indem es Ihren Benutzernamen aus der Administratorengruppe entfernt.

10.6 Jugendschutzeinstellungen festlegen

Windows Vista bot als erste Windows-Version ein eingebautes Jugendschutzsystem, mit dem sich das Surf- und Nutzungsverhalten inhaltsabhängig einschränken und kontrollieren lässt. Allerdings war dieses System schon vor dem Erscheinen von Windows Vista in die Kritik geraten, da es von Administratoren in Firmen dazu eingesetzt werden kann, das Surfverhalten der Benutzer zu protokollieren.

In Windows 7 wurden einige der Jugendschutzfunktionen, wie zum Beispiel der Webfilter, wieder entfernt. Der Webfilter wird jetzt in einer überarbeiteten Version bei *explore.live.com/windows-live-family-safety* kostenlos zum Download angeboten.

Bild 10.19: Windows Live Family Safety – kostenlose Kindersicherung von Microsoft.

Standardmäßig ist der Jugendschutz in Windows 7 ohne Windows Live Family Safety für alle neuen Benutzer deaktiviert. Um ihn einzuschalten, wählen Sie in der *Systemsteuerung* den Eintrag *Benutzerkonten und Jugendschutz/Jugendschutz*. Für die zu schützenden Kinder müssen jeweils eigene Windows-Benutzer angelegt werden.

Wählen Sie hier den Benutzer aus, für den der Jugendschutz eingerichtet werden soll. Sollte auf dem Computer ein Administrator ohne Passwort eingerichtet sein, erscheint eine Warnmeldung, da eingeschränkte Benutzer dieses Administratorkonto dazu nutzen können, für sich selbst den Jugendschutz wieder zu deaktivieren. Administratorkonten sollten grundsätzlich mit einem Passwort versehen werden.

Bild 10.20: Benutzer auswählen, um den Jugendschutz einzurichten.

Im nächsten Dialog sehen Sie die aktuellen Jugendschutzeinstellungen, die für den ausgewählten Benutzer gelten. Hier können Sie sie auch ändern. Alle gewählten Einschränkungen gelten nur, wenn der Schalter *Jugendschutz* oben links auf *Ein – Einstellungen erzwingen* steht.

10.6 Jugendschutzeinstellungen festlegen

Bild 10.21:
Jugendschutz-
einstellungen für
einen Benutzer.

Ist der Benutzer gerade angemeldet, werden die Änderungen bei den Jugendschutzeinstellungen erst nach Abmelden und erneutem Anmelden wirksam. Die Jugendschutzeinstellungen in Windows 7 ermöglichen es, den Benutzer nach drei Kriterien einzuschränken: Zeitlimit, Spiele und Programme. Der in Windows Vista noch vorhandene Webfilter fehlt in Windows 7 standardmäßig.

Zeitbegrenzungen festlegen

Über *Zeitlimits* lässt sich festlegen, wann sich ein Benutzer auf dem Computer anmelden darf und wann nicht. Ziehen Sie mit der Maus einfach über die Bereiche im Raster, die blockiert werden sollen. Auf die gleiche Weise können Sie blockierte Zeitbereiche auch wieder freigeben. Diese Zeitbegrenzungen funktionieren nur für Spiele und Anwendungen auf NTFS-Laufwerken.

15 Minuten bevor der blockierte Zeitraum beginnt, wird der Benutzer benachrichtigt. So hat er Zeit genug, seine geöffneten Dateien zu speichern und die Arbeit zu beenden. Im Laufe der nächsten Zeit erscheinen weitere solcher Meldungen, die letzte eine Minute vor der endgültigen Zwangsabmeldung.

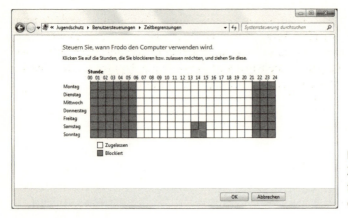

Bild 10.22: Zeitbegrenzungen für einen Benutzer einrichten.

 **Bild 10.23:** Benachrichtigung vor der Abmeldung durch ein Jugendschutzzeitlimit.

Einschränkungen bei Spielen

Kinder spielen gern am Computer. Gerade bei Computerspielen gibt es aber Titel, die nicht ohne Weiteres in Kinderhände gehören. In Deutschland klassifiziert die Unterhaltungssoftware-Selbstkontrolle (*www.usk.de*) Computerspiele und gibt Freigaben für bestimmte Altersklassen von Jugendlichen.

Bild 10.24: Jugendschutzeinschränkungen für Spiele.

10.6 Jugendschutzeinstellungen festlegen

Die Spiele sind allerdings technisch in keiner Weise eingeschränkt, sie dürfen nur an jüngere Jugendliche nicht verkauft werden. Wer das Spiel spielt, konnte bisher auf Betriebssystemebene technisch nicht beschränkt werden. Die Windows-Jugendschutzeinstellungen ermöglichen jetzt, bestimmten Benutzern nur Spiele bis zu einer vorher festgelegten Altersfreigabe zugänglich zu machen.

Bild 10.25: Spiele nach Altersfreigaben einschränken.

Spiele ohne Bewertung

Spiele ohne Bewertung können entweder zugelassen oder generell blockiert werden. Dabei handelt es sich in den meisten Fällen um harmlose Freewarespiele. Natürlich besteht die Gefahr, dass jemand ein wirklich kriminelles Spiel von einer zweifelhaften Webseite herunterlädt und spielt. Zum Beispiel legen die Entwickler rassistischer Propagandaspiele ihre Produkte der USK gar nicht erst vor, da sie nie eine Freigabe bekommen würden. In anderen Ländern können andere Spielbewertungssysteme verwendet werden. Diese gelten immer für alle per Jugendschutzeinstellungen eingeschränkten Benutzer auf dem Computer. Über den Link *Spielfreigabesysteme* können Sie ein anderes Freigabesystem auswählen, das dann für alle Benutzer gilt.

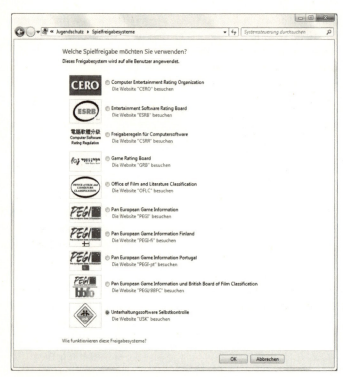

Bild 10.26: Spielfreigabesystem auswählen.

Spiele, die unter *Spiele* in Windows 7 installiert sind, können in einer eigenen Liste manuell blockiert oder freigegeben werden. Viele kommerzielle und auch Freewarespiele installieren sich allerdings nicht in dieser Kategorie und werden so auch nicht vom Jugendschutzfilter erkannt.

Bestimmte Programme sperren

Um ganz sicherzugehen, lassen sich in der dritten Kategorie der Jugendschutzeinstellungen beliebige Programme blockieren. Hier kann man sogar so weit gehen, alle installierten Programme bis auf ein paar Ausnahmen zu blockieren. Das kann nicht nur in Bezug auf den Jugendschutz sinnvoll sein, sondern bietet auch eine einfache Methode der Nutzungsbeschränkung für öffentlich zugängliche Computer.

10.6 Jugendschutzeinstellungen festlegen

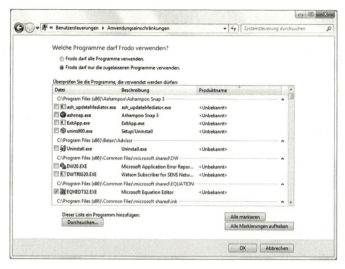

Bild 10.27: Bestimmte Programme für einen Benutzer sperren.

Versucht der Benutzer, ein blockiertes Programm zu starten, bekommt er einen entsprechenden Hinweis auf dem Bildschirm.

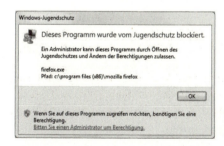

Bild 10.28: Meldung, wenn ein Programm durch den Jugendschutz blockiert wird.

Soll das Programm ausnahmsweise trotz Jugendschutzbeschränkung ausgeführt werden, kann ein Administrator eine Freigabe erteilen. Windows 7 verwendet an dieser Stelle die Benutzerkontensteuerung. Klicken Sie im Dialogfeld *Windows-Jugendschutz* auf den Link *Bitten Sie einen Administrator um Berechtigung*, erscheint das Dialogfeld der Benutzerkontensteuerung, in dem Sie einen Benutzer mit Administratorrechten auswählen und dessen Kennwort eingeben können. Danach wird das Programm einmalig freigegeben.

10.7 Windows Live Family Safety-Filter

Windows Live Family Safety ist ein Filter, der von Microsoft als Bestandteil der Windows Live Essentials 2011 kostenlos zum Download angeboten wird. Er ersetzt den Webfilter aus den Windows Vista-Jugendschutzeinstellungen und funktioniert mit Windows XP, Windows Vista und Windows 7.

Die Einstellungen von Windows Live Family Safety werden in einem Windows Live-Konto gespeichert. Zur Einrichtung muss man sich als Elternteil zunächst mit seiner Windows Live ID anmelden, um die Einstellungen vornehmen zu können.

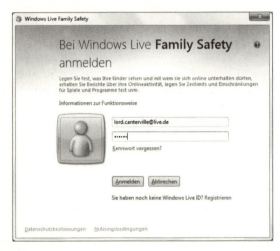

Bild 10.29: Anmeldung bei Windows Live Family Safety.

Wenn Windows Live Family Safety eingerichtet, aber kein Benutzer angemeldet ist, kann man auf dem Computer nicht im Internet surfen.

Nach der Anmeldung erscheint der Windows Live Family Safety-Filter mit einer Kurzübersicht über die aktuellen Einstellungen. Hier können Sie neue Benutzerkonten für die Kinder anlegen und die Kontoüberwachung jederzeit aus- und wieder einschalten. Zum Ausschalten ist die Eingabe des Kennworts erforderlich.

10.7 Windows Live Family Safety-Filter

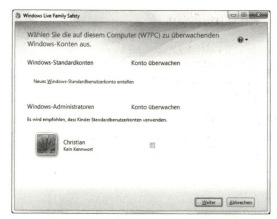

Bild 10.30: Der Windows Live Family Safety-Filter.

Zur Überwachung muss das lokale Benutzerkonto auf dem Computer einem sogenannten Family Safety-Mitglied mit einer Windows Live ID zugeordnet werden.

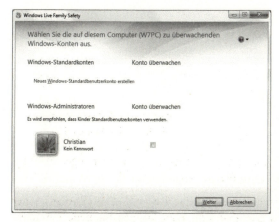

Bild 10.31: Der nächste Konfigurationsschritt in Windows Live Family Safety.

Ein Klick auf *Zur Family Safety-Website wechseln* springt auf eine Seite innerhalb des eigenen Windows Live-Profils, auf der man für die Kinder Webfilter einrichtet: *familysafety.live.com*. Jedes Kind braucht dazu seine eigene Windows Live ID.

Filter unabhängig von Benutzerkonten
Die Filterung im Windows Live Family Safety-Filter läuft unabhängig von den Windows-Benutzerkonten. Jedes Kind braucht nur seine Windows Live ID. Dies hat den Vorteil, dass nicht für jedes Kind ein eigener Benutzer eingerichtet werden muss. Außerdem funktioniert der Webfilter auf jedem Computer innerhalb des eigenen Netzwerks, auf dem die Windows Live Family Safety-Software eingerichtet ist.

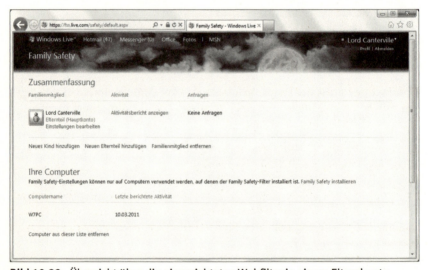

Bild 10.32: Übersicht über die eingerichteten Webfilter in einem Elternkonto.

Auf dieser Seite können Sie auch neue Kinder und Elternteile für Windows Live Family Safety anmelden.

Der Windows Live Family Safety-Webfilter kann nach verschiedenen Inhaltskriterien die Anzeige von Webseiten blockieren. Zusätzlich lassen sich eigene Listen mit Webseiten erstellen, die unabhängig von der gewählten Einschränkungsstufe blockiert werden sollen.

10.7 Windows Live Family Safety-Filter

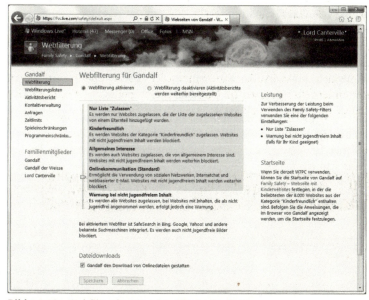

Bild 10.33: Webfilter für einzelne Kinder festlegen.

Soll ein Benutzer noch weiter eingeschränkt werden, kann man auch eine Liste zugelassener Webseiten erstellen und alle anderen Seiten blockieren. Zusätzlich werden die von Microsoft vorgegebenen kinderfreundlichen Webseiten automatisch zugelassen.

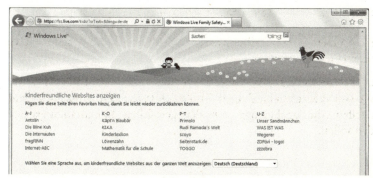

Bild 10.34: Linkliste kinderfreundlicher Webseiten, die automatisch zugelassen werden.

Damit der Windows Live Family Safety-Webfilter genutzt werden kann, muss man sich zunächst abmelden. Startet jetzt ein Kind den Internet Explorer, erscheint als Erstes der Anmeldedialog, in dem das Kind seine Windows Live ID eingeben muss. In diesem Dialogfeld unterscheidet sich die Anmeldung von der eines Elternteils, weil hier der Benutzer geduzt wird. Bei Kindern, die über lokale Benutzerkonten in Windows Live Family Safety registriert sind, entfällt dieser Dialog.

Bei Kindern, die nicht die Standardeinstellung der Windows Live Family Safety nutzen, sondern die Einstellung *Kinderfreundlich* oder *Nur Liste »Zulassen«*, fehlt im Internet Explorer die Adresszeile, sodass gar keine beliebigen Internetadressen eingegeben werden können.

Versucht das Kind, auf eine Webseite zu gehen, die durch die Webeinschränkungsstufe geblockt wird, erscheint eine entsprechende Meldung.

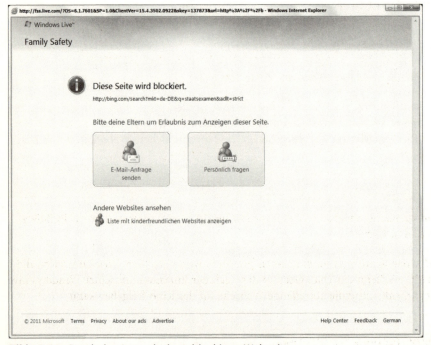

Bild 10.35: Durch den Jugendschutz blockierte Webseite.

10.7 Windows Live Family Safety-Filter

 Webfilter sind nur eingeschränkt sinnvoll
Die Webfilter entsprechen amerikanischen Moralvorstellungen und nehmen auch keine Rücksicht auf sprachliche Besonderheiten. Dadurch sind sie in Europa nur mit Einschränkungen sinnvoll einzusetzen. Englischsprachige Webseiten von Badestränden oder Freibädern mit Fotos leicht bekleideter Mädchen werden vom Webfilter blockiert, dagegen sind aber Seiten deutscher Neonazis problemlos darstellbar. Außerdem blockiert Windows Live Family Safety beispielsweise Seiten zum Thema Staatsexamen wegen der im Titel enthaltenen Buchstabenkombination »sex«.

Hier kann das Kind mit einem Klick eine automatisierte E-Mail-Anfrage an die Eltern schicken. Es ist kein persönlicher Text und auch keine Eingabe von E-Mail-Adressen nötig, sodass dieses System auch bei Kleinkindern funktioniert, die noch nicht schreiben können.

Bild 10.36: Automatische Zugriffsanfrage auf eine durch Windows Live Family Safety blockierte Webseite.

Oder das Kind fragt einfach einen Elternteil persönlich um Erlaubnis. Wird diese erteilt, erscheint ein Dialogfeld, in dem sich der Elternteil mit seiner Windows Live ID anmelden und die betreffende Webseite für das Kind freigeben kann.

Aktivitätsberichte sichten

Die Aktivitätsberichte zeigen dem Administrator auf einen Blick die Webseiten, die der Benutzer am häufigsten besucht hat. Die Anzeige lässt sich so filtern, dass nur blockierte Aktivitäten gezeigt werden. Die Windows Live Family Safety lässt sich auch sehr effektiv zum Blockieren von Werbung einsetzen. In den Aktivitätsberichten stehen Werbeanbieter häufig ganz oben. Deren Inhalte werden auch geblockt, wenn die Seite selbst genehmigt ist.

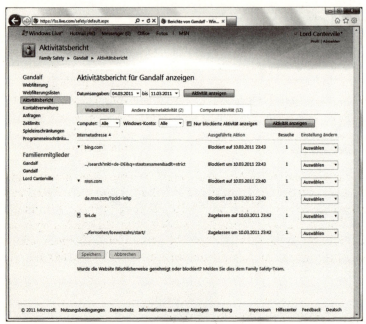

Bild 10.37: Der Aktivitätsbericht eines eingeschränkten Benutzers.

Außerdem wird genau Protokoll geführt über Internetaktivitäten anderer Anwendungen. Die Aktivitätsberichterstattung kann für jeden Benutzer explizit ein- oder ausgeschaltet werden.

Internetfilter selbst gemacht

Windows bietet eine einfache Möglichkeit, selbst eine Liste gesperrter Webseiten zu erstellen, ohne spezielle Filtersoftware einzusetzen. Öffnen Sie mit dem Editor die Datei *\windows\system32\drivers\etc\hosts*. Hier können Sie beliebige Webseiten ins Leere leiten, indem Sie sie auf die Adresse *127.0.0.1* oder *localhost* (den lokalen PC) umlenken. Der Internet Explorer ruft bei einer nicht gefundenen Webseite automatisch die Standardsuchmaschine auf. Ein Nachteil dieser Methode ist, dass sie immer systemweit gilt und nicht für einzelne Benutzer unterschiedlich eingerichtet werden kann.

Bild 10.38: Die Datei *hosts* dient als einfache Sperrliste für unerwünschte Internetseiten.

Alle Zeilen, die mit einem #-Zeichen beginnen, sind nur Kommentare und brauchen nicht beachtet zu werden. Zum Schutz vor Programmen, die diese Datei böswillig verändern – eine besonders hinterhältige Phishing-Methode –, kann die Datei nur von Administratoren bearbeitet werden. Um die Änderungen zu speichern, müssen Sie als Administrator angemeldet sein oder nach einer Abfrage der Benutzerkontensteuerung die Berechtigungen für normale Benutzer auf die Datei ändern.

ICRA Plus – Alternative zu MS-Family Safety

Als Alternative zu Microsoft Family Safety lohnt sich ein Blick auf das kostenlose Jugendschutzprogramm ICRA Plus (*www.jugendschutzprogramm.de*). Dabei handelt es sich um einen reinen Internetfilter, der keinen Einfluss auf lokale Anwendungen oder Windows-Systemeinstellungen hat.

Das Programm greift auf aktuelle Negativlisten der ICRA (Internet Content Rating Association) zurück, die nach verschiedenen Kriterien von »leidenschaftlichem Küssen« bis zu »roher Gewalt und absichtlicher Tötung von Menschen« Webseiten einstuft. Interessanterweise wird das Jugendschutzprogramm im Wesentlichen von Content-Anbietern getragen, die sich selbst auf die Blacklist setzen und damit Kinder vor ihren eigenen Inhalten schützen, wie unter anderem Beate Uhse, Fundorado, Orion und Freenet.

Ein Administrationsmodul in der Software erlaubt es, verschiedene Profile für die Kinder mit unterschiedlichen Berechtigungen anzulegen, unabhängig von Windows-Benutzerkonten. Zusätzlich zu den automatisch aktualisierten ICRA-Listen können auch persönliche Negativ- und Positivlisten verwaltet werden.

ICRA Plus blockiert durch die umfangreiche und ständig aktuelle Datenbank relativ zuverlässig auch neue und wenig bekannte Webseiten ohne die aus anderen Programmen bekannten Erkennungsfehler.

Bild 10.39: Der Internetfilter ICRA Plus.

Ein spezielles »Trotzdem-Sehen-Passwort« ermöglicht es, zum Beispiel im Beisein eines Elternteils eine gesperrte Webseite einmalig freizugeben, ohne sie in die Positivliste aufzunehmen. Beim nächsten Besuch wird die Seite automatisch wieder blockiert.

10.8 Gemeinsames Verwenden von Daten

Windows 7 legt für jeden neuen Benutzer ein eigenes Profil an. Dieses enthält neben Desktopeinstellungen und persönlichem Startmenü auch einen Ordner für

10.8 Gemeinsames Verwenden von Daten

persönliche Dateien mit diversen Unterordnern. Den persönlichen Ordner erreicht man ganz einfach, wenn man in der rechten Spalte des Startmenüs auf den eigenen Benutzernamen klickt. Er erscheint auch im Aufklappmenü auf oberster Ebene der Ordnerstruktur in der Pfadzeile des Windows-Explorers.

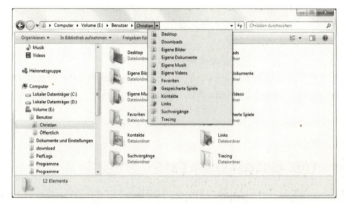

Bild 10.40: Der Ordner der persönlichen Dateien eines Benutzers.

In Wirklichkeit befindet sich dieser Ordner auf dem Systemlaufwerk unter *\Users\<Benutzername>* in der Verzeichnisstruktur. An dieser Stelle gibt es auch Ordner, die die persönlichen Startmenü- und Desktopverknüpfungen sowie die Favoriten aus dem Internet Explorer enthalten. Einige der Unterordner sind standardmäßig versteckt und nur zu sehen, wenn im Explorer versteckte Dateien und Ordner dargestellt werden.

Bibliotheken für persönliche Daten

Die Bibliotheken für persönliche Daten im Explorer – *Bilder*, *Dokumente*, *Musik* und *Videos* – enthalten jeweils zwei Ordner: den persönlichen Ordner des angemeldeten Benutzers sowie den öffentlichen Ordner. Schiebt man zum Beispiel ein Bild in den öffentlichen Ordner, erscheint es automatisch in den Bilderbibliotheken aller Benutzer auf dem Computer.

Die standardmäßige Rechtevergabe für Benutzer, die in der *Systemsteuerung* unter *Benutzerkonten* angelegt wurden, ist sehr simpel:

- Jeder Benutzer kann in seinem persönlichen Ordner beliebige Dateien lesen und schreiben.

- Im Ordner *Öffentlich*, der sich in der Windows-Ordnerstruktur unter *C:\Users\Public* befindet, können alle Benutzer Dateien ablegen und lesen. Dieser Ordner eignet sich also zum einfachen Datenaustausch.

In anderen Ordnern haben eingeschränkte Benutzer nur Schreibrechte auf Dateien, die sie selbst anlegen. Die persönlichen Ordner anderer Benutzer sind nicht sichtbar und können auch nicht verändert oder gelöscht werden.

Benutzerrechte: nur auf NTFS-Laufwerken
Benutzerrechte auf Dateien funktionieren nur auf Festplatten, die mit dem NTFS-Dateisystem formatiert wurden. Auf Laufwerken mit FAT16-/FAT32-Dateisystemen kann jeder Benutzer jede Datei beliebig verändern.

10.9 Benutzerrechte für bestimmte Daten

In Windows 7 Professional, Enterprise und Ultimate können Sie die Zugriffsrechte für einzelne Benutzer genau definieren, sodass bestimmte Benutzer nur auf bestimmte Dateien auf dem lokalen PC zugreifen dürfen.

Die Sicherheitseinstellungen für Ordner und Dateien finden Sie im Kontextmenü *Eigenschaften* der jeweiligen Ordner und Dateien im Windows-Explorer. Diese Einstellungen gibt es nur auf NTFS-Laufwerken. Auf anderen Dateisystemen können keine lokalen Benutzerrechte zugewiesen werden.

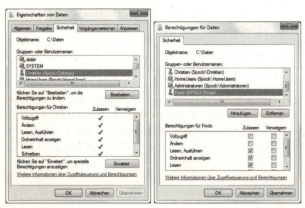

Bild 10.41: Berechtigungen für Dateien und Ordner.

10.9 Benutzerrechte für bestimmte Daten

Im oberen Teilfenster dieses Dialogfelds finden Sie Benutzer und Benutzergruppen, die Rechte auf das Verzeichnis oder die Datei haben. Markieren Sie hier einen Eintrag, sehen Sie im unteren Fenster dessen Rechte, die Sie mit einem Klick auf *Bearbeiten* auch modifizieren können.

Die entsprechenden Rechte können Sie durch Aktivieren der Schalter in der Spalte *Zulassen* an die Benutzer vergeben. Ist bei einem Benutzerrecht keiner der beiden Schalter aktiv, bedeutet dies normalerweise, dass das Recht nicht gewährt wird. Ist der Benutzer aber Mitglied einer Gruppe, die das jeweilige Recht hat, erhält er es durch seine Gruppenmitgliedschaft. Benutzerrechte werden, sofern nichts anderes eingestellt ist, automatisch auf untergeordnete Verzeichnisse und Dateien vererbt. Sie können dort aber trotzdem explizit geändert werden.

Die Kontrollkästchen unter *Verweigern* haben in jedem Fall Priorität. Damit können Sie einem Benutzer ein bestimmtes Recht gezielt verweigern, unabhängig davon, ob er Mitglied einer Gruppe ist, die das Recht hat oder das Recht von weiter oben geerbt hat. Deshalb erscheint beim Verweigern einer Berechtigung jedes Mal eine Warnmeldung.

Bild 10.42: Warnung beim Verweigern einer Zugriffsberechtigung.

Eine Ausnahme bildet die Berechtigung *Vollzugriff*. Benutzer mit dem Recht *Vollzugriff* auf einen Ordner können Dateien in diesem Ordner löschen, auch wenn für die einzelnen Dateien die Zugriffsrechte verweigert worden sind.

Die angezeigten Berechtigungen stellen eigentlich keine einzelnen Berechtigungen dar, sondern immer eine Kombination aus erweiterten Berechtigungen. Wird in den erweiterten Berechtigungen eine ausgeschaltet, verschwindet das Häkchen im *Eigenschaften*-Dialogfeld, was aber noch nicht bedeutet, dass der Benutzer diese Berechtigung im Ganzen nicht mehr hat. Die Kombinationen werden nach folgender Tabelle zugewiesen:

Berechtigung	Erweiterte Berechtigungen
Vollzugriff	Alle
Ändern	Ordner durchsuchen/Datei ausführen Ordner ausführen/Daten lesen Attribute lesen Erweiterte Attribute lesen Dateien erstellen/Daten schreiben Ordner erstellen/Daten anhängen Attribute schreiben Erweiterte Attribute schreiben Löschen Berechtigungen lesen Synchronisieren
Lesen, Ausführen	Ordner durchsuchen/Datei ausführen Ordner ausführen/Daten lesen Attribute lesen Erweiterte Attribute lesen Berechtigungen lesen Synchronisieren
Ordnerinhalt anzeigen	Ordner durchsuchen/Datei ausführen Ordner ausführen/Daten lesen Attribute lesen Erweiterte Attribute lesen Berechtigungen lesen Synchronisieren
Lesen	Ordner ausführen/Daten lesen Attribute lesen Erweiterte Attribute lesen Berechtigungen lesen Synchronisieren
Schreiben	Dateien erstellen/Daten schreiben Ordner erstellen/Daten anhängen Attribute schreiben Erweiterte Attribute schreiben Berechtigungen lesen Synchronisieren

Diese erweiterten Berechtigungen können auch explizit zugewiesen werden, was aber nur in den seltensten Fällen notwendig ist. Über die Schaltfläche *Erweitert* in

10.9 Benutzerrechte für bestimmte Daten

den Sicherheitseinstellungen einer Datei oder eines Ordners können Sie die erweiterten Berechtigungen innerhalb der Standardberechtigungen genauer definieren.

Bild 10.43: Erweiterte Berechtigungen für ein Verzeichnis.

Im Dialogfeld *Erweiterte Sicherheitseinstellungen für Daten* können Sie das Vererben von Berechtigungen auf untergeordnete Objekte mit dem Schalter *Vererbbare Berechtigungen des übergeordneten Objektes einschließen* deaktivieren. Klicken Sie doppelt auf einen Berechtigungseintrag, haben Sie die Möglichkeit, für diesen Benutzer oder diese Gruppe einzelne Rechte detailliert zu verändern.

Bild 10.44: Berechtigungseinträge für Dateien und Verzeichnisse bearbeiten.

Die grau markierten Häkchen in der Spalte *Zulassen* beziehen sich auf Berechtigungen, die von weiter oben geerbt wurden. Die Bedeutung der Rechte im Einzelnen wird in der folgenden Tabelle beschrieben:

Recht	Bedeutung
Ordner durchsuchen/Datei ausführen	Wird diese Berechtigung einem Ordner zugewiesen, dürfen die Benutzer durch den Ordner blättern, um untergeordnete Ordner oder Dateien zu erreichen. Ist die Berechtigung einer Programmdatei zugewiesen, darf der Benutzer die Datei ausführen.
Ordner auflisten/ Dateien lesen	Die Namen von Dateien und Unterordnern dürfen angezeigt werden. Der Inhalt einer Datei darf betrachtet werden.
Attribute lesen	Benutzer dürfen sich Dateiattribute wie *schreibgeschützt* oder *versteckt* anzeigen lassen.
Erweiterte Attribute lesen	Benutzer dürfen sich die erweiterten Dateiattribute anzeigen lassen. Dazu gehören die Attribute *archiv* und *index* sowie Komprimierungs- und Verschlüsselungsoptionen. Zusätzliche erweiterte Attribute können von Programmen definiert werden.
Dateien erstellen/Daten schreiben	Erlaubt Benutzern, in diesem Verzeichnis eine Datei zu erstellen oder in den Ordner zu kopieren, wenn die Berechtigung einem Ordner zugewiesen ist. Ist die Berechtigung einer Datei zugewiesen, darf der Benutzer diese Datei ändern oder durch eine andere Version überschreiben.
Ordner erstellen/Daten anhängen	Erlaubt Benutzern, in diesem Ordner einen Unterordner zu erstellen oder diesen in den Ordner zu kopieren, wenn die Berechtigung einem Ordner zugewiesen ist. Ist die Berechtigung einer Datei zugewiesen, darf der Benutzer an diese Datei Daten anhängen, aber keine Teile der Datei überschreiben. Leider wird diese Option nicht von allen Programmen unterstützt. Einige Programme wie zum Beispiel Microsoft Word überschreiben die ganze Datei, wenn am Ende nur ein Satz angehängt wird. Deshalb kann diese Berechtigung im Zusammenhang mit vielen Applikationen nicht verwendet werden.
Attribute schreiben	Benutzer dürfen Dateiattribute wie *schreibgeschützt* oder *versteckt* verändern.
Erweiterte Attribute schreiben	Benutzer dürfen die erweiterten Dateiattribute verändern. Dazu gehören die Attribute *archiv* und *index* sowie Komprimierungs- und Verschlüsselungsoptionen und spezielle Attribute, die von einigen Programmen definiert werden können.

10.9 Benutzerrechte für bestimmte Daten

Recht	Bedeutung
Unterordner und Dateien löschen	Benutzer dürfen in diesem Ordner Unterordner oder Dateien löschen.
Löschen	Benutzer dürfen die Datei oder den Ordner, dem diese Berechtigung zugewiesen ist, löschen. Benutzer, die diese Berechtigung nicht haben, dürfen die Datei trotzdem löschen, wenn sie für das übergeordnete Verzeichnis die Berechtigung *Unterordner und Dateien löschen* haben.
Berechtigungen lesen	Benutzer dürfen die Berechtigungen lesen, die sie an einer Datei oder einem Ordner haben.
Berechtigungen ändern	Benutzer dürfen die Berechtigungen ändern, die sie an einer Datei oder einem Ordner haben. Das bedeutet für Benutzer, die sich etwas mit dem System auskennen, sozusagen den Vollzugriff, da sie sich dieses Recht jederzeit selbst erteilen können. Der Besitzer einer Datei kann die Berechtigungen immer ändern, unabhängig davon, welche weiteren Rechte er an der Datei hat.
Besitz übernehmen	Erlaubt einem Benutzer, die Besitzrechte an einer Datei zu übernehmen. Damit kann er seine Berechtigungen beliebig einstellen und so mit der Datei machen, was er will. Wer eine Datei erstellt hat, ist üblicherweise auch deren Besitzer. Der Besitzer kann seine Berechtigungen beliebig einstellen und mit der Datei machen, was er will. Dieses Besitzrecht kann von einem anderen Benutzer übernommen werden.

Um den Besitz an einer Datei oder einem Ordner zu übernehmen, klicken Sie in den *Eigenschaften* der Datei auf der Registerkarte *Sicherheit* auf die Schaltfläche *Erweitert*. Im folgenden Dialog wird auf der Registerkarte *Besitzer* der aktuelle Besitzer angezeigt.

Aus einer Liste können Sie den neuen Besitzer auswählen. Dabei ist es sowohl möglich, jemand anderem den Besitz einer Datei aufzuzwingen als auch den Besitz selbst zu übernehmen. Standardmäßig wird man in der Liste der neuen Besitzer nur selbst angezeigt. Über die Schaltfläche *Bearbeiten* kann man nach einer Sicherheitsabfrage aber auch andere Benutzer und Gruppen auswählen.

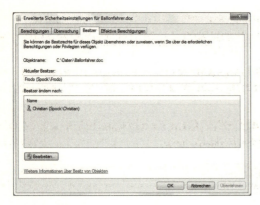

Bild 10.45: Den Besitz an einer Datei übernehmen.

Effektive Berechtigungen

Durch Vererbung von Benutzerrechten aus übergeordneten Ordnern und durch Mitgliedschaft in Gruppen ist es nicht immer ganz einfach, die tatsächlichen Zugriffsrechte eines Benutzers auf eine Datei herauszufinden (ab Professional).

Windows 7 bietet hierfür eine übersichtliche Darstellung auf der Registerkarte *Effektive Berechtigungen* im Dialogfeld *Erweiterte Sicherheitseinstellungen*. Sie können mit der Schaltfläche *Auswählen* einen Benutzer oder eine Gruppe auswählen, deren Rechte für den aktuellen Ordner oder die Datei anschließend angezeigt werden. Eine Änderung der Berechtigungen ist an dieser Stelle nicht möglich.

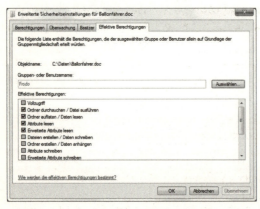

Bild 10.46: Effektive Berechtigungen anzeigen.

11 Windows 7 personalisieren

Ihren Arbeitsplatz richten Sie sich Ihren persönlichen Vorstellungen entsprechend ein. Auf Ihrem Schreibtisch liegt das passende Schreibgerät, an der Wand hängt ein schönes Bild, das Handy klingelt mit dem richtigen Ton, und der Papierkorb steht in greifbarer Nähe. Was für Ihren Arbeitsplatz zu Hause oder im Büro gilt, soll natürlich auch für den Computer gelten. Windows 7 bietet hierfür eine Fülle verschiedenster Einstellungsmöglichkeiten an.

11.1 Die Optik des Desktops anpassen

Bei der Optik Ihres Desktops können Sie Ihrer Fantasie freien Lauf lassen. Das Aussehen kann je nach Einstellung der Arbeit sehr förderlich sein, es kann Sie aber auch ablenken und beeinträchtigen. Spielecomputer und Freizeit-PCs können nicht bunt genug sein, für Arbeitsrechner aber gilt der Grundsatz: Weniger ist manchmal mehr.

 Windows Basis- oder Aero-Look?
Viele der Desktopeinstellungen unterscheiden sich, je nachdem, ob Sie die Windows Basis- oder die Aero-Oberfläche einsetzen. Die Basis-Oberfläche ist vor allem für einfache Grafikkarten bestimmt, die Schwierigkeiten mit der Darstellung der Aero-Funktionen haben. Im Gegensatz zu Windows Vista läuft die Aero-Oberfläche von Windows 7 auf fast allen halbwegs aktuellen PCs und stellt keine extremen Anforderungen mehr an die Grafikkarte. Die Windows 7 Starter Edition kennt keine Aero-Oberfläche.

Klicken Sie mit der rechten Maustaste auf eine leere Stelle des Desktops und wählen Sie im Kontextmenü die Funktion *Anpassen*. Das Dialogfeld *Ändern der visuellen Effekte und der Sounds auf dem Computer* bietet verschiedene Möglichkeiten an, das Aussehen des Desktops zu beeinflussen.

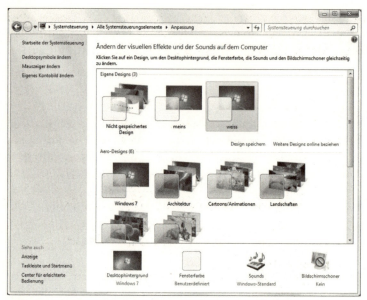

Bild 11.1: Einstellungen für visuelle Effekte und Sounds.

Aero-Designs und Basis-Designs

Alles, was das Aussehen des Windows-Desktops beeinflusst, wird in sogenannten Designs gespeichert. Dabei haben Sie je nach verwendeter Grafikkarte die Wahl zwischen Aero-Designs und Basis-Designs im klassischen Windows-Aussehen. Ein Design enthält nicht nur das Hintergrundbild, dazu gehören auch noch weitere veränderbare Einstellungen, wie der Bildschirmschoner, Sounds und die Darstellung der Fenster.

Speichern Sie Ihr persönliches Design
Wenn Sie sich auf diese Weise Ihr persönliches Design zusammengestellt haben, können Sie es dauerhaft speichern. Geben Sie dem Design einen unverwechselbaren Namen. Es wird dann im Bereich *Eigene Designs* mit angezeigt und kann nach einem Rechtsklick jederzeit auch wieder gelöscht werden. Auf diese Weise können Sie sehr einfach zwischen mehreren persönlichen Designs hin- und herschalten.

11.1 Die Optik des Desktops anpassen

Verschiedene Downloadseiten im Internet bieten weitere alternative Designs, über deren Qualität sich streiten lässt, zum Herunterladen an. Auch Microsoft selbst liefert eine Onlinegalerie mit zahlreichen Designs zum Download.

Bild 11.2: Microsoft-Downloadseite mit Windows-Designs und Desktophintergründen.

Hintergrundbilder für den Desktop

Windows 7 liefert eine Vielzahl von Motiven für den Desktophintergrund mit, Sie können aber auch eigene Bilder verwenden (ab Home Premium). Mit dem Link *Desktophintergrund* öffnen Sie das Dialogfeld *Wählen Sie Ihren Desktophintergrund aus*. Hier können Sie im Listenfeld *Bildpfad* einige Standardordner auswählen, in denen Hintergrundbilder gesucht werden sollen. Mit der Schaltfläche *Durchsuchen* navigieren Sie zu Ihrem Wunschbild und öffnen es.

Achtung!
In der Windows 7 Starter Edition kann kein persönliches Hintergrundbild eingebunden werden.

Bild 11.3: Auswahl der Hintergrundbilder.

Windows 7 kann entweder ein statisches Hintergrundbild anzeigen oder eine Diashow einer ganzen Bilderserie, bei der in bestimmten Zeitabständen das Hintergrundbild wechselt. Markieren Sie dazu alle Bilder, die verwendet werden sollen, und geben Sie unter *Bild ändern alle* den Zeitraum an, nach dem ein neues Bild angezeigt werden soll. Ist der Schalter *Mischen* aktiviert, erscheinen die Bilder der Diashow in zufälliger Reihenfolge.

Bei Notebooks, die im Akkubetrieb laufen, können Sie die Diashow automatisch anhalten lassen, da sie besonders bei häufigem Bildwechsel viel Strom verbraucht. Unter *Bildposition* finden Sie verschiedene Optionen zur Darstellung des Hintergrundbilds auf dem Desktop:

11.1 Die Optik des Desktops anpassen

Option	Auswirkung
Gefüllt	Zeigt das Bild formatfüllend auf dem Bildschirm. Dabei wird es so weit wie möglich vergrößert, um ohne schwarze Balken auf den Bildschirm zu passen. Je nach Seitenverhältnis können oben und unten oder rechts und links Bildteile abgeschnitten werden.
Angepasst	Zeigt das Bild formatfüllend auf dem Bildschirm. Dabei wird es so weit wie möglich vergrößert, um im Ganzen auf den Bildschirm zu passen. Je nach Seitenverhältnis ergeben sich oben und unten oder rechts und links schwarze Balken.
Gestreckt	Zeigt das Bild formatfüllend auf dem Bildschirm. Dabei wird es in beide Richtungen so weit wie möglich vergrößert, um im Ganzen auf den Bildschirm zu passen. Je nach Seitenverhältnis kann das Bild auf dem Bildschirm verzerrt erscheinen.
Nebeneinander	Wiederholt das Bild in einem regelmäßigen Raster und füllt so den Bildschirm aus. Jedes einzelne Bild bleibt dabei in seiner Originalauflösung.
Zentriert	Stellt das Bild in Originalgröße und Originalseitenverhältnis in der Mitte des Bildschirms dar.

▶ Hintergrundbildauswahl echt einfach

Noch unkomplizierter können Sie ein Hintergrundbild auswählen, indem Sie es in der Windows Live Fotogalerie oder im Explorer suchen. Klicken Sie mit der rechten Maustaste in das Bild und wählen Sie im Kontextmenü die Option *Als Desktophintergrund verwenden*.

Um Speicherplatz und Rechenleistung zu sparen, sollten Sie das Bild, das Sie als Hintergrund verwenden wollen, mit einem Bildbearbeitungsprogramm genau auf die Maße des Bildschirms skalieren und so speichern. Es ergibt keinen Sinn, ein 6-Megapixel-Foto von einer Digitalkamera jedes Mal vom System wieder auf die Bildschirmauflösung herunterrechnen zu lassen. Legen Sie die Hintergrundbilder auch immer auf der Festplatte ab und verwenden Sie keine Bilder von CD-ROMs oder Netzwerklaufwerken.

Hintergrundbilder fressen Arbeitsspeicher
Bedenken Sie, dass jedes Hintergrundbild Arbeitsspeicher in voller Größe der unkomprimierten BMP-Datei frisst, der dann dem System verloren geht. Wer Wert auf ein schlankes, schnelles Windows legt, sollte also grundsätzlich auf Hintergrundbilder verzichten. Die genaue Größe in Bit können Sie mit der Formel »Breite × Höhe × Farbtiefe« ausrechnen. Das gilt auch für JPEG-Bilder, da diese zur Anzeige dekomprimiert werden.

Farben für einen einfarbigen Hintergrund

Aus dem Listenfeld *Bildpfad* können Sie mit der Option *Einfarbig* die Hintergrundfarbe auswählen, wenn kein Hintergrundbild angezeigt wird oder Sie für die Bildposition *Mitte* gewählt haben.

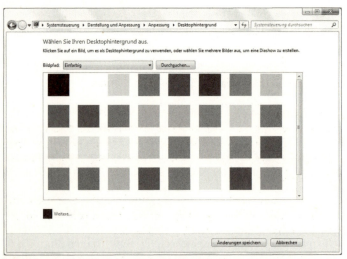

Bild 11.4: Auswahl einer Hintergrundfarbe.

Soundeffekte für Windows-Aktionen festlegen

Bei verschiedenen Aktionen am PC sind Ihnen sicher schon die akustischen Meldungen aufgefallen. Eindringlich ist die Musik beim Hoch- und Herunterfahren des PCs. Manche Töne sind störend, aber für bestimmte Aktionen hätten Sie gern eine akustische Meldung. Nichts leichter als das.

11.1 Die Optik des Desktops anpassen

Im persönlichen Design wird nicht nur das Aussehen, es werden auch die Soundeffekte gespeichert. Ein Soundschema kann mehrere Klänge umfassen, die bei bestimmten Programmereignissen abgespielt werden. Klicken Sie im Dialogfeld *Ändern der visuellen Effekte und der Sounds auf dem Computer* unten auf *Sounds*, um das verwendete Soundschema anzupassen.

Bild 11.5: Sounds zuweisen.

Im Listenfeld *Programmereignisse* finden Sie alle Ereignisse, denen Sie ein akustisches Signal zuweisen können. Wenn links vom Namen ein stilisierter Lautsprecher abgebildet ist, ist diesem Ereignis bereits ein Signal zugewiesen. In der letzten Zeile unter *Sounds* steht dann der Name. Mit einem Klick auf die Schaltfläche *Testen* wird das Signal probeweise abgespielt.

Wenn noch kein Sound zugeordnet ist, können Sie ihn aus der Liste auswählen und mit *Übernehmen* zuordnen. Sollte Ihnen die Auswahl nicht genügen, suchen Sie sich für ein bestimmtes Ereignis eine eigene WAV-Datei aus.

Nachdem Sie mit all den Klängen eine tolle Sinfonie zusammengestellt haben, können Sie die Einstellung unter einem Namen abspeichern und bei Bedarf jederzeit wieder laden.

Aero: Transparenz und Farben anpassen

Die Aero-Benutzeroberfläche haben die Entwickler für Windows 7 grundlegend optimiert (ab Home Premium). Wenn die Grafikkarte Ihres Computers die notwendige Leistung bringt und passende Treiber installiert sind, installiert Windows 7 die Aero-Oberfläche automatisch. Aero-Fenster sind auf den ersten Blick an der Form der Symbole oben rechts sowie an den abgerundeten Ecken zu erkennen. In der Windows Basis-Oberfläche sind nur die oberen Ecken der Fenster abgerundet, in Aero alle vier.

Bild 11.6: Titelleiste eines Fensters in Windows Aero (mit Transparenz).

Bild 11.7: Titelleiste eines Fensters in Windows Basis.

Verwendet man die Aero-Oberfläche, zeigt der Konfigurationsdialog *Ändern Sie die Farbe der Fensterrahmen, des Startmenüs und der Taskleiste* verschiedene Farbschemata zur Auswahl an. Klicken Sie dazu auf eine der farbigen Schaltflächen. Mit dem *Farbmixer* lassen sich die Farben in Bezug auf *Farbton*, *Sättigung* und *Helligkeit* noch feiner einstellen.

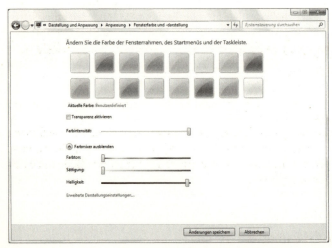

Bild 11.8: Konfiguration der Fensterfarben in Aero.

11.1 Die Optik des Desktops anpassen

Ist das Kontrollkästchen *Transparenz aktivieren* eingeschaltet, erscheinen die Titelleiste und die Ränder jedes Fensters transparent, sodass man das darunterliegende Fenster oder den Desktop leicht verschwommen erkennen kann. Der Rand des aktiven Fensters wird automatisch weniger transparent dargestellt als die Ränder der inaktiven Fenster. Mit dem Schieberegler *Farbintensität* lässt sich die Transparenz verstärken oder zurücknehmen.

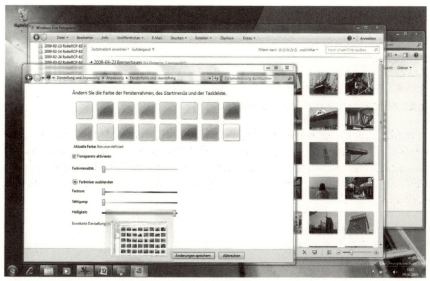

Bild 11.9: Transparente Fensterrahmen und Taskleiste in Aero.

 Transparenz – sinnvoll oder nicht?
Diese Frage muss sich nach dem Ausprobieren verschiedener Einstellungen jeder selbst beantworten. Wir verwenden in diesem Buch, wenn nicht anders angegeben, wegen der besseren Erkennbarkeit die Aero-Oberfläche mit nicht transparenten Fensterrahmen.

Visuelle Effekte ein- und abschalten

An vielen Stellen bietet Windows 7 optische Effekte, die frühere Windows-Versionen vor Windows XP noch nicht kannten (ab Home Premium). Das Ein- und Ausblenden von Menüs sowie die verschiedenen Schatteneffekte und kleinen Animationen kosten aber erheblich Performance ohne erkennbare Vorteile.

Wenn Sie ein schnelles, schlankes System bevorzugen, schalten Sie diese Effekte in der *Systemsteuerung* einfach ab. Wählen Sie dazu *System und Sicherheit/System* und klicken Sie dort links auf *Erweiterte Systemeinstellungen*.

Im nächsten Dialogfeld klicken Sie in der Registerkarte *Erweitert* auf die obere der drei *Einstellungen*-Schaltflächen.

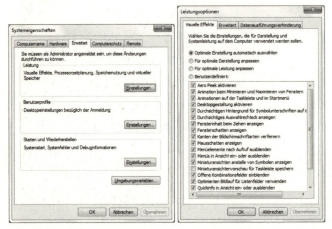

Bild 11.10: Einstellungen im Dialogfeld *Systemeigenschaften*.

Schalten Sie auf der Registerkarte *Visuelle Effekte* auf den Modus *Benutzerdefiniert*. Hier können Sie dann alle Kontrollkästchen außer *Visuelle Stile für Fenster und Schaltflächen verwenden* und *Miniaturansichten anstelle von Symbolen anzeigen* ausschalten, ohne dass es zu Funktionseinschränkungen kommt. Mit Ausnahme dieser beiden Schalter haben alle anderen nur eine optische Wirkung.

 Hilfe zur Tastaturnavigation
Durch Drücken der ⸢Alt⸥-Taste blenden Sie die bekannten Unterstreichungen von Buchstaben in Menüs wieder ein, die für die Tastaturnavigation gebraucht werden. Windows 7 zeigt sie standardmäßig sonst nicht mehr an. Auf diese Art prägen Sie sich diese Buchstaben unbewusst ein. Die Tastaturnavigation ermöglicht eine wesentlich schnellere und flüssigere Programmbedienung als die Mausnavigation – auch dies ist eine Art von Tuning.

11.1 Die Optik des Desktops anpassen 443

Symbole auf dem Desktop anordnen

Ein gutes Hintergrundbild sollte am Bildrand eine möglichst einfarbige, dunkle Fläche haben, auf der man dann die Desktopsymbole anordnen kann. Symbole in bunten Bildbereichen sind schwer zu erkennen und stören auch die Optik des Bilds.

Bild 11.11: Desktop mit eigenem Hintergrund und Symbolen.

Wer während der Arbeit mal zwischendurch sein schönes Hintergrundbild sehen möchte, braucht nicht alle Fenster einzeln zu minimieren. Die Tastenkombination [Win]+[D] gibt jederzeit den Blick auf das Hintergrundbild frei. Mit denselben Tasten lassen sich dann alle Fenster wieder auf ihre ursprüngliche Größe und Position bringen.

Sie können statt der Tastenkombination auch das rechteckige Symbol ganz rechts in der Taskleiste verwenden. Die Tastenkombination [Win]+[Leertaste] blendet die Fenster nur kurzfristig aus und stellt das aktuelle Fenster als Rand dar, und das so lange, bis die [Win] Taste wieder losgelassen wird.

Möchten Sie die Symbole für eine Weile verschwinden lassen, klicken Sie mit der rechten Maustaste auf den Desktop und deaktivieren im Kontextmenü den Schalter

Ansicht/Desktopsymbole anzeigen. Dabei werden die Symbole nicht gelöscht, sondern nur versteckt. Sie können auf dieselbe Weise wieder eingeschaltet werden.

Bild 11.12: Desktopsymbole über das Kontextmenü anzeigen und ausblenden.

Im gleichen Menü können Sie unterschiedliche Größen für die Desktopsymbole einstellen. Um die Anordnung der Desktopsymbole in übersichtlichen Reihen zu erleichtern, sollten Sie im Kontextmenü den Schalter *Ansicht/Symbole am Raster ausrichten* aktivieren. Damit verhindern Sie ein planloses Chaos auf dem Desktop.

Die Funktion *Ansicht/Symbole automatisch anordnen* sollte immer ausgeschaltet bleiben, andernfalls wird Ihre schöne persönliche Ordnung zerstört, und die Symbole werden von oben links beginnend untereinander angeordnet. Das Gleiche gilt für die Sortierung von Symbolen auf dem Desktop. Im Kontextmenü *Sortieren nach* können Sie verschiedene Sortierkriterien auswählen. In jedem Fall wird aber die eigene Ordnung aufgehoben, und alle Symbole werden von oben links beginnend automatisch angeordnet.

Bild 11.13: Desktopsymbole automatisch sortieren.

Welche der Windows-Standardsymbole *Computer, Benutzerdateien, Netzwerk, Papierkorb* und *Systemsteuerung* auf dem Desktop angezeigt werden sollen, legen Sie über den Link *Desktopsymbole ändern* links im Fenster *Ändern der visuellen Effekte und der Sounds auf dem Computer* fest.

11.1 Die Optik des Desktops anpassen

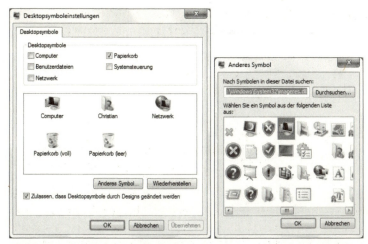

Bild 11.14: Desktopsymbole ändern.

In diesem Dialog können Sie über die Schaltfläche *Anderes Symbol* andere Bildchen für die Standarddesktopsymbole wählen. Nur wenn das Kontrollkästchen *Zulassen, dass Desktopsymbole durch Designs geändert werden* eingeschaltet ist, können spezielle Windows-Designs die Standarddesktopsymbole verändern. Ist dieser Schalter deaktiviert, werden immer die Standardsymbole angezeigt und die Designvorgaben ignoriert.

Eigene Desktopsymbole anlegen

Sie können jederzeit beliebige Programme aus dem Startmenü als Symbol auf den Desktop legen. Klicken Sie dazu mit der rechten Maustaste auf das gewünschte Programm im Startmenü unter *Alle Programme*. Wählen Sie dann im Kontextmenü *Senden an/Desktop (Verknüpfung erstellen)*.

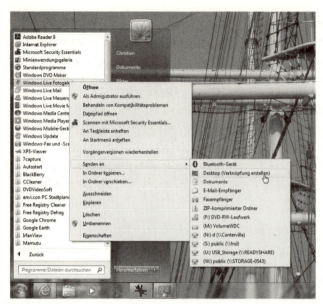

Bild 11.15:
Desktopsymbol für ein Programm anlegen.

Automatisch erscheint das Programmsymbol auf dem Desktop. Ein Doppelklick startet das entsprechende Programm. Mit einem Rechtsklick auf das Programmsymbol öffnet sich ein Kontextmenü. Über den Menüpunkt *Eigenschaften* können Sie weitere Einstellungen vornehmen:

Einstellung	Auswirkung
Ziel	An den Programmaufruf je nach Anwendung spezielle Parameter anhängen.
Tastenkombination	Dem Programm eine Tastenkombination zum schnellen Aufruf zuweisen. Anstatt auf das Desktopsymbol zu klicken, können Sie auch einfach die entsprechenden Tasten drücken. Sinnvollerweise verwenden Sie hier Tastenkombinationen, die sonst im Arbeitsalltag nicht vorkommen, wie zum Beispiel Kombinationen von Strg + Umschalt und einem Buchstaben. Drücken Sie einfach die gewünschte Tastenkombination, während der Cursor im Feld *Tastenkombination* steht.
Ausführen	Festlegen, ob das Programm in einem normalen Fenster, immer im Vollbildmodus oder immer minimiert gestartet werden soll.

Einstellung	Auswirkung
Dateipfad öffnen	Öffnet ein Explorer-Fenster mit dem Ordner der Programmdatei.
Anderes Symbol	Öffnet ein Fenster mit allen in der Programmdatei gespeicherten Symbolen. Hier können Sie ein Symbol für die Desktopverknüpfung auswählen. Über die Schaltfläche *Durchsuchen* können Sie auch ein Symbol aus einer anderen Programmdatei oder Symbolbibliothek holen, ohne dass dies die Anwendung beeinflusst.
Erweitert	Bietet die Möglichkeit, das Programm im Administratormodus zu starten. Hier erscheint vor dem Start eine Abfrage der Benutzerkontensteuerung, die nur ein Administrator bestätigen kann.

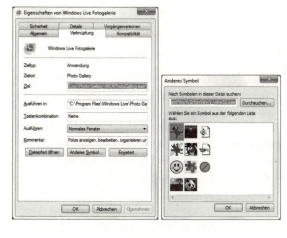

Bild 11.16: Eigenschaften eines eigenen Desktopsymbols.

11.2 Das Windows-Startmenü optimieren

Die Inhalte auf der rechten Seite des Startmenüs können Sie innerhalb bestimmter Grenzen nach eigenem Belieben gestalten:

Klicken Sie mit der rechten Maustaste auf das Windows-Logo links in der Taskleiste und wählen Sie den Menüpunkt *Eigenschaften*. Auf der Registerkarte *Startmenü* im Dialogfeld *Eigenschaften von Taskleiste und Startmenü* wählen Sie *Anpassen*.

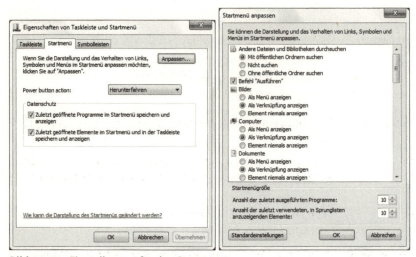

Bild 11.17: Einstellungen für das Startmenü.

Bei den meisten Optionspunkten können Sie auswählen, ob die Menübefehle ein Untermenü mit einer Liste der jeweiligen Dateien anzeigen (*Als Menü anzeigen*) oder ein Windows-Explorer-Fenster im entsprechenden Ordner öffnen sollen (*Als Verknüpfung anzeigen*). Viele Menüpunkte können mit der Option *Element niemals anzeigen* auch ganz ausgeblendet werden. Außerdem können an dieser Stelle Menüpunkte eingeblendet werden, die standardmäßig abgeschaltet sind:

Ausführen	Dieser Menüpunkt öffnet ein Dialogfeld, in dem ein Dateiname oder eine Internetadresse eingegeben werden kann, woraufhin ein sofortiges Starten erfolgt. Auf diesem Weg können Anwendungen auch mit Parametern gestartet werden, was sonst nur durch Veränderung des jeweiligen Menüpunkts möglich ist. Programme, die nicht jeder gleich finden soll, können aus dem Startmenü herausgenommen werden, lassen sich aber über dieses Dialogfeld immer noch starten. Die Tastenkombination Win+R öffnet jederzeit das Dialogfeld *Ausführen*, unabhängig davon, ob der Menüpunkt im Startmenü angezeigt wird oder nicht.

11.2 Das Windows-Startmenü optimieren

Bild 11.18: Das Dialogfeld zum Ausführen einer Datei.

Heimnetzgruppe	Zeigt alle Computer der Heimnetzgruppe zum schnellen Zugriff an.
Favoriten	Zeigt die Liste der Favoriten aus dem Internet Explorer. Ein Klick auf einen Eintrag startet den Browser und öffnet direkt die entsprechende Webseite.
Netzwerk	Zeigt alle Computer und freigegebenen Laufwerke im Netzwerk zum schnellen Zugriff an.
Systemverwaltung	In der Systemverwaltung sind einige besonders kritische Einstellungen zu finden, die vor ahnungslosen Anwendern lieber verborgen bleiben sollten. Wer sich mit Windows Vista auskennt, findet hier nützliche Programme, die allerdings mit Vorsicht zu bedienen sind.

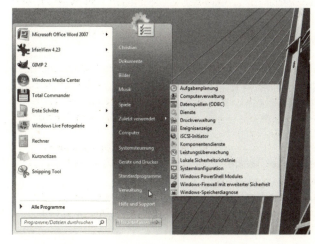

Bild 11.19: Das Untermenü der Systemverwaltung im Startmenü.

Zuletzt verwendet	Zeigt eine Liste der zuletzt verwendeten Dateien zum schnellen Zugriff an. Ein Klick auf einen Dateinamen öffnet die Datei mit der zugewiesenen Standardanwendung. Dies muss nicht die Anwendung sein, mit der die Datei zuletzt geöffnet wurde.

11.3 Windows 7 im klassischen Look

Obwohl die neue Benutzeroberfläche von Windows 7 diverse Vorteile in Bezug auf Anwenderfreundlichkeit hat, hat sie auch Nachteile. Die vielen Animationen und grafischen Effekte fressen einen erheblichen Teil der Rechnerleistung. Außerdem kann es Kompatibilitätsprobleme zu Programmen geben, die eigene grafische Oberflächen oder Skins bieten, die über den alten Windows-Standard hinausgehen. Manche Anwender lieben auch das Retrodesign alter Betriebssysteme oder wollen sich einfach nicht umstellen.

Die neue Oberfläche unterscheidet sich von älteren Windows-Versionen (vor Windows XP) vor allem durch die neue Optik der Fenster und Bedienelemente sowie durch das neue Startmenü. Das Fensterdesign lässt sich auf das klassische Windows-Design zurücksetzen. Das klassische einspaltige Startmenü, das bis Windows Vista noch optional nutzbar war, ist in Windows 7 weggefallen.

Leichter wieder zurück
Bevor Sie mit dem klassischen Windows-Design herumexperimentieren, speichern Sie sich Ihr aktuelles Design. Sie kommen dann jederzeit leicht wieder zurück, indem Sie dieses Design wählen, und müssen nicht alle Einstellungen neu vornehmen.

Umschalten auf die Retrooberfläche

Aus Kompatibilitäts- und Performancegründen bietet Windows 7 alternativ zur neuen Benutzeroberfläche auch noch die klassische seit Windows 95 bekannte Windows-Oberfläche an. Die bunte Windows XP-Oberfläche steht in Windows 7 allerdings nicht mehr zur Verfügung. In den Fenstern des Windows-Explorers sind auch im klassischen Design die neuen Bedienelemente enthalten, sodass Windows 7

11.3 Windows 7 im klassischen Look

nicht mehr ganz wie Windows 2000 aussieht. Es ähnelt im Aussehen dem Windows Server 2008, der die gleiche Oberfläche verwendet.

Bild 11.20: Der Windows 7-Desktop im klassischen Design älterer Windows-Versionen.

 Kompatibilitätsprobleme mit neuen Anwendungen
Einige Anwendungen, wie unter anderem die Windows Live Fotogalerie, funktionieren im klassischen Design nicht.

Zum Umschalten auf die klassische Windows-Oberfläche gibt es zwei Möglichkeiten, die genau dasselbe bewirken:

- Klicken Sie mit der rechten Maustaste auf den Desktop und wählen Sie im Kontextmenü *Anpassen*. Wählen Sie im nächsten Fenster das Design *Windows – klassisch*.

- Wählen Sie *Systemsteuerung/System und Sicherheit/System*. Klicken Sie dort auf *Erweiterte Systemeinstellungen* und im nächsten Dialogfeld auf die obere der drei *Einstellungen*-Schaltflächen. Wählen Sie dann im nächsten Dialog auf der Registerkarte *Visuelle Effekte* die Option *Für optimale Leistung anpassen*.

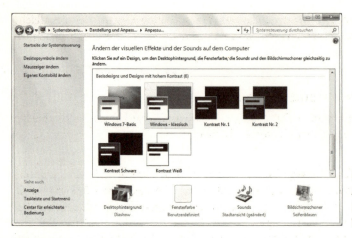

Bild 11.21: Auswahl des klassischen Windows-Designs.

Zurück zur neuen Windows 7-Oberfläche

Zurück auf die neue Windows 7-Oberfläche kommen Sie entsprechend wieder mit den folgenden alternativen Schritten:

- Klicken Sie mit der rechten Maustaste auf den *Desktop* und wählen Sie im Kontextmenü *Anpassen*. Wählen Sie im nächsten Fenster ein *Aero-Design* oder *Windows 7 – Basis*.

- Wählen Sie *Systemsteuerung/System und Sicherheit/System*. Klicken Sie dort auf *Erweiterte Systemeinstellungen* und im nächsten Dialogfeld auf die obere der drei *Einstellungen*-Schaltflächen. Wählen Sie dann im nächsten Dialog auf der Registerkarte *Visuelle Effekte* die Option *Benutzerdefiniert*. Aktivieren Sie den Schalter *Visuelle Stile für Fenster und Schaltflächen verwenden*. Je nach persönlichem Geschmack und je nachdem, wie hoch die Performanceverluste sind, die Sie bereit sind hinzunehmen, können Sie weitere Effekte in dieser Liste einschalten.

Designs mit besonders hohem Farbkontrast

Manchen Menschen ist das moderne Aero-Design mit seinen fließenden Farbübergängen zu kontrastarm, und die Texte und Symbole sind zu schwer erkennbar. Windows 7 liefert spezielle Designs im Stil des klassischen Windows-Designs, aber mit besonders starken Kontrasten auf weißem oder schwarzem Hintergrund. Wenn

11.3 Windows 7 im klassischen Look

Sie diese auswählen, geht zwar einiges von der optischen Eleganz der Oberfläche verloren, eine klare Erkennbarkeit ist aber auch unter schwierigen Umständen gegeben.

Darstellung der Fensterfarben ändern

In der *Systemsteuerung* unter *Darstellung und Anpassung/Anpassung* können Sie bei *Fensterfarbe* unter einer Vielzahl von Farbschemata für die Darstellung der einzelnen Fenster wählen.

Mit einem Klick auf *Erweiterte Darstellungseinstellungen* können Sie jedes einzelne Fensterelement verändern. Je nach Element ändern Sie die 1. oder 2. Farbe sowie Größe, Schriftart, Schriftfarbe und Ausrichtung. Die meisten Einstellungen gelten nur für das Windows 7-Basisdesign und die klassischen Windows-Designs. Einige Einstellungen, wie zum Beispiel die der Schriftarten und Schriftfarben, gelten auch in Aero-Designs.

Bild 11.22: Farbeinstellungen für klassisches Windows-Design.

 Die Rettung für verunstaltete Fenster
Haben Sie sich beim Ausprobieren dieser Einstellungen Ihre Fenster völlig verunstaltet, gibt es immer noch einen Rettungsring. Sie können jederzeit eines der Standarddesigns zurückholen.

11.4 Neue Aufgaben für Bildschirmschoner

Wie der Name sagt, soll der Bildschirm geschont werden, wenn man gerade nicht am Computer arbeitet. Das stammt noch aus der Zeit der alten Röhrenmonitore. Wenn sehr lange dasselbe Bild auf dem Monitor zu sehen war, haben sich Fragmente des Bilds in die Leuchtschicht des Bildschirms eingebrannt. Diese waren dann ständig als leicht durchsichtiges Bild zu erkennen. Die modernen Flachbildschirme sind dagegen weitestgehend immun, und auch auf den neueren Röhrenmonitoren muss das Bild schon tagelang stehen, bevor es sich einbrennt.

Der Bildschirmschoner ist heute fast immer eher eine nette Spielerei. Er schaltet sich ein, wenn innerhalb einer einstellbaren Zeit die Maus nicht bewegt und keine Taste betätigt wird.

Im Dialogfeld *Ändern der visuellen Effekte und der Sounds auf dem Computer* legen Sie einen Bildschirmschoner fest. Der Bildschirmschoner wird mit dem aktuellen Design gespeichert. So können Sie mit jedem eigenen Design einen anderen Bildschirmschoner speichern.

Bild 11.23: Auswahl eines Bildschirmschoners.

Der ausgewählte Bildschirmschoner wird in einem kleinen Fenster angezeigt. Mithilfe der Schaltfläche *Vorschau* können Sie ihn auf dem ganzen Desktop sehen. Manche Bildschirmschoner verfügen über einen eigenen Einstellungsdialog. Darin können Sie sie vielfältig konfigurieren. Dieses Dialogfeld erreichen Sie mit der Schaltfläche *Einstellungen*, wenn der Bildschirmschoner ausgewählt ist.

11.4 Neue Aufgaben für Bildschirmschoner

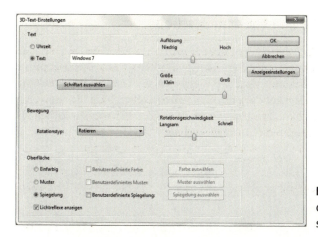

Bild 11.24: Einstellungsdialog für den Bildschirmschoner *3D-Text*.

Bildschirmschoner als Zerberus

Es gibt aber auch einen durchaus ernsten Grund für den Einsatz eines Bildschirmschoners. Setzen Sie ihn sozusagen als Zerberus vor Ihren PC. Wenn Sie für einen Augenblick Ihren Arbeitsplatz verlassen, verbirgt der Bildschirmschoner den Monitorinhalt vor neugierigen Blicken. Aktivieren Sie dazu die Funktion *Anmeldeseite bei Reaktivierung*. Bei einer Maus- oder Tastenbetätigung erscheint jetzt nicht der ursprüngliche Bildschirminhalt, sondern die Anmeldeseite wird angezeigt. Wenn Sie dort ein Passwort hinterlegt haben, hat kein Fremder Einblick in Ihren PC. Bevor der PC weiter benutzt werden kann, muss erst dieses Passwort eingegeben werden.

Standbyzeiten für Bildschirm und Festplatte

Der Bildschirmschoner schont in Wirklichkeit nicht, sondern beschäftigt nur den Prozessor, wenn dieser sonst nichts zu tun hat, So wird verhindert, dass sich das System zwischendurch immer mal wieder abkühlen kann.

Unter *Energieverwaltung* in den Einstellungen des Bildschirmschoners wird aber tatsächlich geschont. Hier stellen Sie ein, nach welcher Zeit der Bildschirm oder die Festplatte ausgeschaltet wird und wann in den Standby- oder Ruhezustand umgeschaltet werden soll.

11.5 Minianwendungen auf dem Desktop

Minianwendungen auf dem Desktop sind neue Elemente in Windows 7, die bisher nur aus externen Anwendungen wie dem Google Desktop, dem Opera-Browser oder den Yahoo!-Widgets bekannt waren. Sie ersetzen die ehemalige Seitenleiste aus Windows Vista. Kleine, frei auf dem Desktop verschiebbare Minianwendungen zeigen vom Benutzer wählbare Informationen, wie zum Beispiel Nachrichtenschlagzeilen, die Uhrzeit oder die Wettervorhersage an.

Bild 11.25: Windows 7-Desktop mit Minianwendungen und ausgeblendeten Fenstern.

Jeder Benutzer kann sich seinen Desktop frei aus einer Vielzahl mitgelieferter Minianwendungen und einer noch größeren Auswahl im Internet selbst zusammenstellen. Die Minianwendungen zeigen nützliche Informationen direkt auf dem Bildschirm an. Dabei kann es sich auch um Informationen handeln, die regelmäßig aus dem Internet bezogen werden.

Minianwendungen in den Vordergrund holen

Die Minianwendungen liegen im Hintergrund auf dem Desktop. Sie müssen nicht unbedingt alle Fenster wegschieben, um eine bestimmte Minianwendung zu sehen.

11.5 Minianwendungen auf dem Desktop

Drücken Sie einfach die Tastenkombination [Win]+[Leertaste]. Damit werden alle Fenster ausgeblendet, und die Minianwendungen treten vorübergehend in den Vordergrund. Beim Loslassen der Tasten werden die Fenster wieder vor die Minianwendungen gelegt.

Klicken Sie mit der rechten Maustaste auf den Desktop und wählen Sie im Kontextmenü den Menüpunkt *Minianwendungen*, um neue Minianwendungen hinzuzufügen. Aus einer Liste können Sie unter den bei Windows 7 mitgelieferten Minianwendungen auswählen.

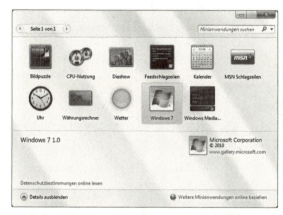

Bild 11.26: Auswahl von Minianwendungen.

Bei jeder Minianwendung wird ein kurzer Infotext angezeigt. Ziehen Sie die gewünschten Anwendungen einfach mit der Maus aus der Liste direkt auf den Desktop. Dort können Sie, ebenfalls per Drag-and-drop, die Anordnung verändern.

Mit einem Rechtsklick auf den Desktop können Sie über den Menüpunkt *Ansicht* die Anzeige der Minianwendungen ausschalten, wenn Sie Ihr Hintergrundbild in voller Pracht sehen möchten. Die Minianwendungen müssen also nicht gelöscht werden, sie können jederzeit wieder angezeigt werden.

Fahren Sie mit der Maus über eine Minianwendung, erscheint ein *x*-Symbol, mit dem die Minianwendung wieder entfernt werden kann, sowie ein Griff zum Verschieben der Minianwendung auf dem Desktop.

Einige Minianwendungen bieten noch ein Symbol zur Umschaltung zwischen zwei Größen an. Bei manchen, wie zum Beispiel beim Wetter, werden in der großen Version auch mehr Informationen angezeigt.

Bild 11.27: Verschiedene Größen der Minianwendung *Wetter*.

Viele Minianwendungen zeigen zusätzlich noch einen Schraubenschlüssel. Ein Klick darauf öffnet einen Konfigurationsdialog, in dem spezielle Einstellungen vorgenommen werden können.

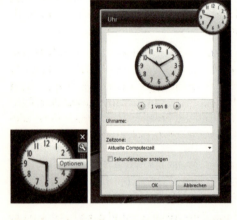

Bild 11.28: Ein Klick auf den Schraubenschlüssel öffnet den Konfigurationsdialog.

Ein Rechtsklick auf eine Minianwendung öffnet ein Kontextmenü. Darin können Sie mit dem Menüpunkt *Undurchsichtigkeit* einstellen, wie transparent eine Minianwendung sein soll. Je geringer Sie den Wert für die Undurchsichtigkeit einstellen, desto stärker sind der Hintergrund und die dahinterliegenden Fenster durch die Minianwendung hindurch zu sehen. Fährt man mit der Maus über eine transparente Minianwendung, wird sie komplett undurchsichtig, sodass alle Informationen klar erkennbar sind.

Minianwendungen aus dem Internet
Der Link *Weitere Minianwendungen online beziehen* im Dialogfeld *Hinzufügen neuer Minianwendungen* öffnet eine Internetseite von Microsoft, über die Sie zahlreiche weitere Minianwendungen herunterladen können.

11.6 Schriftarten verwalten

Neben der Grafik hat die Schrift eine überragende Bedeutung für die Kommunikation mit Ihrem PC. Zum einen soll die Schrift angenehm zu lesen sein, zum anderen optisch ansprechen und auch zum Text passen. Dafür liefert Windows bereits eine Vielzahl verschiedener Schriftarten mit. Schriftartendateien sind relativ klein. Sie erkennen sie an der Dateiendung *.ttf* oder *.fon*. Jede Schriftart wird durch ihren Namen, z. B. Arial oder Times New Roman, repräsentiert. Als Schriftschnitt wird die fette oder kursive Darstellung bezeichnet. Für »kursiv« finden Sie oft auch die entsprechende englische Bezeichnung »italic«.

Die Schriftgröße wird in typografischen Punkten angegeben und als Schriftgrad bezeichnet. Für normalen, gedruckten Text sollte der Schriftgrad zwischen 9 und 12 Punkten liegen. Die meisten Schriftarten sind sogenannte TrueType- oder OpenType-Schriften. Bei ihnen ist die Druckausgabe mit der Anzeige auf dem Bildschirm identisch. Außerdem lassen sich die Zeichen auf eine beliebige Größe skalieren. OpenType ist ein erweiterter und verbesserter Nachfolger des TrueType-Standards.

Verfügbare Schriftarten anzeigen

Möchten Sie sich einen ersten Eindruck von dem Aussehen und der Wirkung einer Schriftart verschaffen, können Sie diese mit einem kleinen Hilfsprogramm betrachten, wie folgend dargestellt:

1. Wählen Sie in der *Systemsteuerung* die Funktion *Darstellung und Anpassung* und klicken Sie danach auf *Schriftarten*. In einem Explorer-Fenster werden jetzt alle verfügbaren Schriftarten mit Namen und Vorschaugrafik angezeigt. Die installierten Schriftarten liegen im Ordner *Windows\Fonts*.

2. Schriftarten, die die installierten Eingabesprachen nicht unterstützen, werden hier zwar grau angezeigt, sind aber in allen anderen Windows-Anwendungen

ausgeblendet, um die Schriftartenliste übersichtlich zu halten. Bei jeder Schrift wird angezeigt, welche Sprachen unterstützt werden. Ausgeblendete Schriften können mit der Schaltfläche *Einblenden* in der Symbolleiste in allen Windows-Programmen eingeblendet werden.

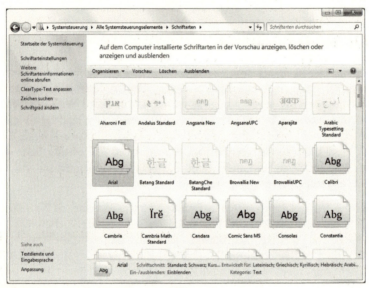

Bild 11.29: Liste verfügbarer Schriftarten.

❸ Ein Doppelklick auf den Schriftnamen öffnet ein eigenständiges Fenster, in dem alle Zeichen der Schrift angezeigt werden. Einige Schriftarten, wie zum Beispiel Arial, sind sogenannte Schriftartfamilien, also Gruppen ähnlicher Schriften. Hier wird beim Doppelklick ein Fenster mit allen Schriftarten der Schriftartfamilie angezeigt. Erst im nächsten Schritt öffnet sich die Schriftartvorschau.

❹ Zusätzlich sehen Sie in der Schriftartvorschau die gängigsten Schriftgrößen. Die Zahlen am linken Rand bedeuten die Größe in typografischen Punkten. Damit stellen Sie in Textverarbeitungsprogrammen auch die Schriftgröße ein.

11.6 Schriftarten verwalten

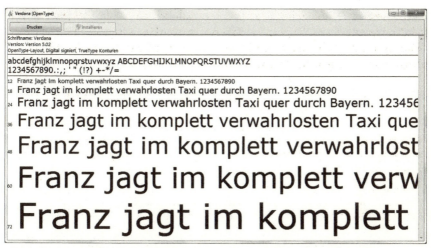

Bild 11.30: Eine Schriftart mit allen Buchstaben des Alphabets im Überblick.

 Alle Buchstaben des Alphabets in einem Satz
Wundern Sie sich nicht über den scheinbar sinnlosen Satz: »Franz jagt im komplett verwahrlosten Taxi quer durch Bayern.« Dieser Satz enthält (mit Ausnahme der Umlaute) alle Buchstaben des Alphabets. Wesentlich repräsentativer für die jeweilige Schrift wären wirkliche Pangramme, die für viele Sprachen dokumentiert sind, zum Beispiel: »Zwölf große Boxkämpfer jagen Viktor quer über den Sylter Deich.«

Neue Schriftarten installieren

Wenn Ihnen die vorhandenen Schriftarten nicht ausreichen, können Sie jederzeit neue hinzufügen. Dazu brauchen Sie lediglich die Schrift als TTF-Datei. Quellen für neue Schriftarten können gekaufte Software, das Internet oder ein anderer Computer im Netzwerk sein.

Klicken Sie im Explorer doppelt auf eine TTF-Datei, erscheint das Schriftartvorschaufenster und zeigt alle in der Datei enthaltenen Zeichen an.

Bild 11.31: Installation einer nicht im Lieferumfang von Windows 7 enthaltenen Schrift.

Klicken Sie in dieser Anzeige auf *Installieren*. Je nach Systemkonfiguration ist eine Bestätigung der Benutzerkontensteuerung erforderlich. Danach ist die Schriftart installiert und wird in der Liste der Schriftarten in der *Systemsteuerung* und auch in allen anderen Windows-Programmen, die Schriftarten verwenden, angezeigt.

ClearType für eine bessere Schriftdarstellung

Auf modernen Flachbildschirmen werden Schriften mit Rundungen unter Umständen etwas eckig und verzerrt dargestellt. Da Flachbildschirme heute Standard sind, ist die Funktion *ClearType-Textoptimierung* in Windows 7 standardmäßig eingeschaltet.

Zur Einstellung klicken Sie in der *Systemsteuerung* unter *Darstellung und Anpassung/Schriftarten* links auf den Link *ClearType-Text anpassen*. Hier können Sie die Textoptimierung ein- und ausschalten und den Effekt auch gleich sehen. Bei einem alten Röhrenmonitor müssen Sie ClearType eventuell deaktivieren.

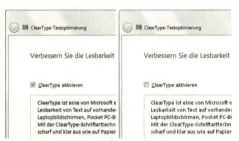

Bild 11.32: Einstellung zur Kantenglättung.

Danach wird überprüft, ob der Monitor auf seine optimale Auflösung eingestellt ist. Anschließend startet ein Optimierungsassistent für die Textoptimierung, der Sie in vier Schritten dazu auffordert, jeweils unter mehreren Textbeispielen die am besten lesbare Version auszuwählen, und daraus die optimale Einstellung der Kantenglättung bestimmt.

11.7 Geräte und Drucker anschließen 463

Auf Screenshots können mit ClearType geglättete Schriften leicht unscharf aussehen. Für Dokumentationen sollten Sie diese Option also besser abschalten. Im Gegensatz zu Windows Vista wird die Änderung in Windows 7 auch ohne Neustart sofort wirksam.

Größere Systemschriften für bessere Lesbarkeit

Auf sehr kleinen Monitoren oder Monitoren mit sehr hoher Auflösung fällt es manchen Menschen schwer, die Systemschriften in den Windows-Dialogen zu lesen, weil sie sehr klein dargestellt werden. Windows 7 bietet eine einfache Möglichkeit, alle Systemschriften etwas größer zu skalieren, ohne dass neue Schriftarten eingestellt werden müssen.

Klicken Sie in der *Systemsteuerung* unter *Darstellung und Anpassung/Anzeige* links auf den Link *Schriftgrad ändern*. Hier können Sie die Textgröße der Windows-Dialoge in zwei Stufen vergrößern. Die Änderungen werden erst nach Abmelden und erneutem Anmelden wirksam.

Bild 11.33: Die Schriftart der Windows-Fenster zur besseren Lesbarkeit vergrößern.

11.7 Geräte und Drucker anschließen

Jedes Gerät, ob im Computer eingebaut oder extern angeschlossen, kommuniziert mit Windows über sogenannte Gerätetreiber. Windows 7 liefert für alle gängigen

Hardwarekomponenten Treiber mit, sodass in vielen Fällen außer der automatischen Geräteerkennung nichts zu tun ist. Diese funktioniert mit fast allen aktuellen Plug-and-play-fähigen Geräten. Alle Geräte, die über Plug-and-play erkannt werden, haben eine Gerätekennung, mit der das Gerät eindeutig identifiziert wird. Dazu besitzen sie meistens noch kompatible Kennungen für den Fall, dass kein passender Treiber vorhanden ist.

Hier kann der Windows-Hardware-Assistent anhand der kompatiblen Kennungen einen anderen Treiber vorschlagen. Eine ebenfalls auf dem Gerät vorhandene Vendor-ID identifiziert eindeutig den Gerätehersteller. Diese Vendor-IDs sind Hex-Ziffernkombinationen und werden von Microsoft an die Hersteller vergeben.

Plug-and-play
Plug-and-play bedeutet »Einstecken und loslegen«. Ein Gerät kann damit sofort verwendet werden, nachdem es angeschlossen wurde, ohne dass man erst aufwendig Software installieren muss oder gar, wie unter alten Windows-Versionen, erst irgendwo passende Treiber herholen muss.

Bei der automatischen Treiberinstallation muss nicht einmal, wie in älteren Windows-Versionen, die Original-Windows-DVD eingelegt werden. Windows 7 kopiert bei der Installation alle mitgelieferten Treiber in den Ordner *Windows\System32\DriverStore*.

Im Normalfall läuft die Installation eines neu eingebauten Geräts in folgenden Schritten ab. Bei Geräten, die über USB angeschlossen werden, sind meistens überhaupt keine Aktionen des Anwenders nötig:

1. Das Gerät wird bei ausgeschaltetem Computer eingebaut, danach muss der Computer neu gestartet werden.

2. Windows 7 erkennt das neue Gerät und versucht, einen Treiber zu finden.

3. Wenn möglich, wird der Treiber automatisch installiert, andernfalls erscheint eine Aufforderung, die mit der Hardware gelieferte Treiber-CD einzulegen oder den Treiber aus dem Internet herunterzuladen.

4. Zum Abschluss erscheint eine Meldung, die berichtet, dass das Gerät installiert wurde. In einigen Fällen muss der Computer neu gestartet werden.

Geräte nicht einfach vom Computer trennen
Nur Geräte, die per USB, Infrarot oder Bluetooth mit dem PC verbunden sind, dürfen im laufenden Betrieb getrennt werden, solange nicht gerade Daten kopiert werden. Kommen Sie niemals auf die Idee, eine Steckkarte bei eingeschaltetem Computer herauszuziehen. Auch bei Geräten mit SCSI-Anschlüssen kommt es dabei zu Problemen.

Die neue Geräteübersicht

Windows zeigt seit vielen Versionen ausführliche Informationen über jedes Hardwaredetail des Computers an, ein einfacher Überblick über die Geräte, die den Anwender wirklich interessieren, fehlte bisher. Windows 7 bietet – auffällig in das Startmenü eingebunden – eine neue Übersicht *Geräte und Drucker*. Hier sind die wichtigsten Komponenten wie PC und Monitor sowie alle eingerichteten Drucker zu sehen. Wurde bei einem Gerät ein Problem festgestellt, wird dies deutlich durch ein Warndreieck gekennzeichnet.

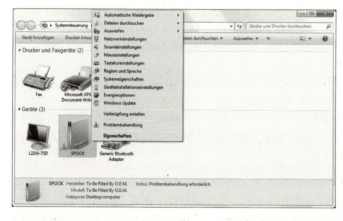

Bild 11.34:
Die neue Geräteübersicht.

Ein Klick auf ein Gerät blendet in der oberen Symbolleiste des Fensters wichtige Aufgaben für dieses Gerät ein. So lassen sich bei Computern alle Laufwerke durchsuchen oder eingelegte CDs automatisch abspielen und auswerfen.

Ein Rechtsklick auf ein Gerät öffnet ein Kontextmenü, das einen schnellen Weg zu allen für dieses Gerät wichtigen Modulen der *Systemsteuerung* bietet.

Ein Doppelklick auf ein Gerät zeigt detaillierte Geräteeigenschaften an. Hier werden fehlerhafte Komponenten gemeldet, und es lassen sich aktuelle Treiber installieren. In vielen Fällen kann die Geräte- und Druckerübersicht den relativ unübersichtlichen Geräte-Manager ersetzen.

Bild 11.35: Geräteeigenschaften in der Geräteübersicht.

Arbeiten mit dem Geräte-Manager

Wer tiefer in die Eingeweide seines Computers vordringen will, dem hilft die Geräteübersicht nicht immer weiter, diese ist eher für Alltagsaufgaben vorgesehen. Der Geräte-Manager, der über *Systemsteuerung/System und Sicherheit/System* oder über *Hardware und Sound/Geräte-Manager* aufgerufen werden kann, ist die zentrale Komponente zur technischen Konfiguration der angeschlossenen Hardware. Hier erhalten Sie eine Übersicht nach Geräteklassen oder belegten Ressourcen. Außerdem können Sie Geräte entfernen, deaktivieren, Treiber aktualisieren und Ressourcen ändern.

Funktioniert ein angeschlossenes Gerät nicht, erscheint es im Geräte-Manager mit einem gelben Ausrufezeichen. Ein Doppelklick auf ein Gerät im Geräte-Manager blendet den Konfigurationsdialog ein, in dem hardwarespezifische Einstellungen vorgenommen und Treiber installiert werden können.

11.7 Geräte und Drucker anschließen

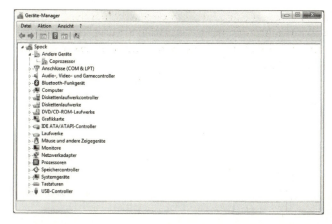

Bild 11.36: Der Geräte-Manager.

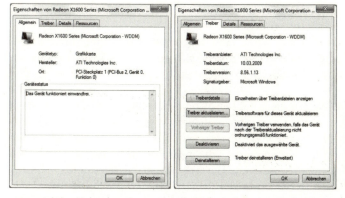

Bild 11.37: Hardwarekonfiguration im Geräte-Manager (Beispiel Grafikkarte).

Funktioniert ein Gerät nicht, liegt das häufig an den sogenannten Interrupt-Konflikten. Schaltet man die Ansicht des Geräte-Managers im Menü *Ansicht* auf *Ressourcen nach Typ* um, zeigt eine Liste sehr übersichtlich, welcher Interrupt von welchem Gerät belegt wird.

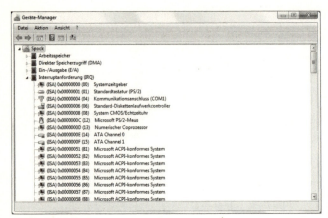

Bild 11.38: Liste im Geräte-Manager, nach Interrupts sortiert.

 Was sind eigentlich Interrupts?
Interrupts, mit IRQ abgekürzt, sind sogenannte Systemunterbrechungen, über die einzelne Geräte in den laufenden Betrieb von Windows eingreifen können. Ursprünglich waren 15 Interrupts vorgesehen, weil man in den Anfangszeiten des PCs davon ausging, es würden nie mehr als 15 Geräte angeschlossen. Da sich diese Zahl aus Kompatibilitätsgründen nicht einfach erhöhen lässt, geht man heute einen anderen Weg. Moderne Motherboards wie auch aktuelle Windows-Versionen seit Windows XP unterstützen das IRQ-Sharing, wobei ein Interrupt von mehreren Geräten genutzt werden kann. Allerdings können nicht alle Hardwarekomponenten mit IRQ-Sharing umgehen. Manche Geräte benötigen zwingend einen eigenen Interrupt.

Geräte, die nicht Plug-and-play-fähig sind, und Geräte, die zurzeit nicht angeschlossen sind, zu denen aber Treiber installiert wurden, werden standardmäßig im Geräte-Manager nicht angezeigt. Sie sehen sie erst, wenn Sie im Menü *Ansicht/Ausgeblendete Geräte anzeigen* aktivieren. Das Gleiche gilt für spezielle virtuelle Geräte, die über besondere Treiber angesprochen werden, wie zum Beispiel virtuelle Netzwerkkarten für bestimmte Protokolle oder Nicht-PnP-Treiber.

11.7 Geräte und Drucker anschließen

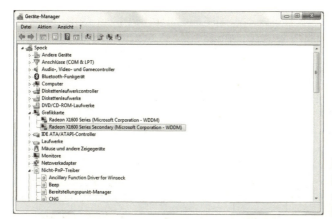

Bild 11.39: Geräte-Manager mit ausgeblendeten Geräten.

In einigen Fällen können solche nicht angeschlossenen Geräte Probleme verursachen. Haben Sie ein Gerät durch ein anderes ersetzt und planen nicht, das alte wieder anzuschließen, sollten Sie das nicht mehr vorhandene Gerät mit der Schaltfläche *Deinstallieren* aus dem Geräte-Manager entfernen, um Ressourcenkonflikte zu vermeiden.

Neue Drucker einrichten

Windows 7 unterstützt zum Drucken alle gängigen Drucker und erkennt sie in den meisten Fällen automatisch. Auch freigegebene Drucker im Netzwerk werden automatisch erkannt. Windows 7 zeigt in der Übersicht *Geräte und Drucker* eine Liste aller installierten Drucker an. Standardmäßig sind das nur der Faxdrucker sowie der Microsoft XPS Document Writer.

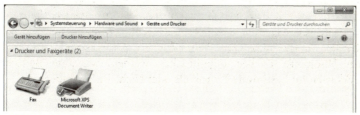

Bild 11.40: Die beiden standardmäßig installierten Drucker.

Ein Doppelklick auf einen Drucker zeigt alle zurzeit anstehenden Druckaufträge. Sollte ein Drucker nicht funktionieren, können Sie in diesem Fenster die Druckaufträge abbrechen. Wenn der Druckertreiber diese neue Funktion bereits unterstützt, blendet ein Doppelklick ein Statusfenster ein, in dem neben der Anzeige der Druckerwarteschlange auch wichtige Einstellungen direkt angeboten werden.

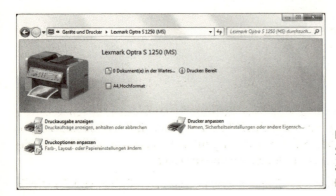

Bild 11.41: Statusfenster eines angeschlossenen Druckers.

Dokumente drucken

Windows 7 bietet diverse Methoden, ein Dokument zu drucken:

- Der am häufigsten verwendete Weg führt über das Menü *Datei/Drucken* oder die *Drucken*-Schaltfläche, die in fast jedem Programm vorhanden ist.

- Dateien, die als Standarddateityp einem Programm zugeordnet sind, haben im Explorer-Kontextmenü eine Option *Drucken*. Damit wird das jeweilige Programm gestartet und die Datei gedruckt.

- Die Symbolleiste in Explorer-Fenstern enthält, wenn eine Datei eines registrierten druckfähigen Typs markiert ist, ebenfalls eine Schaltfläche *Drucken*.

Die meisten Programme öffnen beim Klick auf das Druckersymbol ein Dialogfeld, in dem im oberen Bereich der gewünschte Drucker ausgewählt werden kann. Dazu sind je nach Programm noch weitere Einstellungen möglich. So kann zum Beispiel bei mehrseitigen Dokumenten festgelegt werden, welche Seiten gedruckt werden sollen.

11.7 Geräte und Drucker anschließen

Bild 11.42: Standarddialog zum Drucken.

Wollen Sie von einem Dokument gleich mehrere Exemplare ausdrucken, geben Sie dies bei *Anzahl Exemplare* an. Mit der Option *Sortieren* können Sie festlegen, ob nacheinander jedes Dokument von Anfang bis Ende gedruckt werden soll oder zuerst alle ersten Seiten, dann alle zweiten und so weiter.

Klicken Sie auf die Schaltfläche *Einstellungen,* um das Papierformat und die Druckreihenfolge der Seiten auszuwählen. Diese ist wichtig, da manche Drucker die zweite Seite im Stapel auf die Rückseite der ersten legen, andere auf die Vorderseite, und damit den Stapel in unterschiedlicher Reihenfolge sortieren. Diese Option wird nur von Druckern unterstützt, die auf einzelne Blätter drucken. Bei Endlospapier und beim Druck in Dateien kann die Sortierreihenfolge nicht geändert werden.

Besonders Readme-Dateien und textlastige Webseiten erscheinen beim Ausdruck viel zu groß. Hier kann man an Übersicht gewinnen und Papier sparen, wenn man die Seiten kleiner druckt und dafür zwei, vier oder noch mehr Seiten auf ein Blatt.

Ein Klick auf die Schaltfläche *Erweitert* zeigt einen weiteren Einstellungsdialog, der von Drucker zu Drucker unterschiedlich aussehen kann. Hier finden Sie gerätespezifische Einstellungen, wie zum Beispiel *Papiergröße* und *Druckqualität*.

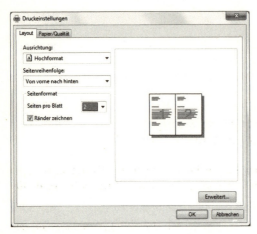

Bild 11.43: Einstellungen zum Druck festlegen.

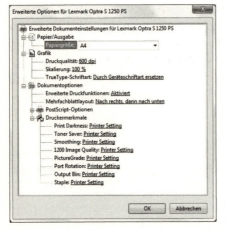

Bild 11.44: Gerätespezifische Druckeinstellungen.

Sie können für jeden Drucker diese Druckeinstellungen auch standardmäßig vorgeben, sodass Sie häufig verwendete Einstellungen nicht mehr bei jedem Druck festlegen müssen. Dazu gibt es zwei spezielle Menüpunkte im Kontextmenü eines Druckers in der Geräteübersicht.

11.7 Geräte und Drucker anschließen

Bild 11.45: Kontextmenü eines installierten Druckers.

Druckeinstellungen: Bewirkt dasselbe wie die Einstellungen im Druckdialog. Hier lassen sich Vorgaben zur Sortierreihenfolge, zum Papierformat und zur Anzahl der Seiten pro Blatt vornehmen.

Auf der Registerkarte *Papier/Qualität* in den Druckeinstellungen wählen Sie den Papiereinzug, den der Drucker verwenden soll. Die meisten modernen Drucker haben mindestens zwei Einzüge, für Einzelblätter und für Papierstapel. Welches Papier in welchem Einzug liegt, muss zuvor in den Druckereigenschaften auf der Registerkarte *Geräteeinstellungen* festgelegt werden. Je nach Druckertyp stehen noch verschiedene Einstellungen zur Druckqualität zur Verfügung.

Bild 11.46: Papierquelle auswählen.

Druckereigenschaften: Bietet Zugriff auf verschiedene technische Einstellungen des Druckers. Diese werden üblicherweise automatisch richtig festgelegt, müssen aber bei Netzwerkdruckern oft noch angepasst werden.

11 Windows 7 personalisieren

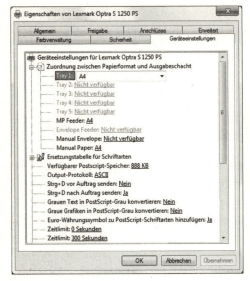

Bild 11.47: Eigenschaften eines Druckers.

Einen Standarddrucker festlegen

Die meisten Programme bieten beim Klick auf die *Drucken*-Schaltfläche eine Auswahlmöglichkeit, um festzulegen, auf welchem Drucker das Dokument gedruckt werden soll. Einige Programme, wie zum Beispiel ältere Versionen von Microsoft Word, haben diese Auswahl nicht. Hier wird immer auf dem Drucker gedruckt, der als Standarddrucker in Windows definiert ist. In Programmen, in denen eine Druckerauswahl besteht, ist der Standarddrucker immer der vorgewählte, der verwendet wird, wenn der Benutzer keinen anderen Drucker auswählt.

Dieser Standarddrucker ist mit einem grünen Häkchen in der Liste der Drucker gekennzeichnet. Möchten Sie einen anderen Drucker als Standarddrucker festlegen, klicken Sie mit der rechten Maustaste auf diesen Drucker und wählen im Kontextmenü den Menüpunkt *Als Standarddrucker festlegen*.

11.7 Geräte und Drucker anschließen

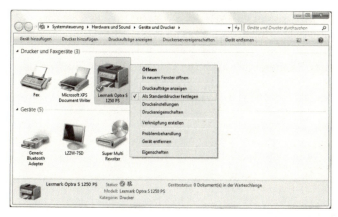

Bild 11.48: Der Standarddrucker wird festgelegt.

Drucker manuell installieren

Wird ein Drucker nicht erkannt, was bei älteren Druckern, bei seriellen Anschlüssen und bei unidirektionalen Kabeln vorkommt, kann der Drucker auch manuell konfiguriert werden. Netzwerkdrucker, die an anderen Computern angeschlossen und freigegeben sind, müssen ebenfalls so konfiguriert werden.

Plug-and-play-fähige Drucker können an Parallelports, USB-, IEEE 1394-/FireWire-, Bluetooth- oder Infrarotanschlüssen automatisch erkannt werden, sodass keine manuelle Treiberinstallation mehr erforderlich ist. Voraussetzung für die automatische Erkennung eines Druckers an einer Parallelschnittstelle ist eine bidirektionale Datenübertragung zum Drucker. Dazu muss die Schnittstelle im BIOS als bidirektional oder ECP/EPP konfiguriert sein, und ein Kabel muss verwendet werden, das eine bidirektionale Datenübertragung zulässt.

Manche Drucker bieten mehrere Druckmodi, zum Beispiel PCL und PostScript. Ein solcher Drucker wird trotzdem nur einmal automatisch erkannt. Sie können aber manuell einen zweiten logischen Drucker für den anderen Betriebsmodus installieren. Üblicherweise gibt es bei PostScript-fähigen Druckern zwei unterschiedliche Treiber. Der Treiber für den normalen Windows-Modus ist mit MS gekennzeichnet, der PostScript-Treiber mit PS.

1. Klicken Sie auf der rechten Seite des Startmenüs auf *Geräte und Drucker*. Im sich öffnenden Fenster wählen Sie in der Symbolleiste die Funktion *Drucker hinzufügen*.

② Der Druckerinstallationsassistent von Windows 7 startet. Wählen Sie im ersten Schritt aus, ob der Drucker lokal über eine parallele Schnittstelle an diesen Computer angeschlossen ist oder über ein Netzwerk an einem anderen Computer hängt. Die zweite Variante gilt auch für Drucker, die per Bluetooth verbunden sind.

Bild 11.49: Ist der Drucker lokal angeschlossen oder im Netz?

③ Danach geben Sie bei einem lokalen Drucker an, an welchem Anschluss der Drucker angeschlossen ist. Die Liste zeigt alle lokalen Schnittstellen des Computers sowie bereits von anderen Druckern definierte logische Schnittstellen an. Sollte eine Schnittstelle nicht erkannt worden sein, was dann vorkommen kann, wenn ein Programm virtuelle Schnittstellen anlegt, müssen Sie mit der Option *Neuen Anschluss erstellen* diesen Anschluss definieren.

Bild 11.50: Auswahl des Druckeranschlusses.

11.7 Geräte und Drucker anschließen

④ Wählen Sie im nächsten Schritt das Druckermodell aus. Ist der gewünschte Drucker in der Liste nicht vorhanden, können Sie über die Schaltfläche *Datenträger* den Druckertreiber von einer CD des Herstellers oder einer Installationsdatei aus dem Internet installieren oder über Windows Update die aktuelle Druckerliste von der Microsoft-Webseite herunterladen und so die Auswahl der zur Verfügung stehenden Geräte erweitern.

Bild 11.51: Auswahl des Druckertyps.

⑤ Danach müssen Sie dem neu installierten Drucker einen Namen geben, unter dem Windows ihn ansprechen soll. Dieser Name muss eindeutig sein und sollte nicht mehr als 31 Zeichen lang sein. In den meisten Fällen können Sie einfach den Vorgabenamen übernehmen. Wenn Sie mehrere logische Drucker für unterschiedliche Konfigurationen ein und desselben Geräts einrichten, brauchen diese auch alle unterschiedliche Namen.

⑥ Im nächsten Schritt des Assistenten legen Sie fest, ob der neu installierte Drucker im Netzwerk für andere Benutzer freigegeben werden soll. Wenn ja, tragen Sie einen Freigabenamen ein oder übernehmen die Vorgabe. Optional können noch ein *Standort* und ein *Kommentar* angegeben werden. Diese Informationen sind nur für die Benutzer bestimmt, technisch sind sie nicht notwendig.

Bild 11.52: Der Drucker kann bei der Installation im Netzwerk freigegeben werden.

7. Jetzt können Sie noch entscheiden, ob der neu installierte Drucker als Standarddrucker eingerichtet und ob eine Testseite gedruckt werden soll. Mit der Testseite wird nicht nur die Funktionsfähigkeit des Druckers überprüft, sondern sie enthält auch nützliche Informationen zum installierten Druckertreiber.

Bild 11.53: *Als Standarddrucker festlegen* und *Testseite drucken*.

8. Nach erfolgreicher Installation wird der neue Drucker in die Übersicht *Geräte und Drucker* mit aufgenommen.

11.7 Geräte und Drucker anschließen

Bild 11.54: Der neu eingerichtete Drucker in der Geräteübersicht.

Bei Problemen mit dem Drucker oder wenn Sie die Konfiguration verändert haben, können Sie per Rechtsklick auf den Drucker und Auswahl des Menüpunkts *Druckereigenschaften* jederzeit wieder eine Testseite ausdrucken.

Netzwerkdrucker installieren

Möchten Sie einen an einem anderen Computer im Netzwerk angeschlossenen Drucker nutzen, wählen Sie *Drucker hinzufügen* und dann im ersten Schritt des Assistenten die Option *Einen Netzwerk-, Drahtlos- oder Bluetoothdrucker hinzufügen*.

1. Windows 7 versucht jetzt, Drucker im Netzwerk zu finden. Wird der gewünschte Drucker gefunden, können Sie ihn einfach auswählen. Manche im Netzwerk vorhandenen Drucker werden nicht automatisch gefunden. Klicken Sie in diesem Fall auf *Der gesuchte Drucker ist nicht aufgeführt*.

Bild 11.55: Automatisch gefundene Drucker im Netzwerk.

② Im nächsten Schritt können Sie den Drucker über Computername und Freigabename oder über seine IP-Adresse eintragen. Die einfachste Methode ist in den meisten Fällen die Option *Durchsuchen*. Dadurch bekommen Sie in einem Explorer-Fenster alle Computer im Netzwerk angezeigt. Hier können Sie den gewünschten Drucker leicht finden.

Bild 11.56:
Netzwerkdrucker hinzufügen.

③ Danach müssen Sie, wie bei einem lokalen Drucker, einen Druckernamen angeben und festlegen, ob der neue Drucker als Standarddrucker verwendet werden soll.

④ Ist der Drucker an einem Computer mit einer älteren Windows-Version angeschlossen, wird automatisch Windows Update nach einem geeigneten Windows 7-Treiber durchsucht. Danach wird der Drucker in der Geräteübersicht eingetragen. Zur Unterscheidung haben Netzwerkdrucker ein Symbol mit einem auffälligen grünen Kabel.

Bild 11.57: Von links nach rechts: Fax, lokaler Drucker, im Netz freigegebener Drucker, Standarddrucker und Netzwerkdrucker.

Wenn Sie mit einem Notebook an unterschiedlichen Orten arbeiten, können Sie abhängig von der Netzwerkverbindung verschiedene Standarddrucker wählen. Alle Drucker müssen dazu einmal eingerichtet sein, danach können Sie über den Link *Mehrere Standarddrucker einrichten* in der Druckerkonfiguration *Standarddrucker verwalten* jeder Netzwerkverbindung einen eigenen Standarddrucker zuordnen und

11.7 Geräte und Drucker anschließen

haben so, ohne jedes Mal umschalten zu müssen, z. B. im Büro und zu Hause stets den passenden Drucker zur Verfügung.

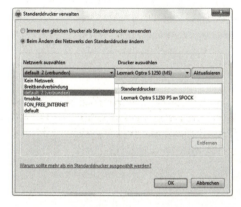

Bild 11.58: Mehrere Standarddrucker abhängig von verwendeten Netzwerkverbindungen einrichten.

Netzwerkdrucker über Printserver nutzen

Die komfortabelste Methode, im Netzwerk zu drucken, ist die Verwendung eines Printservers. Dabei handelt es sich nicht, wie der Name vermuten lässt, um einen riesigen Serverschrank, sondern nur um ein kleines Kästchen, das direkt an den Drucker angesteckt und mit dem Netzwerk verbunden wird.

Bild 11.59: Printserver für Parallelport und USB (Foto: LogiLink).

Ein Printserver hat den Vorteil, dass kein bestimmter Computer eingeschaltet sein muss, um den Drucker zu verwenden. Ein Netzwerkdrucker an einem Printserver steht immer zur Verfügung. Solche Printserver gibt es für Drucker mit USB- oder Parallelanschluss. Ein Printserver hat eine eigene IP-Adresse im Netzwerk und kann von jedem Computer über einen Webbrowser administriert werden.

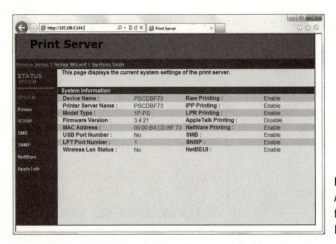

Bild 11.60: Administrationsoberfläche eines Printservers.

Die meisten modernen Printserver unterstützen diverse Protokolle zum Drucken im Netzwerk. Ein einmal auf dem Printserver konfigurierter Drucker kann von jedem Computer im Netzwerk genutzt werden.

1. Der Drucker wird wie ein über das Netzwerk verbundener Drucker an einem anderen PC lokal als Netzwerkdrucker eingerichtet.

2. Sollte der Printserver nicht über einen Windows-Netzwerknamen im Netzwerk gefunden werden, besteht die Möglichkeit, direkt die TCP/IP-Adresse anzugeben – bei vielen Printservern sogar die Standardvorgehensweise.

Bild 11.61: Printserver über die TCP/IP-Adresse suchen.

11.7 Geräte und Drucker anschließen

❸ Geben Sie im nächsten Schritt die IP-Adresse des Printservers und dahinter durch einem Doppelpunkt getrennt den Port *631* an. Dies ist der Standardport für das Internet-Printing-Protokoll.

Bild 11.62:
TCP/IP-Adresse
des Printservers.

❹ Ist das Kontrollkästchen *Den Drucker abfragen und den zu verwendenden Treiber automatisch auswählen* aktiviert, teilt der Printserver dem Computer selbstständig mit, welcher Druckertyp angeschlossen ist, sodass der passende Treiber automatisch installiert werden kann. Diese Funktion wird allerdings nicht von allen Printservern unterstützt. Andernfalls müssen Sie in einem späteren Schritt den Druckertyp manuell auswählen.

❺ Windows versucht jetzt, unter der angegebenen IP-Adresse den Printserver zu erkennen. In den meisten Fällen funktioniert die vollautomatische Erkennung nicht, sodass Sie im nächsten Schritt den Typ des Printservers aus einer langen Liste auswählen müssen. Einfache Printserver, die direkt auf den Drucker gesteckt werden, funktionieren häufig mit dem Standardtyp *Print Server*.

Bild 11.63: Typ des Printservers suchen.

⑥ Wählen Sie im nächsten Schritt wie bei einer lokalen Installation den Druckertyp aus, sollte dieser nicht automatisch erkannt werden. Anschließend kann wie üblich der neue Drucker als Standarddrucker eingerichtet und eine Testseite gedruckt werden.

Netzwerkdrucker freigeben

Windows 7 vereinfacht das Drucken im Netzwerk deutlich gegenüber früheren Windows-Versionen. Drucker werden in der Heimnetzgruppe automatisch freigegeben, wenn das in den Freigabeeinstellungen der Heimnetzgruppe so festgelegt ist. Neu installierte Drucker können direkt bei der Installation im Netzwerk allgemein freigegeben werden, sodass sie auch auf Computern ohne Heimnetzgruppe, die kein Windows 7 verwenden, genutzt werden können. Freigegebene Drucker auf anderen Computern im Netzwerk werden automatisch erkannt und in die Übersicht *Geräte und Drucker* eingetragen. Sie können dann wie lokale Drucker verwendet werden. Drucker, die bisher nicht für die Nutzung im Netzwerk zur Verfügung standen, können jederzeit nachträglich freigegeben werden.

11.7 Geräte und Drucker anschließen

Energiesparmodus ausschalten
Ein freigegebener Drucker im Netzwerk kann nicht mehr verwendet werden, wenn der Computer in den Energiesparzustand versetzt wird. Stellen Sie den Computer, auf dem Sie Drucker freigeben, so ein, dass zwar nach einer bestimmten Zeit der Bildschirm ausgeht, der Computer aber nicht in den Energiesparmodus fällt.

1. Klicken Sie mit der rechten Maustaste in der Geräteübersicht auf den Drucker, der freigegeben werden soll, und wählen Sie im Kontextmenü *Druckereigenschaften*.

2. Aktivieren Sie im nächsten Dialog auf der Registerkarte *Freigabe* das Kontrollkästchen *Drucker freigeben* und geben Sie einen Freigabenamen ein. Dieser sollte aus Kompatibilitätsgründen höchstens aus acht Buchstaben bestehen und keine Leerzeichen enthalten. Nur so können Benutzer älterer Windows-Versionen über das Netzwerk auf diesem Drucker drucken. Standardmäßig wird der vom Druckertreiber vorgegebene Name angezeigt.

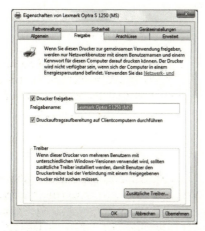
Bild 11.64: Freigabenamen wählen.

3. Solange das Kontrollkästchen *Druckauftragsaufbereitung auf Clientcomputern durchführen* aktiviert ist, wird der eigene Computer nicht belastet, wenn ein anderer Anwender über das Netzwerk auf dem eigenen Computer druckt. Auf Computern, die vorrangig als Server dienen und lokal wenig benutzt werden,

kann dieses Kontrollkästchen ausgeschaltet werden, um die anderen Computer im Netzwerk zu entlasten.

4. Um Benutzern anderer Windows-Systeme die Verwendung dieses Druckers im Netz zu erleichtern, können Sie zusätzliche Treiber installieren. Klicken Sie dazu auf die Schaltfläche *Zusätzliche Treiber* und wählen Sie die entsprechenden Treiberversionen aus. Hier sollten Sie die Treiber für alle im Netzwerk verwendeten Systemvarianten auswählen. *x64* (64 Bit) und *x86* (32 Bit) werden häufig eingesetzt, wogegen die angebotene *Itanium*-Variante als Exot zu betrachten ist. Wenn Windows 7 die Treiber nicht mitliefert, müssen Sie jetzt die CD des Druckerherstellers einlegen.

Bild 11.65: Installation zusätzlicher Druckertreiber für andere Windows-Versionen.

5. Bestätigen Sie alle Dialoge mit *OK*, steht der Drucker anderen Benutzern im Netzwerk zur Verfügung.

Treiberkompatibilität
Die hier angebotenen Treiber laufen in den meisten Fällen mit Windows 7, Vista und XP. Windows XP lieferte an dieser Stelle auch noch Druckertreiber für die älteren Versionen Windows 95/98/ME und Windows NT/2000. Diese Abwärtskompatibilität ist seit Windows Vista nicht mehr standardmäßig enthalten. Haben Sie noch Computer mit älteren Windows-Versionen im Netzwerk, können diese über einen Drucker, der an einem Windows 7-Computer installiert ist, nicht mehr drucken, ohne dass Sie lokal entsprechende Treiber installiert haben.

11.8 Drucken auch ohne Papier

Ein Ausdruck muss nicht unbedingt auf Papier erfolgen. Druckertreiber werden auch zum Export von Daten in Fremdformate verwendet. So kann man zum Beispiel mit speziellen Druckertreibern PDF-Dokumente zur Darstellung im Adobe Reader erstellen. Gegenüber einer speziellen Exportfunktion für solche Formate bietet der Druckertreiber den Vorteil, dass nur ein Programm installiert werden muss, das dann aus jeder Windows-Anwendung heraus funktioniert.

Ein PDF-Druckertreiber erscheint nach der Installation wie ein normaler Drucker in der *Systemsteuerung* unter *Hardware und Sound/Geräte und Drucker/Drucker und Faxgeräte*. Wählt man diesen Drucker beim Drucken aus, erscheint ein weiterer Dialog, in dem noch zusätzliche Einstellungen vorgenommen werden können. Auch ein Name für die neu erstellte Datei muss angegeben werden. Diese lässt sich danach mit einem geeigneten Betrachter anzeigen. Windows enthält standardmäßig keinen Druckertreiber für PDF-Dokumente, man ist also auf externe Software angewiesen.

Dokumente im XPS-Format drucken

Microsoft führte mit Windows Vista das neue Dateiformat XPS ein. Die Abkürzung steht für XML Paper Specification. Dies soll ein plattformübergreifendes Format zur Darstellung von Dokumenten werden und ist als direktes Konkurrenzprodukt zu Adobe PDF zu sehen. Microsoft nutzt hier seinen Marktvorteil durch direkte Integration eines Druckertreibers in Windows, wogegen die Originalsoftware von Adobe zum Erstellen von PDF-Dokumenten weiterhin kostenpflichtig ist. Allerdings sind diverse Freewaretools mit gleichen Funktionen verfügbar.

XPS-Dokumente wurden in Windows Vista noch standardmäßig mit dem Internet Explorer angezeigt, Windows 7 liefert einen eigenen XPS-Viewer mit. Der Internet Explorer 8 kann aber XPS-Dokumente weiterhin anzeigen.

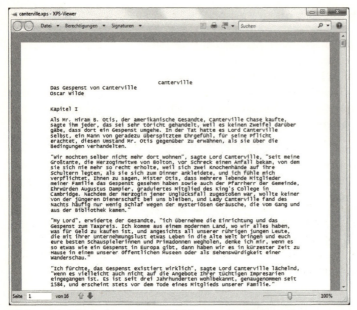

Bild 11.66: XPS-Dokument im XPS-Viewer von Windows 7.

 XPS-Dokumente
Ein XPS-Dokument ist ein ZIP-Archiv mit einer veränderten Dateiendung. Innerhalb dieses Archivs befinden sich speziell formatierte XML-Dokumente mit den einzelnen Seiten des Dokuments, alle Grafiken, ein JPG-Bild mit einer Minivorschau sowie die verwendeten Schriftarten. Der XPS-Viewer stellt das Dokument dar und bietet auch eine Suchfunktion sowie die Verwaltung digitaler Rechte am Dokument.

Zum Erstellen eines XPS-Dokuments aus einem beliebigen Programm heraus drucken Sie dieses einfach auf dem *Microsoft XPS Document Writer*.

11.8 Drucken auch ohne Papier

Bild 11.67: Drucken mit dem *Microsoft XPS Document Writer*.

Über die Schaltfläche *Einstellungen* können Sie noch zwischen Hoch- und Querformat wählen. In den erweiterten Optionen legen Sie das Papierformat und die Kompression der eingebetteten Bilder fest. Je höher die Kompression, desto kleiner wird die Dateigröße. Allerdings treten bei hoher JPG-Kompression Artefakte auf, die besonders auf großen einfarbigen Flächen störend auffallen können.

Bild 11.68: Einstellungen im Druckertreiber *Microsoft XPS Document Writer*.

Auf der Registerkarte *XPS-Dokumente* können Sie festlegen, dass die Dokumente direkt nach Erstellung im XPS-Viewer angezeigt werden, sollten Sie sofort das Ergebnis überprüfen wollen.

11.9 Windows Media Player einrichten

Der Windows Media Player ist das zentrale Programm zum Abspielen von Sound und Video in Windows. Er vereinigt Abspielprogramme für verschiedene Multimedia-Technologien unter einer gemeinsamen Oberfläche und ist in allen Windows 7-Versionen integriert: Audiodateien, Video- und Animationsdateien, Audio-CDs, Streamingdaten, Internetradio und Web-TV.

Allerdings sind in Windows 7 viele der Multimedia-Funktionen nur in der Home Premium-Version, in Windows 7 Professional und in Windows 7 Ultimate enthalten. So fehlen DVD-Wiedergabe und Windows Media Center in den Versionen Starter und Home Basic.

Bild 11.69: Symbol für den Windows Media Player 12 in der Taskleiste von Windows 7.

Der Windows Media Player 12 ist an prominenter Stelle direkt in der Taskleiste verankert und wurde so in das Betriebssystem integriert, dass er nicht deinstalliert werden kann.

Bild 11.70: Der neue Windows Media Player 12 in Windows 7.

Der Windows Media Player 12 enthält datenschutzrechtlich bedenkliche Funktionen und wird deshalb bei der Windows-Installation nicht komplett installiert. Vor dem ersten Start muss ein Installationsassistent durchlaufen werden, in dem einige

11.9 Windows Media Player einrichten

Einstellungen vorzunehmen sind. Mit der endgültigen Installation bestätigt man auch die Datenschutzrichtlinien, die in diesem Assistenten angezeigt werden.

Erststart des Windows Media Player

Beim ersten Aufruf des Windows Media Player auf einem neu installierten Windows 7-System startet ein Konfigurationsassistent, der aus Datenschutzgründen für jeden Benutzer auf dem Computer eigens durchlaufen werden muss.

① Im ersten Schritt können Sie zwischen Expresseinstellungen, die von Microsoft empfohlen werden, und benutzerdefinierten Einstellungen wählen. Unsere Empfehlung: Bestimmen Sie Ihre Einstellungen selbst!

Einem in Bezug auf den Datenschutz kritischen Anwender fällt sofort ein Satz in den Expresseinstellungen auf: »... und senden Sie Nutzungsdaten des Players an Microsoft.« Diese Daten enthalten zwar keinen Namen, aber eine eindeutige Kennung des Computers sowie die aktuelle IP-Adresse, was zur Identifikation ausreicht. Dazu werden Daten über abgespielte Musik und Filme gesendet, egal ob diese Inhalte legal oder anderweitig erworben wurden.

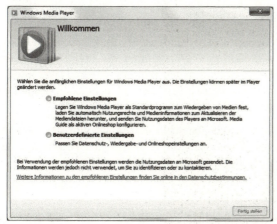

Bild 11.71: Der erste Schritt des Installationsassistenten.

② Im nächsten Schritt der benutzerdefinierten Installation müssen Sie einige Konfigurationseinstellungen vornehmen, die die Übertragung persönlicher Daten an Microsoft und andere Inhaltsanbieter betreffen. Die eindeutige Player-

ID und das Programm zur Verbesserung der Benutzerfreundlichkeit sollten Sie in jedem Fall ausschalten.

Bild 11.72:
Datenschutzoptionen bei der Konfiguration des Windows Media Player.

Wenn Sie lizenzrechtlich nicht einwandfreie oder ungeklärte Medien abspielen, wie zum Beispiel Dateien aus Tauschbörsen, sollten Sie auch die drei Kontrollkästchen unter *Erweiterte Wiedergabefunktionen* ausschalten.

③ Danach sollten Sie sinnvollerweise den Windows Media Player als Standardplayer für Musik und Videos festlegen. Nun kommt die Frage, ob Sie einen Onlineshop zum Kauf von Musik direkt in den Windows Media Player integrieren möchten. Dieser Shop ist zum Betrieb der Software nicht nötig, Sie können den Schritt also überspringen.

Nachdem die Konfiguration so weit abgeschlossen ist, beginnt der Windows Media Player, den Computer nach digitalen Mediendateien zu durchsuchen, und trägt diese in der Medienbibliothek ein.

11.9 Windows Media Player einrichten

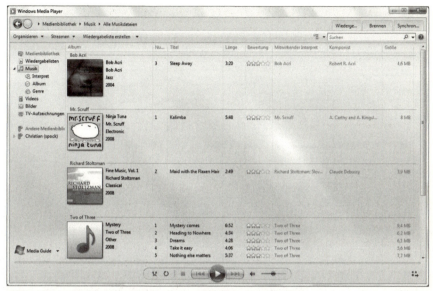

Bild 11.73: Der Windows Media Player nach dem ersten Start.

Dateitypen und Standardprogramme

Wenn der Windows Media Player von Windows 7 als Standardprogramm zum Abspielen für Audio- und Videodateien eingerichtet wurde, startet er automatisch bei einem Doppelklick auf eine Multimedia-Datei im Windows-Explorer.

❶ Startet der Windows Media Player bei einem bestimmten Medienformat nicht, ist dieser Dateityp nicht zugewiesen. Wählen Sie in der *Systemsteuerung* unter *Programme/Standardprogramme* den Punkt *Dateityp oder Protokoll einem bestimmten Programm zuordnen*. Wählen Sie hier beim betreffenden Dateityp den Windows Media Player aus.

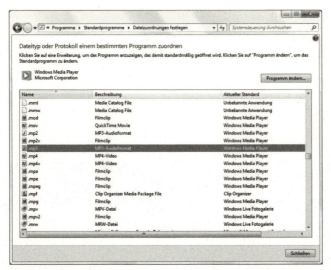

Bild 11.74: Auswahl der Standardanwendungen für bestimmte Dateitypen.

② Des Weiteren können Sie in der *Systemsteuerung* unter *Programme/Standardprogramme* mit der Option *Standardprogramme festlegen* für ein Programm wie den Windows Media Player einstellen, dass alle Dateitypen, die damit geöffnet werden können, auch standardmäßig damit geöffnet werden sollen.

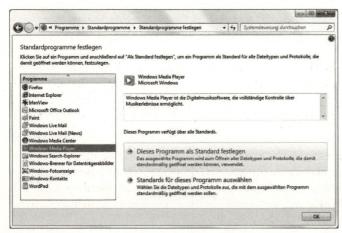

Bild 11.75: Windows Media Player zum Standardplayer für alle darstellbaren Formate machen.

11.9 Windows Media Player einrichten

Grundlegende Bedienung

Die Bedienung des Windows Media Players erklärt sich weitgehend von selbst, in einigen Punkten entspricht das Programm aber leider nicht den gängigen Windows-Standards.

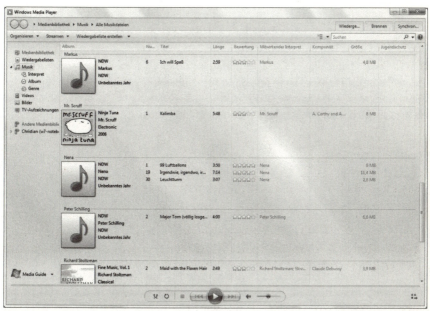

Bild 11.76: Der Windows Media Player in Windows 7 in der Ansicht *Medienbibliothek*.

Am Anfang fehlt dem Media Player die übliche Windows-Menüleiste, und damit stehen zahlreiche seiner Funktionen nicht zur Verfügung. Drücken Sie die Tastenkombination [Strg]+[M], um die Menüleiste einzuschalten. Ein Rechtsklick in die Titelzeile blendet ein Kontextmenü ein, das alle Optionen des klassischen Menüs ebenfalls enthält.

Ein Doppelklick auf einen Titel in der Medienbibliothek spielt diesen direkt ab. Abspielen, Anhalten und Pause funktioniert mit den Schaltflächen im unteren Bereich. Daneben finden Sie auch einen Lautstärkeregler, der allerdings unabhängig vom normalen Windows-Lautstärkeregler läuft. Die hier eingestellte Lautstärke ist also zusätzlich abhängig von der Systemlautstärke.

Windows Media Player und Internettelefonie
Die getrennte Lautstärke- und Stummschaltung des Windows Media Players erweist sich beim Telefonieren über das Internet als sehr nützlich. Die Schaltfläche zur Stummschaltung neben dem Lautstärkeregler schaltet nur den Windows Media Player stumm und nicht das gesamte System. So können Sie über die Soundkarte ungestört telefonieren und danach die laufende Musik einfach wieder einschalten.

Der Windows Media Player hat noch einen weiteren als *Now Playing* oder *Aktuelle Wiedergabe* bezeichneten Darstellungsmodus. Mit dem Symbol rechts unten in der Medienbibliothek schalten Sie auf ein kleineres Fenster um, in dem der aktuelle Titel und die Bedienelemente des Media Players angezeigt werden.

Bild 11.77: Der Windows Media Player im Modus *Aktuelle Wiedergabe*.

Läuft der Windows Media Player in diesem Modus und ist ein anderes Fenster im Vordergrund, braucht man, um den Abspielvorgang zu steuern, nicht erst in das Windows Media Player-Fenster zu wechseln. Fährt man mit der Maus über das Windows Media Player-Symbol in der Taskleiste, erscheint ein kleines Vorschaufenster, das alle wichtigen Steuerelemente enthält.

Bild 11.78: Der Windows Media Player als Vorschaufenster in der Taskleiste.

Einige Tastaturen beinhalten spezielle Tasten zur Regelung der Lautstärke und für die wichtigsten Funktionen bei der Musik- und Videowiedergabe. Der Windows

11.9 Windows Media Player einrichten

Media Player bietet aber auch die Möglichkeit, fast alle Funktionen über eine normale Tastatur zu steuern, was besonders bei drahtlosen Tastaturen interessant ist, wenn man sich in großer Entfernung zum Monitor befindet und so eine Maussteuerung sehr schwierig ist.

Im Gegensatz zu den Funktionstasten [F7], [F8] und [F9], die nur den Windows Media Player betreffen, beeinflussen die Multimedia-Tasten auf modernen Tastaturen die Lautstärke des gesamten Systems.

Sicherheitsvorkehrungen
Der Windows Media Player ist ein sehr kommunikationsfreudiges Programm, das bei jeder Gelegenheit Verbindung mit Microsoft aufnimmt und Playlisten oder Daten der abgespielten Musik-CD versendet.
Schalten Sie im Menüpunkt *Extras/Optionen* auf der Registerkarte *Datenschutz* die oberen vier Kontrollkästchen aus, um diese »Phone-Home-Anrufe« so weit wie möglich zu unterbinden. Die eindeutige Player-ID und das Programm zur Verbesserung der Benutzerfreundlichkeit sollten ebenfalls ausgeschaltet sein.
Die Option *Uhr für Geräte automatisch stellen* sollten Sie eingeschaltet lassen, damit bei der Synchronisation mit tragbaren MP3-Playern deren Uhr automatisch gestellt wird und Sie immer und überall die neuste Version der Playlisten zu Verfügung haben.
Wer ganz sichergehen will, dass Microsoft nicht erfährt, welche Medien man gerade abspielt, sollte mit dem Windows Media Player so lange keine lokalen Daten abspielen, bis über den Menüpunkt *Datei/Offline arbeiten* in den Offlinemodus geschaltet wurde, was allerdings auch nicht alle Internetverbindungen unterdrückt.

Audio-CDs im Media Player abspielen

Solange kein anderer Medienplayer installiert ist, wird der Windows Media Player automatisch auch zum Abspielen von Audio-CDs verwendet. Legt man eine Audio-CD in das CD-ROM-Laufwerk ein, startet der Windows Media Player automatisch im *Now Playing*-Modus. Ist keine Standardaktion definiert, erscheint ein Dialogfeld zur Auswahl einer Aktion.

Bild 11.79: Auswahl einer Aktion für Audio-CDs.

Bestätigen Sie hier die Standardaktion *Audio-CD wiedergeben mit Windows Media Player*. Wenn Sie den Schalter *Immer für Audio-CDs durchführen* aktivieren, erscheint dieser Dialog in Zukunft nicht mehr. Die Audio-CD wird sofort abgespielt.

Sogenannte Enhanced-Audio-CDs enthalten zusätzlich noch eine Software, mit der auf dem PC die Musik von der CD abgespielt werden kann und meistens auch noch Bilder oder Videos zu sehen sind. Diese Software kann beim Einlegen der CD anstelle des Windows Media Player automatisch gestartet werden. Die Einstellung zum automatischen Abspielen von Audio-CDs können Sie in der *Systemsteuerung* unter *Hardware und Sound/Automatische Wiedergabe* jederzeit auch ändern.

Automatische Wiedergabe bei aktivem Media Player
Legt man eine Audio-CD ein, während der Windows Media Player geöffnet ist, wird die CD automatisch ohne weitere Nachfrage abgespielt.

Sollte sich der Windows Media Player öffnen, aber nichts zu hören sein, ist die Wiedergabe in den Soundeinstellungen ausgeschaltet. Normale Windows-Sounds können trotzdem zu hören sein.

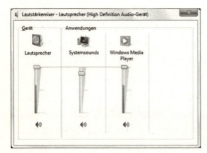

Bild 11.80: Einstellungen im *Lautstärkemixer* vornehmen.

11.9 Windows Media Player einrichten

Klicken Sie in diesem Fall mit der rechten Maustaste auf das Lautsprechersymbol in der Taskleiste und wählen Sie im Kontextmenü die Option *Lautstärkemixer öffnen*. Es öffnet sich ein Soundmischpult. Schalten Sie hier die Schaltfläche mit dem Lautsprecher unter *Windows Media Player* ein und schieben Sie den zugehörigen Lautstärkeregler ganz nach oben. Sie können die Lautstärke im Windows Media Player dann immer noch bei Bedarf herabsetzen.

Detailinformationen zur eingelegten Audio-CD

Der Windows Media Player zeigt in der Regel Detailinformationen zur eingelegten Audio-CD sowie eine Titelliste an. Je nach Datenschutzeinstellungen kann aber auch nur ein unbekanntes Album erscheinen.

Bild 11.81: Anzeige von Albumcover und Titelliste.

Möchten Sie Albumdetails angezeigt bekommen, wenn diese fehlen, wählen Sie *Extras/Optionen* und schalten dort auf der Registerkarte *Datenschutz* das Kontrollkästchen *Medieninformationen aus dem Internet anzeigen* ein. Die übrigen Schalter sollten Sie aus Sicherheitsgründen deaktiviert lassen.

 Abspielen urheberrechtlich bedenklicher CDs
Bedenken Sie, dass bei der Anzeige von Albumdetails Microsoft grundsätzlich erfährt, welche CDs Sie abspielen. Besondere Vorsicht ist beim Abspielen urheberrechtlich bedenklicher Medien also geboten.

Wenn Sie die Datenschutzeinstellungen geändert haben, wird beim Einlegen einer Audio-CD automatisch eine Internetverbindung aufgebaut, die Kennung der CD wird übermittelt, und Titelliste sowie Albumcover werden heruntergeladen, soweit diese in der Onlinedatenbank verfügbar sind.

Sollte das Albumtitelbild nicht automatisch gefunden werden, klicken Sie mit der rechten Maustaste auf das Dummybild im Windows Media Player und wählen im Kontextmenü *Albuminformationen suchen*.

Die Datenbank wird jetzt nach passenden Alben durchsucht. Oft gibt es mehrere Hundert Treffer, wobei der richtige aber in den meisten Fällen relativ weit vorne zu finden ist. Wählen Sie das passende Album aus und klicken Sie auf *Weiter*.

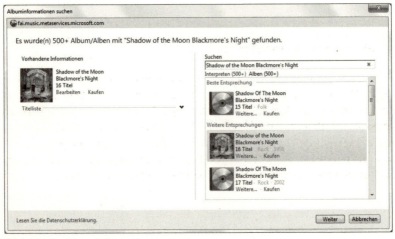

Bild 11.82: Albuminformationen suchen.

Jetzt wird eine Titelliste des gewählten Albums angezeigt, und Sie müssen noch einmal bestätigen, dass dies das richtige ist.

11.9 Windows Media Player einrichten

Bild 11.83: Albuminformationen bestätigen.

Die Albuminformationen werden in der Medienbibliothek gespeichert. Später können Sie auch ganz einfach einen bestimmten Titel abspielen, indem Sie doppelt auf diesen Titel in der Liste klicken. Seltenere Musik-CDs sind im Internet nicht zu finden. In solchen Fällen zeigt der Windows Media Player nur *Unbekanntes Album* und Titelnummern an. Klicken Sie mit der rechten Maustaste auf den Albumnamen oder einen Titel und wählen Sie im Kontextmenü *Bearbeiten*. Jetzt können Sie die Daten eintragen, die in der Medienbibliothek gespeichert werden.

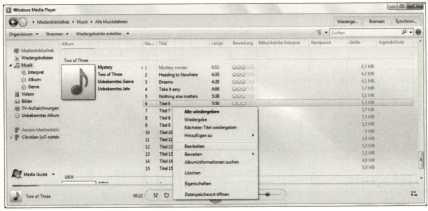

Bild 11.84: Albuminformationen manuell bearbeiten.

12 Windows 7-Systempflege

Windows 7 enthält zahlreiche nützliche Werkzeuge, die dazu beitragen sollen, das Betriebssystem zu überwachen und stabiler oder komfortabler zu machen. Die wichtigsten davon lernen Sie in diesem Kapitel kennen.

12.1 Der Windows-Leistungsindex

Mit Windows Vista führte Microsoft den Windows-Leistungsindex ein, ein System zur Bewertung der Hardwarekomponenten. Windows 7 läuft, eventuell mit Einschränkungen, auf jedem halbwegs aktuellen Computer. Der Leistungsindex wurde aber beibehalten. Er soll auch bei der Anschaffung zukünftiger Software helfen. Programmhersteller sollen bei neuen Versionen angeben, ab welchem Windows-Leistungsindex die Software läuft; dies betrifft vor allem Spiele mit hohen Anforderungen an die Grafikleistung.

Der aktuelle Windows-Leistungsindex eines Computers wird in der *Systemsteuerung* unter *System und Sicherheit/System* angezeigt. Das gleiche Fenster erreichen Sie noch schneller, wenn Sie im Startmenü mit der rechten Maustaste auf *Computer* klicken und dann im Kontextmenü *Eigenschaften* wählen.

Steht hier im Bereich *System* der Link *Die Systembewertung ist nicht verfügbar*, wurde noch keine Leistungsbewertung durchgeführt. Klicken Sie in diesem Fall auf den Link und im nächsten Dialogfeld auf *Bewertung erneut ausführen*, was ein paar Minuten dauern kann.

Für den Windows-Leistungsindex werden Prozessor, Arbeitsspeicher, Grafikkarte und Festplatte einzeln bewertet. Je höher der errechnete Wert, desto leistungsfähiger ist die jeweilige Komponente.

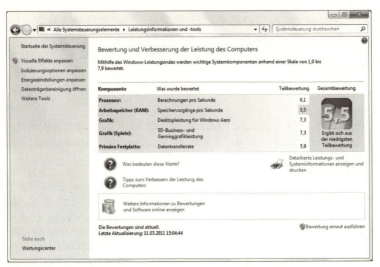

Bild 12.1: Einzelbewertungen zum Windows-Leistungsindex.

Die Gesamtbewertung entspricht immer dem schlechtesten Einzelwert, ist also keine durchschnittliche Bewertung. Auf diese Weise soll sichergestellt werden, dass zum Beispiel Computer mit einfachen Grafikkarten, aber einem schnellen Prozessor nicht als geeignet für grafisch anspruchsvolle Anwendungen eingestuft werden, die dann anschließend nicht darauf laufen. Ein Klick auf den Link *Windows-Leistungsindex* zeigt die Einzelbewertungen an.

Nachdem eine neue Komponente eingebaut wurde, erscheint in der *Computerbewertung* der Hinweis *Neue Hardware gefunden*. Jetzt sollten Sie den Leistungsindex aktualisieren. Besonders Grafikkarten machen sich hier erheblich bemerkbar. In vielen Fällen reicht sogar die Installation eines neueren Treibers, der spezielle Windows Aero-Funktionen besser unterstützt, um den Leistungsindex zu verbessern.

12.2 Das Windows 7-Wartungscenter

Das neue Wartungscenter in Windows 7 zeigt auf einen Blick mögliche Probleme und bietet auch gleich Hilfestellungen an, diese Probleme zu lösen. Wenn das System selbstständig ein Problem findet, wird im Infobereich der Taskleiste ein Fähnchen mit einem roten Symbol angezeigt. Ein Klick darauf blendet eine Kurzüber-

12.2 Das Windows 7-Wartungscenter

sicht der Meldungen ein. Direkt aus diesem Fenster heraus können Sie das Wartungscenter öffnen.

Bild 12.2: Warnungen des Wartungscenters.

Natürlich können Sie das Wartungscenter auch jederzeit über das Modul *System und Sicherheit* in der *Systemsteuerung* starten.

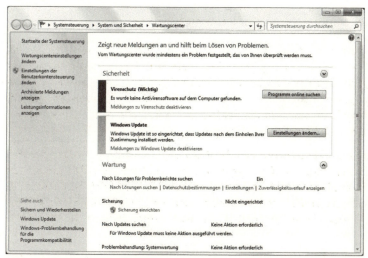

Bild 12.3: Warnungen im Wartungscenter.

Wichtige Meldungen erscheinen in Rot, weniger systemkritische Meldungen in Orange. Bei jeder Meldung wird eine Lösungshilfe angegeben. Außerdem können Sie Meldungen der betreffenden Kategorie deaktivieren, sollte das Wartungscenter sich irren oder ein Problem derzeit einfach nicht lösbar sein.

Ein Klick auf die Pfeile neben den Punkten *Sicherheit* und *Wartung* blendet eine Übersicht wichtiger Einstellungen ein. Hier sehen Sie auf einen Blick, ob alles im System okay ist oder ob Sie irgendwo etwas tun müssen.

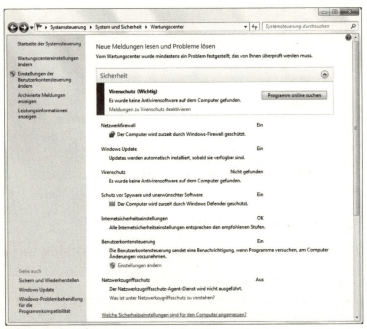

Bild 12.4: Übersicht zur Sicherheit im Wartungscenter.

Ganz unten im Wartungscenter finden Sie auch noch hilfreiche Links zur Problemlösung, die Systemwiederherstellung auf einen früheren Zeitpunkt und die neue Problembehandlung in der *Systemsteuerung*, eine Übersichtsseite mit Systemsteuerungsmodulen, die bei häufigen Problemen hilfreich sind.

12.3 Windows Update-Einstellungen

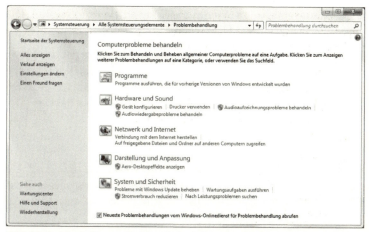

Bild 12.5: Die Seite zur Problembehandlung in der *Systemsteuerung*.

12.3 Windows Update-Einstellungen

Das Windows Update ist ein Onlinedienst von Microsoft, über den Sie immer die neuesten Betriebssystemupdates, Sicherheitspatches und Updates für Microsoft-Softwarekomponenten wie Internet Explorer oder Windows Media Player bekommen können. Diese Funktion ist seit Windows 98 vorhanden, aber erst seit Windows XP fest ins System integriert. Seit dem Service Pack 2 für Windows XP und dem neuen Sicherheitscenter warnt Windows sogar, wenn die Update-Funktion nicht auf automatisch gesetzt ist.

Für Windows 7 wurde die Update-Funktion noch weiter optimiert. Der Benutzer braucht sich kaum noch selbst darum zu kümmern, sein System aktuell und sicher zu halten.

»Never touch a running system!« Das gilt (mit Einschränkungen) auch für Updates.

Es kommt in seltenen Fällen vor, dass Windows nach einem Update nicht mehr einwandfrei läuft. Um dieses Risiko zu verringern, setzt Windows 7 automatisch einen Systemwiederherstellungspunkt, bevor es systemkritische Updates installiert. Allerdings zerstören einige Updates sämtliche vorhandenen Wiederherstellungspunkte.

Führen Sie nie ein Update durch, wenn Windows nicht mehr einwandfrei läuft. Die Updates korrigieren nur Sicherheitslücken und keine instabilen Systeme.

Einige Updates sind zu nicht zertifizierten Gerätetreibern nicht kompatibel. Eventuell müssen Sie diese Treiber nach einem Update neu installieren. Kopieren Sie also sicherheitshalber die Installationsdateien aller verwendeten Treiber in ein Verzeichnis auf der Festplatte, um sie für solche Fälle immer griffbereit zu haben.

Windows Update automatisch ausführen

Microsoft bemüht sich, für bekannt gewordene Sicherheitslücken so schnell wie möglich ein entsprechendes Patch zu entwickeln, das die Lücke schließt. Diese Patches werden über die Windows Update-Funktion zum Download angeboten.

Windows 7 lädt in der Standardeinstellung alle sicherheitsrelevanten Updates automatisch herunter und installiert sie. Das Wartungscenter warnt mit einem Symbol neben der Uhr in der Taskleiste, wenn ein Sicherheitsrisiko besteht. Eines der möglichen Risiken, die hier angezeigt werden, ist eine deaktivierte automatische Update-Funktion.

Bild 12.6: Sicherheitswarnung bei ausgeschalteten automatischen Updates.

Mit einem Klick auf diese Meldung können Sie die Update-Einstellungen direkt ändern, um Updates automatisch zu installieren.

Bild 12.7: Windows Update-Optionen im Wartungscenter einstellen.

12.3 Windows Update-Einstellungen

Die Einstellungen für Windows-Updates finden Sie in der *Systemsteuerung* im Modul *System* unter *Sicherheit/Windows Update*.

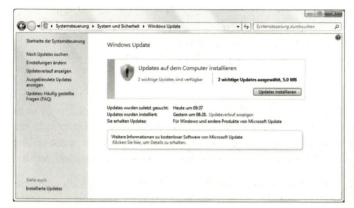

Bild 12.8: Updates stehen zur Installation auf dem Computer bereit.

Mit einem Klick auf *Einstellungen ändern* können Sie die automatische Update-Funktion nach Bedarf einstellen. Bei vollautomatischen Updates brauchen Sie sich im Regelfall um nichts mehr zu kümmern. Hier finden Sie auch Optionen, um die Updates nur herunterzuladen, ohne sie gleich zu installieren, oder einfach nur eine Benachrichtigung zu erhalten, wenn Updates vorliegen.

Bild 12.9: Festlegen, wie die Updates installiert werden sollen.

Systemauslastung durch die Update-Funktion

Windows 7 bietet ein intelligentes Update-System an, das die Updates nur dann herunterlädt, wenn die Internetverbindung nicht von einer anderen Anwendung benötigt wird. So bemerken Sie also kaum noch Geschwindigkeitsverluste durch Updates. Wenn Sie einen Router und ein Netzwerk verwenden, geht die vom Update belegte Bandbreite trotzdem den anderen Computern im Netz verloren. Legen Sie also sinnvollerweise die Downloadzeit für automatische Updates in einen Zeitraum geringer Nutzung, zum Beispiel wie voreingestellt nachts um 03:00 Uhr.

Wurden die Updates nur heruntergeladen und nicht automatisch installiert, haben Sie die Auswahl zwischen der automatischen und der benutzerdefinierten Installation. Wählen Sie besser die benutzerdefinierte Installation. Hier können Sie anschließend einstellen, welche der heruntergeladenen Updates installiert werden sollen und welche nicht. Damit können Sie Updates verhindern, zu denen Inkompatibilitäten bekannt wurden oder die in Bezug auf den Datenschutz bedenklich sind.

Bei einigen Updates müssen Sie auch beim automatischen Herunterladen einen Lizenzvertrag bestätigen und eventuell nach der Installation den Computer neu starten. Windows 7 weist auf einen erforderlichen Neustart mit einer auffälligen Meldung hin. Vor dem Neustart haben Sie Zeit, alle geöffneten Dateien zu speichern.

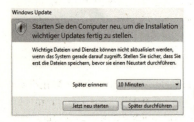

Bild 12.10: Aufforderung zum Neustart bei einer Update-Installation.

Windows unterscheidet zwischen wichtigen Updates und optionalen Updates. Optionale Updates, dazu gehören auch Sprachpakete für nicht installierte Sprachen, werden standardmäßig nicht automatisch installiert. Hier können Sie aus einer Liste auswählen, welche installiert werden sollen und welche nicht (ab Professional).

12.3 Windows Update-Einstellungen

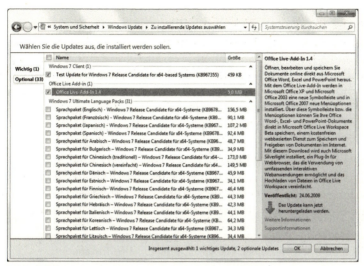

Bild 12.11: Auswahl der zu installierenden Updates.

Wählen Sie alle Updates aus, die Sie installieren wollen, und klicken Sie dann auf *Installieren*. Die Updates werden heruntergeladen und anschließend automatisch installiert, was je nach Größe einige Minuten oder auch Stunden dauern kann. Verlegen Sie das Herunterladen dieser Updates also nach Möglichkeit in Zeiten schwacher Internetnutzung wie Sonntage oder spät in die Nacht.

Windows Update manuell aufrufen

Sollten die automatischen Updates ausgeschaltet sein, starten Sie die Windows Update-Funktion über das Modul *System* und *Sicherheit/Windows Update* in der *Systemsteuerung* manuell. In früheren Windows-Versionen konnte man auch die Webseite *windowsupdate.microsoft.com* besuchen und dort Updates herunterladen. Diese Funktion wird in Windows 7 nicht mehr unterstützt.

In der benutzerdefinierten Installation werden alle verfügbaren Updates, die noch nicht installiert sind, aufgelistet. Hier können Sie zu jedem Update eine kurze Beschreibung lesen und die Updates auch einzeln deaktivieren, wenn zum Beispiel bereits Probleme mit dem einen oder anderen Update bekannt geworden sind.

Nach dem Herunterladen wird ein Wiederherstellungspunkt angelegt, damit Sie im Notfall den Zustand vor dem Update wiederherstellen können.

Bild 12.12: Wiederherstellungspunkt bei einem Windows Update.

Nach den meisten installierten Updates muss der Computer neu gestartet werden. Die installierten Updates können in der Liste *Updateverlauf anzeigen* aufgelistet werden. Hier sehen Sie auch eventuelle Fehler bei einer Update-Installation.

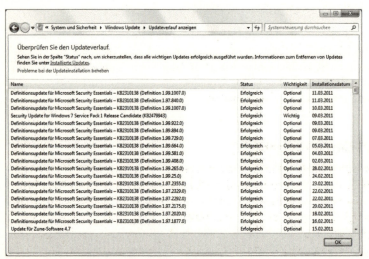

Bild 12.13: Installierte Updates im *Updateverlauf.*

12.3 Windows Update-Einstellungen

In der *Systemsteuerung* gibt es noch eine weitere Update-Liste unter *Programme und Funktionen/Installierte Updates*. Diese Liste zeigt nur wirkliche Systempatches, keine Updates für Treiber und auch keine Definitionsupdates für den Windows Defender. Dafür können an dieser Stelle fehlerhafte Updates einzeln deinstalliert werden.

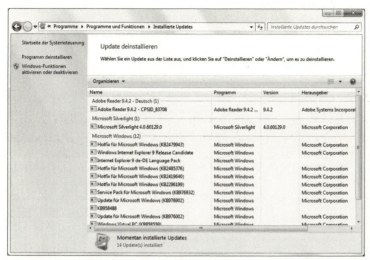

Bild 12.14: Updates bei Fehlern deinstallieren.

Die Microsoft-Supportdatenbank

Microsoft gibt jedem Update-Patch eine sechsstellige Nummer, unter der es in der Microsoft-Supportdatenbank zu finden ist. Diese Nummern werden bei den installierten Updates in der *Systemsteuerung* unter *Programme und Funktionen/Installierte Updates* angezeigt. Zur genauen Beschreibung und zum Download des Patches kommen Sie über die Internetadresse *http://support.microsoft.com/kb/xxxxxx*. Ersetzen Sie dabei das *xxxxxx* am Ende durch die jeweilige Nummer des Patches.

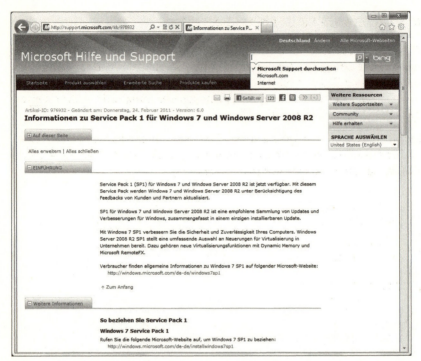

Bild 12.15: Die Microsoft-Supportdatenbank zeigt Informationen zu allen Updates.

Gerätetreiberupdates
Die Windows Update-Funktion bietet auch Gerätetreiberupdates zum Download an. Diese sind allerdings oftmals nicht so aktuell wie die von den Herstellern angebotenen Treiber, da sie erst eine zeitraubende Qualitätskontrolle bei Microsoft durchlaufen müssen. Die Treiberupdates gelten als optionale Updates. Das System durchsucht automatisch die Treiberdatenbank nach passenden Treibern für angeschlossene Hardwarekomponenten. Diese werden nicht automatisch installiert. Hier müssen Sie jeden Treiber manuell markieren und können ihn dann herunterladen und installieren.

12.4 Festplatten auf Fehler überprüfen

Um Schäden und möglichen Datenverlusten vorzubeugen, sollten Sie regelmäßig die Festplatten überprüfen. Windows 7 liefert dafür ein Testprogramm mit, sodass Sie in den meisten Fällen keine externen Programme mehr benötigen. Im Gegensatz zu Windows XP finden Sie die Festplattenüberprüfung nicht mehr als eigenständiges Programm im Startmenü.

Klicken Sie im Windows-Explorer unter *Computer* mit der rechten Maustaste auf ein Laufwerk und wählen Sie im Kontextmenü *Eigenschaften*. Auf der Registerkarte *Tools* finden Sie die Funktion zur *Fehlerüberprüfung*.

Bild 12.16: *Fehlerüberprüfung* in den Eigenschaften einer Festplatte.

Diese Datenträgerprüfung bietet auch zwei Optionen zur automatischen Fehlerkorrektur an:

- *Dateisystemfehler automatisch korrigieren* korrigiert logische Fehler wie fehlerhafte Verzeichnisstrukturen oder inkonsistente Daten im Inhaltsverzeichnis der Festplatte.

- *Fehlerhafte Sektoren suchen/wiederherstellen* versucht, Daten beschädigter Sektoren zu retten und in einwandfreie Sektoren zu verschieben. Der fehlerhafte Sektor wird, wenn er sich nicht reparieren lässt, als defekt markiert, sodass Windows keine Dateien mehr darin ablegt.

Bild 12.17: *Optionen für die Datenträgerüberprüfung* festlegen.

Wählen Sie eine oder beide Reparaturoptionen, verlängert sich die benötigte Zeit deutlich. Bevor Sie die Überprüfung starten, müssen Sie alle Fenster schließen, in denen Dateien des betreffenden Laufwerks geöffnet sind. Das gilt auch für Explorer-Fenster, die den Inhalt des Laufwerks anzeigen. Je nach Größe der Festplatte dauert die Überprüfung einige Minuten bis Stunden.

12.5 Überflüssige Dateien beseitigen

Die *Datenträgerbereinigung* in Windows 7 hat nichts mit Fehlern auf der Festplatte zu tun, sondern soll dafür sorgen, überflüssige Dateien zu beseitigen und damit freien Speicherplatz zu schaffen.

Die Datenträgerbereinigung wird über den Menüpunkt *Alle Programme/Zubehör/Systemprogramme/Datenträgerbereinigung* im Startmenü oder über die Schaltfläche *Bereinigen* auf der Registerkarte *Allgemein* in den *Eigenschaften* eines Laufwerks aufgerufen.

Wenn auf einer Festplatte nur noch weniger als 200 MByte Speicherplatz frei ist, erscheint automatisch eine Warnung.

Bild 12.18: Warnung bei voller Festplatte.

12.5 Überflüssige Dateien beseitigen

Die Datenträgerbereinigung sucht überflüssige Dateien und bietet an, diese zu löschen. Dabei wird auch gleich angezeigt, wie viel Speicherplatz beim Löschen frei wird. Die Suche erfolgt in verschiedenen Verzeichnissen, die bei normaler Verwendung von Windows 7 häufig überflüssige Dateien enthalten.

Bild 12.19: Start der Datenträgerbereinigung.

Darunter sind keine Dateien, die zum Betrieb des Systems nötig sind. Die Datenträgerbereinigung schlägt auch nur Verzeichnisse vor, in denen Benutzer keine eigenen Dateien ablegen sollten. Sicherheitshalber sollten Sie aber trotzdem vor dem Bereinigen überprüfen, was gelöscht wird, und Windows hier nicht blind vertrauen. Markieren Sie dazu in der Liste die anzuzeigende Kategorie und klicken Sie dann auf *Dateien anzeigen*. Leider steht diese Schaltfläche nicht in allen Kategorien der Datenträgerbereinigung zur Verfügung.

Bild 12.20: Die Datenträgerbereinigung für *C:*.

Die Datenträgerbereinigung löscht die Dateien unwiderruflich und legt sie nicht in den Papierkorb.

Dateityp	Beschreibung
Heruntergeladene Programmdateien	ActiveX-Steuerelemente und Java-Applets, die von Webseiten heruntergeladen wurden. Diese Dateien befinden sich im Ordner *C:\Windows\Downloaded Program Files*. Werden diese Dateien gelöscht und besucht man die entsprechende Seite später wieder, müssen die Dateien erneut heruntergeladen werden, was dann zu längeren Ladezeiten führen kann.
Temporäre Internetdateien	Der Cache des Internet Explorer im versteckten Ordner *C:\Users\<Benutzername>\AppData\Local\Microsoft\Windows\Temporary Internet Files\Content.IE5* und der Unterordner dieses Ordners. Der Verlaufsordner und die als Offlinewebseiten gespeicherten Inhalte sind davon nicht betroffen. Die Datenträgerbereinigung berücksichtigt nur den Cache des Internet Explorer, nicht die Cacheverzeichnisse anderer installierter Browser. Da der Cache aus sehr vielen sehr kleinen Dateien besteht, ist der effektiv frei werdende Speicherplatz meistens sehr groß.
Offlinewebseiten	Webseiten, die im Internet Explorer zum Offlinelesen zur Verfügung gestellt wurden.
Spielnachrichtendateien	Dateien für die Übermittlung der RSS-Feeds an die Spielebibliothek. Sie können jederzeit neu generiert werden, sind aber auch sehr klein.
Spielstatistikdateien	Dateien für die Verwaltung der Spielstatistiken. Sie können jederzeit neu generiert werden, sind aber auch sehr klein. Die eigentlichen Spielstatistiken werden nicht gelöscht.
Alte CHKDSK-Dateien	Dateien, die bei der Prüfung mit *CHKDSK* im Hauptverzeichnis entstehen. Diese Dateien können gelöscht werden, sie enthalten keine sinnvoll nutzbaren Inhalte.
Vorherige Windows-Installation(en)	Wurde Windows 7 auf einer Partition installiert, die bereits eine frühere Windows-Version enthielt, werden deren Systemdateien im Ordner *Windows.old* abgelegt. Diesen zu löschen, bringt meist einen erheblichen Gewinn an freiem Speicherplatz auf der Festplatte.
Papierkorb	Diese Option entspricht dem Leeren des Papierkorbs.

12.5 Überflüssige Dateien beseitigen

Dateityp	Beschreibung
Setup-Protokolldateien	Protokolldateien, die bei der Installation von Programmen und Windows-Komponenten gespeichert werden.
Temporäre Dateien	Temporärdateien im Temporärordner des aktuellen Benutzers. Die Position dieses Ordners ist durch die Umgebungsvariable *TEMP* festgelegt. Üblicherweise wird der Ordner *C:\Users\<Benutzername>AppData\Local\Temp* verwendet. Der allgemeine Temporärordner von Windows wird dabei nicht berücksichtigt. Es werden auch nur Dateien gelöscht, die Windows selbst angelegt hat. Sie sollten diese Ordner also lieber regelmäßig manuell löschen.
Temporäre Offlinedateien	Temporäre Kopien von Dateien, auf die über das Netzwerk zugegriffen wurde. Diese Kategorie ist nur dann vorhanden, wenn der Offlinemodus aktiviert ist. Dabei handelt es sich lediglich um Dateien, die automatisch offline gespeichert wurden.
Offlinedateien	Lokale Kopien von Dateien aus dem Netzwerk. Diese Kategorie ist ebenfalls nur dann vorhanden, wenn der Offlinemodus aktiviert ist. Falls Sie im Offlinemodus Dateien verändert haben oder daran weiterarbeiten wollen, dürfen Sie diese nicht löschen.
Miniaturansichten	Die Minibilder aus den Bilderordnern, die zur Darstellung im Explorer verwendet werden. Diese Bilder werden beim Löschen von Fotos nicht immer mit gelöscht. Wenn Sie die Miniaturansichten bereinigt haben und anschließend ein Bilderverzeichnis öffnen, werden sie automatisch neu generiert.
Windows-Fehlerberichterstattungsdatei	Automatisch generierte Fehlerberichte, die nicht an Microsoft gesendet wurden, weil die Funktion zur Fehlerberichterstattung deaktiviert war. Diese Dateien können Sie bedenkenlos löschen.

Einige der Kategorien werden nur dann angezeigt, wenn in diesem Bereich auch Dateien vorliegen. Und – einige Kategorien werden erst dann angezeigt, wenn Sie auf die Schaltfläche *Systemdateien bereinigen* geklickt und eine Anfrage der Benutzerkontensteuerung bestätigt haben. Jetzt wird auch die Registerkarte *Weitere Optionen* angezeigt.

Bild 12.21: *Weitere Optionen* zur Datenträgerbereinigung.

Im oberen Teil des Dialogfelds *Datenträgerbereinigung* können Sie zusätzlichen Speicherplatz freigeben, indem Sie nicht mehr benötigte Programme löschen. Mit der Schaltfläche *Bereinigen* rufen Sie das Modul *Programme/Programm deinstallieren* aus der *Systemsteuerung* auf.

Im unteren Teil löschen Sie ältere Systemwiederherstellungspunkte, Schattenkopien von Dateien und ältere Systemabbilder in Systemwiederherstellungspunkten. Der jeweils neueste Systemwiederherstellungspunkt wird nicht gelöscht.

Durch das Löschen dieser Daten kann sehr viel Speicherplatz freigegeben werden. Allerdings lässt sich der PC dann nicht mehr auf einen älteren Zustand als den des letzten Systemwiederherstellungspunkts zurücksetzen.

12.6 Träge Festplatten wieder schnell machen

Die effektive Geschwindigkeit einer Festplatte hängt nicht nur von so werbewirksamen Daten wie Umdrehungszahl oder Datendurchsatzrate in KByte/s (Kilobyte pro Sekunde) ab, sondern im Wesentlichen auch davon, wie die Dateien auf der Festplatte angeordnet sind. Im Idealfall liegen alle Dateien hintereinander auf der Platte, jede als ein geschlossener Block. Beim Lesen muss der Lesekopf der Festplatte also nur einmal über diesen Datenblock fahren und hat damit die komplette Datei gelesen. In der Praxis kommt dieser Idealfall jedoch nur kurz nach einer Neuinstallation vor.

12.6 Träge Festplatten wieder schnell machen

Wird eine Datei nach dem Bearbeiten und erneutem Speichern größer, passt sie nicht mehr an die vorgesehene Stelle auf der Festplatte. Das Betriebssystem legt den übrigen Teil der Datei automatisch an eine andere freie Stelle. Die Datei wird dabei in keiner Weise beeinträchtigt, allerdings muss sie beim nächsten Öffnen aus zwei Stücken wieder zusammengesetzt werden, was zusätzliche Zeit kostet. Beim Löschen von Dateien entstehen Lücken auf der Festplatte, die später wieder von anderen Dateifragmenten gefüllt werden. So verteilen sich im Laufe der Zeit viele Dateien in mehreren Einzelstücken auf der Platte. Der Zugriff auf die Dateien funktioniert weiterhin problemlos, dauert allerdings deutlich länger. Der Lesekopf fährt zwischendurch häufig über nicht relevante Bereiche der Festplatte, ohne dort Daten zu lesen.

Ein Defragmentierungsprogramm sucht alle Fragmente einer Datei zusammen und schreibt diese als zusammenhängenden Block auf die Festplatte. Dazu müssen die Inhalte der einzelnen Sektoren physikalisch gelesen werden. So ein Defragmentierungsvorgang kann bei großen Festplatten mehrere Stunden in Anspruch nehmen. Während dieser Zeit muss das Defragmentierungsprogramm sicherstellen, dass zum Beispiel bei einem Stromausfall maximal die gerade geöffnete Datei verloren geht, nicht aber die ganze Festplatte.

Die File Allocation Table mit den Informationen über die Adressierung der einzelnen Dateien sowie der Verzeichnisse muss deshalb bei jeder Veränderung sofort wieder auf die Platte geschrieben werden, was den Prozess noch einmal deutlich verlangsamt. Voraussetzung für erfolgreiches Defragmentieren ist auch, dass genug freier Platz zum Zwischenspeichern der zu verschiebenden Daten auf der Platte vorhanden ist.

Vor und während der Defragmentierung

Bevor Sie eine Defragmentierung vornehmen, sollten Sie alle überflüssigen Dateien, Temporärdateien, Cacheverzeichnisse und Ähnliches auf dem Laufwerk löschen. Lassen Sie am besten vor dem Defragmentieren die Datenträgerbereinigung laufen.

Ist die Defragmentierung nach Zeitplan ausgeschaltet, startet Windows 7 beim Aufruf des Defragmentierungsprogramms eine langwierige Datenträgeranalyse, um festzustellen, welche Festplatten defragmentiert werden sollten. Anhand der Datenstruktur liefert das Programm eine Empfehlung, ob defragmentiert werden sollte oder nicht. Klicken Sie, wenn eine Defragmentierung notwendig erscheint, auf die Schaltfläche *Datenträger defragmentieren*.

Bild 12.22: Das neue Defragmentierungsprogramm in Windows 7.

Windows 7 liefert ein Defragmentierungsprogramm mit, das Sie im Startmenü unter *Alle Programme/Zubehör/Systemprogramme/Defragmentierung* finden. Auch in den Eigenschaften eines Laufwerks gibt es auf der Registerkarte *Tools* eine Schaltfläche *Jetzt defragmentieren*, die dasselbe Programm aufruft. Die Defragmentierung kann nach einem Zeitplan automatisch durchgeführt werden oder einfach auf Knopfdruck.

Wenn Sie die Defragmentierung starten, sollten Sie Zugriffe auf dieses Laufwerk vermeiden, da jede Veränderung des Dateisystems die Defragmentierung stört. Schließen Sie vorher auch alle offenen Dateien.

Im Gegensatz zu Windows XP zeigt die Defragmentierung in Windows 7 keine Grafik mehr an. Weder der Fortschritt noch die Zeit, die der Vorgang voraussichtlich noch braucht, wird angezeigt. Die Auslagerungsdatei *pagefile.sys* und die Datei für den Ruhezustand *hiberfil.sys* können nicht defragmentiert werden.

Defragmentieren nach Zeitplan
Am einfachsten lassen Sie die Defragmentierung automatisch einmal in der Woche nachts laufen. Diese Option ist im Defragmentierungsprogramm standardmäßig schon eingeschaltet. Mit der Schaltfläche *Zeitplan konfigurieren* können Sie festlegen, wann automatisch defragmentiert werden soll.

12.7 Der Windows Task-Manager

Der Task-Manager stellt Informationen zur Computerleistung bereit und zeigt Einzelheiten zu den ausgeführten Programmen und Prozessen an. Sie öffnen den Windows Task-Manager mit einem Rechtsklick auf eine leere Stelle der Taskleiste und wählen *Task-Manager starten*. Es öffnet sich ein Fenster mit mehreren Registerkarten. Mit der aus früheren Windows-Versionen bekannten Tastenkombination [Strg]+[Alt]+[Entf] kommen Sie in Windows 7 in ein Menü, aus dem Sie ebenfalls den Task-Manager starten können.

Auf der Registerkarte *Anwendungen* werden alle unter dem aktuellen Benutzer auf dem PC laufende Programme angezeigt. Die Spalte *Status* informiert über den Programmzustand. Hier sollte immer *Wird ausgeführt* angezeigt sein. Wenn nicht, ist das betreffende Programm zu stark ausgelastet oder abgestürzt.

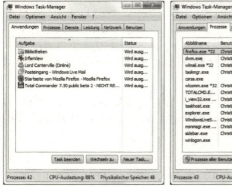 

Bild 12.23: Anwendungen und laufende Prozesse im Task-Manager.

Aus dieser Registerkarte heraus können Sie auch Anwendungen beenden oder dorthin verzweigen. Die Schaltfläche *Neuer Task* öffnet dasselbe Eingabefenster wie der Menüpunkt *Ausführen* im Startmenü.

Auf der Registerkarte *Prozesse* werden alle gestarteten Prozesse des angemeldeten Benutzers oder aller Benutzer mit Prozessname und Benutzername aufgeführt. Für jeden Prozess sehen Sie die prozentuale CPU-Auslastung und die Speicherauslastung. Wenn Sie das Gefühl haben, auf Ihrem PC geht gar nichts mehr voran, suchen Sie hier am besten nach einem Prozess, der allen anderen die Zeit stiehlt.

Prozesse beenden
Sie können hier auch Prozesse beenden. Aber seien Sie mit Systemprozessen vorsichtig. Sie können damit den laufenden Betrieb des PCs empfindlich stören.

Die Registerkarte *Dienste* zeigt alle installierten Windows-Dienste. Hier können Sie laufende Dienste beenden und inaktive Dienste starten.

Auf der Registerkarte *Leistung* werden neben statistischen Werten zur Prozess- und Speicherverwaltung zwei wichtige Diagramme angezeigt: Die aktuelle CPU-Auslastung und der belegte Speicher werden links angezeigt. Rechts sehen Sie den jeweiligen Verlauf über die Zeit. Die Anzeige wandert von rechts nach links. Der rechte Rand entspricht also immer dem aktuellen Zustand. Hier können Sie auch sofort sehen, wenn ein Programm nicht mehr ordnungsgemäß läuft und der Computer sich deshalb extrem langsam verhält. In solchen Fällen steht die CPU-Auslastung meistens konstant auf 100 %.

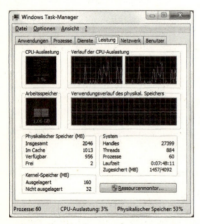

Bild 12.24: Systemleistung im Task-Manager.

Bei Dual-Core-CPUs wird für jeden CPU-Kern eine eigene Leistungskurve angezeigt.

Über die Schaltfläche *Ressourcenmonitor* finden Sie eine noch deutlich genauere Anzeige über die aktuelle Auslastung der Systemressourcen. Hier sehen Sie genau, welche Anwendungen wie viel Prozessorlast und Speicher benötigen und auf welche Dateien auf der Festplatte gerade zugegriffen wird.

12.8 Dienste konfigurieren und verwalten

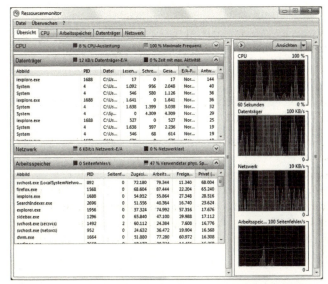

Bild 12.25: Der *Ressourcenmonitor* in Windows 7.

Die Registerkarte *Netzwerk* zeigt im Task-Manager die Netzwerkauslastung im zeitlichen Verlauf. Wenn mehrere Netzwerkverbindungen eingerichtet sind, erscheint für jede eine eigene Statusanzeige.

Besitzen Sie Administratorrechte, können Sie auf der Registerkarte *Benutzer* alle aktuell angemeldeten Benutzer und deren Status sehen. Als Administrator haben Sie auch das Recht, einen Benutzer zwangsweise abzumelden. Außerdem können Sie einem anderen Benutzer eine Nachricht senden. Er sieht sie dann auf seinem Anmeldebildschirm.

12.8 Dienste konfigurieren und verwalten

Zahlreiche Funktionen von Windows 7, die wie Betriebssystemfunktionen aussehen, werden in Wirklichkeit von sogenannten Diensten erledigt. Das sind Programme, die im Hintergrund laufen und beim Booten oder bei Bedarf automatisch gestartet werden. Diese Methode hat den Vorteil, dass sich das Betriebssystem um zusätzliche Funktionalitäten erweitern lässt und Dienste, die nicht gebraucht werden, auch keinen Speicherplatz belegen. Leider startet Windows 7 wie auch schon Windows XP und Vista in der Standardkonfiguration mehr Dienste als unbedingt nötig.

Die Konfiguration und Verwaltung der Dienste erfolgt zentral über das Systemsteuerungsmodul *Verwaltung/Dienste* oder direkt über die Schaltfläche *Dienste* auf der Registerkarte *Dienste* im Task-Manager. Dort sehen Sie auch alle derzeit laufenden Dienste.

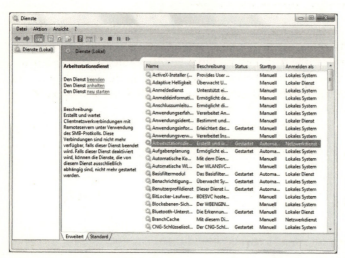

Bild 12.26:
Dienste-Konsole unter *Systemsteuerung/ Verwaltung*.

Zu jedem Dienst wird eine Kurzbeschreibung angezeigt sowie eine Statusmeldung darüber, ob der Dienst gestartet ist, und eine Information über den Starttyp. Jeder Dienst kann auf verschiedene Weise gestartet werden:

Dienst starten	Funktion
Automatisch	Automatischer Start des Diensts vom Betriebssystem aus. Diese Dienste werden auch gestartet, wenn sich kein Benutzer am System anmeldet.
Automatisch (Verzögerter Start)	Automatischer Start des Diensts vom Betriebssystem aus. Diese Dienste starten erst am Ende des Bootvorgangs, da sie von anderen Diensten oder Systemfunktionen abhängig sind oder diese überwachen.
Manuell	Start des Diensts durch den Benutzer, ein Programm oder einen anderen Dienst.
Deaktiviert	Der Dienst wird nicht gestartet.

12.8 Dienste konfigurieren und verwalten

Dienste, die man üblicherweise nicht braucht, setzt man am besten immer auf *Manuell*, damit sie bei Bedarf von einem anderen Programm gestartet werden können. Einige Dienste sollte man aber aus Sicherheitsgründen generell deaktivieren, damit sie nicht unbemerkt gestartet werden können.

Aus der *Dienste*-Konsole heraus können Sie im linken Teil des Fensters einzelne Dienste beenden, anhalten oder neu starten. Lassen Sie beim Beenden eines Diensts äußerste Vorsicht walten, da das Fehlen bestimmter Dienste zu Systeminstabilitäten führen kann. Mit einem Doppelklick auf einen Dienst in der Liste können Sie detaillierte Eigenschaften dieses Diensts bearbeiten und auch den *Starttyp* ändern.

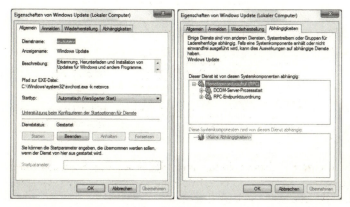

Bild 12.27: Detailanzeige und Abhängigkeiten eines Diensts.

Ändern Sie den *Starttyp* nur, wenn Sie vorher sichergestellt haben, dass das System auch ohne den Dienst zuverlässig funktioniert. Auf der Registerkarte *Abhängigkeiten* können Sie überprüfen, welche Komponenten von diesem Dienst abhängen. Abhängige Dienste werden nicht mehr gestartet, wenn der Dienst, von dem sie abhängig sind, nicht gestartet ist.

Welche Dienste können deaktiviert werden?

Diese Frage lässt sich nur schwer allgemein beantworten, da auf jedem System durch installierte Software und Geräte andere Dienste laufen, die Abhängigkeiten mit sich bringen. Überflüssige Dienste sollten auf *Manuell* gesetzt werden, sodass sie bei Bedarf gestartet werden können.

Diese Dienste auf keinen Fall deaktivieren:
Arbeitsstationsdienst
COM+-Ereignissystem
Druckerwarteschlange
Geschützter Speicher
Netzwerkverbindungen
Plug-and-play
Sicherheitskonto-Manager

Dienste, die ein Sicherheitsrisiko darstellen

Einige Dienste stellen ein Sicherheitsrisiko dar und sollten deshalb je nach persönlichem Sicherheitsbedürfnis deaktiviert und nicht nur auf *Manuell* gesetzt werden, damit kein bösartiges Programm diese Dienste starten kann. Allerdings müssen Sie in einigen Fällen mit Funktionseinschränkungen rechnen.

Dienst	Funktion
Remoteregistrierung	Möchten Sie nicht, dass jemand von außen an Ihrer Registry herumbastelt? Dann deaktivieren Sie diesen Dienst.
TCP/IP-NetBIOS-Hilfsdienst	Ein potenzielles Sicherheitsrisiko. Probieren Sie vor dem Deaktivieren, ob alle Funktionen im lokalen Netzwerk auch bei beendetem Dienst laufen.
Windows-Fehlerberichterstattungsdienst	Die meisten Anwender werden die Fehlerberichterstattung in der *Systemsteuerung* bereits deaktiviert haben, um lästige Pop-ups bei Abstürzen und den Transfer eines Speicherabbilds zu Microsoft zu verhindern. In dem Fall sollte der zugehörige Dienst auch deaktiviert werden.

12.9 Die Auslagerungsdatei optimieren

Wenn Windows nicht mehr genug Arbeitsspeicher für alle laufenden Anwendungen hat, werden gerade nicht verwendete Speicherbereiche in den sogenannten virtuellen Speicher auf der Festplatte ausgelagert. Diese Auslagerungsdatei erscheint als versteckte Datei *pagefile.sys* im Hauptverzeichnis der Festplatte und hat nichts mit den Temporärdateien zu tun, die einige Programme außerdem anlegen.

Zusätzlich legt Windows 7 im Hauptverzeichnis der Festplatte noch die Datei *hiberfil.sys* an. Dorthin wird der Inhalt des Arbeitsspeichers ausgelagert, wenn das System in den Ruhezustand geht. Auf diese Weise wird beim Aufwecken aus dem Ruhezustand genau der gleiche Status des Desktops und aller Programme wiederhergestellt.

Windows verwaltet standardmäßig die Auslagerungsdatei dynamisch. Das bedeutet, dass theoretisch immer nur so viel Speicher ausgelagert wird, wie wirklich notwendig ist. In der Praxis verwendet Windows diese Auslagerungsdatei aber ständig, egal ob genug Arbeitsspeicher vorhanden ist oder nicht.

Das ständige Vergrößern und Verkleinern der Auslagerungsdatei kostet Zeit und führt zunehmend zu einer Fragmentierung, die den Zugriff auf diese Datei zusätzlich verlangsamt. Windows 7 verändert deshalb die Größe der Auslagerungsdatei nur, wenn unbedingt nötig. Anstatt die Datei zu verkleinern, zieht Windows 7 es vor, die Datei lediglich teilweise zu nutzen, um eine Fragmentierung zu vermeiden.

Größe der Auslagerungsdatei ändern

Um die Verwendung der Auslagerungsdatei zu optimieren, können Sie sie auf eine Größe festlegen, die dann vom System nicht verändert werden kann:

1. Stellen Sie als Erstes fest, wie viel Speicher Ihr System im laufenden Betrieb für die Auslagerungsdatei benötigt, wenn alle Programme laufen, die Sie üblicherweise gleichzeitig verwenden. Diese Zahlen können Sie im Windows Task-Manager auf der Registerkarte *Leistung* verfolgen. Der Wert bei *Ausgelagert* zeigt den derzeit genutzten Platz in der Auslagerungsdatei an. Den Task-Manager starten Sie am einfachsten mit einem Rechtsklick auf die Taskleiste.

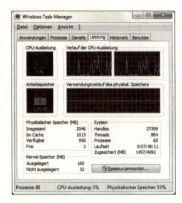

Bild 12.28: Nutzung der Auslagerungsdatei im *Windows Task-Manager*.

② Rufen Sie in der *Systemsteuerung* unter *System und Sicherheit* das Modul *System* auf und klicken Sie dort im linken Bereich auf *Erweiterte Systemeinstellungen*. Wechseln Sie im nächsten Dialogfeld auf die Registerkarte *Erweitert*. Hier klicken Sie auf die oberste der drei *Einstellungen*-Schaltflächen.

③ Auf der Registerkarte *Erweitert* im Dialogfeld *Leistungsoptionen* wird die Gesamtgröße aller Auslagerungsdateien angezeigt.

④ Klicken Sie hier auf *Ändern*, erhalten Sie eine detaillierte Übersicht. Windows kann auf jeder Partition eine eigene Auslagerungsdatei *pagefile.sys* haben. Allerdings ergibt es keinen Sinn, auf mehrere Partitionen derselben Festplatte Auslagerungsdateien zu legen, da der Lesekopf dann ständig zwischen den Partitionen hin- und herspringt, was den Zugriff ausbremst. Bei SCSI-Platten bringt es einen Geschwindigkeitsgewinn, wenn auf jeder Festplatte eine kleine Auslagerungsdatei liegt, da auf diese dann parallel zugegriffen werden kann.

12.9 Die Auslagerungsdatei optimieren 531

Bild 12.29: Die Auslagerungsdatei in der *Systemsteuerung*.

⑤ Für jede Auslagerungsdatei können Sie eine Anfangs- und eine Maximalgröße angeben. Dazu müssen Sie als Erstes das Kontrollkästchen *Auslagerungsdateigröße für alle Laufwerke automatisch verwalten* ausschalten. Aktivieren Sie dann die Option *Benutzerdefinierte Größe*.

⑥ Setzen Sie die Werte in den Feldern *Anfangsgröße (MB)* und *Maximale Größe (MB)* auf denselben Wert, um zu verhindern, dass die Größe permanent geändert wird. Unterschreiten Sie mit der Gesamtgröße aller Auslagerungsdateien nie den bei *Empfohlen* angegebenen Wert. Klicken Sie dann auf die Schaltfläche *Festlegen*.

Bild 12.30: Die Auslagerungsdatei anpassen.

Datenschutz in der Auslagerungsdatei

Die Auslagerungsdatei enthält Inhalte des virtuellen Arbeitsspeichers und lässt so auch nach dem Abmelden eines Benutzers noch Rückschlüsse auf dessen Arbeit zu. Hier findet man unter Umständen sogar Fragmente oder vollständige Dokumente, die zuletzt geöffnet wurden. Da dies auf Computern, auf die mehrere Benutzer Zugriff haben, ein Sicherheitsrisiko darstellt, können Sie die Auslagerungsdatei beim Abmelden eines Benutzers automatisch löschen lassen. Allerdings dauert das Anmelden eines neuen Benutzers dann länger, da die Auslagerungsdatei erst wieder angelegt werden muss.

Um die Auslagerungsdatei automatisch löschen zu lassen, starten Sie in der *Systemsteuerung* unter *System und Sicherheit/Verwaltung* das Modul *Lokale Sicherheitsrichtlinie*. Dort finden Sie unter *Lokale Richtlinien/Sicherheitsoptionen* die Richtlinie *Herunterfahren: Auslagerungsdatei des virtuellen Arbeitsspeichers löschen*. Setzen Sie diese Richtlinie per Doppelklick auf *Aktiviert*.

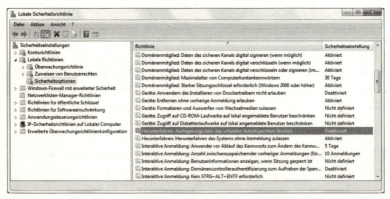

Bild 12.31: Sicherheitsrichtlinie zum automatischen Löschen der Auslagerungsdatei.

Stichwortverzeichnis

.
.com 196
.de 196
.net 196
.org 196

A

Access-Point 185
Add-ons 195
Administrator 116, 122, 395, 396, 398, 409, 525
Adressbuch 264
Aero-Oberfläche 66, 433
   Einstellungen 441
   Fenster 440
Aktivierung 46, 47
Alle Programme 73
Alphabet 461
An: 268
Anmeldung 398
Ansichtseinstellungen 131
Anytime Upgrade 16
Arbeitsgruppe 376
Arbeitsplatz 121
Archiv 110
Arcor, E-Mail 256
Audio-CD 497
Aufgaben 253
Aufnahmezeit ändern 295
Ausführen 448

Auslagerungsdatei 529
Ausschalter 69
Ausschnittvergrößerungen 301
Automatische Updates 508
Autostart 355, 356

B

Basis-Oberfläche 66, 433
Baumstruktur 102
Bcc: 268
Belichtung 296
Benutzer 395, 525
   Anmeldung 398
   persönliche Ordnerstruktur 398
Benutzereigenschaften ändern 398
Benutzergruppen 405, 407
Benutzerkonten 391
Benutzerkontensteuerung 392
Benutzername 74
Benutzerprofil 424
Benutzerrechte 426
Benutzerverwaltung 391, 395
Berechtigungen 427
Betreffzeile 262
Betriebssystem 10
Bibliothek 425
   Bilder 75
   Dokumente 75
   Musik 75
Bildarchive 160

Bildeigenschaften 294
Bilder 75
   ausrichten 300
   bearbeiten 293
   bewerten 288, 292
   drucken 308
   importieren 303
   optimieren 295
   senden 311
   veröffentlichen 311
Bildinformationen 293
Bildlaufleisten 93
Bildschirmfotos 332
Bildschirmlupe 67
Bildschirmschoner 454
Bing 214, 216
   Suchzeile 217
   Übersetzer 250
   Windows Live Profil 243
Bing Bar 247
Bing Maps 226, 248
BIOS
   Bootsequenz 20
   Sommerzeit 96
BitLocker 13
Bitmapdatei 168
Blind Carbon Copy 268
Bookmarks 207
Bootdiskette 20
Booten 20
Bootmanager 48
Bootsequenz 20
Brandschutzmauer 236
Brennen 171
Broadcast-Adresse 367

Browser
   Firefox 233
   Google Chrome 234
   Internet Explorer 193
Bundesgerichtshof 190

C

Carbon Copy 268
Cc: 268
CD brennen 171
CD-ROM-Laufwerk 100
Chess Titans 345
Chrome 234
Class A 367
Class B 367
Class C 367
ClearType 462
Computer 76, 121
Computerverwaltung 401
CPU-Auslastung 524

D

Dateiattribute 104
Dateidatum 108
Dateien 104
   kopieren 133
   mehrere markieren 135
   per E-Mail verschicken 277
   senden an 137
   sortieren 150
   verschieben 133
   verstecken 110
Dateigröße 107
Dateileichen 117
Dateiname 107

Stichwortverzeichnis 535

Dateitypen zuordnen 111
Datenträgerbereinigung 516
  alte CHKDSK-Dateien 518
  heruntergeladene
    Programmdateien 518
  Miniaturansichten 519
  Offlinedateien 519
  Offlinewebseiten 518
  Papierkorb 518
  Setup-Protokolldateien 519
  Spielnachrichtendateien 518
  Spielstatistikdateien 518
  temporäre Dateien 519
  temporäre Internetdateien 518
  temporäre Offlinedateien 519
  vorherige Windows-
    Installation(en) 518
Datum 94, 95
Datumsangaben 108
Defragmentierung 520
Deinstallationsassistent 354
Deinstallationsprogramm 352
Deinstallieren 352
Designs 434
  klassisch 450
  speichern 434
Desktop 65, 79
  Aero-Design 434
  anpassen 433
  Aussehen 433
  Basis-Design 434
  Hintergrund 435
  Symbole 443
Desktopsymbole 99, 443
Desktop-Symbolleiste 114
DHCP 368

Diashow 281, 307
  online 315
  steuern 308
Dienste 524, 525
Dienste-Konsole 526
Digitalfotografie 9
Digitalkamera 303
Diskettenlaufwerk 100
DNS-Server 370
Dokumente 75
Doppelklick 66
Doppelpfeil 92
Drag-and-drop 133
Drucken 470
Drucker 77, 469
  freigeben 484
  manuell installieren 475
  Netzwerkdrucker 479, 484
  Plug-and-play 475
  Printserver 481
  Testseite 478
Druckeranschluss 475
DSL
  2000 182
  6000 182
  Geschwindigkeit 182
  Highspeed 182
  T-Online-Benutzername 180
  Zugang einrichten 177
DVD
  booten 20
  brennen 171
  Windows Home Basic 14
  Windows Media Player 490
DVD-Laufwerk 20, 349
DVD-RW-Laufwerk 100

E

Editor 317
  Arbeitsweise 319
  Formatierung 320
  Logbuch 320
  markieren 320
Effektive Berechtigungen 432
Eigenschaften 104
E-Mail 256, 268
  Adressbuch 264
  Adressen 256
  Adressierung 268
  An: 268
  Anhang 275
  Attachment 275
  Bcc: 268
  Blind Carbon Copy 268
  Carbon Copy 268
  Cc: 268
  Dateigröße 276
  empfangen 261
  Foto 278
  HTML 284
  IMAP-Server 260
  Lesebestätigung 283
  POP3-Server 260
  Rechtschreibprüfung 271
  schreiben 261
  senden und empfangen 261, 269
  Sicherheit 284
  Windows Live 260
  zeitgesteuert abrufen 269
E-Mail-Empfänger 137
Energieeinstellungen 455
Energiesparmodus 485
Erste Schritte 49

EXIF-Daten 164, 305
Explorer 99
  Baumstruktur 102
  Bildbetrachter 158
  Details 127
  EXIF-Daten 164
  Inhalt 129
  Kacheln 128
  Laufwerke 100
  Layout ändern 130
  Menüleiste 130
  Ordneransichten 124
  Schnellstart 100
  Symbolleiste 124
  Unterordner 103
  Verzeichnisbaum 102

F

Facebook 249
Farben 453
  anpassen 298
Favoriten 157, 207, 449
Favoritenleiste 210
Fehlerberichterstattung 528
Fenster 89
Fensteransicht 124
Fensterfarben 453
Fenstergröße 92
Festplatte 100
Festplatte überprüfen 515
File Allocation Table 521
Firefox 233
  Download 233
Firewall 235
  Ausnahmen 237
  Regeln 237

Fotoalbum 312
Fotoanzeige 159
Foto-E-Mail 278
Fotogalerie 278, 285
FreeCell 339
Freenet, E-Mail 256
Freigabe 376
Funkuhr 97

G

Gast 396
Geräte-Manager 466
Gerätetreiber 10, 463
   Updates 514
Geräteübersicht 465
Geschützte Verzeichnisse 122
GMX, E-Mail 256
Google Chrome 234

H

Hardware 10, 463
Hardwarekonfiguration 467
HDMI-Audiogerät 31
Hearts 340
Heimkino 9
Heimnetzgruppe 59, 370, 449
   beitreten 373
   Daten freigeben 375
Herunterfahren 68
hiberfil.sys 529
Hi-Fi-Anlage 9
Highspeed-DSL 182
Hintergrundbilder 435
Horizont 300
http 196

I

ICRA 423
IMAP 261
Infobereich 85
InPrivate-Modus 229
Installation 19
   Aktivierung 46
   Neuinstallation 22
   Parallelinstallation 28
   Registrierung 46
Installationsdatei 347
Internet 177
   Verbindung trennen 184
   Verbindungsaufbau 182
Internet Explorer
   Add-ons 195
   Darstellung 206
   Favoriten 207
   Favoriten verwalten 209
   Favoritenleiste 210
   Kontextmenü 201
   Lesezeichen 207
   Lesezeichen exportieren 211
   Mausrad 197
   navigieren 197
   persönliche Startseite 243
   Pop-up-Blocker 223
   Pop-ups zulassen 224
   Quick-Tabs 203
   Registerkarten 196, 200
   Registernavigation 202
   Schaltflächen ausblenden 206
   Schnellinfo 225
   Schnellregisterkarten 203
   Schriftgröße 206
   Startbremsen 195

Startseite festlegen 213
Suchanbieter 221
Suche 216
Tabbed Browsing 200
Tabs 196
Tastenkürzel 197
URL eingeben 195
Verlaufsliste 203, 204
Vollbildmodus 206
Zoom 206
Internet Explorer 9 193
Internetadresse 195, 198
Internetdienstanbieter 179
Internetfilter 422
Internettelefonie 496
Internetverbindung 177
Internetzeit 97
Interrupts 468
IP-Adresse 367, 369
   Printserver 481
IPv4 368
IPv6 368
ISO-Datei 176
ISP 179

J

Jugendschutz 409
   Programme sperren 414
   Spiele 412
   Zeitlimits 411
Junk-E-Mail-Filter 273

K

Kacheln 128
Kalender 95, 250
   Aufgabe 253
   freigeben 255
   Termin 252
Kameradaten 165
Kennwort 400
Kennwortrichtlinien 402
   Kennwortalter 404
   Kennwortchronik 404
   Kennwortlänge 404
Klassische Benutzeroberfläche 450
Klick 66
Kompressionsrate 170
Komprimieren 165
Kontakte 334
Kontextmenü 201
Kopieren 133
Kurznotizen 322

L

Laufwerkbuchstabe 100, 377
Laufwerk 100
   trennen 379
   überprüfen 515
Lautstärkemixer 498
Leistungsindex 503
Lesezeichen 207
liesmich.txt 349
Live Fotogalerie 285
Live ID 242
Livedateisystem 171
Lizenzschlüssel 350
Lizenzvertrag 350
Lokale Sicherheitsrichtlinie 389

M

MAC-Adresse 192, 193
Mahjong Titans 343

Stichwortverzeichnis

Mailserver 259, 260
Markierungen 288
Mastered-Dateisystem 174
Maus 66
Mausrad 66, 197
Maustaste
   linke 66
   mittlere 200
   rechte 16, 39, 45, 66
Media Player 490
Menüleiste 92
Microsoft XPS Document Writer 469, 488
Microsoft-Supportdatenbank 513
Middleware 11
Minesweeper 344
Minianwendungen 456
   aus dem Internet 459
   konfigurieren 458
Miniaturbilder 161
Mittenfrequenzen 187
Mozilla Firefox 233
MSI-Datei 348
Musik 75
   Windows Media Player 490
   Windows-Start 438

N

Navigationsfenster 131
NCSC-Sicherheitsstufe 391
Netzwerk 121, 449
   Arbeitsgruppe 364
   Assistent 363
   Broadcast-Adresse 367
   Daten freigeben 379
   DHCP 367
   Drucker 484
   dynamische IP-Adressen 368
   Freigabe-Assistent 383
   Freigaben 376
   Freigaben anzeigen 386
   IP-Adresse 367
   Klassen 367
   Konfiguration 363
   manuelle Konfiguration 365
   Netzwerkstandort 181
   Netzwerkübersicht 365
   öffentlicher Ordner 381
   statische IP-Adressen 369
   TCP/IP 366
   versteckte Freigaben 387
Netzwerkdrucker 479
Netzwerkumgebung 376
Neuinstallation 19, 22
Nicht-PnP-Treiber 468
Notebook 33
NTFS-Komprimierung 168

O

Öffentlicher Ordner 381
Onlinefotolabor 310
OpenType 459
Ordner 101, 426
   kopieren 133
   Spiele 75
   verschieben 133
Ordneransichten 124
Ordnernamen 305

P

pagefile.sys 529
Pangramm 461

Papierkorb 65, 117, 518
Parallelinstallation 19, 28
Paranoia 156
Partition 100
Passwort 258, 389, 400
Patches 31
PDF-Dokumente 487
Physikalisch-Technische
 Bundesanstalt 98
Plug-and-play 464
POP3 261
Pop-up-Blocker 223
Portable Anwendungen 359
PortableApps 359
Postausgang 269
PostScript 475
PPPoE 179
Printserver 481
Produkt-Key 25
Programme 71, 317
 automatisch starten 355
 deinstallieren 352
 Editor 317
 entfernen 352
 installieren 347
 Snipping Tool 332
 starten 78
 Taschenrechner 330
 Verknüpfung auf dem Desktop
  139
 Windows Live Kalender 250
 Windows-Kontakte 334
 WordPad 322
 Zeichentabelle 329
Programmzustand 523

Prozesse 523
Purble Place 343

Q
Quick-Tabs 203

R
readme.txt 349
Rechner 330
 wissenschaftlich 331
Rechtschreibprüfung 271
Registerkarten 200
Registrierung 46
Remoteregistrierung 528
Ressourcenmonitor 524
Retrooberfläche 450
Rote Augen 300
Router 177
Rückgängig machen 299
Ruhezustand 455

S
Schach 345
Schnellinfo 225
Schnellregisterkarten 203
Schreibgeschützt 109
Schreibtisch 65
Schriftarten 459
Schriftgrad 459
Schriftschnitt 459
Screenshots 332
Service Pack 1 30
 installieren 40
Service Pack Blocker Tool Kit 45
setup.exe 349

Sicherheit 391
  E-Mail 284
  HTML-Mail 284
Sicherheitscenter, automatische
  Updates 507
Sicherheitseinstellungen 428
SkyDrive 138, 214, 279, 281, 312
Snipping Tool 332
  Grafikformate 333
Soft-Power-down 68
Solitär 337
Sommerzeit 96
Sonderzeichen 329
Sortieren 150
Sortierkriterien 150
Soundeffekte 438
Soundschema 438
Spam-Filter 273
Speicherverwaltung 524
Spider Solitär 341
Spiele 75, 335, 412
  Chess Titans 345
  Community 336
  FreeCell 339
  Hearts 340
  Mahjong Titans 343
  Minesweeper 344
  Purble Place 343
  Solitär 337
  Spider Solitär 341
Sprungliste 84, 205
Standarddrucker 474
Standardgateway 370
Standardprogramme 78
Standardsuchanbieter 220
Standby 455

Start 49
Startbildschirm 65
Startmenü 70, 71, 447
  Netzwerk 377
Startseite 213
Stichwörter 288
Suche
  Internet Explorer 217
  nach Datum 147
  nach Stichwort 163
  Optionen 145
  Stichwörter 162
Suchkriterien 148
Suchmaschine 216
  Internet Explorer 218
Suchvorgänge 149
Symbole 65, 126
Symbolleiste 93, 124
  Desktop 114
Systemschriften 463
Systemsteuerung 77, 353
  Benutzerkonten 396
  Drucker 475
  Internetoptionen 183
  Schriftarten 459
Systemverwaltung 449
Systemvoraussetzungen 21
Systemwerkzeuge 503
  Auslagerungsdatei 529
  Datenträgerbereinigung 516
  Defragmentierung 520
  Fehlerüberprüfung 515

T

Tabbed Browsing 200
Tabs 196

Taschenrechner 330
Taskleiste 81, 198
   Infobereich 85
   Sprungliste 205
Task-Manager 523
Tastatur 66
Tastaturnavigation 442
TCP/IP 366, 368
TCP/IP-NetBIOS-Hilfsdienst 528
Temporäre Dateien 175
Termine 252
Testseite drucken 478
Testzeitraum 47
Textverarbeitung 322
Titelleiste 90
T-Online-Benutzername 180
Tooltipp 93
Treiber 463
Treiberupdates 514
TrueType-Schrift 459

U
UDF 171
UDF-Dateisystem 172
Uhr 94
   zusätzliche 96
Uhrzeit 94
   Internetzeit 97
   Zeitsynchronisation 98
   zusätzliche Uhren 96
Uninstall 353
Unterordner 103
   löschen 431
Update 20, 25, 507
Update-Verlauf prüfen 512
URL 195

USB-Stick 101, 137
   portable Anwendungen 359
   Verknüpfung auf dem Desktop 140

V
Vendor-ID 464
Verbindungsstatus 182
Verknüpfen 133
Verknüpfungen 138
Verlauf 154
Verlaufsliste 203
Verschieben 133
Verschlagworten 288
Verschlüsselung 190
Versteckte Freigabe 387
Verzeichnis 101
Verzeichnisbaum 102
Virtueller Speicher 529
Visuelle Effekte 441
Vorschaufenster 129

W
Wartungscenter 504, 508
Web Slices 227
web.de, E-Mail 256
Webalbum 311
Webfilter 418, 421
   Aktivitätsberichte 421
Wechseldatenträger 100
WEP-Verschlüsselung 191
Wetter 248
Windows 7 9
   Editionen 12
   Enterprise 14
   Home Basic 14

Stichwortverzeichnis

Home Premium 13
installieren 19
Professional 13
Starter 14
Ultimate 13
Versionsanzeige 16
Windows 7 Service Pack 1 30
   Administratorrechte 39
   freier Speicherplatz 35
   herunterladen 35
   Installation 33
Windows Anytime Upgrade 16
Windows Defender 513
Windows DVD Maker 12
Windows Fotogalerie 12
Windows Live 12, 312, 416
Windows Live Essentials 11
Windows Live Essentials 2011 241
Windows Live Family Safety 416
Windows Live Fotogalerie 285
Windows Live ID 242, 265
Windows Live Kalender 250
Windows Live Mail 256
   Betreffzeile 262
   E-Mail-Konto einrichten 257
   HTML-Mail 284
   Junk-E-Mails 274
   Mailserver aufräumen 271
   Rechtschreibprüfung 271
   Spam 273
   Werbemails 273
Windows Live Mail 2011 256
Windows Mail 12
Windows Media Player 490
   Audio-CD 497
   Bedienung 495

Dateitypen 493
Erststart 491
Internettelefonie 496
Lautstärkemixer 498
Sicherheit 497
Tastenkombinationen 496
Windows Server 2008 R2 31
Windows Update 507
Windows-Explorer 99
   Baumstruktur 102
   Bildbetrachter 158
   Details 127
   EXIF-Daten 164
   Laufwerke 100
   Layout ändern 130
   Menüleiste 130
   Ordneransichten 124
   Schnellstart 100
   Symbolleiste 124
   Unterordner 103
   Verzeichnisbaum 102
Windows-Firewall 235
   Firewall-Regeln 237
Windows-Logo 447
Windows-Netzwerk 363
Windows-Taste 70
Winterzeit 96
Wireless-LAN 185
WLAN 185
   Access-Point 185
   Kanal 187
   konfigurieren 187
   MAC-Adresse 192
   Platz 186
   Router 185
   Routerkonfiguration 186

Sicherheitsregeln 190
Verschlüsselung 190
WPA2 192
WLAN-Hotspot 189
WLAN-Karte 186
WordPad 322
   Datum 327
   Lineal 324
   Rückgängig 325
   Schreibmarke 323
   Statusleiste 329
   Tabulatoren 324
   Uhrzeit 327
WPA2 192
WPA-Verschlüsselung 191
www 196

X
XPS 487

Z
Zeichentabelle 329
   Schriftarten 329
   Unicode 330
Zeitlimits 411
Zeitserver 97
Zeitsynchronisation 98
Zeitzone 96
ZIP-Archiv 165
ZIP-Datei 348
ZIP-Format 166
ZIP-Ordner 168
Zugriffsrechte 122
Zwischenablage 136